国家社科基金
后期资助项目
GUOJIA SHEKE JIJIN HOUQI ZIZHU XIANGMU

贸易、环境与城市化

基于开放经济的理论、模型与实证研究

Trade, Environment and Urbanization
Research on Theory, Model and Empirical
Based on the Opening Economy

刘耀彬 / 著

社会科学文献出版社
SOCIAL SCIENCES ACADEMIC PRESS (CHINA)

国家社科基金后期资助项目
出版说明

后期资助项目是国家社科基金设立的一类重要项目，旨在鼓励广大社科研究者潜心治学，支持基础研究多出优秀成果。它是经过严格评审，从接近完成的科研成果中遴选立项的。为扩大后期资助项目的影响，更好地推动学术发展，促进成果转化，全国哲学社会科学规划办公室按照"统一设计、统一标识、统一版式、形成系列"的总体要求，组织出版国家社科基金后期资助项目成果。

全国哲学社会科学规划办公室

摘　要

　　当前，协调贸易、环境与城市化是全球共同面对的富有挑战性的科学热点问题：一方面，贸易自由化在促进经济发展、技术进步和提高福利的同时，也给人类赖以生存的生态环境带来了史无前例的冲击，环境问题日益引起世界各国的关注，并成为国际经济和政治领域内的焦点之一；另一方面，贸易与城市化是可持续发展过程中的两个重要议题，随着人们对全球气候变暖的关注和对温室气体减排的要求，贸易、环境与城市化的协调发展正日益受到各国政府及相关机构的高度重视。而今，中国在国际贸易中扮演着愈加重要的角色，中国高速的城市化发展在世界范围内备受瞩目，中国的环境问题也备受国际组织的高度关注。"互利共赢的开放战略"、"健康的城市化道路"和"资源节约、环境友好的两型社会构建"是国家"十一五"规划强调的战略重点，而"优化格局，促进区域协调发展和城镇化健康发展"、"绿色发展，建设资源节约型、环境友好型社会"和"互利共赢，提高对外开放水平"已成为国家"十二五"规划的三个战略发展方向，这表明在世界经济走势情景下，如何既促进区域的协调发展和城镇化健康发展，又能够进行生态文明建设和推进循环经济的发展正成为我国中长期规划发展中必须破解的难题。因此，基于开放经济的背景，将贸易开放、环境约束与城市化问题纳入一个整体的研究框架，分析其互动效应，构建出开放经济下的贸易、环境与城市化的传导机制和内生增长关系模型，对其协调发展进行政策评价和情景分析，并提出相应的对策建议，无疑具有很强的理论意义与现实价值。

本书坚持规范分析与实证研究相结合的原则，遵循现象分析→理论提炼→模型构建→实证研究→政策应用以及"从封闭到开放"的研究思路。本书在回顾相关理论和系统梳理国内外文献的基础上主要探讨如下问题：第一，从开放经济下的贸易、环境与城市化的互动效应现象入手，利用静态均衡、市场均衡和优化方法对贸易与环境、贸易与城市化、环境与城市化之间的关系进行分析；第二，在对开放经济下的贸易、环境与城市化传导机制的概念与内涵进行界定和阐释的基础上，利用两两互动效应分析结果，分别以贸易、环境和城市化作为工具目标，采用经济学的比较静态均衡分析方法分析不同组合条件下的传导过程，进而采用联立方程组建模思想构建出开放经济下的贸易、环境与城市化的传导机制模型；第三，利用包含环境要素的开放经济下的内生经济增长模型、城市化二元结构模型以及城市化与经济增长关系模型，通过市场均衡分析和优化分析构建出开放经济条件下的贸易、环境与城市化三者之间的内生增长关系模型；第四，基于协同学技术构建出开放经济条件下的贸易、环境与城市化的协调发展评价模型，并基于情景分析方法建立情景模拟模型；第五，从这些理论出发，基于时间序列和面板数据，分别采用时间序列计量方法、面板联立方程组、面板动态方法、协同分析技术和情景分析方法从四个方面对长三角（16个城市）的贸易、环境与城市化两两互动效应、三者传导机制与内生增长关系、协调发展类型和情景发展模式进行了实证检验与分析：一是基于 VAR 模型的时序系统分析技术，实证考察了1990～2009年长三角（16个城市）的贸易与环境、贸易与城市化、环境与城市化两两之间的长期均衡关系、Granger 因果关系以及相互动态影响效应；二是采用面板计量模型和面板联立方程组估计方法，实证检验了1990～2009年长三角（16个城市）的贸易、环境与城市化三者之间的长期均衡关系以及传导机制；三是采用面板计量模型和面板 FMOLS 和 DOLS 估计方法，实证检验了1990～2009年长三角（16个城市）的贸易、环境与城市化三者之间的内生增长关系；四是基于协调评价模型对2009年长三角（16个城市）的贸易、环境与城市化协调状况进行了评价和分类，并基于情景分析方法对长三角（16个城市）协调情景进行了政策模拟，由此提出了开放经济下的贸易、环境与城市化协调发展的政策建议。最后，选取美国和欧盟作为参考对象，在总结其处理贸易与环境关系、贸易与城市化关系以及城市化与环境关系的措施和经验的基础上提出启示，以期为中国开放经济下的贸易、环境与城市化协调发展提供政策建议。

Abstract

Nowadays, the problem of trade, environment and urbanization is a challenging scientific hot issue that faced equally by all nations. On the one hand, trade liberalization brings an unprecedented impact on our living environment as well as boosts the economic development, promotes technology progress and improves benefits. The issues of environment increasingly attract worldwide attention and become one of the focuses in international economy and political field. On the other hand, trade and urbanization are two important issues in the process of sustainable development. The coordinated development of trade, environment and urbanization is highly valued by governments and relevant institutions, as people pay more attention to global warming and request the reduction of greenhouse gas emission. At the present, China plays a more and more important role in international trades, and its high-speed development of urbanization has got worldwide attention, which also makes China's environmental problems be much concerned about by the international organizations. "Win-win strategy of opening-up", "Healthy urbanization" and "Construction of resource-conserving and environment-friendly society" are key strategies emphasized by "the Eleventh Five-Year Plan", and "Optimization pattern, regional coordinating development promotion and healthy development of urbanization", "Green development, building resource-conserving and environment-friendly society",

"Improve opening-up level and win-win" have become three strategic development directions of "the Twelfth Five-Year Plan", which suggests that under the influence of world economy trends, how to promote regional coordination, develop healthy urbanization, construct ecological civilization and promote the development of recycle economy at the same time are becoming a key problem that must be solved in China's long-term planning. Accordingly, this paper put trade, environment and urbanization into a analytical framework, to analyze their interaction effect, to build transmission mechanism and endogenous growth relationship model, as well as to evaluate their coordinating development and to simulate scenario. We put forward the corresponding suggestions for the coordinating development, which undoubtedly has significant theoretical and practice value.

The book keeps on the principle of combining normative analysis and empirical research, and the study thought line is from the phenomenon description to theoretical analysis, then to construct models contracting and empirical study, last to policy suggestions.

Firstly, with the description of the interactive effect of trade, environment and urbanization under the open economy, the book uses static equilibrium, market equilibrium and optimization method to analyze the relationship between trade, environment and urbanization.

Secondly, with interpreting the concept of transmission mechanism and referring to the interactive effect analyzing results, the book employs comparison equilibrium analysis method to analyzing the different conductive processes using trade, environment and urbanization as tool targets respectively. And then, the book uses the simultaneous equations modeling thought to construct the transmission mechanism model of opening economy trade, environment and urbanization.

Thirdly, the book takes the advantages of the opening economy endogenous growth model which contain environment element, the opening economy urbanization model and the relationship model of urbanization and economic growth to set up the endogenous growth relationship model between opening economy trade, environment and urbanization through market equilibrium and optimization analysis.

Fourthly, the book uses the synergetic technology to build the coordinated development evaluation model of opening economy trade, environment and urbanization. Furthermore, the book applies scenario analysis method to establish scenario simulation model.

Fifthly, the book employs the above analyzing framework and theories, based on time series and panel data, to use time series metering method, panel simultaneous equations, panel dynamic method, collaborative analysis technology and scene analysis method respectively to make empirical test on the interactive relationship of trade, environment and urbanization, their transmission mechanism, endogenous growth relationship, coordinated growth and scene development of Yangtze River delta (16 cities). First of all, the book made on the timing system analysis technology of VAR model to inspect the long-term equilibrium relationship, Granger causal relationship and dynamic influence effects of trade, environment and urbanization between 1990 – 2009 in Yangtze River delta (16 cities). Then, the book made use of panel measuring model and panel simultaneous equations estimation method to investigate the long-term equilibrium relationship and transmission mechanism between trade, environment and urbanization. And then, next, the book uses panel measuring model, panel FMOLS and DOLS estimation method to examine the endogenous growth relationship of trade, environment and urbanization for then during 1990 – 2009. At last, the book evaluates and classifies the coordination situations, and bases on scenario analysis method to simulate them. According to that, the book summarizes the conclusions and puts forward the policies and proposals for coordinated development in Yangtze River delta.

Lastly, in order to make the theory to normative practice, the book chooses U. S. A. and EU as the most typical objects to compare their implemented policies. By summarizing the useful experiences and measures which they aim to coordinate the relationships between urbanization and environment, international trade and urbanization, international trade and environment, the book expects to give China policy suggestions to contribute to the coordinated development of the relationships among international trade, environment and urbanization.

目 录
CONTENTS

目 录
CONTENTS

第一章

绪 论

一　问题提出与研究意义

（一）问题提出

1. 问题之一：学术需求

当前，协调贸易、环境与城市化是全球共同面对的富有挑战性的热点问题。贸易被誉为经济增长的发动机，而经济增长无疑是城市化发展的强劲动力。贸易自由化在促进经济发展、技术进步和福利提高的同时，也给人类赖以生存的生态环境带来了史无前例的冲击，环境问题日益引起世界各国的关注，并成为国际经济和政治领域的焦点之一。城市化是经济发展的驱动器，城市化的过程不免要消耗资源与影响环境，而作为城市化的物质基础，资源环境既促进又约束着城市化的脚步。因此有必要基于开放经济背景将贸易、环境与城市化问题纳入一个整体的研究框架。1998 年诺贝尔经济学奖得主阿玛蒂亚·森（Amartya Sen）从人类发展的视角讨论了贸易、环境与城市化之间的关系问题。他指出，城市化在人类文明的演进过程中扮演了至关重要的角色，贸易也在提高人类生活水平方面发挥了积极的作用，因此对贸易、城市化与环境之间关系问题的研究应以承认其积极作用为前提，在更广泛和长期的背景下考虑问题（郭红燕等，2009）。

2. 问题之二：国际需求

贸易与城市化是可持续发展过程中的两个重要议题，在极大地促进经济增长和改善人们生活水平的同时，也给各国环境带来了巨大的挑战。随着人们对全球气候变暖的关注和对温室气体减排的渴望，贸易、环境与城市化之间的协调发展日益受到各国政府及相关机构的高度重视。2009 年 10 月 28 ~ 30 日在北京大学召开了"环境与发展国际研讨会"，来自 14 个国家的约 400 位专家、学者出席了会议，会议主要研讨了"贸易与环境"、"城市化与环境"及"亚欧之间贸易及城市化合作"三大核心议题。2009 年 12 月 7 ~ 18 日在丹麦哥本哈根举行的全球气候大会和 2010 年 4 月 22 日在韩国首尔召开的"商业为环境（B4E）2010 全球峰会"并称全球两大环境峰会，都针对全球范围内的贸易、气候与环境问题进行了探讨与商榷。这些频繁的国际活动都表明全球化下的环境问题已经升级为世界热点。世界银行统计显示，2010 年世界人均进出口贸易总额达到 0.37 万美元，城市化率是 50.8%，而人均二氧化碳排放量高达 4.6 万吨（中华人民共和国国家统计局，2011）。该数据表明，开放经济下的国际贸易、环境和城市化并非处于协调发展状态，因此需要高度关注。表 1-1 比较了世界所有行业生产和出口在不同年代的增长率比例、城市化增长率和人均碳排放增长率（陈百助等，2006）。由此可以发现，不管是在哪个年代，出口的增长率都高于产出的增长率，表明国际贸易在世界范围内总体上在加强。与此对应的是，世界城市化增长率

表 1-1 1965~2010 年世界所有产品产出/出口年均增长率、城市化增长率和人均碳排放增长率比较

年　份	1965~1974	1975~1984	1985~1994	1995~2004	2005~2010
产出/出口年均增长率(%)	0.67	0.78	0.45	0.53	0.51
城市化增长率(%)	0.4	0.2	0.2	0.3	0.3
人均碳排放增长率(PgC/a)	22.9	11.5	1.7	-5.4	24.5

资料来源：（1）世界贸易组织：《2004 年世界贸易总揽》；（2）国家统计局：《国际统计年鉴（1996~2011）》，中国统计出版社，1996~2011；（3）朱江玲、岳超、王少鹏、方精云：《1850~2008 年中国及世界主要国家的碳排放——碳排放与社会发展》，《北京大学学报》（自然科学版）2010 年第 4 期，第 497~504 页。

呈现快—慢—稍快的发展过程（见图 1 - 1），而全球碳排放则持续增加，1965 年后基本呈线性增加趋势（见图 1 - 2）。可见，开放经济下的国际贸易、环境与城市化发展具有非确定性关系。因此，关注开放经济下的贸易、环境与城市化问题具有深刻的现实意义。

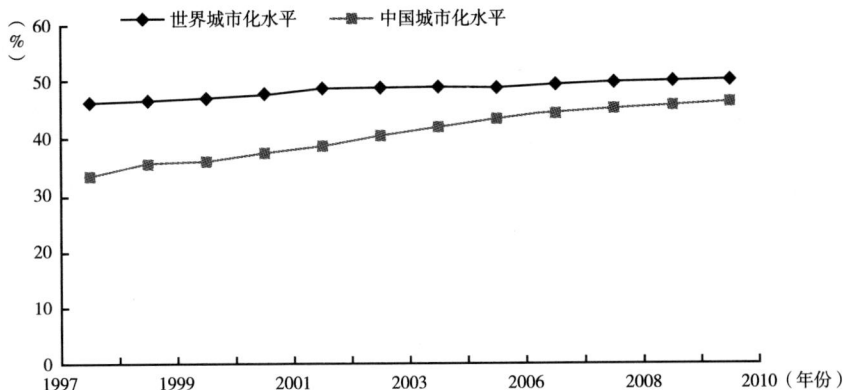

图 1 - 1　世界和中国城市化水平变化（1997 ~ 2010 年）

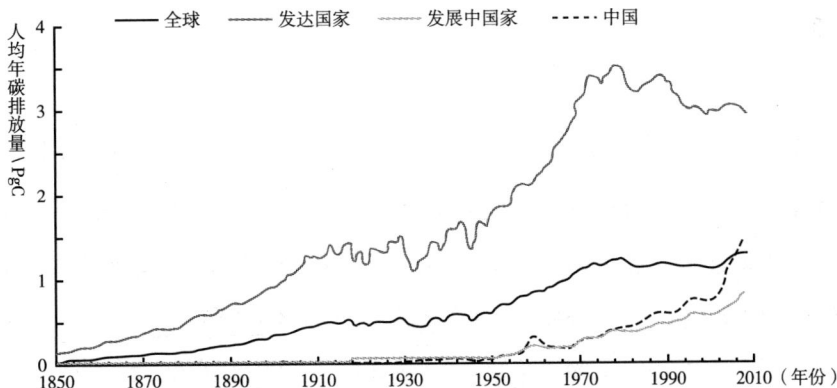

图 1 - 2　世界和中国人均碳排放变化（1850 ~ 2010 年）

表 1 - 2 从温室气体减排的角度进一步比较了世界主要国家历史累计排放量责任比（朱江玲等，2010）。因为历史累计排放量是碳排放历史责任的直接度量，所以我们通过计算 3 个时期全球、发达国家和发展中国家以及

表1-2　全球、发达国家、发展中国家以及主要国家3个时期的累计碳排放量（PgC）

国家/地区	1850~2008 年	1950~2008 年	1990~2008 年
全　球	345	285	132
发达国家	250	193	75
发展中国家	87	85	54
美　国	94	70	28
中　国	31	31	21
德　国	22	15	4
英　国	19	9	3
日　本	14	13	7
印　度	9	9	6
法　国	9	6	2
加拿大	7	6	3
意大利	5	5	2
南　非	4	4	2
墨西哥	4	4	2
巴　西	3	3	2

资料来源：朱江玲、岳超、王少鹏、方精云：《1850~2008年中国及世界主要国家的碳排放——碳排放与社会发展》，《北京大学学报》（自然科学版）2010年第4期，第497~504页。

G8+5国家（俄罗斯除外）的累计碳排放量，可以定量分析和确定各个国家和地区的碳排放历史责任和压力。统计表显示：（1）自1850年以来，全球共排放345 PgC，1950年和1990年以来的累计碳排放量分别为285 PgC和132PgC，是总累计碳排放量的83%和38%。以3个时期的累计碳排放量来看，发达国家与发展中国家的差距在缩小：1850~2008年为2.9倍（250 PgC和87 PgC）；1950~2008年为2.3倍（193 PgC和85 PgC）；1990~2008年为1.4倍（75 PgC和54 PgC）。发达国家的累计碳排放量主要在1990年之前，1850~1990年累计排放量占总累计排放量的70%；而发展中国家的累计碳排放量主要在1990年以后，占历史总排放量的62%。（2）1850~2008年，除俄罗斯以外的G8+5国家的累计碳排放量之和（221PgC）占全球碳排放量（345PgC）的64%，其中，除俄罗斯以外G8发达国家占发达国家累计碳排放量的68%，基础4国（中、印、巴、南非）和墨西哥占发展中国家累计总排放的 59%。占全球累计排放比例最高的国家依次为：美国（27%）、中国（9%）、德国（6%）、英国（5.5%）、日本（4%）、印度（3%）、法国（3%）和加拿大（2%）。所计算的起始时间点越晚，发展中国家累计碳排放量占全球的比例越高。（3）1850～2010 年，全球碳排放持续增加，1965 年后基本呈线性增加趋势。除美国持续线性增长、日本 20 世纪 70 年代短期剧增外，大部分发达国家自 20 世纪 70 年代开始趋于平稳，1990 年以后平稳或略有下降。发展中国家在 1950 年以后呈指数增加，碳排放总量占全球比例明显升高，成为全球碳排放的重要来源。与其他发展中国家碳排放趋势相似，中国、印度、巴西等国家在 1970 年以后排放量增加较为显著，2000 年后中国增加尤为迅速。而在碳排放过程中，世界进出口产品占据了碳排放总量中的相当比例，如 Wang 和 Watson（2009）测算，仅 2004 年中国温室气体排放总量中就有 23% 是因对外贸易活动而引起的。可见，研究世界温室气体减排离不开国际贸易。

3. 问题之三：国内需求

中国在国际贸易中扮演着愈加重要的角色，中国高速的城市化发展在世界范围内备受瞩目，中国的环境问题也备受国际组织的关注。"互利共赢的开放战略"、"健康的城市化道路"和"资源节约、环境友好的两型社会构建"是国家"十一五"规划中着重强调的战略重点，而"优化格局，促进区域协调发展和城镇化健康发展"、"绿色发展，建设资源节约型、环境友好型社会"和"互利共赢，提高对外开放水平"已成为国家"十二五"规划的三个战略发展方向。这表明在世界经济走势情景下，如何既促进区域的协调发展和城镇化健康发展，又能够进行生态文明建设和推进循环经济的发展已成为我国中长期规划过程中必须破解的难题。由此可知，我国在继续推动城市化可持续发展的同时，必须全面考虑全球化下开放经济对城市化与环境的影响。

表 1-3 比较了我国外贸、城市化和环境污染产生量的关系。从表 1-3 中可以较为清楚地看出，整体而言，中国的对外贸易规模、城市化水平与工业废气、SO_2 的排放量及固体废弃物的产生量呈现同步增长态势：（1）工

业废水排放量与对外贸易和城市化进程表现为相对明显的两个阶段，1985～1998 年基本为反方向变化，即随着中国对外贸易额和城市化水平的不断提升，工业废水排放量逐步降低，而 1999 年后则基本同方向增长；（2）工业 COD 排放量的变化相对较为复杂，但也可以 1998 年为界大体分为两个阶段，之前振荡上升、之后持续下行，1990 年、1997 年则是其快速攀升的时期。尽管中国的对外贸易总额和城市化水平持续提升，还是可以按照增速的不同以 1999 年为界划分为两个阶段——之前的平稳增长期和之后的高速发展期，这与工业"三废"排放及产生量发生显著变化的时间节点大体一致。由此可以初步认为：整体而言，中国的进出口贸易规模、城市化水平与工业"三废"排放及产生量之间存在一定的正相关关系（张天桂，2009）。因此，有必要研究开放经济下的中国外贸、环境与城市化之间的协调关系问题。

表 1-3   1985～2010 年中国进出口贸易规模、城市化与环境污染产生量

年份	进出口总额（亿元）	城市化水平（%）	工业废水排放量（万吨）	工业废气排放量（万吨）	工业固体废弃物产生量（万吨）	工业COD排放量（万吨）	工业SO₂排放量（万吨）
1985	2066.7	23.71	249	70654	52590	308	925
1986	2580.4	24.52	258	69363	60364	334	850
1987	3084.2	25.32	260	76778	52916	297	1002
1988	3821.8	25.81	257	82624	56132	396	1103
1989	4156.9	26.21	251	83435	57173	295	1134
1990	5560.1	26.41	248	86012	57797	708	1033
1991	7225.8	26.94	236	84699	58759	718	1154
1992	9119.6	27.46	234	90308	61884	711	1211
1993	11271	27.99	219	93423	61708	622	1311
1994	20381.9	28.51	216	97463	61704	681	1341
1995	23499.9	29.04	222	107478	64474	770	1405
1996	24133.8	30.48	206	111196	65898	704	1397
1997	26967.2	31.91	188	113378	105849	1073	1852
1998	26849.7	33.35	171	110807	80068	806	1593

续表

年份	进出口 总额 （亿元）	城市化 水平 （%）	工业废水 排放量 （万吨）	工业废气 排放量 （万吨）	工业固体废 弃物产生量 （万吨）	工业 COD 排放量 （万吨）	工业 SO$_2$ 排放量 （万吨）
1999	29896.2	34.79	197	126807	78442	692	1460
2000	39273.2	36.22	194	138145	81608	705	1612
2001	42183.6	37.66	203	160863	88746	608	1567
2002	51378.2	39.09	207	175257	94509	584	1562
2003	70483.5	40.53	212	198906	100428	512	1792
2004	95539.1	41.76	221	237696	120030	510	1891
2005	116921.8	42.99	243	268988	134449	555	2168
2006	140971.4	43.99	240	330992	151541	542	2235
2007	166740.2	44.90	247	388169	175632	511	2140
2008	179921	45.68	241	403866	190127	457	1991
2009	150648	46.59	234	436064	203943	439	1865
2010	201722	49.95	237	519168	240944	434	1864

资料来源：（1）国家统计局：《中国统计年鉴》（1990～2011），中国统计出版社，1990～2011。（2）国家环境保护局：《全国环境统计公报》，http：//www.zhb.gov.cn/ztbd/rdzl/xxgk/hbbgb/index.htm。（3）中国商务部：《进出口统计公报》，http：//www.mofcom.gov.cn/tongjiziliao/tongjiziliao.html。

我国的出口已占到总产出的 1/3 以上，远高于世界其他类似规模经济体的比例。2010 年我国出口的 54% 由跨国公司提供，而外国直接投资中有 70% 以上投资于制造业。较大的贸易顺差和以煤炭为主的能源结构以及较低的能源利用效率等使得我国的环境污染排放总量增长很快。例如，仅中国出口产品所产生的二氧化碳排放量就和整个日本的排放总量相当，更是英国的两倍。需要注意的是，尽管我国目前在能源利用方面与世界发达国家存在着明显差距，但我国在提高能源利用效率和减排方面仍有较大空间，意味着我国提高能源利用率的边际成本比世界先进国家低，只要我们综合运用国内和国际的有利条件，就一定能够扭转能源利用率较低的局面。例如，目前我国减排 1 吨二氧化碳的成本大约为 15 美元，而欧洲发达国家减排相同数量的二氧化碳大约需要 250 美元。随着我国城市化的发展和技术的进步，我国的减排成本也将逐年递增，到 2050 年我国的减排成本将达到每吨 200 美元（王军，2010）。如果我们能够抓紧利用当前减排成本方面存在的比较优势和城市化趋势，巧妙地运用联合国确立的清洁发展机制和碳交易规则，就能化被动为主动，这不仅是对现有贸易理论的大胆实践和创新，而且还可帮助我国实现有效减排，加快低碳城市化发展的步伐。因此，需要从碳减排和提高资源利用角度研究我国贸易自由化、城市化与环境协调发展问题。

（二）研究意义

1. 理论意义

（1）为开放经济视角下的贸易、环境与城市化的互动效应和传导机制提供统一分析框架和理论基础。贸易自由化、城市化、环境保护尤其是越界环境问题已成为学术界关注的焦点。但目前，研究主要停留在两两结合或者全球三者结合的层面，并没有将贸易与环境同城市经济一体化紧密联系在一起：前者集中于国家参与城市经济一体化方式方法的研究，侧重于分析国家与地区有可能结成或已经达成城市经济一体化的国家/地区的贸易互补性和竞争性及其可能产生的经济收益；后者则大多落脚于全球多边贸易体制下自由贸易与环境保护的关系，或者从微观角度对不同产业、产品对外贸易的环境效应进行分析，或者从宏观角度探究全球贸易自由化对本国和地区经济增长、贸易与环境的影响；有关中观层面城市经济一体化下的对外贸易、环境与城市化之间关系问题的研究相对较为薄弱。随着城市经济一体化的蓬勃发展，尤其是城市经济一体化的贸易自由化进程已经超越全球性多边贸易体制，城市经济一体化同贸易与环境的协调日益紧密地联系在一起。这既是国家或地区参与城市经济一体化必须正视的客观现实，也是可以积极利用的现实条件。因此，基于系统分析角度探讨开放经济下的贸易、环境与城市化互动效应及传导机制问题，对丰富和完善区域经济学、国际经济学和环境经济学的相关内容具有重要意义。

（2）为分析开放条件下的贸易、环境和城市化内生增长关系提供了一个新的理论基础和分析模型。尽管国内外对封闭经济下的城市经济内生增长问题进行了大量研究，也基于开放经济下的内生增长所导致的环境问题展开分析，但是未能基于内生增长理论，构建对外贸易、环境污染与城市化之间内在关系的内生增长理论模型，使得整个研究缺少可靠的模型支持。因此，在理论上探讨开放经济学下的贸易、环境与城市化内生增长问题，可直接为同类研究提供理论和方法，丰富内生增长理论和城市经济学的内容。

（3）为评价开放条件下的贸易、环境和城市化的协调发展度提供了一套体系和政策模拟方法。追求一定环境维度下的贸易与城市化的快速发展，已经成为世界各国的发展目标之一。然而，尽管在开放经济条件下，许多国家和地区的贸易与城市化发展取得了显著成就，但同时也给各国环境可持续发展带来了巨大的挑战，这反过来又限制了贸易与城市化在长期内的可持续健康发展。因此，研究开放经济下的贸易、环境与城市化之间的协调发展问题具有重要的科学价值，对于提高整体环境质量和城市可持续发展的能力，推动开放经济下的贸易、环境与城市化之间的协调发展具有重大的理论意义。

2. 实际意义

（1）审视并探究开放经济格局下中国的贸易、环境和城市化可持续发展的实现途径。在贸易自由化和城市化的背景下，各国和地区通过生产自身具有比较优势的商品与提供劳务，使得全球资源得以优化配置，促进经济高速增长、技术空前进步、福利大幅提高。但同时，不可避免地使为其正常发展提供物质基础与条件的自然环境承受着前所未有的巨大压力。自然资源的广泛利用和过度消耗以及废弃物的大量排放给环境带来的严重后果日益显现，尤其是形成于某一国家境内的环境污染并不以人为的国界为限，而是会随着大气、水流的游走和国际贸易与国际投资在国家间悄然扩散，逐步成为所在区域甚至全球必须共同面对的问题。而当存在越界及全球性环境问题时，市场的失灵也就在所难免，环境成本的内部化这一协调贸易、城市化与环境最为根本的途径，在实践层面却难以有效推进。因此，基于可持续发展的"三原则"，可以较好地促进开放经济下的中国贸易自由化、环境和城市化的协调关系。

（2）审视并分析中国促进贸易、环境与城市化相互协调的政策措施。改革开放30多年来，中国经济持续快速稳定增长，对外贸易高速发展。国内生产总值已从1978年的3645亿元上升到2010年的401202亿元，年实际增长率高达9.1%；经济总量占世界经济的份额也由1.8%提高到9.3%，位次从第10位上升至第2位。中国的对外贸易总额也从1978年的206亿美元增加为2010年的29740亿美元，年均增长16.3%；占世界贸易总额的比重由0.8%提高到9.6%，在世界贸易中的排名由第29位上升为第1位。1979～2010年，中国实际使用外商直接投资10483亿美元，从1983年的9.2亿美元到2010年的1057亿美元，年均增长率高达18.5%，2002年以来更是一直稳居世界利用外商直接投资的前三名。中国对外贸易对经济增长的贡献率一直保持在20%以上，成为中国经济持续快速稳定增长的重要引擎。然而，中国处于产业分工链条的下游，利用劳动密集型产品和加工贸易参与国际分工。这种出口贸易结构和粗放型的经济增长方式，不但消耗了大量稀缺性自然资源，而且增加了水体、大气、固体废弃物的污染负荷，为此付出了高昂的生态代价，不可避免地面临着巨大的资源环境压力，阻滞了城市化进程。因此，研究开放经济下的贸易、环境与城市化，对实现我国城市化战略和经济社会长期持续发展等具有重大实践价值。

（3）选取处于开放经济最前沿的长三角地区进行贸易、环境与城市化三者关系的实证研究，分析其所存在的相关问题和协调机制。以我国对外开放最大和最前沿的长三角地区为例，构建贸易开放、环境污染与城市化演进的实证模型和方法，提出更具现实性的政策建议，对促进长三角（16个城市）城市化健康、快速和稳定的发展，对实现环境友好型和资源节约型发展模式的重大转变，使该地区城市化走上一条可持续发展之路具有指导意义，同时还可以为其他类似地区的研究提供借鉴。

（4）选取美国和欧盟作为参考对象，总结和借鉴其协调贸易、环境与城市化之间关系的措施与经验，为中国开放经济下的贸易、环境与城市化协调发展提供政策建议。

二 相关概念与研究对象

(一) 相关概念

1. 贸易

（1）国内贸易。国内贸易（Domestic Trade）是以向生产者购买和向国内出售的方式，使商品在某种状态，在消费者需要的时间、地点被他们支配而进行的交易。国内贸易的终极目的是使产品置于消费者可得到的地方（王立和，2005）。贸易经济活动，一般有商品购进、商品销售、商品运输和商品储存四项业务内容。其中，商品的购进和销售，是商品在流通中所有权的转移，形成贸易过程中的经营环节。商品所有权每转手一次，就形成了一个经营环节。商品运输和商品储存，是商品实体在流通中的运动或停顿，形成了贸易过程中的仓储环节。所谓贸易环节，就是指在商品贸易过程中所有权的转移（买卖）所形成的经营环节和商品实体运动的停顿所形成的仓储环节。

（2）国际贸易。国际贸易（International Trade）是指世界各国（或地区）之间进行的商品交换活动，也可称为世界贸易（World Trade）。国际贸易有广义和狭义之分，广义的国际贸易包含有形（实物商品）和无形商品（劳务、技术、咨询等）的交换；狭义的国际贸易只包含有形商品的交换。与国际贸易相对应的对外贸易（Foreign Trade）是指一国（或地区）同其他国家（或地区）所进行的商品交换活动，也称进出口贸易，是相对于国内贸易而言的。对于一个国家来说，从国家整体的角度来看的对外贸易，如果站在全球的角度，从整个国际范围来看就称为国际贸易，也就是说各国的对外贸易整体构成国际贸易。现代意义上的国际贸易是指世界各国或地区之间的货物和服务交换的活动，是各国之间在国际分工的基础上，通过世界市场实现商品、服务、资本、劳动、科技等生产要素的合理配置，达到国际收支平衡的行为和方式。

国际贸易与对外贸易是两个既相互联系又有区别的概念。对外贸易是指一个国家或地区同别的国家或地区进行的商品和劳务的交换；国际贸易是世界各国和各地区对外贸易的总和。两者都是指跨国界的商品交换活动，但国际贸易是就国际范围而言的，而对外贸易是就一国而言的，因此两者是一般和个别的关系。一些国家和地区，如日本、英国等也称国际贸易为海外贸易（冯正强等，2005）。由于本书以开放经济为研究背景，因此，书中的贸易是指对外贸易。

（3）贸易开放。国际经济学关于贸易的概念大致上有贸易自由化和贸易开放两种说法，因此有必要在概念上澄清贸易开放和贸易自由化的区别。一般而言，经济学中贸易自由化的定义是指：政府对国际贸易不加以干涉，由自由市场力量决定各国之间的进出口贸易。而贸易开放一般指的是一个地区参与国际分工的程度，进出口量反映了分工交易的状况。由于决定国际分工的因素较多，除了政府政策的影响以外，还有其他要素禀赋、居民偏好以及技术进步等，因此高程度的贸易自由化并不必然会导致高贸易开放。从这个角度讲，贸易自由化可以被认为是手段，而贸易开放则是结果，这也是两者的区别（余官胜，2010）。

然而，贸易开放却是一个综合的概念，需要从三个维度加以定义，它们分别是制度约束、变化过程和结果（韩凤舞，2011）。第一维度是制度约束，即贸易开放是指一个国家（或地区）全部或者部分取消对进出口贸易的限制和障碍，全部或者部分取消本国（或地区）进出口商品的各种优待和特权，对进出口商品的干涉和限制全部或者部分消除，从而使政策所限定的商品能够完全或在某种程度上自由进出口，在国内市场上完全或在某种程度上自由竞争的贸易政策。它的两个极端条件分别是自由贸易和闭关锁国，即贸易政策的完全开放和绝对禁止。第二维度是变化过程，即贸易开放是一个从贸易的制度约束和贸易发生量（或称为贸易结果）两个方面出发不断发展的变化过程。第三维度是结果，即在当时的制度约束下一国（或地区）与其他国家（或地区）发生的贸易总量。将这三个维度综合即是本书所指的贸易开放。在这三个维度之间，制度约束是前提，只有制度约束放松后才能有贸易的真实发生——贸易结果的存在；相应的，"结果"是贸易的制度约束的结果。制度约束的不断变化，会导致贸易发生量——贸易结果跟着发生同方向的变化。而无论是制度约束还是贸易结果又始终是发展变化的过程，所以它们的共同变化构成了贸易开放的"变化过程"维度。所以，第二维度又是以另外两个维度为基础的。它们之间前提和结论这种紧密的联系使之成为一个整体，从而界定贸易开放的概念（见图1-3）。

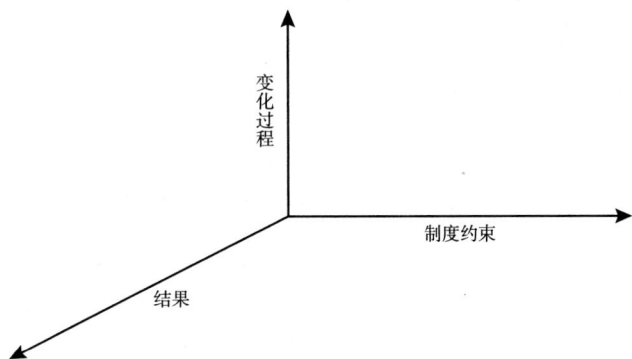

图 1-3　贸易开放的三维界定

2. 环境

环境（Environment）是一个泛指名词。从哲学角度看，环境是一个相对的概念，即它是一个相对于主体而言的客体。在环境科学领域，环境的含义是：以人类为主体的外部世界的总体。按照这一定义，环境包括已经为人类所认识，直接或间接影响人类生存和发展的物理世界的所有事物。它既包括未经人类改造过的众多自然要素，如阳光、空气、陆地、天然水体、天然森林和草原、野生生物等，也包括经过人类改造过和创造出的事物，如水库、农田、园林、村落、城市、工厂、港口、公路、铁路等；它既包括这些物理要素，也包括由这些要素构成的系统及其所呈现的状态和相互关系。

在生物学中，环境是指某一特定的生物体或生物群落以外的空间，以及直接或间接影响该生物体或生物群落生存的一切事物的总和。环境总是针对某一特定主体或中心而言，是一个相对概念，离开了主体或中心也就无所谓环境。环境保护法从实用易操作的角度将环境具体落实到对象，并明确其范围。如《中华人民共和国环境保护法》明确指出，环境是指大气、水、土地、矿藏、森林、草原、野生动物、野生植物、水生生物、名胜古迹、风景旅游区、温泉、疗养区、自然保护区、生活居住区等。这是把环境中应当保护的要素或对象界定为环境的一种工作定义，它纯粹是从实际工作的需要出发，对环境一词的法律适用对象或适用范围所做的规定。

根据不同学科对环境所下的定义，可将环境按主体、性质和范围进行分类。按主体，环境有人类环境和生物环境之分。以人为主体，其他生命物质和非生命物质都被视为人类环境。它包括自然环境和社会环境两部分。自然环境在人类出现以前就存在，是包括人类赖以生存的自然条件和自然资源的总和，即直接或间接影响到人类的一切自然形成的物质、能源和自然想象的总体，包括空气、阳光、水、土壤、矿物、岩石、动植物、气候以及地壳的稳定性等。社会环境指人类的社会制度等上层建筑条件，包括社会的经济基础、城乡结构以及同各种社会制度相适应的政治、经济、法律、宗教、艺术、哲学的观念和机构等。以生物为主体，生物体以外的所有自然条件被称为生物环境。按性质，环境可被分为自然环境、半自然环境（被人类破坏后的自然环境）和社会环境三大类。按环境大小，环境可分为宇宙环境、地球环境、区域环境、外环境和内环境几类，其中地球环境是指大气圈中的对流层、水圈、土壤圈、岩石圈和生物圈，又称为全球环境或地理环境。在环境科学中，最常用的是将环境分为自然环境和人工环境（樊芷芸，2004）。由于本书研究的环境是相对于人类活动的城市化系统而言的，因此这里的环境是指自然环境，按其要素划分，可把环境分为大气环境、水环境和其他。

3. 城市化

城市化（Urbanization），又称城镇化或都市化，是当今世界最重要的社会、经济现象之一。各国学者对城市化进行了广泛而深入的研究。据不完全统计，1949～2001年我国共出版有关城市化的著作395部，其中狭义城市化著作124部，学位论文100余篇，尤其是改革开放以来，我国公开发表的城市化学术论文多达万篇（姜爱林，2002）。国际上，由 SCI、EI 和 ISTP 世界著名的三大检索系统收录的城市化学术论文分别达到了 5113 篇、54695 篇和 65428 篇。但是，由于各个学科对城市化的理解不一，因此迄今为止，关于城市化还没有一个完整统一的定义，对此各个学科做出了不同的解释（许学强，1996）。

经济学家通常从经济与城市（镇）的关系出发，强调城市化是从乡村经济向城市经济的转变过程；地理学家强调城乡经济和人文关系的变化，认为城市（镇）是地域上各种活动的中枢，城市化是由社会生产力的发展而引起的农业人口向城镇人口、农村居民点向城镇居民点转化的全过程；社会学家以社群网（即人与人之间的关系网）的密度、深度和广度作为城市（镇）研究的对象，强调社会生活方式的主体从乡村向城市（镇）转化；人口学家研究城市化，主要是观察城市（镇）人口数量的变化情况，城市（镇）人口在总人口中比例的提高，城市（镇）人口规模的分布及其变动等，并分析产生这种变化的经济、社会原因及后果；人类学家则以社会规范为中心，认为城市化是人类生活方式的转变过程，即由乡村生活方式转为城市（镇）生活方式的过程；历史学家认为城市化就是人类在从区域文明向世界文明过渡中产生的社会经济现象；生态学家则认为城市化是人及其生产环境由农村向城市演化的过程；系统论者认为城市化是物质、能量的输入和产品、信息、废弃物等的输出，由农村转向城市的从无序到有序的过程（蔡俊豪等，1999）。

可见，尽管不同学科对城市化的解释不尽相同，但城市化作为一个社会经济的转化过程，不仅包括人口流动、地域景观、经济领域、社会文化等诸方面的内涵，而且随着经济、社会的发展，城市化的内涵也在发生变化（刘耀彬，2007）。例如社会学家 H. Eldridge（1956）认为人口的集中过程就是城市化的全部过程；经济学家 D. Clark（1982）则将城市化视为第一产业人口不断减少，第二、三产业人口不断增加的过程；日本社会学家矶村英一把城市化分为动态的城市化、社会结构的城市化和思想感情的城市化，基本包含上述内容。L. Wirth（1938）认为城市化是指从农村生活方式向城市

（镇）生活方式发生质变的过程，这是一种比较抽象的"综合说"（徐春秀，2001）。本书对城市化的界定基本上就是从城市人口、城市经济、城市空间和城市社会四个角度展开的，并且认为这四者之间是相互联系、互相促进的，其中，经济发展是基础，人口增长和地域扩张是表现，社会生活水平提高是最终结果或目标。

基于对城市化的不同理解，国内外学术界提出了各种各样的城市化名称。例如逆城市化（Counter-urbanization）、郊区城市化（Suburb-urbanization）、乡村城市化（Rural-urbanization）、城市城市化（City-urbanization）、假城市化（Pseudo-urbanization）、过度城市化（Hyper-urbanization 或 Over-urbanization）、隐性城市化（Potential Urbanization）与半城市化（Semi-urbanization）、人口城市化、经济城市化、空间城市化、景观城市化、生活城市化、城市化 I 和城市化 II 等（许学强，1996）。其中，美国学者 J. Friedmann（1965）将城市化过程区分为城市化 I 和城市化 II，是比较有影响的说法，他认为城市化 I 是包括人口和非农产业活动在规模不同的城市环境中的地域集中过程、非城市型景观转化为城市型景观的地域推进过程，是可见的、物化了的或实体性的过程；而城市化 II 则包括城市文化、城市生活方式和价值观在农村地域的扩散过程，是抽象的、精神上的过程。

（二）研究对象

尽管改革开放以来中国经济经历了高速增长阶段，但依然没有脱离资源依赖型经济增长路线，传统的以"高投入、高消耗、高污染、低质量、低效益、低产出""先污染、后治理""先破坏、后整治"为特征的发展方式继续占据着主导地位，环境污染和资源匮乏是悬在中国城市化持续发展头上的两把利剑。因此，城市化与环境恶化、资源有效利用以及污染外部效应的两难冲突已经引起人们对我国可持续发展的重新思考，环境与我国城市化可持续发展已成为城市经济学界和环境经济学界的重要课题，尤其是在经济全球化、城市经济一体化加速发展的进程中，开放经济条件下环境资源约束对中国城市化持续发展的影响等更成为学术研究的热点（刘耀彬等，2007）。

基于此，本书试图从理论上初步构建分析贸易开放、环境变化与城市化的相互效应与传导机制的基本框架，并且尝试性地考虑贸易开放对一国或者一个地区环境质量变化、城市化发展的影响，进一步将环境－城市化问题拓展到开放经济增长模型中，以此考察对外贸易是如何影响城市化增长以及环境质量的。尽管众多文献分析了贸易开放的增长效应，然而同时将贸易、环境与城市化纳入一个统一分析框架下的文献仍不多见。本书理论研究表明，一旦考虑了贸易开放的城市化效应与环境效应，将得到比已有文献更为丰富的结论，即贸易开放是否促进了城市化增长或者改善了环境质量关键依赖于发展路径的选择与协调模式的确定。

此外，本书还以我国开放经济最前沿的长三角（16 个城市）为研究对象，对贸易开放、环境污染与城市化的互动关系、传导机制及内生增长进行实证分析，并以此为依据来分析该地区贸易开放、环境质量和城市化之间的协调发展以及政策模拟问题。值得注意的是，长三角的区域范围可以从狭义和广义两个角度来加以衡量。狭义的长三角指"长江三角洲地区城市经济协调会"所属的上海市及江苏省的南京、无锡、常州、苏州、南通、扬州、镇江、泰州和浙江省的杭州、宁波、嘉兴、湖州、绍兴、舟山、台州 16 个会员城市所辖地区。广义的长三角指上海市、江苏省和浙江省所辖地区。本书中的长三角指狭义上的长三角地区。

（三）主要内容

全书共分 9 章。

第一章是绪论。阐明选题的背景和意义，界定相关概念与明确研究对象，阐述本书的研究目标和内容、思路与方法，研究的思路与技术，以及提出本书的特色与创新之处。

第二章是理论回顾与研究综述。在对城市化理论的环境观和贸易理论的环境观进行回顾的基础上，对贸易、环境与城市化关系的国内外研究现状进行综述和评价，指出现有研究的不足，并指明研究趋势。

第三章是开放经济下的贸易、环境与城市化的互动效应。根据 PRS 框架思想，在建立贸易、环境与城市化相互作用的分析框架的基础上，分别从三个方面对贸易、环境与城市化的互动效应进行分析：一是利用 Grossman 和 Krueger（1993）以及 Ekins（1997）的贸易－环境效应分析框架，分别从规模、结构和技术等方面探讨贸易作用的环境效应，并利用经济学均衡分析方法比较环境对贸易条件的制约效果；二是利用 Petrakos（1989）构建的开放经济下的贸易对城市化作用的假设和我国学者提出的城市化多元动力模型分析贸易对城市化的作用效应，并从作用途径的角度分析城市化对贸易的影响机制；三是利用"尾效"和"诅咒"模型，分别从环境的刚性约束和软性约束两个角度探讨环境对城市化的约束效应，并采用 Grossman 和 Krueger（1995）提出的 EKC 曲线假设分析城市化导致的环境效应。以开放经济为背景，分析贸易、环境与城市化两两互动关系，为后文的传导机制研究提供分析依据。

第四章是开放经济下的贸易、环境与城市化的传导机制。在对开放经济下的贸易、环境与城市化传导机制的概念与内涵进行界定和阐释的基础上，利用互动效应分析结果，分别以贸易、环境和城市化作为工具目标，采用经济学的比较静态均衡分析方法分析不同组合条件下的传导过程；利用联立方程组建模的思想构建出开放经济下的贸易、环境与城市化的传导机制模型。以开放经济为背景，分析贸易、环境与城市化三者内在的传导机制，为后文的内生增长模型提供理论依据。

第五章是开放经济下的贸易、环境与城市化的内生模型。首先，基于 Grossman 和 Helpman（1991）以及 Rivera-Batiz 和 Romer（1991）的模型框架，导入一个包含环境因素的小国开放的多部门内生增长模型，比较完整地刻画出开放经济条件下贸易、内生技术进步、经济增长与环境质量之间的内在关系。其次，借鉴 Lewis（1954）的二元结构理论，将经济分为农业和非农业两个部门，将外商投资引入生产函数，开始建立开放经济下的城市化二元经济模型。最后，通过城市化与经济增长关系模型，构建出开放经济条件下的贸易、环境与城市化的内生增长关系模型。通过对模型的系统分析，从理论上回答了以下几个主要问题：在开放经济下，一国贸易如何影响环境质量？环境如何影响增长？贸易与环境进而如何影响城市化均衡？在考虑环境外部性的情况下，城市化均衡的条件是什么？其政策含义是什么？

第六章是开放经济下的贸易、环境与城市化协调发展的政策评价模型。首先，在对开放经济下的贸易、环境与城市化协调发展内涵和特征进行阐述的基础上，利用协同论思想构建协调发展评价模型，并划分协调评价的等级体系。其次，根据系统分解思想建立评价指标体系和评价方法，为后文的协调评价提供定量分析的基础。最后，通过情景分析方法构建情景模拟模型，为开放经济下的贸易、环境与城市化之间的协调发展的政策评价提供定量分析的基础。

第七章是开放经济下的贸易、环境与城市化：基于长三角（16个城市）的实证研究。基于时间序列和面板数据，分别采用时间序列计量方法、面板联立方程组、面板动态方法、协同分析技术和情景分析方法从四个方面对长三角（16个城市）的贸易、环境与城市化两两互动效应、三者传导机制与内生增长关系、协调发展和情景发展进行实证检验与分析：一是基于VAR模型的时序系统分析技术，实证考察1990~2009年长三角（16个城市）的贸易与环境、贸易与城市化、环境与城市化两两之间的长期均衡关系、Granger因果关系以及相互动态影响效应；二是采用面板计量模型和面板联立方程组估计方法，实证检验1990~2009年长三角（16个城市）的贸易、环境与城市化三者之间的长期均衡关系以及传导机制；三是采用面板计量模型和面板FMOLS和DOLS估计方法，实证检验1990~2009年长三角（16个城市）的贸易、环境与城市化三者之间的内生增长关系；四是基于协调评价模型对2009年长三角（16个城市）的贸易、环境与城市化协调状况进行评价和分类，并使用情景分析方法对长三角（16个城市）协调发展情景进行模拟。

第八章是国外处理贸易、环境与城市化的经验及其对中国发展的启示。本章从三个方面来总结国外经验，并给出政策启示。首先在协调贸易和环境方面，美国和欧盟都建立了严格的环境法律体系和完善的环境政策，并利用层出不穷的绿色壁垒减少对环境的威胁，所以中国可以通过优化产业结构、加强对国外环境壁垒的学习、推进环境立法工作来实现经济健康可持续发展。其次在协调贸易和城市化关系方面，美国和欧盟模式则有所不同，欧盟主要依靠对内一体化、对外贸易自由化来促进区域城市化的发展，而美国则主要是通过利用自身港口优势、发展创意产业、创新高新技术、推行贸易保护主义、向国外转移污染企业等来影响城市化进程。因此，中国应该发展高新技术产业和创意产业、扩大对外开放和积极应对贸易壁垒，减小城市化过程中的阻力。最后在协调城市化和环境发展方面，本部分通过总结欧盟和美国的城市化发展过程，归纳其不同城市化阶段渐进的环境政策以及具体措施，提出中国应该通过构建完善的法律体系和执法机制、完善市场机制、征收环境税费、普及环境保护意识来大力支持中国环境产业的发展。

第九章是结论与展望。对全书进行了概括性总结，指出了本研究中的主要结论，并对下一步的研究进行了展望。

三 研究特色与创新之处

（一）研究特色

1. 选题具有前沿性

城市化发展与环境恶化、资源有效利用以及污染外部效应之间的关系日益引发人们的担忧，尤其是在经济全球化加速发展的新形势下，贸易自由化、环境污染与我国城市化可持续发展已经成为摆在经济学家们面前的重要课题。本书尝试着同时将贸易、环境与城市化纳入一个统一分析框架下，系统地研究开放经济下的贸易、环境与城市化之间的关系，并基于中国长三角（16个城市）实际经济环境数据进行实证分析，无疑具有一定的理论创新价值与现实指导意义，在国内外都是一个比较前沿的研究课题。

2. 研究方法具有综合性

由于研究开放经济下的贸易、环境与城市化关系的命题涉及多学科，所以在理论分析方面运用了多学科的研究方法。本书在研究中将归纳法、系统分析法、比较分析法、定量分析法、均衡分析法等进行融合，通过多种方法的融合使用得出结论。

本书在实证分析方法方面综合了近年来迅速兴起的动态计量方法，并使用时间序列动态计量模型和面板联立方程组、面板 FMOLS 和面板 DOLS 等。这些较为前沿的计量分析方法在本书的实证分析中均得到了广泛的应用，也为本书实证分析结果的稳定性与可靠性提供了一定的方法论保障。

3. 研究区域具有代表性

以我国对外开放最大和最前沿的长三角地区为例，构建贸易开放、环境约束与城市化演进的实证模型和方法，提出更具现实性的政策建议，为其他类似地区的研究提供前瞻和借鉴。

（二）创新之处

1. 研究理论的创新

本书在前人研究成果之上，通过整合城市经济增长理论、贸易理论以及环境经济学的有关理论，同时将贸易、环境与城市化纳入一个统一分析框架下，系统地研究了资源耗竭与经济可持续增长、环境污染外部性与可持续发展，以及开放经济下的贸易开放对城市化长期增长与环境质量的影响效应。在分析开放经济下贸易、环境与城市化的两两互动效应的基础上，研究了开放经济下的贸易、环境与城市化三者之间的内在传导机制，改变了以往研究中单一分析的局限性。

2. 研究模型的创新

研究中遵循从封闭到开放的研究思路，通过开放经济的内生增长模型、开放经济下的城市化模型以及城市化与经济增长关系模型，构建出开放经济下的贸易、环境与城市化的内生增长模型；进一步将贸易开放、环境污染与城市化问题统一到协同论思想之中，开创性地建立三者协调评价模型和情景模拟模型，以考察三者的变化是如何影响整个系统的协调状态的。

3. 实证检验的创新

（1）将贸易、环境与城市化纳入同一体系，以长三角（16 个城市）为例，在所构建的传导机制模型基础上，根据开放经济下的不同条件，通过结合面板协整、面板格兰杰因果检验分析法和面板联立方程组等现代计量方法，对研究区的贸易、环境与城市化三者之间的内在传导机制进行了实证检验，探求三者之间的传导路径。

（2）通过构建开放经济条件下的贸易、环境与城市化的内生增长关系模型，利用面板数据检验方法和面板 OLS、面板 FMOLS 和 DOLS 估计方法估计出了长三角（16 个城市）人力资本、物质资本、贸易、环境这四个经济要素对城市化进程的影响程度和大小，验证了该地区开放经济下的贸易、环境与城市化内生增长的内因。

（3）对长三角（16 个城市）的贸易、环境与城市化发展水平进行了计算，根据协调发展度模型对 16 个城市的贸易、环境与城市化之间的协调发展程度进行了测算，依据测度结果将 16 个城市划分为 4 种发展类型。在评价分析的基础上，进行了情景分析，通过比较不同方案的优劣提出了贸易、环境与城市化协调发展的路径，为长三角（16 个城市）的可持续发展提供借鉴。

第二章
理论回顾与研究综述

一 城市化理论的环境观回顾

（一）古典城市化理论的环境观

早期城市化理论研究一方面青睐于农村人口由农业部门向城市工业部门转移的现象，另一方面也对城市本身的经济增长给予了一定关注。早在 19 世纪末，E. G. 拉文斯坦（E. G. Ravenstein）就对人口的转移进行了具有开创意义的研究。他在《人口转移规律》一书中提出，受歧视、受压迫、沉重的负担、气候不佳、生活条件不合适都是促使人口转移的原因，而其中的经济因素是主要的。拉文斯坦的观点被认为是人口转移"推－拉"理论的源头（陈欣欣，2001）。唐纳德·博格（D. J. Bogue）于 20 世纪 50 年代末在拉文斯坦的基础上明确提出了系统的人口转移"推－拉"理论，即运用运动学的原理解释了人口迁移产生的机理（钟水映，2000）。早期经济学家对农村剩余劳动力转移进行了比较多的探索，其中最为系统、最富有应用价值的理论是"二元结构理论"。刘易斯（Lewis，1954）、拉尼斯与费景汉（Ranis et al.，1961）、托达罗（Todaro，1969）、乔根森（Jorgenson，1961）、迪克西特等（Dixit et al.，1977）都发表了自己的二元结构理论。本书根据是否认为发展中国家存在劳动边际生产率为零的无限劳动力供给，将刘易斯、拉尼斯、费景汉、托达罗等人的二元结构理论划定为古典二元城市化理论，而将乔根森、迪克西特等人的观点视为新古典二元城市化理论。

1. 承认土地供给不足而主张农村剩余劳动无限供给的古典二元结构理论

刘易斯在 1954 年发表的论文《无限劳动供给下的经济发展》中指出，经济发展的一个前提条件是无限剩余劳动供给。发展中国家一般具有资本非常稀缺、土地相对有限以及人口增长快速等特点，这些特点必然影响着传统农业。由于资本投入不足而劳动力十分丰富，在有限的土地上进行农耕，农业劳动生产率必然很低，甚至持续下降，以致农业劳动的边际生产率降低为零，甚至成为负数，这些劳动事实上是剩余劳动。由于城市工业部门的工资水平高于农业劳动者的收入水平，农业劳动者如果不受干涉自然就会有向城市流动的倾向，因而工业部门得到来自农村的劳动力的源源不断的供给（谭崇台，2001）。因此，只要农业存在着剩余劳动，工业就可以在工资不变的条件下得到无限劳动力供给。

拉尼斯和费景汉两人在刘易斯的基础，提出了自己的人口流动模式（Ranis et al.，1961）。他们认为，刘易斯模式有两个缺点，一是没有足够重视农业在促进工业增长中的重要性，二是没有注意到农业由于生产率提高而出现剩余产品应该是农业中的劳动力向工业流动的先决条件。拉尼斯和费景汉将工农业间的贸易纳入了研究之中，将农业总产出减去农民消费的余数称作农业总剩余（Total Agricultural Surplus），它是提供给工业部门消费的。农业剩余对工业部门的扩张和农业劳动力的流动具有决定性意义，因为农业剩余影响工业部门的工资水平，并进而影响工业部门的扩展速度和劳动力流出速度。农业生产率的提高，可以使农业剩余和边际生产率增加，是保证工业部门扩张和劳动力流动的必要条件（谭崇台，2001）。

20 世纪 60 年代和 70 年代之交，托达罗发表了一系列论文，阐述他的人口流动模式。他一改以往其他学者的做法，认为发展中国家存在着普遍的失业，而人口是在普遍失业这一条件下流动的。托达罗认为，城乡期望收入的差异是促进人口流动的根本动力。城市工业部门的工资水平不是固定不变的，但同时受到社会和政治因素的影响，因而往往是上升的，不断上升的城市工资水平使城乡收入水平差距不断扩大，势必引起城乡人口的增长率大于城市工业部门就业岗位的增长率，从而使城市的失业问题进一步恶化（谭崇台，2001）。为了减轻城市的失业压力，应该采取一系列措施，如提高农业技术水平减缓人口流动速度。

在古典二元城市化经济理论中，城市发展是一个不断淘干农村剩余劳动力澡盆的过程（谭崇台，2001）。城市化是经济发展和经济结构转变所带来的经济活动和人口在城市的集聚。劳动投入和资本积累是城市发展的必要条件，但不是充分条件，因为大量资本和劳动所产生的效应在很大程度上还取决于部门之间的技术转换水平和结构状态。以农业中存在边际生产率为零的剩余劳动为出发点，支付维持生存的最低工资就可获得无限劳动力供给，同时又认定只要存在工业部门对农业剩余劳动的需求，农业部门就可以无限发展；城市工业部门不存在失业，其规模只受资本积累和劳动的制约。虽然该理论指出农村剩余劳动的产生是源于农业资本投入和土地供给不足等因素，但只为解释人口转移现象的产生而提供外生给定的诱因之一，并未将土地要素纳入人口转移分析之中。另外，尽管拉尼斯和费景汉认为吸收劳动力的速度必须高于人口增长速度以摆脱马尔萨斯陷阱，似乎暗含了城市化速度必须突破资源的限制，但是其旨在说明城市工业部门对整个经济社会的重要性，抑或强调人口转移能够解除人类面临的经济发展困境；托达罗主张降低农村人口向城市部门转移速度的观点，可谓是早期适度城市化进程的思想，但他所考虑的并非城市资源环境的约束，而是强调农业部门和城市工业部门协调平衡发展。因此，总体而言，古典二元城市化经济理论只是将土地作为一种基本生产要素，基本上没有涉及自然资源耗竭的论点，也没有考虑资源环境对人口城市化过程的约束作用，更未涉及环境保护的范畴。

2. 淡化土地约束并摒弃剩余劳动无限供给假设的新古典二元结构理论

乔根森（1969）抛弃了刘易斯、拉尼斯和费景汉等人所坚持的农村存在边际产品为零的剩余劳动力和不变工资的基本假定，转而从农业发展与人口增长的角度来研究二元经济结构转化与劳动力转移问题（胡彬，2008）。

在他看来，农业部门是国民经济的主体，而工业部门是在出现农业剩余以后产生和逐渐发展起来的。乔根森认为，农业剩余是农业产出增长超过人口最大增长的结果。当人口增长达到最大值后，农业产出增长超过人口最大增长率时，才产生农业剩余。农业剩余是工业部门产生、增长的前提条件和规模限度。没有农业剩余存在，就没有劳动力的乡—城转移；农业剩余一旦出现，就促使农业劳动力向工业部门转移，工业部门就开始增长；农业剩余越大，农业劳动力向工业部门转移的规模越大，伴随着工业资本积累，工业增长也就越快（戴炳源等，1998）。迪克西特（1977）更多地继承了乔根森的研究方法，大力主张通过推进农业技术进步和农业资本积累来提高边际劳动生产率和提高农村就业水平。他以长期内技术不断进步和农业劳动生产率不断提高为前提，导出了工业资本加速积累、因资本产出比和人均资本拥有量不断下降而引起资本边际产出水平上升这两个中间推论，进而得到与传统二元城市经济理论一致的结论。同时，他也主张通过积极财政政策的参与，通过包括税收、价格和国际贸易在内的政策达到弱化农业剩余市场化约束的目的，以保证工业化的顺利进行（李峰峰等，2005）。

在新古典二元城市化经济理论中，农业部门的地位得到提升，成为优先发展部门，工业部门发展的充分必要条件是保证农业剩余不断增长；技术进步对农业的作用得到重视，该理论主张通过大力提高农业生产率，增加农业剩余，一方面使更多的农业劳动者从土地上解放出来，另一方面增加农业部门与工业部门之间产品供需的贸易量，以促进农村人口向城市工业部门转移，实现工业部门的资本积累和规模增长。该理论将人口增长和家庭人口供给的决策内生化，强调工业是一个不断进步的部门，认为技术进步与资本积累是工业部门扩展的源泉。可以看出，农业技术进步和工农业之间的贸易成为农村人口由农业部门向工业部门转移的重要推动力。因此，新古典二元城市化经济理论基于对农业剩余的关注，重点考虑技术与贸易的作用，依然无法避开忽视资源环境约束的理论盲点。

3. 持资源环境可替代观的传统城市经济增长理论

早期学者探究城市经济增长的经典模型主要有城市经济基础模型和城市

新古典经济增长模型（周伟林，2004）。经济基础模型是最早被用于分析城市经济增长的经济学工具。它把一个城市或地区的经济分为两大部门，即基础部门和非基础部门。城市内的基础部门往往承担该区域或所属国家某种产品的大部分生产任务，所以这些部门的产出品是外部市场导向的，从某种意义上说，可以把基础部门理解为以出口为基础的产业集合。此外，还有很多产业的产品主要是为当地居民提供服务，比如零售业、餐饮业等，这些服务部门构成了非基础部门。假设总产出（Y）可以表示为基础部门的产出（Y_B）和非基础部门的产出（Y_s）之和。进一步假定非基础部门的产出是由经济的总产出水平决定的，即 $Y_s = nY$，并且非基础部门与整个经济的联系系数 n 本身又是当地基础部门产出的函数，即 $n = n_0 + n_1 Y_B$。于是有：$Y = (n_0 + n_1 Y_B)Y + Y_B$，由此可以求得总产出的增长为：$\Delta Y = (\frac{1 + n_1 Y}{1 - n_0})\Delta Y_B$，其中 $(\frac{1 + n_1 Y}{1 - n_0})$ 为经济基础乘数。这表明，城市经济总产出的增长依赖于对贸易的需求及其增长，而且随着城市规模的扩大，城市经济增长对基础部门规模变动的敏感性将进一步增强。这个理论说明了城市的对外贸易对城市经济增长的重要意义，也证明了城市对外开放的重要性。但是，对于基础部门，该模型没有深究其增长的原因，而且这一模型缺乏在一个统一框架下对资本、劳动各种要素的城市增长分析，未能将自然资源与环境等因素纳入研究框架中，但它突出了对国民经济中开放部门和非开放部门的经济结构分析（夏德孝，2008）。总体而言，城市经济基础模型对于城市发展的研究是将自然资源与环境排除在研究视野之外的。

经济基础模型侧重于把需求变动看作城市经济发展的主要动因，而城市新古典模型主要是从投入或者供给的方面来说明城市经济增长。对于城市来说，在生产的三要素中，土地的供给量是一定的，资本和劳动力则是可以自由流动的。新古典模型主要关注的就是这两种常规要素。Ghali 等建立了一个柯布－道格拉斯式的城市部门生产函数（Ghali et al.，1978）：$Y_{ut} = Ae^{rt}K_{ut}^a L_{ut}^{1-a}$。其中 Y 表示产出，u 和 t 分别代表某个城市和某个时期，A 代表技术水平，r 反映技术进步的速度。假定要素市场是完全竞争的，那么在均衡状态，工资将等于劳动的边际产出，资本的报酬（利息）将等于资本的边际产出。在长期内，生产要素的自由流动将消除城市间要素价格的差异。可以进一步通过此过程中城市产出的增长将该式进行相应的简化、变换得到下列公式：$y = ak + bl + t$，从而计算此过程中城市产出的增长。其中，y 表示产出增长率，k 表示资本增长率，l 表示劳动增长率，t 表示不变的技术常数。a 表示资本在总产出中所占的份额，b 表示劳动在总产出中所占的份额（此处 $b = 1 - a$）（夏德孝，2008）。也就是说，城市经济的增长源自技术进步率、资本投入增长率和劳动投入增长率。可以看出，受新古典经济学的影响，经济基础模型摒弃立足于资源的稀缺性与经济增长关系的古典经济学研究出发点，将稀缺资源作为一个既定的前提，并秉持乐观的自然资源可替代观，即认为可以通过科技、市场调节机制、对外贸易供给等手段克服资源稀缺问题，因此，在核算城市经济增长来源时，也没有将自然资源考虑进去。

（二）新古典城市化理论的环境观

新古典城市化理论侧重于用规模效应和集聚效应来解释城市的出现。城市最本质的特征表现为经济活动空间的集聚性和经济活动外部效应的广泛性。集聚经济可以分为两种形态：一是由经营规模的扩大而产生的生产集聚，称为规模经济；二是由众多企业在空间上的集聚，企业之间通过分工、协作和基础设施的共用实现收益的递增，称为集聚经济（周伟林，2004）。分工制度的演进是城市经济集聚的根本动因。建立在分工理论基础之上的城市化理论包括两类：一是基于第Ⅰ类集聚经济（生产集聚经济）的城市化理论；二是重点研究第Ⅱ类集聚经济的新兴古典城市化理论。

1. 注重地理位置的新古典区位理论

杜能、韦伯、克里斯塔勒、勒施、俄林等人创立的区位理论，是最早用集聚效应来解释城市空间分布的理论（Thünnen，1826；Weber，1909；Christalle，1933；Lösche，1939；Ohlin，1977）。杜能在《孤立国》中对农业生产区位进行了深入的研究（中心地模型，Central Place）。杜能（1826）

假设"孤立国"的存在，并且认为在这样的地区内只有一个位于中心的消费市场，即城市，于是他按照决定农业经营利润的农产品市场价格、生产成本和运输费用这三个因素来将"孤立国"划分为六个围绕中心（即城市）的农业同心圆圈，即"杜能圈"（戚晓明，2008）。韦伯（1909）则在其所著的《工业区位论》中利用原材料、运费、劳动力费用和集聚力等区位因子详细分析了工业生产的最佳区位和相应的布局，并引起了后来学者对集聚效应的重视，集聚效应后来成为区位论的核心问题之一（戚晓明，2008）。克里斯塔勒（1933）提出了城市的"等级 – 规模"一说，深刻地揭示了城市、中心居民点发展的区域基础及"等级 – 规模"的空间关系。他认为，城市是人类社会经济活动的中心，周围区域向其输送产品，它也为周围区域居民提供所需要的物质和服务；他依靠中心提供物质和服务的等级而将中心地划分为若干等级，从而使城市之间构成一个有规则的等级体系（戚晓明，2008）。勒施（1939）则从经济系统总体平衡入手，研究生产区位和市场的布局。他用利润原则来说明区位趋势，并把利润原则同产品的销售范围联系在一起进行考察（魏伟忠等，2005）。俄林（1977）将贸易理论和价格理论相结合试图建立一般区位理论，最突出的观点是认为每一地区最适于生产所需本地要素较丰富的产品，而最不适于生产所需本地要素存量较少甚至没有的产品（李高产，2008）。

古典区位理论从不同的角度研究了不同的经济客体，分析了区域空间内相关因素对农业、工业、城市中心、市场布局的影响，为以后的城市化研究提供了可资借鉴的研究范式。总的来说，无论是新经济地理理论、新古典还是新兴古典的城市化理论都是区位理论的延展。区位理论之所以重要，是因为它们分别从不同的角度认识到了空间的差异性及其对企业生产和个人居住偏好选择的内生性影响（胡彬，2008）。综观整个新古典区位理论，自然优势决定企业选址是一种客观存在，它的潜在作用是很容易被看到的。马歇尔写道："导致工业地区性分布的原因很多，但主要的原因是自然条件，如气候和土壤的性质，附近矿藏的存在或通过陆路或水路容易到达。因此，金属工业一般位于矿山附近或者在燃料便宜的地方"（马歇尔，2005）。然而，他们研究的出发点是成本节约的比较优势，并没有严格区分"第一自然"与"第二自然"（first and second nature of geography）（"第一自然"指城市所在地土壤、港口、河道等的自然优势，"第二自然"指由居住于城市所在区位的人类所创造的优势）的区位优势特征（Cronon，1991），而只是将企业的区位决策归因于对最低成本或最大收益的追求，从而使是否拥有成本比较利益优势成为企业区位决策的标准。杜能的中心地模型在土地可分、规模报酬不变和完全竞争的标准假定条件下，解决了完全竞争条件下的土地租金决定问题，但是其划定的"杜能圈"已经明确限定了城市的范围，暗含城市的发展受土地面积的限制。区位理论对于生产成本的考虑，尤其是原材料费用，旨在说明应充分利用资源比较优势，可谓将资源视为城市发展的重要基础。但是，其没有专门将资源消耗与环境保护纳入城市发展的研究内容之中，更多的是侧重于对城市出现的经济特征的演绎。

2. 引入土地租金的第 I 类集聚经济的新经济地理理论

以 Krugman 为代表的新经济地理学派则将规模报酬递增和不完全竞争引入城市化问题研究当中。Krugman（1991）通过建立一个"中心 – 外围"（Core-Periphery）模型，阐明了规模经济与运输成本之间的相互作用内生决定制造业和工人向城市集聚的作用机制。该模型假定在一个经济体中，存在两个区域、两个部门（农业和制造业）和两种类型的劳动力（农民和工人）。农业部门以农民劳动作为唯一的投入，生产同质的产品，且规模报酬不变；制造业部门以工人劳动作为唯一的投入，生产一系列具有水平差异的产品，每个厂商只生产其中的一种，且具有规模经济（宋德勇等，2005）。农民在两个区域之间不能流动且分布均匀；工人在两个区域之间可以自由流动。农产品的运输无成本，制造品的运输成本遵循"冰山"形式，即假设商品在运输途中会逐渐"融化"，运输成本就用"融化"掉的部分来表示（Samuelson，1952）。Krugman 认为，区域间的均衡——无论是趋同还是分异，是由集聚力和分散力共同作用的结果（邱竞等，2008）（见表 2 – 1）。运输成本的变化会使两种力量大小发生转变，由此决定产业是分散还是聚集。高运输成本、微弱的规模经济以及制造业商品的低消费份额将阻止产业的地理集聚，刺激制造业部门选择靠近消费市场的区位进行产品的生产，所以产业将在两个区域均匀分布。当运输成本降到中间水平时，产生的前向联系（工人倾向于靠近生产制造品的厂商定居）与后向联系（厂商倾向于向市场规模更大的区域集中）的因果循环效应最强，企业将在某一地区形成集聚，制造业就由经济中原来的均匀分布逐步演变成一种"中心－外围"的经济结构（Myrdal，1957；Hirschman，1958）。在运输成本进一步降低的情况下，企业是进一步地集中还是开始分散，要看分散化力量和集聚性力量谁居主导地位，当运输成本降到使分散力量占主导地位时，企业就不必接近市场布局，产业就可能出现分散化（宋德勇等，2005）。

表 2 - 1　新经济地理理论的空间均衡力量

集聚力	分散力
前后向联系	农民的非流动性
丰富的劳动力市场	土地租金
纯粹的外部经济	纯粹的外部不经济

资料来源：Krugman，P. "Increasing Returns and Economic Geography"，*Journal of Political Economy*，1991，99（3）：483－499.

新经济地理理论认为劳动力流动、收益递增和运输成本是促使经济活动和人口向城市区域集中的力量，它们直接加深了城乡不平等程度，而由拥挤和城市土地租金等构成的分散力促使企业和工人向外迁移（Ayele，2003）。企业在选址时需要考虑，由于规模经济、外部性的存在，拥有专业化、高技能的劳动力等集聚效应将带来生产力的增长，以及区位成本的上升，可在二者之间做出权衡；人们在选择居住地时，必须在土地价格与通勤成本之间权衡（邬丽萍等，2009）。从 CP 模型分析中可以看出，新经济地理理论强调的是诱发集聚的动因，而集聚通常被认为是城市存在的原因，其认为区域之间的发展差距是由产业集聚引起的，从而使城乡结构转变的原因锁定在产业的区位选择偏好上。由产业集聚推进的区域城市化，主要是由生产中心的非自然禀赋的比较优势而引起的。作为现代部门的制造业与服务业的集聚过程，由于能够对产业与要素产生源源不断的磁力吸引作用，所以被视为城市化的动力机制。CP 模型是在典型的中心地模型下得到发展的，其市场地的区位是外生的（Fujita et al.，2002），城市化的潜能在极大程度上取决于空间不均衡的程度和"第一自然"的地理特征。可以说，新经济地理理论在分析城市的发展过程时，将土地租金纳入了所建立的城市空间均衡模型中。

3. 重点研究第 II 类集聚经济的新兴古典城市化理论

科斯开创的交易成本经济学新范式为分析城市的性质、形成和发展提供了新的理论视角（刘玲玲，2006）。城市化作为人类社会与经济活动在地域分布结构、密度及相互关系演变中的一个重要历史现象，同样也是专业化分工演进的结果。新兴古典经济学则为解释城市出现和分工之间的内在关系提供了一种方法。1994 年，杨小凯和赖斯建立了第一个新兴古典城市化的一般均衡模型，该模型显示城市的起源和城乡的分离都是分工演进的结果（Yang-Rice，1994）。在 Yang-Rice 模型中，假定生产每种商品都具有专业化经济，即专业化程度越高，生产效率也越高，同时在贸易中会产生交易费用，这就会出现一个专业化经济与交易费用之间的两难冲突。当交易效率很低时，人们会选择自给自足，此时没有市场更没有城市。当交易效率提高一些以后，分工结构会从自给自足跳到局部分工，这时农民分散居住，而工业品生产者则选择离农民很近的地方居住，此时已出现市场，但仍然没有城市。当交易效率进一步提高时，专业制造业者、专业农民以及不同制造业者三者出现了高水平的分工，就出现了城市以及城乡的分离状况。城市从分工中产生的这种过程可以用第 II 类集聚效应——分工的网络效应和集中交易对提高交易效率的效应来解释。当分工水平提高而使交易的网络扩大时，总的交易费用会超比例地扩大；但如果参加交易的人将交易集中在一个中心地点，则会大幅度地降低交易费用。假如分工产生正的网络效应，则分工的网络效应将使某种大交易网络集中在一个小区域，从而提高交易效率。分工的正网络效应和集中交易提高效率之间的交互作用促使城市的产生（胡峰，2001）。

为了解释居民的居住格局和城乡之间地价的差别是如何内生的，孙广振和杨小凯（1998）发展了一个一般均衡模型对这个问题进行探讨。城市出现后，住在城市中的居民比住在乡村的人有更高的交易效率和较低的交易费用系数，城市的集中使第Ⅱ类集聚效应增加，城市所带来的方便使得人们倾向于居住在城市，结果使城市人均消费的土地面积减少，地价上涨。由于人们有自由迁居的自由，折中的结果是有一部分人会留在农村，形成较为稳定的居住格局和交易格局。从根本上讲，居住地分布方式、交易的地理模式、城市和农村的相对价格，以及分工网络都是相互依赖的（杨小凯等，2003）。

新兴古典城市化理论着重于交易费用和交易效率两者关系的比较分析，研究城市的性质和城市的形成，能较好地解释在一个较长的历史时期内城市产生、发展和演变的全过程，并得出一个自由化的结论：市场本身有能力选择合理的城市分层结构（胡峰，2001）。难能可贵的是，他们看到了城市化过程中土地价格的上涨，即在城市发展中面临着土地存量约束问题。然而，他们强调市场均衡的作用，认为尽管土地对城市发展有限制作用，但是合理的城乡格局仍会自发地形成。可见，在分析城市发展的过程中，新兴古典城市化理论将土地的有限视为外生既定的条件，没有对土地资源与城市环境保护做深入的考虑。

（三）内生城市化理论的环境观

现代城市经济学家重点关注基于城市增长的城市化潜能。早期，Hirsh和 Button 也曾讨论过城市增长问题，但是他们的城市增长模型更加强调区域内外部门之间互动作用带来的就业增长的乘数效应和区域投入产出的迂回工业化效应（胡彬，2008）。城市在发展经济的过程中，具有不同于其他区域的特征，如技术扩散、知识外溢、人力资本的高流动性和自然资源与环境的约束等。这些因素导致城市的经济增长在依托要素、增长路径、目标定位等方面有其独有特征（张艳辉，2008）。得益于内生城市经济增长理论的兴起，越来越多的学者通过研究城市经济增长更多地关注城市本身的发展，将相关因素纳入分析框架之中。

从 20 世纪 80 年代中后期开始，Romer、Lucas、Grossman 和 Helpman 等一批经济学家突破新古典城市经济增长理论的两个核心假定，即技术外生和生产的规模收益不变，创立新的城市经济增长理论——内生城市经济增长理论，致力于把技术进步内生化（见表 2 - 2），探究技术进步及其决定要素（贺俊，2007）。他们假定"当资本存量增加时，其边际生产率不减少为零"，因而，生产函数具有规模收益递增的特点，使城市经济持久增长成为可能。内生城市经济增长理论说明了技术扩散、知识外溢和富裕的人力资本是城市经济收益递增的源泉。Lucas 强调城市基于地方化信息与知识之间有着强有力的作用与反作用关系，城市化会影响经济增长的效率和扩大经济体内部的不平等，而经济增长也会影响城市化过程，从而使生产与人口的集聚形式发生空间演化（Lucas，1988）。

表 2 - 2　技术内生化路径

学者	路径
Romer(1986)	基于技术知识累积性的 Arrow 边干边学模型
Lucas(1988)	基于技术知识累积性的人力资本模型
Romer(1990)	基于技术知识累积性的产品水平 R&D 模型
Grossman，Helpman(1991)	基于技术知识替代性的产品垂直 R&D 模型

资料来源：参考贺俊《基于内生增长理论的可持续发展研究》，中国科学技术大学博士学位论文，2007，第 10 页，整理得到。

Lucas 强调城市在经济增长中的作用，认为城市是人力资本的集中地，城市的存在与发展是人力资本外部性的体现，可以作为人力资本的一种度量形式（Lucas，1988）。同时，城市是先进生产技术集聚的场所，而城市化则是劳动密集型技术向人力资本密集型技术转移的过程（张艳辉，2008）。Black 和 Henderson（1999）通过建立一个城市增长的理论模型（其中经济体由规模和数量内生的城市组成），在满足土地市场的完全竞争和城市政府（或土地开发商）的完全竞争，以及城市之间的产品市场出清和劳动力市场出清等条件后，将城市结构引入无限的代际增长模型（Black et al.，1999）。

Black 和 Henderson 分析了不同类型的城市规模和数量与经济增长的内在机制，及实现稳定增长的基本条件，研究了城市化如何影响经济增长效率和经济增长如何影响城市化模式这两大命题（钱陈，2005）。在 Black-Henderson 模型中，人力资本的增长潜能在某种程度上决定了城市的增长潜能。单个城市的规模与人力资本（人均人力资本拥有水平）积累率以正比的速度增长。在给定城市的相对规模和类型不随时间变化时，不同类型的城市增长呈现出平行态势，以确保一个相对不变的分布格局。Black-Henderson 的城市增长模型充分说明城市规模与地区教育水平之间存在着强烈的正相关关系。就城市化的增长效应而言，Black 和 Henderson 认为城市制度能够通过内在化地方知识溢出效应而促进城市的有效增长（胡彬，2008）。

但是传统的内生城市经济增长研究均没有包含资源环境因素，20 世纪 90 年代初开始，城市经济增长过程中所面临的资源与环境约束被逐渐纳入内生增长理论分析中。Bovenberg 和 Smulders（1995，1996）对 Romer 进行了修正，使之包含了环境变量，并把环境作为生产的一个要素；Ligthhard 和 van der Ploeg（1994）、Gradus 和 Smulders（1993）、Stokey（1998）通过扩展 Barro 的简单 AK 模型来研究环境污染与经济持续增长问题（李国柱，2007）。

涵盖资源环境因素的内生城市经济的研究过程则围绕着两个方向——"Resource drag"（国内译作"资源阻尼"或"资源尾效"等）和"Resource Curse"（国内译作"资源诅咒"）而不断被推进（Romer，2001；Auty，1993）。一方面，受 20 世纪 80 年代末至 90 年代初一系列全球环境恶化（如全球变暖、酸雨、臭氧层空洞）的激发，一些经济学家开始将自然资源、环境污染等因素纳入内生城市经济增长模型，以研究资源稀缺条件下的城市经济可持续发展问题（Barbier，1999；Romer，2001；Tsur et al.，2005）。另一方面，20 世纪中晚期，一些国家尤其是矿产资源密集型国家，自然资源的开采密集程度达到了史无前例的水平，但是，几乎毫无例外，20 世纪 70 年代以来大多数自然资源丰裕的国家经济都停滞了。这激发了一大批经济学家探求这一悖论的兴趣，他们通过建立含有自然资源要素的内生增长模型，探求这一命题的合理解释机制以获取克服这一现象的正确做法（Matsuyama，1992；Sachs et al.，1995）。

（四）城市化理论资源环境观演变的总结

城市进入经济学的研究视野是近几十年的事，可是至今经济学对城市发展尚无一致的解释。人们只是强调其经济活动的特征，对其所面临的资源环境约束的认识则经历了一个长久的过程（见表2-3），而这一方面受城市发展实践中资源环境问题日益突出的驱动，另一方面更得益于研究方法的不断发展。

表 2-3　城市化理论资源环境观总结

城市化理论			资源环境观	资源环境要素
古典城市化理论	古典二元经济结构理论		虚无观	—
	新古典二元经济结构理论		虚无观	—
	传统城市经济增长理论	经济基础模型	虚无观	—
		新古典城市经济增长模型	资源可替代观	自然资源
新古典城市化理论	新古典区位理论		基础观	自然资源
	基于第Ⅰ类集聚经济的新经济地理理论		城市发展受资源约束	土地
	基于第Ⅱ类集聚经济的新兴古典城市化理论		城市发展受资源约束	土地
内生城市化理论			城市经济受资源与环境双重约束："资源尾效"与"资源诅咒"	自然资源、环境污染

二元结构理论重点阐述了农村劳动力由生产效率低的农业部门向生产效率较高的城市工业部门转移的过程，这个过程恰恰是发展中国家经济实现不断增长的过程。绝大部分学者认识到农村劳动力得以流动不仅源于农村土地稀缺的排斥作用，更有城市部门各种优越性的强劲拉力作用，但是没有意识到城市不断吸纳农村劳动力之后可能引起的资源稀缺与环境恶化等问题。尽管有些学者对城市经济增长的传统研究更多地沿用了新古典经济学的分析方法，将城市经济增长的源泉界定在劳动、资

本与技术三个要素上，而资源稀缺问题可以通过资本投入与技术改进等方式得到很好的解决，因为它们始终没有被看成是城市经济发展的瓶颈。新古典区位理论在论证农业、工业、城市中心、市场等布局时，突出了自然资源的比较优势对空间生产格局的影响，认同自然资源在整个经济发展过程中的基础作用。

城市化是一种世界性的经济现象，是乡村分散的人口、劳动力和非农业经济活动不断进行空间上的集聚而逐渐转化为城市的经济要素，城市相应地成为经济发展的主要动力的过程。从本质上看，城市经济是空间上集中的经济，空间集聚又对城市产生了特殊的集聚效应，集聚经济的产生可以使企业获得更高的利润，居民可以得到更多的效用，从而改变了生产与消费决策的技术、成本和市场约束。集聚效应在提升区位生产力的同时，也拉动了区位成本的上升。产生于集聚效应的区位生产力差异将决定不同区位的地价，从而形成城市土地级差地租及城市土地利用的空间布局（邬丽萍等，2009）。新经济地理理论与新兴城市化理论在论述城市化的过程中，都看到了城市土地对城市扩张的限制作用，并将区位成本——土地租金纳入各自的研究框架中，前者将其视为城市形成与发展的分散力，后者则将其作为人们自由化行为的重要约束因素。但也要看到，后者由于过分强调市场化的作用，因此对土地因素的约束作用没有做详细的探讨。

内生城市经济增长理论可谓为城市化理论对资源环境的关注开创了崭新的局面。内生城市经济增长理论通过对城市经济增长过程中资源与环境问题的研究，间接分析资源环境对城市形成与发展的约束作用，进而实现可持续的城市化进程。内生城市经济增长模型的兴起，为学者们考虑资源环境的约束提供了思路和方法论支撑。内生经济理论的探索者们经历了将知识外溢、人力资本和R&D等内生化的过程，鉴于资源与环境在城市经济发展中的地位与作用日益凸显，他们开始将土地、水、能源等自然资源及环境污染等因素纳入内生增长模型中，以分析其对城市经济增长的约束作用。这种研究则沿"资源阻尼"与"资源诅咒"不断被推进，资源与环境的研究局面堪称百花齐放。

二 贸易理论的环境观回顾

(一)贸易与环境问题研究溯源

长期以来，国际分工理论被认为是国际贸易理论的核心。其中占国际主流地位的就是亚当·斯密的绝对优势理论、大卫·李嘉图的相对优势理论，以及赫克歇尔－俄林的要素禀赋理论。这三大理论为当时以及后来的学者研究国际贸易问题提供了经典的理论框架，但是它们都具有明显的局限性，即未将环境资源作为独立的生产要素纳入考虑中。所以，如果依照这些理论，国家在通过国际分工和国际贸易取得比较经济利益的同时，往往会为此付出巨大的生态环境代价，而这也在实践中得到了验证。尤其是当发达国家与发展中国家进行贸易往来时，常出现前者向后者输出"洋垃圾"或通过投资的渠道转移"三高"产业的现象（魏东，2007）。因此，在20世纪60～70年代，当经济活动与环境间的矛盾日益突出，绿色运动在全世界范围内迅速展开时，学者们逐渐在传统的国际贸易理论的基础上加入环境因素，对原有的贸易理论进行了扩展。到了20世纪90年代，对贸易与环境问题的研究达到了历史的顶峰。这一时期，发表论文的数量及其影响都是前所未有的，对其中一些问题的争论也达到了新的高度。北美自由贸易区的建立，WTO贸易与环境工作组的成立，以及美国贸易的环境影响评价机制的建立等都集中反映了这一背景，而环境与贸易争论的重大分歧在1999年WTO、2000年世界银行及国际货币基金组织会议期间爆发的大规模游行示威活动中也得见一斑。通过对历来理论、实证研究文献和历史背景的梳理分析，本书认为贸易与环境问题研究可以分为三大阶段：20世纪70～80年代的环境本位阶段，20世纪80～90年代的贸易本位阶段，以及20世纪90年代至今的新环境本位阶段。

1. 环境本位阶段（20世纪70～80年代）

20世纪60年代兴起的以西方发达国家为主的全球绿色运动，在进入70

年代后达到高潮。在这期间，不仅产生了诸多影响深远的环境著作，与生态环境相关的经济学分支学科也受到人们的重视，各种绿色运动还影响了各国政府和国际组织的决策，其中对国际贸易的影响也具有长远的历史意义。在这期间，贸易与环境问题得到了广泛重视，并受全球绿色运动的影响，这一阶段学术界主要侧重于贸易间的环境问题研究，即以环境本位为主。

该阶段内，在研究贸易与环境问题时，人们着重于设计相应的环境政策与标准，组合搭配合理的税、费、许可证制度来解决环境负外部性这一根本问题。在这一前提条件下，环境政策与标准如何影响贸易模式（pattern of trade），如何影响社会福利（welfare），如何影响一国在贸易中的比较竞争优势成为这一时期主要研究和争论的内容（Pethig et al.，1976；McGuire et al.，1982；Walter et al.，1973；Pearson et al.，1974；Mutti et al.，1977；Robison et al.，1988；Tobey，1990）。这是与研究者的主要构成及其背景相适应的——主要研究力量来自发达国家。发达国家经历了很长一段时期的高速经济增长之后，在20世纪60~70年代对环境的关注达到了顶峰，这就决定了该时期的研究以环境保护为核心，以探讨环境保护的最优政策（optimal policy）为基本假定，进而研究这种政策对贸易的影响。

2. 贸易本位阶段（20世纪80~90年代）

在这一时期，贸易与环境问题研究的核心逐渐从环境保护转向促进贸易自由化，促使贸易本位阶段形成。因为在这一时期，北美自由贸易区的建立以及WTO乌拉圭回合成功推进了贸易自由化的发展，各国从发展自由贸易中获取了越来越多的利益，贸易已经成为各国发展经济的关键手段。这就使得贸易自由化成为贸易与环境问题研究的基本前提。在此基础上，贸易自由化对福利和环境的影响，对发展中国家环境的影响，对发达国家竞争力的影响（Copeland et al.，1994；López，1994；Chichilnisky，1994；Dean et al.，1994），以及国家间不同的环境标准所引发的污染转移等问题成为新的焦点（Markusen et al.，1995；Birdshall et al.，1993；Lee et al.，1997）。这与发达国家成功地治理其国内环境问题之后，通过自由贸易进一步在全球范围内进行资源的优化配置的大背景是相适应的，而集中探讨贸易自由化对发展中国家环境的影响，即对"污染天堂"假说的验证就具有了现实意义。

3. 新环境本位阶段（20 世纪 90 年代至今）

第三阶段，即 20 世纪 90 年代至今，这一时期有关贸易与环境问题的研究又回到了以环境保护为核心的内容上，但与第一阶段的环境本位不同的是，不再局限于研究贸易对国家或区域环境的影响，而主要探讨跨国界污染以及国际环境问题，比第一阶段的研究更为广泛和深入，因此被称为新环境本位阶段。这一次研究核心的转移主要是因为在经历了 20 世纪 70~80 年代贸易自由化的迅速发展之后，由贸易引发的跨国界污染问题与国际环境问题日益凸显，贸易给发展中国家带来的诸多环境问题也影响到了发达国家的环境，使得原本以区域环境问题为主的讨论转向国际环境问题的讨论，比如温室气体排放引起的全球气候变暖。同时，贸易自由化和贸易保护主义理论的冲撞使得现实中国际贸易与环境问题的争端越发激烈。这一时期研究的主要内容日渐着重于探讨解决国际环境负外部性的方法（Ludema et al.，1994；Barrett，1997）、探讨解决全球气候变暖等国际环境问题的贸易政策和制度，及其对贸易自由化的影响（Copeland et al.，1995；Merrifield，1988；Whalley et al.，1991）。

（二）纳入环境要素的比较优势理论回顾

1. 纳入环境要素的李嘉图模型

亚当·斯密和大卫·李嘉图的贸易学说以古典劳动价值论作为理论基础，通过分析不同国家在生产同一种商品时劳动耗费的相对差异，分别提出了绝对优势理论和比较优势理论。李嘉图模型是比较优势理论的一个最基本的模型，即所谓的"2×2×1"模型：两个国家、两种商品、一种生产要素；其精髓是"两优取其更优，两劣取其次劣"的比较优势法则（陈红蕾，2009）。该模型假定本国和外国都只拥有一种生产要素（劳动）且都生产两种商品（X、Y）。本书分别用 L_x、L_y 表示本国生产一个单位的产品 X 和一个单位的产品 Y 所需要的要素投入；$L_i(i=X,Y)$ 表示外国生产一个单位的产品 i 需要的要素投入（即单位成本）。如果本国生产产品 X 的机会成本

（用 L_x/L_y 表示）小于外国生产同类产品的机会成本（用 L_x^*/L_y^* 表示），则意味着本国产品 X 的相对价格较低，即在生产 X 产品上具有比较优势；而外国则相反，在 Y 产品的生产上具有比较优势；在要素不能在两国之间自由流动的假定下，两国将专业化生产本国具有比较优势的产品，然后通过交换使国民财富增加。

如果在李嘉图模型中引入环境要素，即在 L_i 中加入环境成本。假设环境成本实现了内部化，则厂商面临的成本由两部分构成，即生产成本（P）和环境成本（E），可表示为 $L_i = P_i + E_i$。设环境成本占全部成本的比例为 $e_i(0 < e_i < 1)$，即 e_i 为环境成本系数，则（$1 - e_i$）为生产成本系数；于是，环境成本 $E_i = e_i \times L_i$，生产成本 $P_i = (1 - e_i)L_i$，故得 $L_i = P_i/(1 - e_i)$。在不考虑环境成本的情况下，假定本国在产品 X 上拥有比较优势，即 $L_x/L_y < L_x^*/L_y^*$；那么，在加入环境成本之后，比较优势的判断变成了 $P_x/(1 - e_x)/P_y/(1 - e_y)$ 与 $P_x^*/(1 - e_x^*)/P_y^*/(1 - e_y^*)$ 的比较问题。显然，E_i 的引入对比较优势的结果将产生重要影响：当 $(1 - e_x)/(1 - e_y) < (1 - e_x^*)/(1 - e_y^*)$ 时，即产品 X 的生产成本系数相对低于外国时，如果该产品的环境成本系数也相对低于外国，即 $e_x/e_y < e_x^*/e_y^*$，则 X 产品原有的比较优势得以加强；相反，如果该产品的环境成本系数相对高于外国，即 $e_x/e_y > e_x^*/e_y^*$ 时，则会弱化 X 产品原有的比较优势，甚至使原有的比较优势发生逆转。换句话说，当本国的环境成本系数相对低于外国时，本国在生产上的比较优势被强化；但若本国优势产品的环境成本系数相对高于外国，则会对原有的比较优势产生负面影响，甚至改变原有格局。

那么在什么情况下原有的比较优势才会保持不变呢？答案有两个：一是产品的相对环境成本系数很小，可以忽略不计；二是相对环境成本系数在国内外完全相等。显然，因为各国环境要素禀赋的差异和环境成本内在化强度的不同，后一种情况在现实世界中几乎不可能出现。所以，判断一国（地区）某产品是否具有环境比较优势，关键在于其环境成本系数的大小；进一步而言，即在于环境成本内在化程度的高低。

2. 纳入环境要素的赫克歇尔－俄林模型

在李嘉图古典贸易理论的基础之上，瑞典经济学家赫克歇尔和俄林创立了要素禀赋理论，用各国生产要素禀赋的丰缺取代其在商品生产与贸易中的劳动投入，开拓了国际贸易理论研究的新思路，并成为现代比较优势理论的主流及其后国际贸易理论诸多流派的重要理论渊源。我们可以把现代比较优势理论高度归纳为四个基本的定理：赫克歇尔－俄林（Heckscher-Ohlin，H-O）定理；斯托尔帕－萨缪尔森（StolPer-Samuelson，S-S）定理；要素价格均等化（Factor-Price Equalization，FPE）定理或称 H-O-S 定理；以及雷布津斯基（Rybczynski）定理。这四个基本定理都建立在瓦尔拉斯贸易一般均衡模型的基础之上，之所以称之为"定理"，是因为它们都经过了严格的数学证明；其中 H-O 定理和要素价格均等化定理直接涉及国际比较，而 S-S 定理和雷布津斯基定理则主要涉及国内有关经济要素之间的关系。

（1）H-O 模型与 H-O-V 模型。经典的赫克歇尔－俄林模型（H-O）的基本分析框架为 $2 \times 2 \times 2$ 模型，即两种要素（劳动力和资本）、两种商品（劳动密集型产品和资本密集型产品）、两个国家（本国和外国）。这个看似简单的模型却对国际分工、贸易模式和要素收入分配等重大问题做出了意义深远的论断。首先，在自由贸易条件下，一国（地区）应专业化生产并出口生产中密集使用了其相对丰裕要素的产品，而进口生产中需密集使用其相对稀缺要素的产品；按照这种贸易模式进行的自由贸易和国际分工，能够促进世界范围内资源配置的改善，并为各贸易国带来国内福利水平的增进。俄林强调指出，"这就是国际贸易的原因"（俄林，1967），基于这样的原因，"每一个国家在密集地使用该国丰裕而价格低廉的要素的那些商品的生产上具有比较优势"。其次，该模型推断自由贸易将提高贸易国丰裕要素的实际收入和减少该国稀缺要素的实际收入；沿着这个思路，该模型推导出一个"出乎意料"的预测：在生产要素不能在国际流动的条件下，其价格将会因自由贸易而在国与国之间趋于均等。最后，萨缪尔森（1948，1949）通过严密的数学论证对该命题进行了重要的补充，证明国际生产要素价格均等化不只是"一种趋势"，而是必然会"完全相等"。这就是要素价格均等化定理。

这里，二维的 H-O 模型在多维的情况下是否成立呢？这是我们将环境要素纳入 H-O 理论要解决的首要问题。美国经济学家瓦尼克（Vanek）于 1968 年提出了贸易要素含量（Factor Content of Trade）的概念，指出可将国际商品的交换视为商品中所含生产要素的交换，并证明在高维（即多个国家、多种商品、多种生产要素）的 H-O 模型中，尽管有些论断不再有效，但以下的预测仍然成立：即在自由贸易条件下，劳动相对丰裕的国家将是净劳动要素的出口国，而资本相对丰裕的国家将是净资本要素的出口国，这个结论被称为 H-O-V 定理（Donald et al.，2001）。瓦尼克将要素禀赋理论进行了扩展，虽然其研究对象是土地资源而并非完整的环境要素，但它至少肯定了比较优势原理在多维世界的适用性，尤其是"贸易要素含量"概念的提出，为其后大量的经验研究在计算一国进出口中所包含的各种要素含量奠定了理论基础。

（2）环境赫克歇尔－俄林模型。假设世界上只有两个国家——本国和外国，本国环境要素禀赋丰裕，而外国其他要素禀赋丰裕；且两国均实行社会最优水平的环境规制——环境规制程度一致以便隔离其对环境比较优势的影响。两国同时生产两种产品 A 和 B，两种产品的生产均需要两种要素：A_e、A_f 分别表示本国生产每单位 A 所需要投入的环境要素量和其他要素量，B_e、B_f 表示本国生产每单位 B 所需要投入的环境要素量和其他要素量；如果用 * 表示外国的该类变量，相对于 B 的生产而言，产品 A 的生产对环境资源的依赖与损害程度较大，环境成本占总成本的比重也较大，即 $A_e/A_f >$ B_e/B_f，$A_e^*/A_f^* > B_e^*/B_f^*$（两国间不存在要素密集度逆转），即 A 为环境密集型产品，B 则属于其他要素密集型产品。在图 2-1 中，曲线 $T_1T'_1$ 和 $T_2T'_2$ 分别代表本国和外国的生产可能性曲线，在直线 OM 上两个国家两种产品的生产比例相同，OM 线与两国的生产可能性曲线分别交于点 E_1 和 E_2。虚线 P_1、P_2 分别代表 A、B 两种产品的国内价格线，则 E_1 和 E_2 点的斜率（P_1、P_2 与 $T_1T'_1$、$T_2T'_2$ 的切点）分别为两国的边际转换率。由图可见，本国的边际转换率大于外国的边际转换率，即本国的 P_b/P_a 大于外国的 P_b^*/P_a^*；换言之，产品 A 在本国的价格低于外国的价格，产品 B 在本国的价格高于外国的价格。这意味着在其他要素条件如资本、劳动等相同的情况下，本国的环境要素价格比外国低，故在环境密集型产品 A 的生产上具有比较优势，即具有环境比较优势；而外国在产品 B 的生产上具有比较优势。按照要素禀赋理论，本国将专业化生产环境密集型产品 A；相反，外国将专业化生产产品 B。两国通过扩大各自丰裕要素密集型产品的生产并开展自由贸易，可以获得贸易利益。

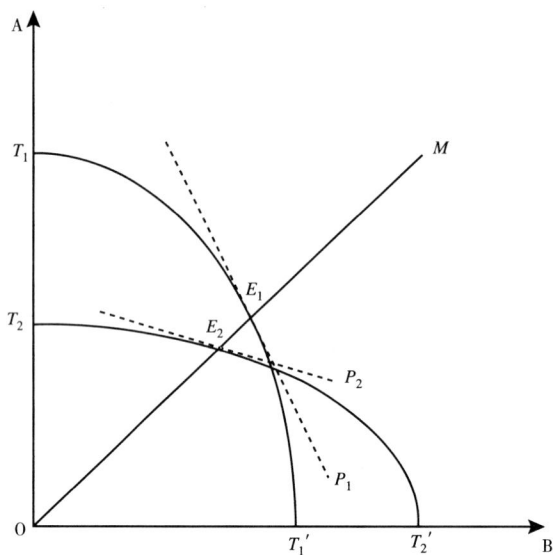

图 2-1　简单的环境 H-O 模型

然而，对环境比较优势的认识远非如此简单。环境是一种特殊的生产要素，其价格不同于劳动、资本等传统要素——由市场供求机制决定。由于环境具有公共物品属性，很难严格界定其产权，环境要素价格在性质上也不仅仅是要素的报酬。现实中，环境要素的价格往往是由政府根据本国的环境偏好而确定的，主要表现为由政府向环境使用者征收的税费。由于信息不完全与不对称普遍存在，政府确定的环境要素价格往往不能真实反映环境成本的大小，导致一国的环境排放量常低于其社会最优水平，即环境成本不能完全内在化。可见，各国间环境规制强度存在差异，而由此导致的生产成本变动又将影响一国比较优势的变化。

现在放松对"环境成本完全内在化"的假定,分析两国政府实行不同程度的环境规制时比较优势的变化情况。为了便于分析,仍然采用上述 $2 \times 2 \times 2$ 的 H-O 模型,并假定两国除环境规制强度不同外,其他要素包括环境要素禀赋均相同,且两国的生产技术相同,消费者需求偏好相同,根据这些条件专门讨论环境规制对环境比较优势的影响。

如图 2-2 所示,本国和外国均生产 A、B 两种产品,其中 A 为环境密集型产品,B 为其他要素密集型产品。由于两国各种生产条件都相同,因而生产可能性曲线 T_0 和社会无差异曲线 U_0 的形状完全相同,在现有条件下两国之间没有比较优势的差异,也不会发生贸易。

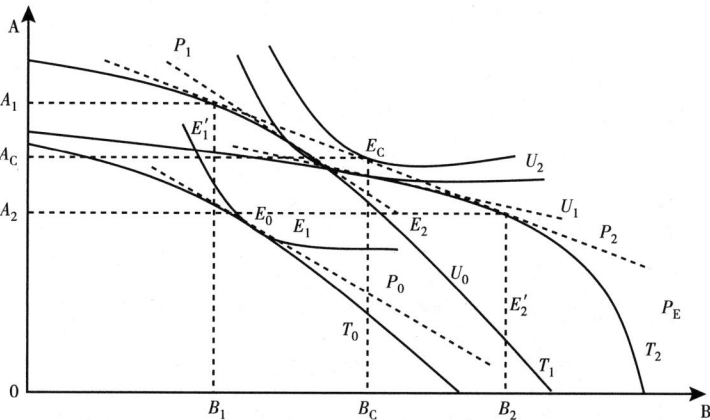

图 2-2 生产条件相同、环境规制不同的贸易模式分析

现假定两国实行不同程度的环境规制:本国的环境规制比外国低,而外国的规制程度相对本国较高,但均低于原先的社会最优水平(环境成本完全内在化)。于是,两国环境成本都将降低,其生产可能性曲线发生变动,超越向外扩张。A 是环境密集型产品,因而成本下降幅度比 B 产品更大,机会成本亦降低。本国由于环境规制相对较低,环境密集型产品的机会成本下降幅度比外国大,故生产可能性曲线变得更加陡峭,外国的生产可能性曲线变成 T_2。在没有贸易时,本国的生产与消费在 E_1 点达到均衡,相对价格为

P_E，外国的生产与消费在 E_2 点达到均衡，相对价格为 P_1，两国消费者的效用水平均为 U_1。由两条价格线的斜率可以看出本国 A 产品的相对价格较低，而外国 B 产品的相对价格较高，即本国在环境密集型产品 A 的生产上具有比较优势。

现两国按 P_E 价格进行贸易，本国的生产点 E_1 将向上移动到 E'_1，外国的生产点 E_2 将向下移动到 E'_2，两国在共同的社会无差异曲线 U_2 与价格线的切点 E_C 达到相同的消费均衡，即 E_C 为两国的消费点。于是，本国出口 $A_C A_1$ 商品，进口 $B_1 B_C$ 的 B 商品；而外国则出口 $B_C B_2$ 的 B 商品，进口 $A_2 A_C$ 的 A 商品。同时，两国消费总效用水平从 U_1 提高到 U_2，在 E_C 点达到消费效用最大化。说明两国消费者均在贸易中获利。

可见，在两国要素禀赋包括环境要素禀赋完全一致的条件下，环境规制强度差异导致了两国专业化分工与贸易模式的变化，本国因为较低的环境规制水平而成为环境密集型产品的出口国；外国则因环境规制较高而成为环境密集型产品的进口国。但是，一国较为宽松的环境规制一定会导致其在环境（污染）密集型产品上具有"比较优势"吗？答案并非完全是肯定的。

（3）雷布津斯基定理对环境比较优势具有影响。雷布津斯基定理是对 H-O 理论的扩展与推论，研究的是一国（地区）要素禀赋发生变化而导致的比较优势的变化。引发一国（地区）要素禀赋结构变化的因素有很多，主要可以分为由自身经济发展导致的要素禀赋的内生变化，如资本积累使其资本要素丰裕度增加；以及由跨国资本流动、移民等因素导致的要素禀赋结构的外生变化。雷布津斯基定理的核心观点是：如果商品价格保持不变，则一种要素存量的增加，不仅将导致生产中密集地使用该要素的产品在总产量中的份额增加，而且将导致这种产品产出的绝对量增加；而另一种产品的产出则绝对地减少。

继续采用上述 $2 \times 2 \times 2$ 的 H-O 模型来分析，各种假定同上，即本国与外国除环境规制的严厉程度不同外，其他要素均相同；且假设较严厉的环境政策意味着征收较高的污染税；实行不完全专业化分工，两国同时生产其他要素密集型（清洁产品）和环境要素密集型（污染产品）两种产品。那么，如果本国征收污染税而外国不征收，外国是否一定会在污染密集型产品的生产上具有比较优势呢？

由于污染税增加，企业将采取治污行为，这无疑将对生产成本产生影响。首先，假定治污行为需要追加投入资本与劳动两种要素，且资本劳动比与生产污染产品时的要素比相同。于是本国生产污染密集型产品的部分资本与劳动要素将用于治理污染，因此，相对于没有征收污染税的外国而言，本国污染密集型产品的产量将进一步降低（因减少了要素投入）。相反，外国污染密集型产品的生产要素投入不变，因此，相对而言，相当于扩大了该产品的生产，即在污染密集型产品的生产上获得了比较优势。这与我们上面分析得出的结论一致。其次，考虑另外一种情况，假定治理污染的行为仅需追加投入一种要素——资本，那么结果将怎样呢？由于生产中投入了更多的资本要素治理污染，则通过治污得到的清洁产品因使用了更多的资本而成为资本密集型产品。同时，由于治污行为大量增加了资本这一生产要素的使用，使本国资本要素的供给减少。根据雷布津斯基定理，资本要素的减少意味着资本密集型产品（这里指清洁产品）产量的下降和污染密集型产品产量的增加——因为缺乏资本要素投入治理污染。换言之，本国清洁产品的生产将减少而同时污染密集型产品的生产将扩大。结果，本国更严厉的环境政策反而导致了其在污染密集型产品上的比较优势。

由此可见，一国加强环境规制（如提高或降低污染税）将可能产生两种效应：可能降低但也可能增加污染密集型产品的比较优势。进一步而言，如果治污需要追加的要素投入与污染品生产要素比例相同，则规制加强将降低该国的环境比较优势。但如果治污投入的要素与污染品生产要素结构发生变化，造成该种治污要素供给减少（价格上涨），结果将导致清洁产品的生产下降，污染产品产量增加。至于究竟哪种效应对比较优势起决定性作用，关键要看治污行为的性质及其对一国要素禀赋的结构产生的影响。

三　贸易、环境与城市化的关系研究综述

（一）国外研究综述

1. 贸易与环境关系的研究

贸易对环境的影响在 20 世纪 70 年代后引起人们的关注，20 世纪 90 年代以来成为人们关注的焦点。在国外，有关贸易对环境的影响主要有四种观点：一是贸易有利论；二是贸易有害论；三是贸易相对论；四是贸易无关论。

（1）贸易有利论。自由贸易论者认为贸易自由化有益于环境的改善。Hettige、Lucas 和 Wheeler（1992）、Anderson（1992）、Stevens（1993）、Dean（2000）以及 Antweiler、Copeland（2001）和 Taylor（2001）等学者认为，自由贸易能提高资源利用效率，减少废弃物产生，在促进经济繁荣的同时，增加用于环境保护的资源，而且促使环保技术向发展中国家转移，有利于减轻环境压力。

（2）贸易有害论。环境保护论者认为自由贸易是破坏环境的重要因素。贸易会扩大经济活动规模，使当地环境受到更严重的破坏；存在跨境污染时，自由贸易也导致其他国家的环境恶化；贸易规则会导致环境标准降低；危险品贸易会危害环境；贸易需要运输，这将增加能源使用，从而破坏环境。Beghin（1995）、Jenkin（1998）的研究论证了贸易有害论。

（3）贸易相对论。20 世纪 90 年代以后，随着国际贸易导致的环境恶化以及民众公共环境意识的提高，国际贸易对环境污染的影响日渐引起国内外学者的关注，形成了不同的理论假说。这些理论大都在地区经济与环境保护标准差异的基础上，分析自由贸易对不同地区环境所产生的影响。比较有代表性的有：①"环境库兹涅茨曲线假说"。Birdsall-Wheeler（2001）、Frankel（2002）等学者都以这一假说为基础进行了贸易对环境影响的研究。②"污染避难所假说"。该理论认为如果在实行不同环境保护强度或环境标准的国

家间存在着自由贸易，由于外部成本内部化的差异，那些实行低环境标准的国家的环境成本相对要低，这样发展中国家会成为"污染避难所"。Chichilnisky（1994）、Baumol 和 Oates（1988）及 Cole 和 Rayner（2000）的研究证实了"污染避难所"的存在。但这一假说没有得到普遍认同，Dean（2004）、Buss（2004）、Ederington 等（2004）的研究认为，没有证据证实在他们的研究区域存在"污染避难所"现象。③"环境标准竞次假说"。它是指在某项国际环境公约对有关国家的某类生产行业的污染排放规定了一个标准的情况下，如果贸易条件自由，签字国家要高昂的减污成本，使非签字国家的污染密集行业在世界市场上变得更有竞争力。Porter（1995）的研究支持了这一假说，但也有学者对这一假说表示怀疑，Eliste 和 Fredriksson（1998）考察了出口竞争国家的贸易自由化和策略性贸易政策对环境管制标准的影响，没有发现有充分的证据支持"环境标准竞次假说"的论断。Wheeler（2001）、Frankel 和 Rose（2002）的研究则与"环境标准竞次假说"相悖，他们认为这一假说是有缺陷的。④"波特假说"。按照 Porter 和VandeLinde（1995）的归纳，在一个动态的框架，即包含了技术、产品以及生产过程等方面可能出现的创新框架中，严厉的环境管制完全有可能提升一国产业的国际竞争力。Eliste 和 Fredriksson（2002）为"波特假说"提供了理论支持，他们的研究表明，由于税收和补贴政策的变化，环境质量需求的增加可能导致出口的增加和进口的减少，该国的国际竞争力不降反升。

（4）贸易无关论。贸易无关论认为，贸易不是影响环境的决定性因素，影响环境的是一国的内部因素，如产权、生产技术等。Aldaba 和 Cororaton（2002）运用可计算一般均衡模型模拟表明，贸易自由化可增加菲律宾的产量和收入，但对污染状况基本没有影响。Kander 和 Lindmark（2001）认为，对外贸易与瑞典的环境质量变化没有关系。他们认为，内部因素才是瑞典环境质量改善的关键。

2. 贸易与城市化的关系研究

国外学者对贸易与城市化的理论展开了许多研究，大部分从贸易对城市化的影响出发，形成了两种观点。

（1）贸易有利于城市化。很多研究认为对外贸易对城市化的促进作用是显而易见的。投资因子（用人均投资收入的债务、出口合作的集中、出口商品集中来衡量）被认为对城市化有滞后的积极作用（Kentor，1981）。Gilbert 和 Gugler（1982）认为边缘区的资本主义扩张产生了快速城市化过程。Hein（1992）和 Kasarda、Crenshaw（1991）认为外资投入、其他国际资本流及国际生产对发展中国家城市化进程有利。Barry（1997）以爱尔兰的制造业中的 FDI 为研究对象，探讨了 FDI 对制造业结构变化的影响。Borensztein（1998）研究了近 20 年来 69 个发展中国家经济增长与 FDI 的关系，得出 FDI 是发展中国家经济增长的一个重要工具。Alfaro（2004）探讨了是否有更好的金融体系来更好地利用外国直接投资，并通过实证分析证实了 FDI 对城市经济增长的促进作用。Patti（2009）通过双方程模型验证了 FDI 对东道国的经济增长会产生重大的积极影响，而经济增长无疑是城市化前进的巨大动力。

（2）贸易不利于城市化。也有部分学者从整个社会稳定与发展的角度出发，认为 FDI 不利于发展中国家的城市化。如早期的依附学派 Castells（1972）等认为外资造成发展中国家依附城市化。发展中国家的城市体系和城市化的步伐和空间结构越来越依赖于它们在工业国家资本主义积累过程中扮演的角色，新的全球秩序下发展中国家很难从依附城市化中逃脱（Armstrong and MeGee，1985；Fried-man，1986）。世界体系论者主张，外国投资减少农民可用土地数目，促使人口向城市迁移，此外，在城市地区的投资创造了吸引乡村移民的产业。近年来，大量研究表明世界债务危机和 IMF（世界货币基金组织）压力提高了过度城市化、抑制经济增长和物质生活质量，增加了政治抗议和国内骚乱（Bradshaw 和 Noonan，1997）。跨国资本、人口、信息、文化自由流动的政治和自然障碍的移除对第三世界城市有影响，主要表现在第三世界城市的空间结构、城市形态和城市化上（Pizarro et al.，2003）。

3. 环境与城市化的关系研究

（1）对环境与城市化的库兹涅茨曲线假设检验。近十多年来，学者们对 EKC 进行了大量的分析和研究，主要研究集中在三个方面：EKC 的理论研究、EKC 的经验研究、EKC 的决定因子研究。许多学者试图建立 EKC 的探索性理论，以期能以数学方法解释技术及其他参数对环境做出的时间路径的影响。如 Lopez（1994）在无限存活代理（infinitely lived agents）的基础上提出了一种具有很高的通用性的环境 – 增长关系理论分析（Lopez,1994）；Selden 等（1995）也在此基础上利用 Forster（1973）的增长和污染模型导出污染最佳轨迹的倒 U 型曲线；John 等（1995）和 McConnell（1997）则在重叠产生（overlapping generations）的基础上发展模型。总而言之，在适当的假设下，发展模型产生 EKC 曲线看上去相当容易，而找出这些似是而非的经验证据才是目前的挑战。

EKC 检验研究包括最初的 Grossman 等（1991）的 NBER 工作论文，将 EKC 作为 NAFTA 对环境潜在影响的部分研究。他们使用全球环境监测系统（GEMS）数据组对 SO_2、暗物质（细尘）和悬浮颗粒（SPM）做了 EKC 检验。《世界发展报告 1992》引用的 Shafik 等（1992）的研究评价了 10 种不同指示物的 EKC；缺少洁净用水的人口、缺少卫生设施的城市人口、城市悬浮颗粒的浓度、城市 SO_2 浓度，1961～1986 年森林面积变化、1961～1981 年平均森林减少面积、河流融解氧、河流大肠杆菌、人均废弃物排放和人均 CO_2 排放。他们使用三种函数模式：PPP 人均 GDP、时间趋势和点相关变量的对数线性、对数二次以及最常用的对数三次多项式。缺少洁净用水的人口、缺少卫生设施的城市人口随着收入增加和时间变化一律下降；森林退化的测量与收入没有明显的关系（Ehrhardt-Martinez，2002）；河流质量随着收入增加而恶化。Shafik 等（1992）推想这是因为这种污染形式带来的内部成本会随着水资源供应系统的改善而下降，然而，两种空气污染物与 EKC 关系符合，转折点出现在收入为 MYM 3000～4000 美元的时候；最后，人均废弃物排放和人均 CO_2 排放随着收入增长也出现明显的增长（图 2－3）。随后又有一些新的研究趋势，比如，使用污染排放而不是环境中的浓度（Panayotou，1993；1995）；将人口密度作为一些指示物的解释变量（Shafik et al.，1994）；根据 EKC 计算将来的排放（Holtz et al.，1995）；调查更深

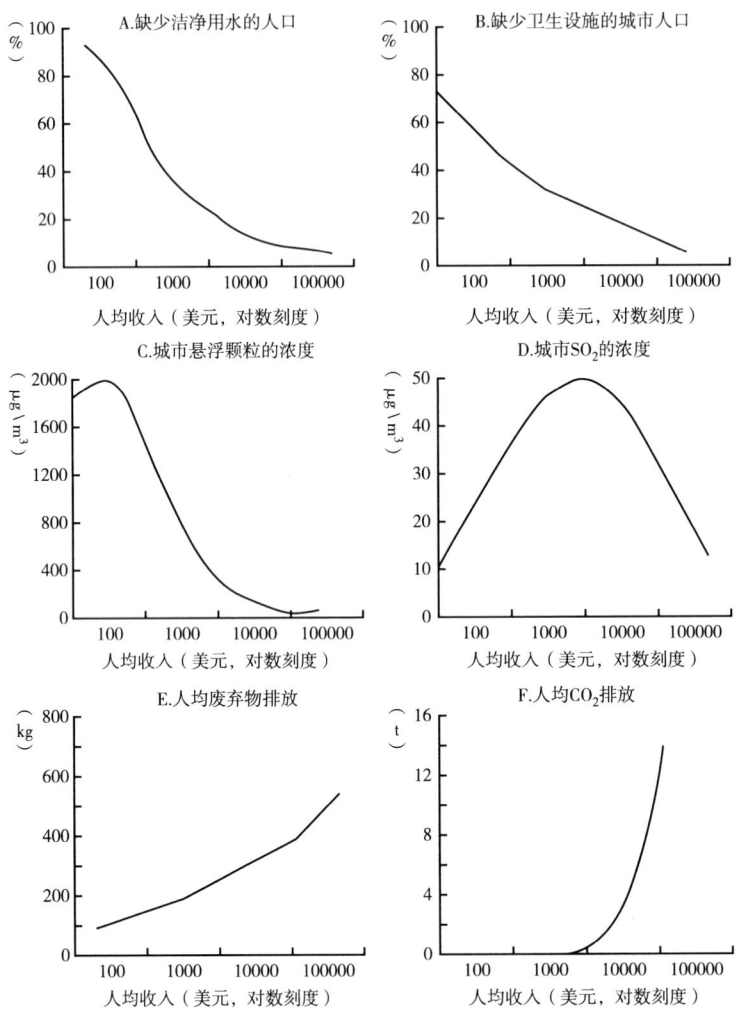

图 2 - 3 环境库兹涅茨曲线（EKC）经验研究结果

资料来源：世界资源研究所：《世界资源报告 1996～1997》。

的指标如能源使用等（Horvath，1997）。Karen 等（2002）基于环境现代化理论，指出现代化经济体更有能力提高环境目标，而城市化是现代化的一个很好的代理变量，因此随着城市化水平的提高，达到一定水平之后，对环境的冲击会随之下降。Sinhaz（2010）的研究也显示，实现工业化较早的发达国家治理污染需要更大的投入，其库兹涅茨曲线拐点比后起国家更高。一些研究发现，对于一些国家或地区，当城市化达到一定水平之后，城市化对碳排放的影响由正转负，城市化与碳排放成倒 U 型的非线性关系（York et al.，2003；Martinez-Zarzoso & Maruotti，2011）。其中，Martinez-Zarzoso 和 Maruotti（2011）利用 88 个发展中国家的面板数据对城市化与碳排放之间的倒 U 型非线性关系进行了检验，发现对于一些发展中国家，城市化存在一个"门槛"水平，当低于这个水平时，城市化水平的提高对碳排放具有正向影响，而当越过这个"门槛"水平时，城市化水平的进一步提高，将导致碳排放水平下降，即城市化存在环境库兹涅茨曲线效应。

还有一些学者着重检验 EKC 曲线的可能决定因子，或是研究不同的条件变量对 EKC 曲线的影响，包括 EKC 的分解。Liddie（1996）、Suri 等（1997）检验了贸易对 EKC 的作用；Terras 等（1996）则将目光投向一些民主政治指标对私人偏好和公共政策间选择和协调的方式的影响。Kaufmann（1997）等检验了经济活动的空间密度（GDP/Area）和城市面积分别对环境浓度的影响。Westbrook（1995）、Suri 等（1997）、Cooke（1997）等研究了产出结构的影响。Rork 等（2003）在引进 IPAT 和 ImPACT 模型的基础上，提出了一种能分解驱动贡献的 STIRPAT 双对数模型，并测算了城市化与 GDP 对环境变化的贡献。

（2）大量研究城市化的环境效应。快速城市化带来的环境效应问题已经引起人们的重视。20 世纪中期以来二者之间的关系一直是国内外学者关注的重要课题，城市化与人类聚居环境问题一度被列入联合国 MAB 计划的子项目。Odum（2000）等采用系统动力学和灵敏度模型，以世界地区和城市为案例进行分析，揭示了城市发展与环境演变的交互作用机理。Yasuhiro and Kazuhiro（2005）从城市经济发展与环境污染之间关系的角度探讨生态环境对城市发展及城市化的束缚作用。Ducrot（2004）等人借助 3S 技术定量分析方法评价了城市化与生态环境的交互响应过程。目前，国外对此问题的研究已经统一到可持续发展研究大框架之下。很多学者对城市化引起的大气环境污染、水污染以及土壤污染等生态安全问题做案例研究。Drocco 通过对罗马城市的芳烃化合物日变化特征的研究，发现城市大量的机动车排放是该城市 O_3

的主要来源（Bairoch，1988）。Al-Kharabsheh（1999；2003）以 Jordan 为例对城市化与当地水环境质量变化的关系进行长期定位研究。Zilberbrand（2001）着手研究了城市化导致的地下水化学演化机理问题。

（3）注重对城市化与资源环境协调关系进行研究。国外对于城市化与生态环境关系的研究比较早，涌现了大量关于城市化和生态环境的协调发展的书籍和文章。卡逊的《寂静的春天》（1962）等对城市化过程中的环境问题进行了研究，促进了城市化和生态环境协调发展研究的进步（郭娅琦，2007）；Walter（1980）提出要合理利用资源并提高资源的使用效率，从长远的角度来考虑实现城市和生态环境的和谐发展（Pearce，1990）；1987 年，美国生态学家 Richard 在他的《生态城市：贝克莱》中提出了城市化与生态环境协调发展的十个计划，并且认为理想的城市与生态环境的关系应具备六个特征（Button et al.，1990）。Gorden（1990）在《绿色城市》中，研究了城市空间生态化的途径，为城市化与生态环境的协调发展提供了理论指导，成为当代城市与环境问题的研究热点（Pasche，2002）；Onlshi（1994）认为要使城市和生态环境和谐发展，可以建立绿色花园城市以发挥城市的自然潜力（Maclaren，1996）；Richard 在 1997～1999 年，发表了很多篇这方面的文章，提出了综合环境规划和管理的观点，通过介绍综合环境管理的概念、原则、方法、步骤和实施可行性的基本因素等得出了自己的观点（Kuik et al.，1994）；Braat 等（1986）和 Sukopp 等（1988）运用系统优化法以及数理建模的思想，研究了城市发展与环境演变的相互作用机理；Dae-Sik Kim 等（2003）研究了首尔快速城市化地区的空间扩展特征和生态响应；Jeffrey（2001）从生态学角度评价了城市化导致的土地利用与土地覆被变化的生态意义；Portnov（2004）通过研究得出城市化可以有效地缓解环境压力的结论。

（二）国内研究综述

1. 贸易与环境的关系研究

（1）研究贸易对环境的影响。我国对环境与贸易关系的研究起步相对较晚，从 1993 年才开始逐步涉足这一领域。1994 年的《中国 21 世纪议程》出台以来，特别是 1996 年我国政府把可持续发展作为指导国民经济和社会发展的重大战略以来，学术界对可持续发展及其组成部分的理论和观点展开了非常活跃的研究与讨论，对"环境与贸易"这一问题给予了很大的关注，形成了两种针锋相对的观点：①贸易有利于环境。这种观点认为贸易有利于环境的改善或不会对环境产生不利影响。张连众等（2003）利用中国 2000 年 31 个省份的 SO_2 排放量的横截面数据进行回归分析，结果表明贸易自由化有利于我国的环境保护。兰天（2004）选用中国 30 个省市的面板数据，将 CO_2 排放量作为污染指标，得到了相似的结论。李秀香等（2004）以 CO_2 的排放为例，分析了出口增长对我国环境的影响，结果表明：我国的出口增长并没有带来人均 CO_2 排放量的增加，相反却在一定程度上减少了人均 CO_2 的排放，从总体情况来看，出口增长与 CO_2 排放量的增加没有必然的正相关关系。方鸣等（2010）对 FDI 与环境污染之间的关系进行了研究。研究结果表明："污染避难所"假说在中国的经验验证中可能并不成立，FDI 的流入不仅带来了资金同样也带来了技术，FDI 的技术效应对中国环境产生了积极的影响。袁晓玲等（2010）利用重心分析的方法，对 1987～2004 年我国实际吸收外商直接投资量和六类污染指标排放量的重心移动路径进行描绘和关联分析，发现外商直接投资对我国环境污染程度并无直接的影响。何立华等（2010）在现有研究的基础上，采用六种环境污染指标，利用 1997～2006 年我国 30 个省市的面板数据，对我国外贸环境效应进行了实证研究。结果表明，现有的数据不足以证明对外贸易对我国的环境是有害的。②贸易不利于环境。这种观点则认为贸易增长会导致环境的恶化，例如李慕菌等（2005）通过对相关产业进出口和污染情况的分析，得出了我国国际贸易中污染产品的环境转移客观存在的结论。沈亚芳等（2005）认为在核算国际贸易比较优势时未考虑环境成本是导致污染的重要原因，进而提出发展出口导向产业时必须使环境成本内部化，适当提高进出口产品的环境标准，推进产业升级，倡导绿色 GDP，改革出口绩效的考核标准。叶继革等（2007）的研究显示我国具有出口优势的工业行业多属于污染密集型行业，日渐扩张的对外贸易对环境的危害越来越大，提出要健全微观运行机制，避免出口行业向环境底线赛跑。温怀德等（2008）认为出口与 FDI 加剧了中国环境污染，进口贸易可抑制环境污染，但作用比较小。陈钧浩（2009）立足于发展中国家视角，把国际贸易、FDI 与资源环境的现实冲突归结成资源环境掠夺和污染转移两个方面，并对我国如何处理这三者之间的关系提出了建议。贺文华（2010）通过 FDI 对环境污染影响的研究发现，FDI 对工业废水排放量有显著负影响。杨永华（2010）认为 FDI 与环境污染之间存在长期关系，FDI 加剧了我国的环境污染，同时环境污染的加剧又吸引了更多的 FDI 的流入，从而影响我国生态环境安全。

（2）对贸易与环境关系进行实证研究。我国学者对贸易与环境理论的实证基本上依赖于西方学者研究发达国家的模型，特别是在借鉴 Grossman 和 Krueger（1993）三效应及 EKC 曲线的基础上，做了大量的实证研究。叶华光（2008）在三效应的基础上分析了国际贸易对环境的负面影响及其影响的机制，认为国际贸易对环境的负面影响主要包括三个方面，即规模效应导致的消耗性影响，生产、流通和消费引起的污染性影响，以及结构效应导致的结构性影响，并据此对我国今后对外贸易的发展提出了建设性意见。刘林奇（2009）分别从规模、结构、技术、市场效率和环境政策五个方面对我国对外贸易的环境效应进行考察。通过运用面板数据模型对我国 30 个省、市和自治区 2000～2006 年工业污水排放进行的实证分析，发现规模效应和结构效应加剧了我国的环境污染，技术效应和市场效率效应则减少了我国的环境污染，环境政策效应减少了东部地区的污染，但增加了中部和西部的污染。除了库兹涅茨曲线外，也有学者开创出许多新型的模型用以验证区域贸易与当地环境的相互影响。许士春等（2009）借鉴 Antweiler、Copeland 和 Taylor 创建的经验模型形式，利用 1990～2006 年江苏省的时间序列数据，以江苏省为例研究经济开放对环境的影响，发现外商直接投资的流入能够在一定程度上改善环境，同时外商直接投资是环境质量改善的 Granger 原因；而出口在一定程度上恶化了环境，同时出口增长是环境污染增加的 Granger 原因；外商直接投资与出口的共同作用有利于环境质量的改善。陈红蕾等

（2009）采用 Huang 和 Labys 的模型思路，通过建立一个同时包括污染与产出的联立方程组研究经济、贸易和环境之间的相互关系。研究发现，我国工业二氧化硫的排放走势比较符合环境库兹涅茨倒 U 型曲线假说，且目前尚处于倒 U 型曲线的左半段，即经济贸易的增长可能导致环境质量的进一步下降；现阶段，我国产业结构的变动是影响环境质量的重要因素，特别是制造业结构趋重的格局不利于环境的改善；贸易自由化并未使环境更加糟糕，可以说"污染避难所"假说现阶段在我国不成立。贺文华（2010）从 FDI 的视角对中国中部经济发展与环境污染关系进行了库兹涅茨假说检验。结果显示，中部八省没有严格意义上的倒 U 型环境库兹涅茨曲线，FDI 对中部各省环境的影响存在差异，数据回归结果也没有支持"污染天堂"假说。王冬梅等（2010）借助 FDI 与环境关系的理论，运用面板数据计量分析技术，就长三角地区外商直接投资对环境污染的影响问题进行了实证分析与检验。研究结果表明：引进先进的治污技术和设备，可在一定程度上降低长三角地区的污染程度，但由于引资的质量和结构存在问题，整个地区的环境负荷进一步加重；收入水平仍然处于 EKC 的左侧，尚未越过其顶点，这意味着长三角地区的环境污染程度可能仍将会随着收入水平的提高而继续恶化。包颉等（2010）运用计量分析方法进行实证研究，发现 1981～2007 年，FDI 对上海的环境已造成污染，但环境污染治理并没有使 FDI 减少。党玉婷（2010）以 1993～2006 年中国制造业的对外贸易和污染物数据为基础，结合投入产出表，测算了我国制造业对外贸易中的污染含量，借以考察对外贸易对我国环境污染的影响。研究结果表明：通过对外贸易，我国正在为发达国家承担高额的环境成本。

2. 贸易与城市化的关系研究

根据西方经典城市化理论，工业是现代城市化的根本动力。20 世纪 80 年代以来，经济全球化深入开展，全球产业发生重组与转移、生产国际化与巨型化，外资对工业的带动作用越来越显著，对城市化影响增强。

（1）支持贸易是城市化的动力。国内一些学者肯定外资是城市化的新动力。宁越敏（1998）、周一星等（1999）、李迅等（2000）认为 20 世纪

90年代以来，城市化动力机制由一元、二元向多元转变；薛凤旋等（1995）、宁登（2000）认为中国形成了外生城市化和内生城市化动力机制。江小涓等（2004）研究了服务业与经济增长的相关性和增长潜力，结果表明城市化水平是影响城市服务业增加值比重的重要因素；FDI对我国人口迁移具有重要的推动作用。朱月莹等（2005）研究了由FDI所驱动的"外生型城市化"的特征以及FDI对地区城市化的作用机理，指出FDI是经济开放地区城市化的新动力。王燕飞等（2006）的研究表明FDI有利于促进第二产业就业及促进就业人口非农化。罗茜（2008）通过实证研究表明，在FDI投资稳定且规模较大时，城市化水平受到FDI的推动作用显著。黄河等（2009）认为，城市化发展与FDI之间长期协整，存在FDI到城市化发展的单向因果关系。FDI对我国的城市化发展有促进效应，影响随着时间的推移有减弱趋势，我国的城市化进程对FDI有负的效应。

（2）结合具体区域关注贸易对城市化的影响。还有一些学者将理论与具体区域结合起来展开实证研究。程兰芳等（2008）认为城市化与FDI在1989～2004年存在正相关关系。赵修渝等（2009）运用面板单位根检验、协整检验以及误差修正模型等现代计量经济学方法，对广东省1990～2006年FDI与城市化的关系进行了实证研究。结果表明，长期内FDI与城市化互为因果关系，短期内FDI不是城市化进程的原因，而城市化是FDI流入的原因。沈伟玲（2009）运用协整检验和误差修正模型，对外商直接投资与浙江经济增长的关系进行了实证分析，并指出，浙江的FDI与经济增长之间存在长期的均衡关系；FDI的引入促进了浙江经济的增长。蒋伟等（2010）利用社会统计学软件SPSS对江苏省13个地级市FDI与城市发展的相关数据进行相关性分析处理，研究对外直接投资（FDI）与城市化水平的关系，发现FDI与城市化水平的相关性存在明显的地域差异，存量上的FDI对于城市发展的促进作用要大于增量上的FDI对城市发展的促进作用。

3. 环境与城市化的关系研究

（1）对环境与城市化的库兹涅茨曲线假设检验。国内EKC研究主要停留在基本的EKC研究方法上。如陆虹（2000）以大气污染为例，分析我国

大气污染的环境库兹涅茨曲线的特征；吴玉萍等（2002）选取北京市
1985～1999 年经济与环境数据，通过分析经济因子与环境因子的相互关系，
探究北京市经济增长与环境质量演替的轨迹，以建立北京市经济增长与环境
污染水平计量模型，为评价北京市环境政策提供依据；王家庭和王璇
（2010）以环境库兹涅茨曲线为基础，利用 2004～2008 年中国 28 个省市的
面板数据实证研究了城市化与环境污染的关系，发现城市化与环境污染之间
存在倒 U 型曲线关系；也有个别学者对 EKC 曲线进行理论研究和结构分解
研究，如洪阳等（1999）对环境质量和经济增长库兹涅茨曲线进行了理论
假设和数学分析，得出结论（见图 2-4），并提出了适应国情的经济发展轨
迹；选择各个地区或城市进行实证检验，国内学者做了大量的工作，如刘利
（2005）结合广东省废水、废气以及 COD_{Cr} 和 SO_2 等污染物排放量及经济增
长数据，构建了广东省环境库兹涅茨曲线，实证分析了广东省经济增长与环
境质量之间的关系；杨丹辉等（2011）采用山东省 17 个城市 1995～2008 年
的面板数据，建立涵盖污染物排放指标和环境监测指标两大类的 11 种环境
指标与人均 GDP 之间的计量经济模型，对环境质量变化与山东省经济增长
的关系进行实证检验。对此方面的进展，于峰（2006）、周静（2007）等进
行了评述。但总的来说，我国的 EKC 研究还有待进一步深入（陈六君，
2004）。

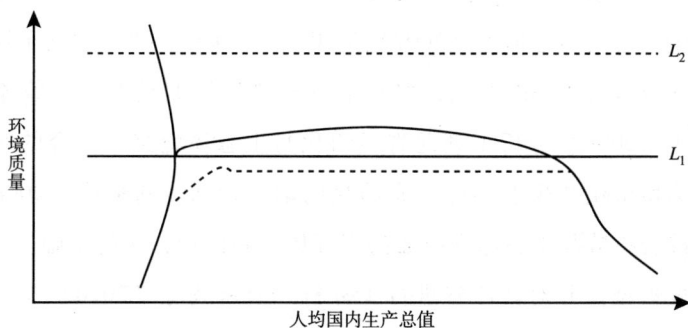

图 2-4　经济增长和环境质量的库兹涅茨曲线（L_1 为
安全警戒线，L_2 表示环境承载阈限）

（2）对环境与城市化的耦合关系展开大量研究。一些学者从城市化与城市生态环境交互耦合发展方面进行了研究。深圳市环科院的喻本德等（1995）对深圳市主要大气环境质量指标及其变化趋势进行了研究，发现城市化导致的燃油消耗的剧增及机动车激增对深圳市大气环境质量有着重要影响。周海丽等（2003）以深圳为例，定量研究了城市化与城市水环境质量的变化关系。刘引鸽（2005）采用1983～1999年宝鸡市地表水质监测资料及城市发展中有关的社会经济统计数据，采用 ROSS 评价指数方法，分析了宝鸡市区地表水质的时空变化特征及城市化对地表水质的影响。艾尼瓦尔·买买提（2007）采用1996～2000年喀什市吐曼河水质观测数据、1990年与1999年卫星遥感图像和城市发展中有关的社会经济统计数据与土地利用资料，在3S技术的支持下，运用地表水污染综合指数法，对吐曼河水质进行评价，运用定量与定性分析相结合的方法分析了干旱区城市化对城市内河水质的影响。张金屯（1999）用纽约市"城区－郊区－农区"140km 长的森林生态样带研究了城市化对森林植被、土壤重金属含量和森林景观的影响。陈杰（2002）研究了城市化对周边土壤资源与环境的影响。孙志英（2007）以郑州市为例，通过研究城市扩张和土地利用变化来探讨城市化过程中土壤功能的演化特点。研究表明，在过去的20年间，随着城市化的发展，土地利用结构发生着剧烈变化；伴随着土地利用的变化，土壤主要从生产功能、生态功能向土壤承载功能转换，其次为生态功能向生产功能转化，从而导致了生态安全问题。刘耀彬等（2007）运用SD原理和方法，建立了区域城市化与生态环境耦合的SD模型，并选取五种典型发展模型进行策略情景模拟。聂艳等（2008）分析了湖北省城市化与生态环境交互耦合的时空变异特点，认为城市化与生态环境具有明显的耦合特性。刘耀彬（2008）在构建城市化综合指数与生态综合指数的指标体系和评价方法的基础上，提出了综合响应度模型，并对江西省进行了分析。宋建波等（2010）指出：城市群是城市区域化发展的一种重要形式，也是一个地区经济力量在空间上的集中表现，城市群内各城市的城市化水平是衡量城市发展的重要标准，但盲目地提高城市化水平而忽视生态环境的保护会使城市群的发展具有不可持续性，从而降低城市群在区域发展中的带动作用。陈春桥等（2010）根据城市化与生态环境交互作用的时空规律，建立了城市化与生态环境系统协调发展评价指标体系，并根据协同论的思想，构建协调发展度评价模型，以福建省为例进行实证分析。

（3）对城市化与资源环境协调关系进行定性及定量分析。1980年初，我国开始有学者研究城市化与生态环境的关系。随着可持续发展战略的提出，我国学者从各个方面对城市与生态环境的协调发展进行了研究。总的来说，主要可以归类为定性研究与定量研究两个方面。①在定性研究阶段，主要的代表学者有黄金川、方创琳、刘耀彬、陈晓红等。马传栋（1983）就如何实现城市经济、社会和生态环境三者之间的协调发展的理论问题提出了看法；胡滨（1997）论述了成都市生态环境与城市建设协调发展的必要性和可行性，并提出了协调城市建设与生态环境关系的对策；方创琳等（2003）指出城市化进程的加快对生态环境造成了一定的威胁；黄金川等（2003）系统地分析了城市化与生态环境相互胁迫的关系，认为两者的交互耦合规律是双指数曲线；刘耀彬等（2005）运用物理耦合度模型，分析了1985年以来中国城市化与城市生态环境耦合度的时空分布；陈晓红等（2009）提出城市化与生态环境的协调系统是在多种机制的共同作用下发展的，例如产业结构调整与升级、人口素质的提升与城市文明传播等。②在定量研究阶段，代表学者有陈予群、曹慧、王宏伟、张妍、李静、陈冬勤、杜淑芳、薛永鹏、王新杰、李会宁、宋建波等。陈予群（1993）运用城市生态经济理论和生态经济学分析等方法，探讨了实现城市经济建设与生态环境协调发展的模式；曹慧等（2002）在发展水平、发展力度和发展协调度的基础上，建立了一套城市生态系统可持续发展评价指标体系；张妍等（2003）运用因子分析法，以吉林省为例进行了经济与环境耦合机制的探讨，对吉林省9个城市的经济与环境发展情况进行了定量分析；黄金川等（2003）分析了城市化与生态环境的交互耦合机制，揭示了区域生态环境随着城市化发展的耦合规律；刘耀彬等（2005）采用定性与定量分析相结合的方法，建立了城市化与生态环境系统的评价指标体系，揭示了影响城市化与生态环境系统耦合的主要因素；李静等（2008）以大连市为例，基于协同学系统分析思路，在分析城市化与生态环境交互胁迫的作用机理的基础上，运用主成分分析法和模糊数学方法对大连市城市化与生态环境的协调发展进行了评价；陈冬勤等（2008）构建了咸阳市生态环境和城市化协调发展的指标体系，然后运用主成分分析法对生态环境和城市化进行综合评价，通过构建协调发展模型定量分析生态环境与城市化的静态、动态协调发展程度；杜淑芳等（2008）构建了乌海市城市化、生态环境系统协调发展的评价指标体系，利用主成分分析方法和模糊数学方法分析城市化和生态环境的协调度，并划分为不同的协调等级；薛永鹏等（2009）构建了城市化与生态环境协调发展预警指标体系，并预测了20世纪90年代以来中国城市化与生态环境的协调度，根据协调度建立了预警系统，以此分析了它们的协调发展程度；王新杰等（2009）分别从人口、经济、空间、生活城市化和生态环境压力、状态、响应层面构建了城市化与生态环境协调发展的综合指标评价体系，运用德尔菲法和加权求和方法获得分指标和综合指标得分，结合动态和静态协调指数构建了15种城市化与生态环境协调发展模式模型，并对其演化趋势进行评价和分析；李会宁（2009）对福建省九个地区的城市化综合水平与生态环境水平进行了测度，并用相关的模型对城市化与环境的协调度进行了分析；宋建波等（2010）以长三角为例，对城市化与生态环境协调发展问题进行了深入研究。首先构建了城市化与生态环境发展水平的评价指标体系，然后运用主客观相结合的方法确定了城市化与生态环境各指标的权重，并对长江三角洲城市群16个城市的城市化与生态环境发展水平进行了计算，根据协调发展度模型对16个城市城市化与生态环境的协调发展程度进行了测算；陈春桥等（2010）构建了城市化与生态环境系统协调发展的评价指标体系以及协调发展度评价模型，并对福建省进行了实证分析。

（三）国内外研究评价

综观国内外学者对贸易、环境与城市化的研究，可以得出以下几点启示：

（1）在切入视角上，目前多数研究成果是在封闭经济下，从贸易与环境、贸易与城市化及环境与城市化两两角度出发，而将三者纳入同一个框架，从整体的角度对它们之间的互动关系进行分析探讨的并不多见。而在经济全球化这一大背景下，开放经济下的贸易、环境与城市化的综合性研究显然更符合时代经济发展的特征，成为更多学者关注的焦点。

（2）在研究方法上，现有的模型研究大都基于原来已有的经典模型，模型创新并不多见，总体上缺乏严密的分析论证和深入的理论探讨。目前贸易、环境与城市化选取模型的定量研究，在模型的建立和指标选取上都存在着一定的不足，没有形成一个具有广泛适应性且有效的分析模型，可见，对于贸易、环境与城市化三者之间的内在机制还应进一步地改进和完善。因此，现有的研究应该在原有的基础上，采用不同的学科原理、不同类型的方法进行理论和模型创新，将相关的社会学、统计学方法应用于研究之中，以加强研究的规范性。

（3）在研究内容上，当前的研究对贸易、环境与城市化两两之间的概念、内涵、相互关系和协调政策等方面探讨得较多，很多实证只做了单向的研究，在研究成果上也主要集中在如何选择贸易、环境与城市化政策方面，对于贸易、环境与城市化三者如何相互影响、影响大小如何测定的研究较少，因此有必要针对贸易、环境与城市化三者的相关关系、影响因素和相互作用大小进行深入的探讨，使研究更切合实际经济运行的复杂情况，更具有政策指导意义。

（4）从研究区域看，主要以跨国和国家比较为研究重点，缺乏对经济开放区或者国家城市化核心地区的专门研究，使研究成果不便于用于决策与推广。所以有必要选取有代表性的开放区域对贸易、环境与城市化协调发展进行定量评判，并选取最优协调发展路径，以对长三角的城市化发展决策有一定的借鉴意义。

第三章
贸易、环境与城市化的
互动效应

一　贸易、环境与城市化互动作用的分析框架

（一）常用的 PSR 分析框架

压力－状态－响应（Pressure-State-Response，PSR）是 1970 年由加拿大统计学家 Freid 提出的，主要用来研究人类活动下的环境演变问题，后来被OECD 的环境组织所采纳，进而用来构建可持续的环境指标体系。OECD 关于环境指标的 PSR 框架的建立是从 1991 年和 1993 年开始的，当时公布的"OECD 环境行动回顾的核心指标体系"，给出了基于可持续的 PSR 框架定义（OECD，1993）。在这里，状态指标衡量人类行为导致的环境状态的变化；压力指标反过来表明环境问题的原因，比如由于过度开发而导致的资源与生态难以为继；响应指标则显示社会克服生态危机、保障生态安全的能力或努力。PSR 框架模型具有以下特点：①综合性，同时面对人类活动和自然环境；②灵活性，可以适用于大范围的环境现象；③因果关系，它强调了人类活动和经济运作及其对资源环境的影响之间的联系。这一框架具有非常清楚的因果关系，即人类活动对资源环境施加了一定的压力；因为这个原因，资源环境状态发生了一定的变化；而人类社会应当对资源环境的变化做出响

应，以恢复资源环境质量或防止资源环境恶化。而这三个环节反映了决策和制定对策措施的全过程。图 3 - 1 是 OECD 的压力 - 状态 - 响应框架模型。

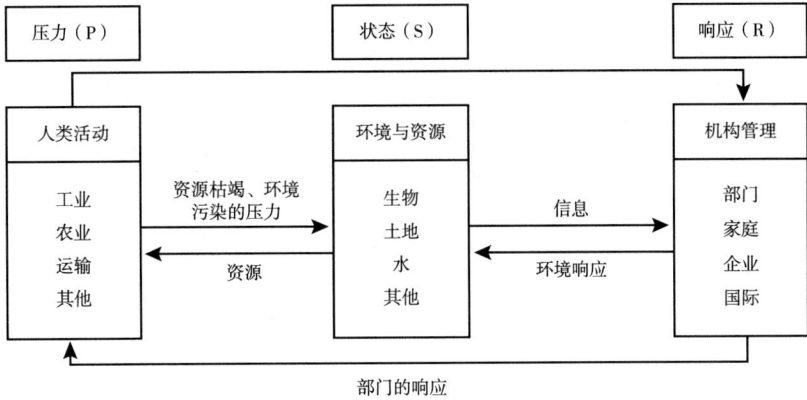

图 3 - 1　OECD 压力 - 状态 - 响应（PSR）框架模型

随着城市化与开放经济规模的变化，经济发展模式、个体的空间行为和生活方式都在很大程度上影响着复合城市生态系统，改变了城市的能流、物流和信息流的方向和过程，影响城市区域的自然过程，引起城市区域资源环境变化，推动系统的正向演替或逆向演替。而变化中的资源环境系统最终反作用于经济发展模式和人类的社会生活方式。在城市化区域，人类对环境施加的压力、环境状态、社会响应或行为之间形成一个闭合的相互作用框架，并通过各种形式的资源环境效应来刻画、描述和表现（见图 3 - 2）（陈崇成，2000）。

（二）贸易、环境与城市化互动的 PSR 分析框架

在贸易、环境与城市化的相互作用构成的 PSR 框架中，各模块可做如下理解：①"压力"指标是指贸易开放和城市化进程对环境系统的直接压力因子，用以表征那些对环境质量可能造成威胁或破坏的贸易开放和城市化活动因素；②"状态"指标是指环境当前的状态或趋势，状态指标用以表征环境的安全性状态等；③"响应"指标是指贸易开放、城市化战略规划和环境保护政策措施中的可量化部分，响应指标用以表征保护和改善资源环

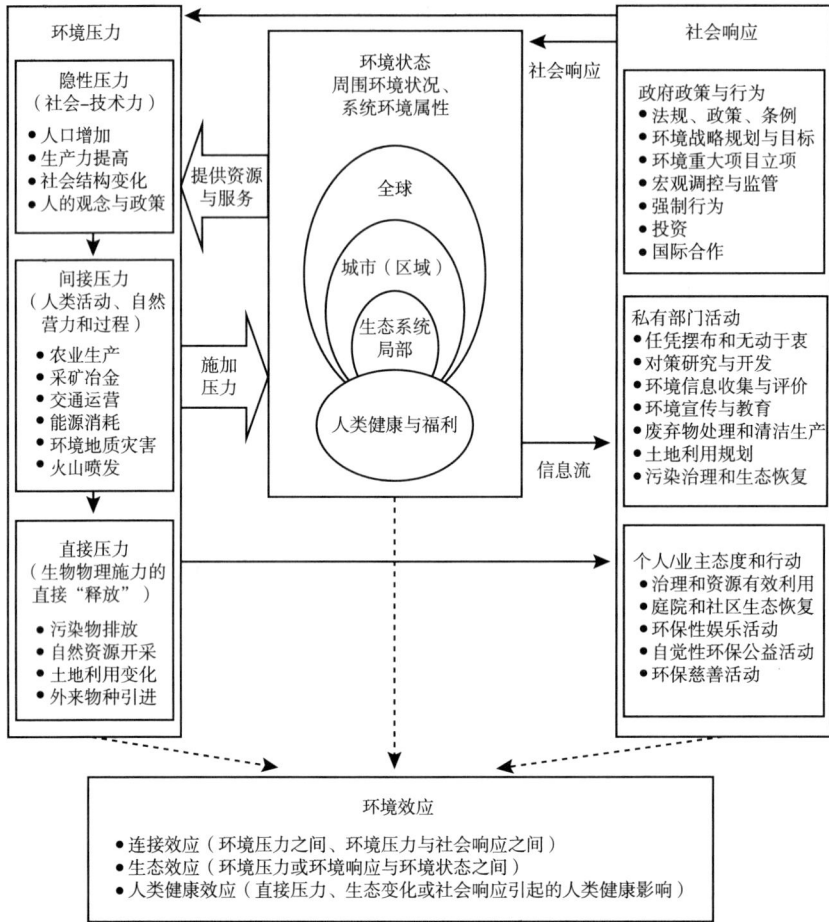

图 3-2 资源环境系统中压力-状态-响应/效应（PSR/E）相互作用框架

境所采取的对策等。可见，PSR 模型作为分析框架，可以涵盖贸易、环境与城市化之间的"作用-反馈"关系和"前因后果"关系，可以作为以下贸易、环境与城市化相互关系分析的基本框架：贸易、环境与城市化之间存在着两两相互作用的关系，贸易通过改变生产规模、生产结构和提升技术水平等方式对环境产生影响，环境为贸易提供一定的硬件基础，推动或阻碍贸易的发展；贸易是城市化不断前进的动力，而城市化的快速发展又为扩大贸易种类和范围创造条件；环境通过提供资源环境因素促进城市化发展，同时又通过对城市化的约束影响城市化进程，而城市化的水平又会对环境造成污染或者促进环境的改善（见图 3-3）。

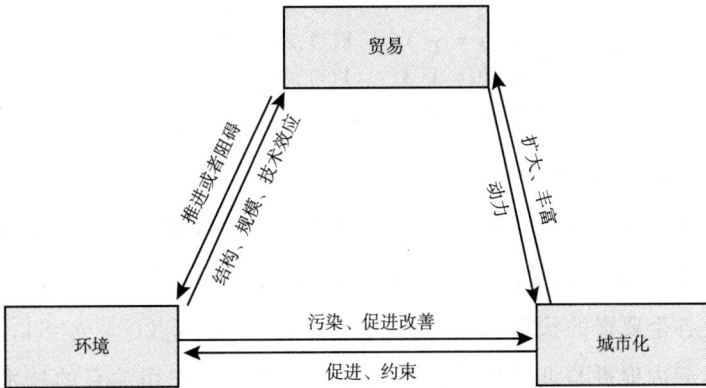

图 3-3　贸易、环境与城市化两两之间互动作用

（三）贸易、环境与城市化互动的数学表达

根据城市区域复合生态系统理论的观点，贸易、环境与城市化可以通过交互作用而形成一类复合生态系统。在该复合生态系统中任何两个相关组分之间可能存在两种不同类型的生态运动关系：一类是促进关系，也称为正因果关系；另一类是抑制关系，也称为负因果关系。由贸易、环境与城市化构成的区域复合生态系统中的任何一个组分都相对处于某一个封闭的关系环上，如果该环是正反馈环时，通过该环的放大（或衰减）作用，最终将促进该组分的增加（或减少），反之则相反。在贸易、环境与城市化相互作用的系统网络中，系统组分之间可能有很多个关系环，其中必有一个是起主导作用的主导环。复合生态系统演变中存在着很多生态因子，其中必有一个是对系统发展起决定作用的主导因子。对于稳定的贸易、环境与城市化复合系统，其主导环一定是负反馈环。否则，通过该环持续的放大或衰减，系统组分将无限增长或萎缩，从而导致系统崩溃，或受新的抑制关系影响，构成负反馈而趋于稳定。可见，贸易、环境与城市化的相互作用的关系就是指在城

市化发展过程中，贸易、环境与城市化相互作用、相互影响的非线性关系的总和，其互动关系可以用一般系统论的微分方程组来表示：

$$\begin{cases} dX/dt = x[X(t),Y(t),Z(t),Q(t)] \\ dY/dt = \gamma[X(t),Y(t),Z(t),Q(t)] \\ dZ/dt = \lambda[X(t),Y(t),Z(t),Q(t)] \\ dQ/dt = \vartheta[X(t),Y(t),Z(t),Q(t)] \end{cases} \tag{3.1}$$

式中：$X(t) = [x_1(t),x_2(t),\cdots,x_i(t)](i = 1,2,\cdots,n)$ 表示城市化系统的各个要素；$Y(t) = [y_1(t),y_2(t),\cdots,y_j(t)](j = 1,2,\cdots,n)$ 表示国际贸易系统各个要素的状态；$Z(t) = [z_1(t),z_2(t),\cdots,z_k(t)](k = 1,2,\cdots,n)$ 表示环境系统各个要素的状态；$Q(t) = [q_1(t),q_2(t),\cdots,q_h(t)](h = 1,2,\cdots,n)$ 为不同时间内促进与调节贸易、环境与城市化相互作用关系的技术发展水平、制度安排及其他因素的组合等。

二 贸易与环境相互效应分析

总的来说，贸易通过规模效应、结构效应和技术效应三种效应对环境产生影响；而环境对贸易既有促进作用，也有阻碍作用，可以用图 3 - 4 来表示。

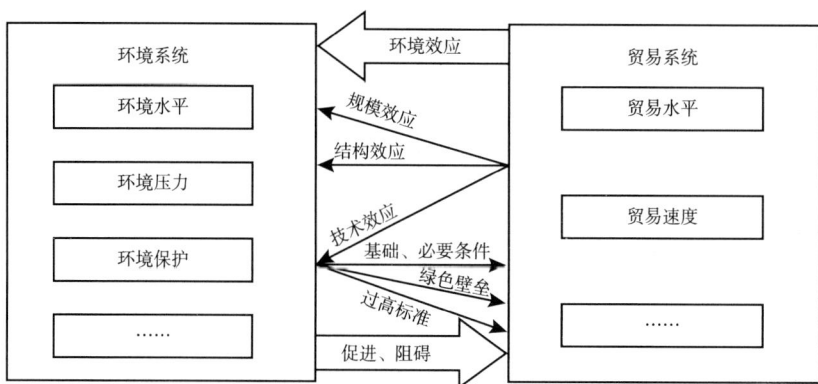

图 3 - 4 贸易与环境相互作用框架

（一）贸易对环境的影响

1. 贸易作用的环境效应

自贸易产生以来，贸易与环境的关系问题一直是人们关注的焦点，贸易的环境效应更是受到越来越多的学者的关注。其中最典型的是 Grossman 和 Krueger（1991）将国际贸易对环境的影响分解为规模效应、结构效应和技术效应三个方面，并建立了环境效应分析的基本框架。第一，规模效应对环境的影响。贸易的发展使经济活动规模得以扩张，加快了市场经济发展的速度，在推动一国经济发展、提高 GDP 之余，也使人们越来越注重环境保护，同时贸易的发展也使环境保护需要的资金来源更为广泛，这是贸易对环境的规模正效应。在贸易促进经济增长的同时，人们对资源的需求也会相应增加，会加重环境污染，如果不采取相应的环境保护政策，就会出现市场调节和政府政策调节失灵的情况，比如无偿使用的生态系统、能源补贴政策的失灵等，这样贸易会导致环境污染的加重和对自然资源的过度消耗。这是贸易对环境的规模负效应。第二，结构效应对环境的影响。如果不存在市场失灵和政策失灵，那么贸易的自由化可以优化资源配置，避免不必要的资源浪费，使经济效益达到最大化。取消一些贸易壁垒，加大贸易的自由化程度，还可以促进全球专业化分工，每个国家都可以生产本国具有比较优势的产品，使产品生产所需的成本最低，同时回报率最高，达到经济发展的目的，同时，经济发展水平越高，贸易就越能促进经济结构转向污染低的方向，这是贸易对环境的结构正效应。若环境资源的价值没有被正确评估，那么贸易就会导致资源的低效率配置，如果缺乏完善的环境政策，贸易就会把生产和消费分布到那些并不适用的地方，或者说对自然资源进行不可持续的开发和利用，生产出的一些价格低廉但是损害环境的产品的需求增加，会带动污染密集型工业对这些产品的生产，从而导致严重的环境退化。这是贸易对环境的负面结构效应。第三，技术效应对环境的影响。贸易自由化说明贸易壁垒减少了，比如进出口管制的取消等，这些都使一些先进的技术可以更好地在国际上流通，对环境有利的技术传播进来可以减少单位产品生产的污染程度，同时也使消费者有更多的产品选择，减少对污染环境产品的消费，从而提高环境保护水平。这是贸易对环境的技术正效应。与此同时，贸易的自由化也促进了一些损害环境的产品的流通，比如一些有污染物残留的农产品、一些不可降解的商品等，这是贸易对环境的负面技术效应。

根据 Grossman 和 Krueger（1991）及 Ekins（1997）模型，对任意经济部门 i，环境和增长的关系可以表述为：$E_i = a_i y_i$，式中 E 是环境质量因素（如污染的排放），y 是该部门的产出，a 是该部门环境压力系数。总的污染排放等于各部门排放量求和，即：

$$E = \sum E_i = \sum a_i y_i \tag{3.2}$$

$$E = Y \sum a_i \frac{y_i}{Y} = Y \sum a_i s_i \tag{3.3}$$

式中，s_i 是部门的产出在总产出中的份额。式（3.3）对时间求导：

$$E' = Y' \sum a_i s_i + Y \sum s_i d_i + Y \sum a_i s'_i \tag{3.4}$$

进一步，式（3.4）除以 $E(= Y \sum a_i s_i)$，得：

$$\dot{E} = \frac{E'}{E} = \frac{Y'}{Y} + \frac{\sum s_i a'_i}{\sum s_i a_i} + \frac{\sum s'_i a_i}{\sum s_i a_i} \tag{3.5}$$

$$\dot{E} = \dot{Y} + \frac{Y}{E} \left(\sum s_i a'_i + \sum a_i s'_i \right) \tag{3.6}$$

以上方程的含义是：污染物排放的变化率等于产出变化率、环境压力系数变化率（a'）及部门产出结构变化率（s'）三者之和。对方程进行静态比较分析，短期内，假定 a'、s' 为零，则污染物排放的变化率正比于经济增长率，经济增长率越高，污染排放增长越快。如果从贸易增长增量的角度，分析污染物排放与贸易规模、贸易内部结构、生产的环境技术水平（单位产值排污量）之间的关系，可以用贸易总额代表贸易的规模，以贸易构成代表贸易结构，以单位贸易产生的排污量表示贸易活动中的环境技术水平。

设贸易规模为 Y，i 部门产值为 Y_i；基期为 Y_0 和 Y_i^0，t 期为 Y_t 和 Y_i^t。部门 i 在贸易总额中所占比例为 α_i，$\alpha_i = Y_i/Y$，基期和 t 期分别为 α_i^0，α_i^t。

设总排污量为 P，i 种贸易排污量为 P_i，基期为 P_0 和 P_i^0，t 期为 P_t 和 P_i^t。单位贸易的排污量为 β，i 部门单位贸易排污量为 β_i；基期为 β^0 和 β_i^0，t 期为 β_t 和 β_i^t。

排污量 P 可以表示如下：

$$P = \sum_i Y_i \beta_i = Y \sum_i \alpha_i \beta_i \qquad (3.7)$$

t 期与基期相比，排污量的增加为：

$$\Delta P = P_t - P_0 = Y_t \sum_i \alpha_i^t \beta_i^t - Y_0 \sum_i \alpha_i^0 \beta_i^0 \qquad (3.8)$$

对式（3.8）做数学变换，可以得到：

$$\Delta P = (Y_t - Y_0) \sum_i \alpha_i^0 \beta_i^0 + \left[Y_0 \sum_i (\alpha_i^t - \alpha_i^0) \beta_i^0 + (Y_t - Y_0) \sum_i (\alpha_i^t - \alpha_i^0) \beta_i^0 \right] +$$
$$\left[Y_0 \sum_i \alpha_i^0 (\beta_i^t - \beta_i^0) + (Y_t - Y_0) \sum_i \alpha_i^0 (\beta_i^t - \beta_i^0) + \right.$$
$$\left. (Y_t - Y_0) \sum_i (\alpha_i^t - \alpha_i^0)(\beta_i^t - \beta_i^0) \right] \qquad (3.9)$$

从式（3.9）中可以看出，排污量的增加可以分为四个部分：第一部分 $(Y_t - Y_0) \sum_i \alpha_i^0 \beta_i^0$，表示的是在保持基期贸易结构和贸易各部门单位产值的排污量不变的情况下，t 期由于贸易规模扩大导致的排污量的增加。第二部分 $Y_0 \sum_i (\alpha_i^t - \alpha_i^0) \beta_i^0 + (Y_t - Y_0) \sum_i (\alpha_i^t - \alpha_i^0) \beta_i^0$，第一项表示的是在保持基期单位产值排污不变的情况下，基期贸易规模分别按 U_4 期贸易结构和基期贸易结构计算的排污量的差值，它反映了在基期规划和基期环境技术水平下，由于贸易结构变化导致的排污量的变化；第二项表示贸易规模的增量部分在基期环境技术政策水平及保持基期单位贸易值排污量不变的条件下，由于贸易结构变化导致的排污量变化。第三部分 $Y_0 \sum_i \alpha_i^0 (\beta_i^t - \beta_i^0) + (Y_t - Y_0) \sum_i \alpha_i^0 (\beta_i^t - \beta_i^0)$，第一项表示在保持基期贸易结构不变的情况下，基期贸易规模分别按 t 期单位贸易额排污量（污染强度）和基期单位贸易额排污量计算的排污的差值，它反映了在基期规模和贸易结构下，由于环境技术水平及环境政策变化导致的排污量的变化；第二项表示贸易规模的增量部分在其他条件一定下，由于单位贸易额排污量变化导致的排污量变化。第四部分是交叉项，表示贸易规模、贸易结构及污染强度同时变化导致的排污量的变化。

贸易对环境的综合效应可以按出口和进口情形分别讨论。如图 3 – 5，上半部分为污染密集型产品（肮脏产品）X 和清洁产品 Y 的生产组合，下半部分表示污染 Z。开放前的生产点为 A，价格为 P_d，世界价格为 P_w，该国出口肮脏产品。下半部分，表示开放前后的均衡污染水平，A 点的污染密集度为 $e(\beta^A)$，污染水平为 Z_A。开放后，生产规模扩大，发展水平提高，生产点移动至 C。贸易的环境效应从 Z_A 到 Z_S 的变化可以分解为三个部分：首先，在经

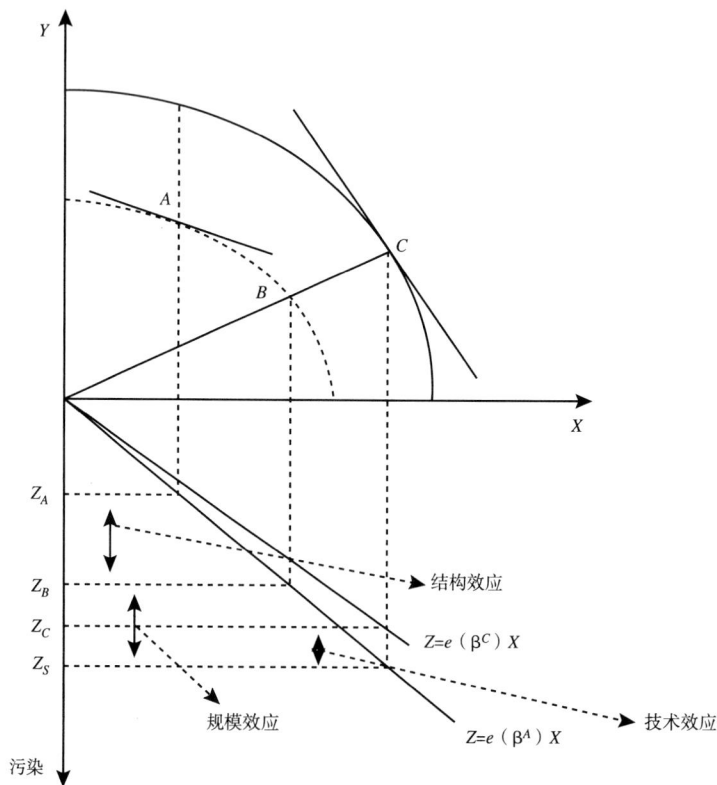

图 3 – 5　出口污染型产品 H_1 的贸易环境效应

济规模和生产技术不变的条件下，贸易使生产结构发生变化，从 A 移动到 B，与此移动相关的是污染从 Z_A 增加到 Z_B，此为贸易的结构效应。其次，图中上半部分从 B 点到 C 点的移动为规模效应，由于规模扩大引起的污染增加在下半部分图中表现为 Z_B 到 Z_S 的移动。最后，由于贸易的收入作用，生产者使用减排技术，排放密度下降到 $e(\beta^c)$，污染从 Z_S 下降到 Z_C。与原来污染水平 Z_A 相比，该国出口污染密集型产品后，污染水平增加。因此，在出口污染密集型产品时，如果规模效应和结构效应大于技术效应，贸易的环境综合效应为负，就增加了污染水平。如果技术效应大于规模效应和结构效应，就将减少污染。

如果该国为污染密集型产品 X 的进口国（图 3－6），初始国内价格高于世界价格，随着贸易壁垒的下降，国内 X 产品的价格也下降，生产将减少，

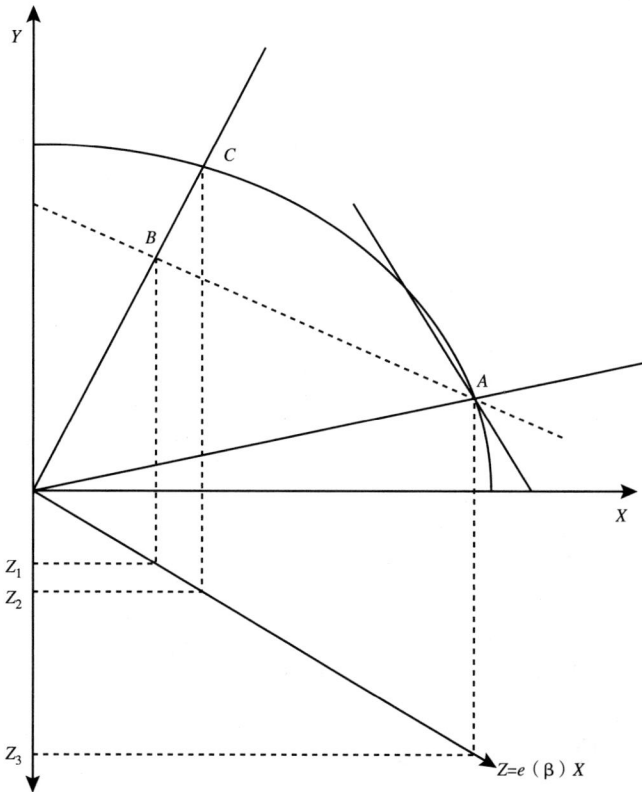

图 3－6　进口污染型产品 H_2 的贸易环境效应

清洁产品 Y 的生产增加，产品结构转向清洁产品，因此结构效应将大于规模效应，污染水平下降。贸易对环境的效应取决于以上几种效应之和，而不是单独某一种效应起作用。贸易开放对一国的产品结构、收入、经济规模和技术进步都会产生一定影响，从而对环境产生影响。

2. 贸易活动的非持续性对环境的影响

由于贸易影响国民经济，而国民经济又影响资源和环境生态系统，因此，贸易也在影响着环境。环境是贸易赖以发展的基础，保护环境有利于改善环境质量，维持生态系统平衡。从理论上讲，环境保护和自由贸易应该是可以协同发展的。但是在现实中，国际贸易与环境保护和环境安全之间往往不能协调发展，存在诸多矛盾和争议。20 世纪 50 年代以来，世界贸易量大幅增长，自由贸易在促进资源有效配置和为改善环境提供资源的同时也带来了环境损害的负面影响。

贸易在一个完整的产品生命周期中，即在从摇篮到坟墓的过程中所起的是一种连接作用，在从原材料到最终消费的链条中，贸易不可或缺，如同在产品生命周期中任何一个环节都不可缺少（Anderson，1998）。图 3 - 7 显示的是比较简单和直观的产品生命周期，在整个过程中，应该整体考虑贸易和环境之间的关系以及影响。

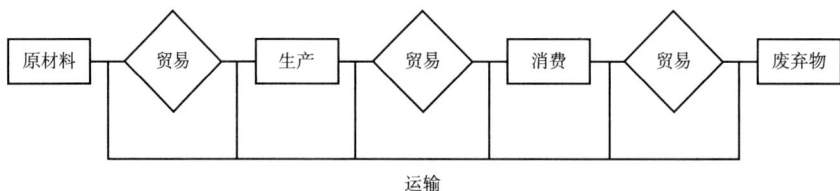

图 3 - 7　贸易在一种产品生命周期中的作用

资料来源：Anderson 等《环境与贸易——生态、经济、体制和政策》，清华大学出版社，1998，第 32 页。

（二）环境对贸易的影响

1. 环境对贸易影响的基本途径

环境及其系统的各个部分是紧密联系、相互影响和相互制约的，经济系统是环境系统的一部分，国际贸易是国内经济活动的扩展和延伸，开展国际贸易离不开环境系统的支持，自然环境是进行国际贸易的基础，并提供了丰富的资源。人类对从环境中获取的资源进行加工和生产，得到生产和生活资料，贸易的扩大使自然资源得到充分利用和配置，从而获得经济和社会福利。当然，任何国家的双边或多边贸易都是在具体特定的地理环境下进行的。自然环境和资源禀赋的差异决定了各国的经济结构和贸易格局。自然地理环境包括一个国家和地区所处的纬度、海陆分布、地形特征、气候条件、水文状况、自然资源的丰裕度与分布等。这些因素的综合，对一个国家和地区短期的贸易行为都将产生重大的影响。第一，自然地理环境对一国整体经济产生影响。以日本为例，日本地处中纬度地区，气候适中、海运便利，这些成为其发展贸易的有利条件，但国土狭窄、山地丘陵为主的地形、极其贫乏的矿产资源，又是制约其工农业生产发展的不利因素。相反，在高纬度和低纬度的内陆山区，气候恶劣，交通闭塞，经贸往往也比较落后。如一些纬度偏高的亚洲内陆国家，虽面积广阔，资源丰富，但经济却长期落后。第二，自然地理环境直接约束贸易的种类、条件及方式。世界各海域的不同气候类型，直接影响国际贸易中的商品运输，各国的港口有的可全年通航，有的则冬季封冻，船舶不能停靠。如俄罗斯，虽有广阔海域，海岸线较长，但封冻期也较长，利用率极低。中南半岛及印度半岛大部分国家在进行出口贸易决定装运期时，要根据商品的性质选择季节进行。第三，自然地理环境引发的灾害对贸易冲击巨大。全球性气候异常，如在厄尔尼诺和拉尼娜现象发生期间，世界各地旱涝失常，同时伴随狂风、大潮、低温等灾害性天气，给工业、交通、国际贸易带来巨大的冲击，其中首先受到冲击的是农业生产。因为气候可以影响农产品，尤其是粮食产量，由此而产生的价格波动，直接影响到世界市场上的粮食贸易。此外，资源禀赋和环境的不同造成各国贸易结构、规模等方面的差异，各国技术水平、国际贸易发展程度不同，使其自然资源的开发和环境保护水平也有所不同。

各国的环境政策对国际贸易的方式和需求产生影响。由于各国的污染程度、吸收能力、治理程度不同，因此所制定的环境标准也不一致。一般是发达国家的环境标准比发展中国家严格，有的发达国家将苛刻的环境标准作为一种非关税壁垒，客观上限制了国际贸易的发展。此外，出口国的环境补贴将本应由企业承担的成本变成社会成本，结果是得到补贴的产业的产品竞争力增强，扭曲了实际价格和国际贸易规模。虽然WTO《农产品协议》和《补贴与反补贴协议》中的绿箱措施和不可诉补贴条款规定了关于环境支持的内容，但在实践过程中难以确定。目前国际上的多边环境协议（MEAs）在实施和运用过程中，与多边贸易体系有冲突和矛盾之处。MEAs贸易措施的目的是解决国际社会关心的环境问题，为了防止各成员国通过增加与非成员国之间的贸易而逃避义务并且迫使非成员国加入MEAs，以减少搭便车者，MEAs限制成员国与非成员国之间的贸易，但这又违反WTO的非歧视原则。虽然迄今为止，WTO规则和MEAs贸易条款的优先权问题仍无定论，但是环境要素对国际贸易及多边贸易体系的影响日益加大。

环境与贸易的关系，需要从环境对贸易的制约作用和促进作用两方面来考虑。如果说自然资源环境禀赋和承受能力对国际贸易有一定的制约作用，那么，环境产品和服务贸易则扩大了贸易的内涵，推动了贸易的发展。自20世纪90年代以来，可持续发展理念深入人心，环境逐渐被重新认识，作为一种资源和贸易产业，环境因素开始纳入国家贸易体系。环境产业的贸易可以有效地防止和控制生产和贸易给生态和自然带来的负面影响，发挥环境对贸易的促进作用，最终会影响世界贸易的格局。

经验研究表明，一国的经济水平与国际贸易水平有极大关系，国际贸易水平会随着经济的发展不断上升。同时，贸易水平曲线会随着一国税收、贸易政策、国际贸易壁垒、国际政治变动、战乱等一系列外生因素发生移动。同样，如果环境作为一个要素，它同样可以作为外生因素，如环境污染、环境成本和环境规制等导致贸易曲线发生移动（见图3-8）。

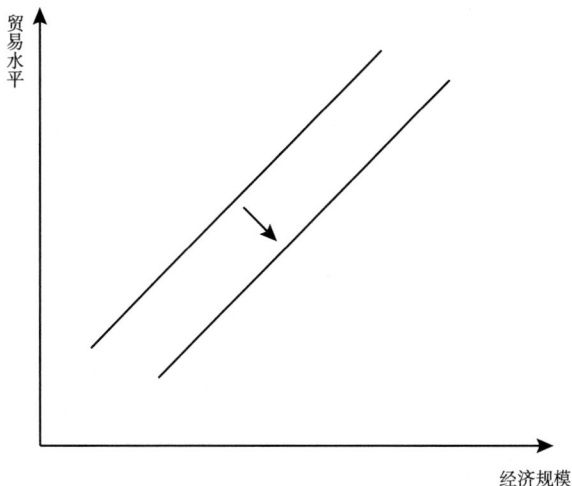

图 3 – 8　经济规模与贸易水平示意

2. 环境对贸易的作用效应

环境是城市经济发展的基础，是开展国际贸易的基础和必要条件，主要表现在以下几个方面：第一，环境是贸易的基础。环境为贸易提供丰富的资源，同时贸易的发展又会促进资源的有效配置，从而达到经济效益最大化。第二，不同的环境导致各国比较优势的不同和国际分工的差异。每个国家的自然禀赋是不一样的，那么它们的贸易商品结构就会有很大的不同，进而影响到贸易的内容、规模和结构。此外，各国对环境问题认识的差异，会直接导致各国对环境保护的态度和采取的措施不一致。就一国而言，在不同的发展阶段，其对环境保护的认识也是不一样的，这些都会对贸易造成影响。同时贸易发展的程度不一致，也会影响各国的环境保护水平。第三，环境政策影响贸易的方式。每个国家基于保护本国自然资源的目的，考虑到环境的承载能力，为了保证可持续发展，都会制定一系列的环境保护政策，比如倡导生产使用环保产品，不符合环境标准的产品不能进口等，这些政策会改变贸易的内容和方式，增加环保产品的贸易需求。

各国的环境污染程度不一样，所以对污染的消化和吸收能力也有很大的不同。而且每个国家经济发展的水平参差不齐，也使处理污染物的水平各不相同。

发展中国家不管是经济发展水平还是环境污染治理的技术，都要远远落后于发达国家，所以不可能不切实际地制定很高的环境标准。尤其是当发展中国家资源很有限的时候，就不能做到既发展经济又考虑环境保护，这个时候大部分发展中国家通常是先发展经济而不考虑环境污染，从这个角度考虑，发展中国家也不会制定高环境标准。这时候发达国家制定的高环境标准就会对发展中国家的出口造成很大压力，这种严格的标准极大地提高了发展中国家的出口门槛，让其在出口时面对很多的不确定性从而遭受很多损失。很多发达国家也就变相地以环境保护为借口来设置各种绿色贸易壁垒，从而影响贸易的发展。

影响区域经贸的环境因素与传统的非关税壁垒不一致，以环境贸易壁垒的刚性特征为代表，一成员国贸易产品不符合进口国设置的技术标准要求就不可能进入该国市场，其对外贸易必然符合环境因素的制约条件，否则对技术发展水平相对落后的发展中国家的出口贸易发展限制性就会明显地加强（见图3-9）。其中，SS 线代表发展中国家某种产品的国际市场供给曲线，DD 线表示发达国家对发展中国家该种产品的需求曲线。在环境贸易壁垒实施前，国际市场上发展中国家某种商品出口量与发达国家进口量均衡，决定

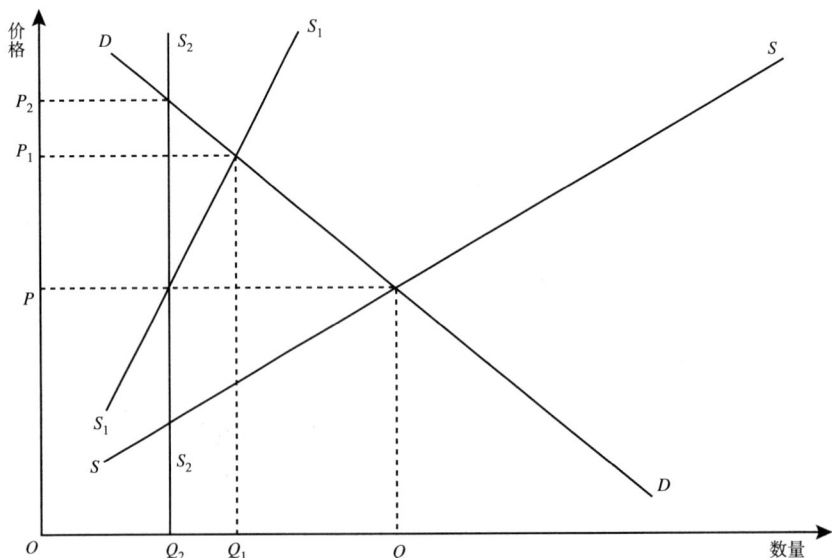

图 3-9 环境对贸易的制约

均衡数量为 OQ ，均衡价格为 OP 。现在发达国家对发展中国家该种产品实施环境贸易壁垒。由于发展中国家受生产技术、原料及管理等因素的制约，生产成本提高、供给弹性变小，供给曲线移到 S_1S_1 ，均衡价格上升到 OP_1 ，而贸易流量下降为 OQ_1 。由于出口方众多企业无法在较短时期内达到发达国家提出的环境标准，供给曲线也可能是 S_2S_2 ，供给弹性极小。国际市场均衡价格进一步上升到 OP_2 ，贸易流量则降至 OQ_2 。

假定发达国家实施环境贸易壁垒前后国内供求状况不变（包括供求弹性）。在图 3-10 中， OF 、 OE 分别是实施环境贸易壁垒前发达国家和发展中国家的供给曲线，两者相交于 H ，从而决定了国际贸易条件为 OA 。当发达国家实施环境贸易壁垒后，发展中国家出口贸易流量在短期内迅速减少，被迫将原先供应国际市场的产品更多地留在国内消费，导致国内市场供大于求，出口产品价格下跌，贸易条件恶化（由 OA 下降为 OB ），贸易收益下降。在原来的贸易条件下，该国用 OQ_1 数量的出口品可换取 OM_1 数量的进口品；贸易条件恶化后，用同样数量的出口品 OQ_1 只能换取 OM_2 数量的进口品，贸易利益受损。在当前发展中国家外经贸发展中，贸易条件恶化一方

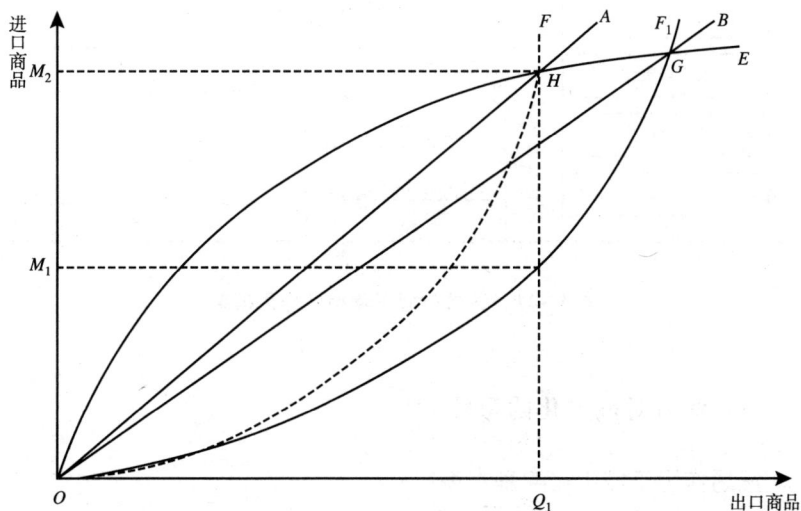

图 3-10　环境对贸易条件的影响

面由于环境贸易壁垒的存在使原先供出口的产品出口受阻导致国内市场供求失衡、价格下跌，即使该产品能够出口到国际市场（如出口到一些技术水平要求低的发展中国家），出口价格指数也随之下降，贸易条件恶化；另一方面要想保留在发达国家的市场份额，必须提高产品技术档次，其中技术、设备、原材料、认证、检验等方面的因素使得生产成本上升，出口产品价格相对进口机器设备、原料价格而言有下降趋势，也导致贸易条件的恶化，价格和成本从两方面挤出利润，贸易收益下降。

三　贸易与城市化相互效应分析

城市与贸易之间存在着相互促进、相互影响的密切关系。如果说贸易通过经济的发展、产业结构优化和软实力的提升催生了城市，那么城市则通过丰富贸易的内容和形式有力地推动了贸易的发展（见图 3 – 11）。

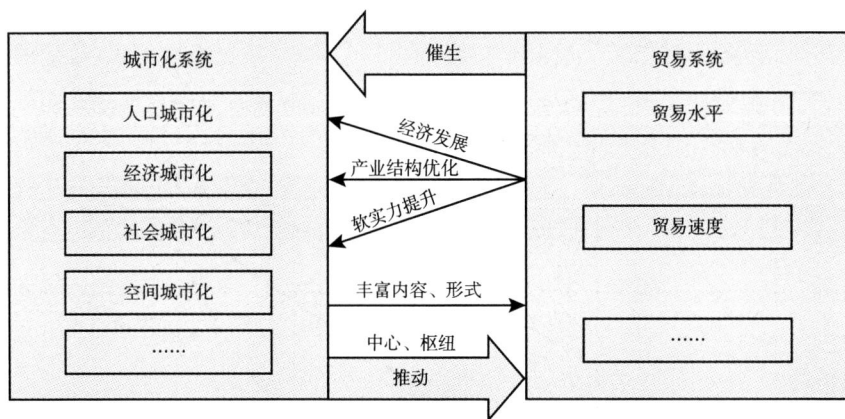

图 3 – 11　贸易与城市化相互作用框架

（一）贸易对城市化的影响

1. 贸易作用于城市化的基本途径

贸易不仅能够促进城市的形成与发展，而且随着国际交易的日益频繁，城市化发展过程则趋向国家化，其动力表现在：第一，贸易带动城市的经济发展。贸易的发展可以为一国政府带来比较高的财政收入，从而为推动城市化进程提供所需的资金支持。同时贸易过程中的知识外溢，能够促进产业链关联配套产业的发展，容易形成产业集聚，还可以促进本土企业的发展，提升本土企业的竞争力，为城市的经济发展提供动力，从而带动城市经济的发展。第二，贸易促进区域产业结构升级。贸易可以促进区域内产业结构升级，促进人口和要素等的集聚，从而推动城市化进程。贸易的自由化可以优化资源配置，避免不必要的资源浪费，使经济效益达到最大化。同时可以促进全球专业化分工，每个国家都可以生产并出口本国具有比较优势的产品，进口没有优势的产品，促进产业结构的升级。第三，贸易促进城市科技、创新等文化软实力的提升。贸易的发展不仅可以促进资本的流动，同时还会流入一些先进的知识理念和技术等，这种因素通过各种渠道扩散开来，会产生一个积极的外溢效应，推动城市化进程中的科技、创新等软文化实力的提升。比如知识外溢就会改变人们的观念和生活习惯，改变之前在农村的一些生活观念，接受城镇化生活方式，享受城市化配套的生活服务，慢慢地越来越多的人开始选择在城镇定居，促进人口城镇化，推动城市化的发展（见图 3 – 12）。

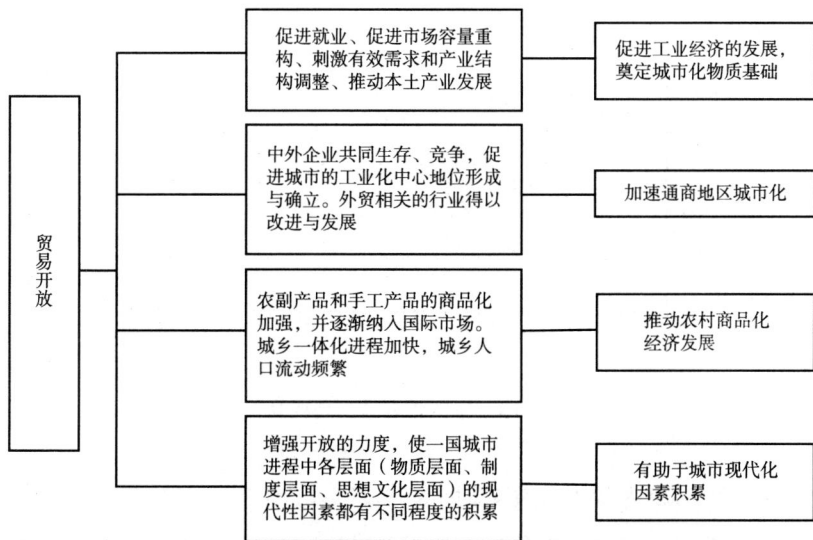

图 3 – 12　贸易对城市化作用途径示意

关于城市化动因的理论阐述可以追溯到 19 世纪经典的推 - 拉理论。作为对推 - 拉理论的补充和完善，20 世纪 50 年代刘易斯提出了经济发展的二元经济理论，后来这个理论经过了拉尼斯和费景汉的修正和扩展形成了刘易斯 - 拉尼斯 - 费景汉模型。随着全球化进程的加快，学者们开始将研究视角转向全球化、外资对一国城市化的影响，城市化动力机制由一元、二元向多元转变。

城市化是一个国家迈向现代化不可逾越的进程和阶段。很多学者对其进行了大量研究，并得出其与经济发展的关系。许多研究结果表明城市化和经济水平之间存在倒 U 型关系（见图 3 - 13），即在经济发展的初期，城市化水平随着经济发展逐渐上升，但随着经济发展到一定程度，城市化速度开始放缓。城市化曲线会随着城市人口户籍政策、各区域人才流动政策、城市规划和外贸等外生变量产生移动。

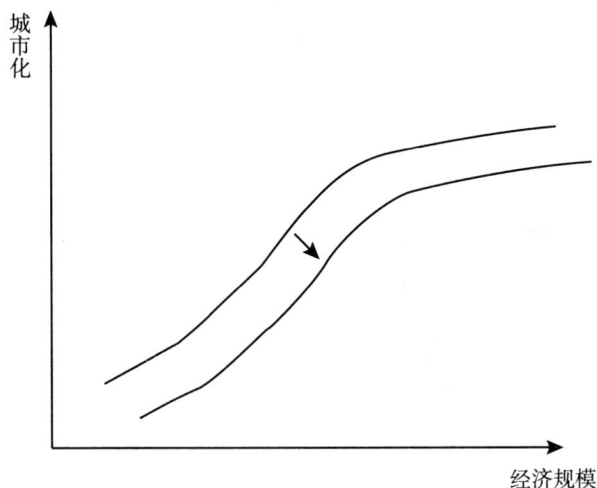

图 3 - 13　城市化与经济规模关系

城市发展的原因是十分复杂的，包括自然地理条件、经济因素、政治原因，等等，但国际贸易和世界经济体系对城市发展的影响是不可忽视的。产业革命以来，国际分工进一步加深，科学技术的发展和新行业的兴起使城市专业化趋势加强，汽车城、化工城、石油城、钢铁城、电子城、服装城、飞机城、舰艇城、纺织城、钻石城等纷纷兴起。许多城市作为世界经济体系的结合点与重要的政治中心城市、金融城和商业城，开始走上外向发展的道路。随着原料和食物生产国际分工的加强，城市作为地区农业、畜牧业、林、渔、矿各业产品的集散地和其他必需品的供给中心，成为国内贸易与国际贸易的重要纽带。产业革命以来城市的功能日益复杂化，但其基本功能却离不开为世界经济提供需求与供给这两个方面。城市国际化的趋势也日趋明显，城市的生产和消费国际化，居民国际化，资金和企业国际化，文化和社会生活国际化，城市建设国际化……以致可以说现代化城市的发展取决于该城市与世界经济联系的程度。

随着经济对外开放程度的日益加深，城市化成为产业结构转化、人力资本、开放程度等诸多因素共同作用的结果。

$$y = f(X_i) \tag{3.10}$$

其中，y 是城市化水平，X_i 代表开放经济中各类因素，其中贸易是不可忽略的重要指标。

2. 贸易对城市化的作用效应

（1）分析假设

本章构建开放经济下发展中国家的一个两部门的增长关系模型，与封闭经济体的模型进行对比，从而揭示出在开放经济中，发展中国家在国际市场中的对外贸易和贸易条款等因素对城市化进程的影响。由二元结构模型可以得知，对外贸易和贸易条例对国内价格指数和城市化率都有正影响；发展中国家通过制定进口工业产品的关税来保护其本国的贸易对城市化率会产生正影响；发展中国家为了提高农产品在国际市场中的竞争力从而提高农产品的出口额，对农产品进行政策性补贴，会对城市化进程产生负影响。

为了分析贸易开放对城市化的影响效果，做出如下假设：（1）发展中国家在国际贸易中只能是价格的接受者；（2）存在城乡之间的二元经济结构和对外贸易的关税、非关税壁垒，城市化与对外贸易在资源配置中均产生作用，并且二者在理论上必然存在某种联系；（3）在各个经济生产领域中劳动力资源是相同的。

（2）结果分析

二元结构中工业产品的生产函数表示为：

$$Q_m = Q(N_m, K_m) \tag{3.11}$$

式（3.11）中，Q_m 表示工业产品总量，N_m 代表在城市地区产品生产过程中所雇佣的劳动力，K_m 表示在生产工业产品中投入的资本。为了满足国内需求，部分工业产品是通过进口而来的。

城市劳动力需求函数表示为：

$$P_m^{\theta Q_m / \theta N_m} = W \tag{3.12}$$

式（3.12）中，P_m 表示国内工业产品的价格反对数，$\theta Q_m / \theta N_m$ 表示边际劳动力，W 表示城市地区名义工资的反对数。

城市资本需求函数表示为：

$$P_m^{\theta Q_m / \theta K_m} = P_k \tag{3.13}$$

式（3.13）中，$\theta Q_m / \theta K_m$ 表示边际资本，P_k 表示国内资本价格的反对数。

我们假设名义工资是生产价格的函数表达式，如下：

$$\overline{W} = bP_m \tag{3.14}$$

式（3.14）中，$\overline{W}$ 表示城市地区制度化设定的名义工资的反对数，b 表示价格影响工资的系数，并且 $0 \leq b \leq 1$。

因此，可以得出城市地区劳动力市场和资本市场的均衡条件为：

$$P_m^{(\theta Q_m / \theta N_m - \theta Q_m / \theta K_m)} = \frac{\overline{W}}{P_k} \tag{3.15}$$

可以得到城市地区的价格指数为：

$$P_u = P_m^u P_a^{1-u} \tag{3.16}$$

式（3.16）中，u 表示城市地区用于工业产品生产的费用占当期的总体支出比例，且 $0 \leqslant u \leqslant 1$，$P_u$ 表示城市价格指数的反对数，P_a 表示农业部门价格指数的反对数。

城市实际收入函数表示为：

$$Y_u = \frac{\overline{W}}{P_u} \qquad (3.17)$$

其中，Y_u 表示城市地区的实际收入。

农业部门生产函数的表达式如下：

$$Q_a = Q(N_a, L_a) \qquad (3.18)$$

式（3.18）中，Q_a 表示农业产品的生产总量，N_a 表示在农业生产部门中所雇佣的劳动力总数，L_a 表示在农业部门中使用的土地数量。发展中国家在农产品生产经济中具有竞争优势，部分农业产品会被出口到其他国家（Petrakos，1989）。

农业部门价格指数表达式如下：

$$P_r = P_a^r P_m^{1-r} \qquad (3.19)$$

式（3.19）中，P_r 表示农业部门价格指数的反对数，r 表示农业部门用于农产品生产的费用占当期的总体支出比例，且 $0 \leqslant r \leqslant 1$。

假设农业部门生产主要是以家族企业为主，这表明无论生产力如何，农村所有劳动力都会被雇佣，也不存在收入分配不均现象。因此农村的名义收入实际上是劳动力的平均生产价值，可表示为：

$$Y_r = \frac{Q_a P_a}{P_r N_a} \qquad (3.20)$$

劳动力恒等式为：

$$N_u = N_m + U_m \qquad (3.21)$$

$$N_u = N_a \qquad (3.22)$$

$$N = N_u + N_r \tag{3.23}$$

其中，N_u 表示城市劳动力，U_m 表示城市劳动力中失业人员，N_r 表示农村劳动力，N 表示总劳动力。

人们从农村迁移到城市与对城市的收入期待有关，这二者的关系可以表示为：

$$M = m_0 + m_1 \left[\frac{E(Y_u) - E(Y_r)}{E(Y_r)} \right] \tag{3.24}$$

式（3.24）中，M 表示农村到城市的人口迁移率，也可以看成是城市化率，$E(Y_u)$ 表示人们期望的城市收入，$E(Y_r)$ 表示人们期望的农村收入。

城市期望收入与名义收入和就业率有关，表示为：

$$E(Y_u) = Y_u g(N_m) \tag{3.25}$$

式（3.25）中，$g(N_m)$ 表示城市就业率，它也可以用函数式 $\dfrac{N_m}{N_u}$ 来表示，就业率越高，意味着找到工作的概率就更高，$g(N_m)$ 越大，$E(Y_u)$ 也就会越大。假设城市实现全民就业时，就业率达到100%，$N_m/N_u = 1$，即：

$$g(N_m) = \frac{N_m}{N_u} \tag{3.26}$$

因此可以得到：

$$E(Y_u) = Y_u \frac{N_m}{N_u} \tag{3.27}$$

同理，如果我们假设农村实现全民就业，那么农村期望收入等于名义收入，即：

$$E(Y_r) = Y_r \tag{3.28}$$

结合式（3.15）和（3.25）可以得到：

$$E(Y_u) = \frac{\overline{W}}{P_u} \frac{N_m}{N_u} \tag{3.29}$$

把式（3.11）和（3.14）代入（3.27）中得到：

$$E(Y_u) = \frac{N_m}{N_u}\left(\frac{P_m}{P_a}\right)^{1-u} \tag{3.30}$$

式（3.28）表明城市期望收入是一个与国内价格指数有关的函数，为了推出价格指数对城市期望收入的影响，我们假设其他因素是不变的，并求导，得到：

$$\frac{\theta E(Y_u)}{\theta(P_m/P_a)} = \frac{b}{N_u}\left[\frac{\theta N_m}{\theta(P_m/P_a)}\left(\frac{P_m}{P_a}\right)^{1-u} + N_m(1-u)\left(\frac{P_m}{P_a}\right)^{-u}\right] \tag{3.31}$$

在式（3.29）中，$\theta N_m/\theta(P_m/P_a)$ 是正的，如果我们假设 P_a 对 N_m 不会有任何影响，那么 $\theta N_m/\theta(P_m/P_a)$ 可以转化为：

$$\frac{\theta N_m}{\theta P_m} = \frac{\theta N_m}{\theta(P_m/P_a)}\frac{\theta(P_m/P_a)}{\theta P_m} \tag{3.32}$$

因为，$\theta N_m/\theta P_m$ 和 $\theta(P_m/P_a)/\theta P_m$ 都是正的，因此 $\theta N_m/\theta(P_m/P_a)$ 也必须为正，所以可以得到式（3.29）是正的，并且价格指数对城市期望收入有正面影响。

把式（3.18）代入（3.26）中，我们可以得到：

$$E(Y_r) = \frac{Q_a P_a}{P_r N_a} \tag{3.33}$$

把式（3.17）代入（3.31）中，得到：

$$E(Y_r) = \frac{Q_a}{N_a}\left(\frac{P_m}{P_a}\right)^{r-1} \tag{3.34}$$

同理，从式（3.32）中我们可以得知，农村期望收入是一个关于价格指数的函数，为了推出价格指数对农村期望收入的影响，我们进行求导：

$$\frac{\theta E(Y_r)}{\theta(P_m/P_a)} = \frac{1}{N_a}\left[(r-1)\left(\frac{P_m}{P_a}\right)^{r-2}Q_a + \frac{\theta Q_a}{\theta(P_m/P_a)}\left(\frac{P_m}{P_a}\right)^{r-1}\right] \tag{3.35}$$

如果 $\theta Q_a/\theta(P_m/P_a)$ 为负，那么式（3.33）也是负的。同理，我们假设农业部门中生产价格对产量没有影响，那么 $\theta Q_a/\theta(P_m/P_a)$ 可以转化为：

$$\frac{\theta Q_a}{\theta P_a} = \frac{\theta Q_a}{\theta(P_m/P_a)}\frac{\theta(P_m/P_a)}{\theta P_a} \tag{3.36}$$

因为 $\theta Q_a/\theta P_a$ 是正的，$\theta(P_m/P_a)/\theta P_a$ 是负的，因此 $\theta Q_a/\theta(P_m/P_a)$ 必定是负的。所以式（3.33）是负的，可以推出价格指数对农村期望收入存在负影响。

把式（3.28）和（3.32）代入（3.22）中，可以得到一个关于人口迁移率和国内价格指数的函数式（Renard，1984）：

$$M = (m_0 - m_1) + m_1 b\frac{N_m}{N_u}\left(\frac{Q_a}{N_a}\right)^{-1}\left(\frac{P_m}{P_a}\right)^{2-u-r} \tag{3.37}$$

从式（3.29）中可以得到 $\theta E(Y_u)/\theta(P_m/P_a) > 0$，从式（3.33）中可以得到 $\theta E(Y_r)/\theta(P_m/P_a) < 0$，所以得到：

$$\theta M/\theta(P_m/P_a) > 0 \tag{3.38}$$

式（3.36）表示国内价格指数 P_m/P_a 对城市化率产生正影响。

在模型构建前我们已经假设发展中国家是一个相对来说较小的进口国或者出口国，因此，它的国内价格指数很大程度上受对外贸易的影响。假设国内价格指数函数式如下：

$$\frac{P_m}{P_a} = \frac{P_m^*}{P_a^*}\frac{1+T}{1+S} \tag{3.39}$$

式中，P_m^* 表示由国际市场决定的工业产品的价格，P_a^* 表示由国际市场决定的农业产品的价格，T 表示因为进口关税而使得国内工业产品的销售价格高于国际市场价格的份额，S 表示因为国内补贴使得国内农业产品价格高于国际市场价格的份额。

式（3.37）有三个重要含义：

第一，对外贸易带来的客观因素和贸易条例对国内价格指数和城市化率都有正影响，可列公式如下：

$$\frac{\theta M}{\theta (P_m^* / P_a^*)} = \frac{\theta M}{\theta (P_m / P_a)} \frac{\theta (P_m / P_a)}{\theta (P_m^* / P_a^*)} > 0 \qquad (3.40)$$

第二，任何发展中国家通过制定进口产品的关税来保护其本国的贸易政策对城市化率产生正影响，可列公式如下：

$$\frac{\theta M}{\theta T} = \frac{\theta M}{\theta (P_m / P_a)} \frac{\theta (P_m / P_a)}{\theta T} > 0 \qquad (3.41)$$

第三，发展中国家为了提高农产品在国际市场中的竞争力从而提高农产品的出口额，对农产品进行政策性补贴，会对城市化进程产生负影响，可列公式如下：

$$\frac{\theta M}{\theta S} = \frac{\theta M}{\theta (P_m / P_a)} \frac{\theta (P_m / P_a)}{\theta S} < 0 \qquad (3.42)$$

许多发展中国家依赖国际市场的对外贸易来获取各种资源，例如生产设备、原材料以及用于工业产品生产的各种能源等。在国际市场中，这些资源价格的变动会直接影响发展中国家工业产品的价格 P_m，用公式表示其影响因素如下：

$$P_m = P_m^* (1 + T_m) P_k^{*q} (1 + T_k)^q, q > 0 \qquad (3.43)$$

式（3.43）中，P_k^* 表示由国际市场决定的资本价格的反对数，T_m 表示对进口工业产品强行征收的关税，T_k 表示对资本输入征收的税收。因此，当国际市场中资本价格提高，国内的工业产品价格也会随之提高（Cole et al.，1985）。

将式（3.41）和（3.37）代入（3.35）中，可以得到：

$$M = m'_0 + m_1 b \frac{N_m}{N_u} \left(\frac{Q_a}{N_a} \right)^{-1} \left[\frac{P_m^*}{P_a^*} \frac{(1 + T_m)(1 + T_k)^q}{1 + S} P_k^{*q} \right]^{2-u-r} \qquad (3.44)$$

$$m'_0 = m_0 - m_1$$

$$\frac{\theta M}{\theta P_k^*} = \frac{\theta M}{\theta(P_m/P_a)} \frac{\theta(P_m/P_a)}{\theta P_k^*} > 0$$

$$\frac{\theta M}{\theta T_k} = \frac{\theta M}{\theta(P_m/P_a)} \frac{\theta(P_m/P_a)}{\theta T_k} > 0$$

因此，从式（3.42）可以得知，在不考虑其他因素的条件下，对发展中国家而言，国际市场的资本价格同关税政策一样，都对城市化率产生正面影响。

（二）城市化影响贸易

城市化进程的加快，使城市规模越来越大，使城市发展成为贸易的中心和枢纽，上海以前只是一个沿海渔村，现在却发展成了全球性的贸易大都市，所以说城市的发展有力地推动了贸易的发展。反过来城市化的推进又扩大和丰富了贸易的内容和形式，现在国际贸易已经涉及服务贸易、技术贸易等多个领域。

城市化对贸易的影响主要表现在两个方面：一方面，城市化导致经济规模扩大，进而产生国际贸易。如果说贸易催生了城市，那么城市就推动了贸易。城市化本身对国际贸易产生了巨大的刺激。城市化扩大了世界经济的总需求和总供给，国际贸易中城市所提供的产品和满足城市消费的产品所占的比重也随着城市化的进程而增加，因而使国际贸易必然随之增长。另一方面，城市化导致中心外围，使落后地区和发达地区贸易差异扩大。"中心外围"理论由克鲁格曼提出，该理论认为，较大的经济规模、较低的运输成本以及制造业在支出中占较大的份额这三者的结合决定了一个地区成为制造业中心，而另一个地区成为农业外围。城市的规模和城市间的距离在离心力和向心力的相对强度下在某一固定水平下稳定下来。如果经济中有大量规模各异和运输成本不同的行业，经济将形成层级结构。因此，不同地区的不同城市化发展程度，会对贸易的结构、层次产生影响。发达地区的城市规模、贸易环境、运输成本等条件较落后地区具有比较优势，导致落后地区和发达地区的贸易差异。

四　城市化与环境相互效应分析

总的来说，城市化和生态环境的相互作用可以用图 3 - 14 表示。环境作为城市化进程中的物质载体，一方面为城市化的发展提供大量的资源环境要素，这是环境对城市化的正面效应；另一方面又在一定程度上抑制了城市化的发展。因为环境的承载能力不是无限制的，它不可能像个永动机一样永无止境地为城市化发展提供需要的一切需求。所以一旦城市化发展需要的资源超过了环境承载能力，环境就会约束甚至限制城市化的发展。

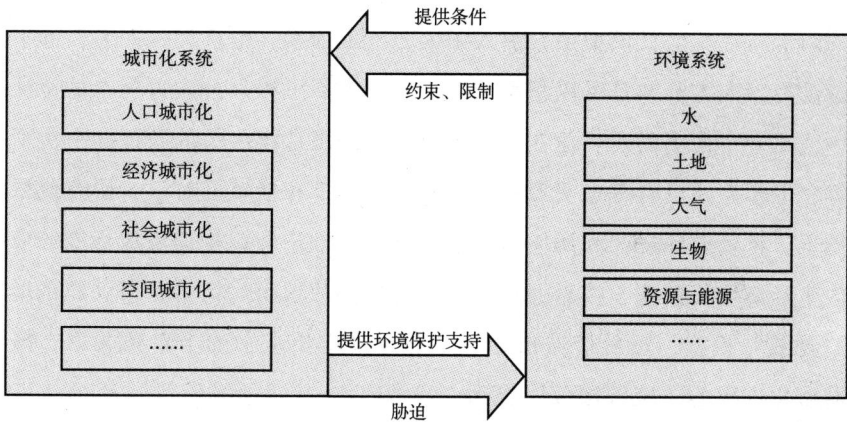

图 3 - 14　城市化与环境相互作用框架

（一）环境约束城市化的效应

1. 城市化的"资源尾效"效应

资源环境是经济发展过程中的基础和必要要素，从可持续发展的角度上讲，自然资源、环境等因素对长期经济增长至关重要。然而，在现实世界中，自然资源数量有限，环境容量有度，任何通过一味地消耗资源和破坏环境来永久性增加产出的方式都是行不通的，最终将耗尽资源。所以资源的有限性及环境污染等都有可能构成可持续发展的约束。大多数学者将可耗竭资源纳入新古典经济增长模型中，考察在有限的资源存量的约束下能否保持经济增长无限地持续下去。新古典经济增长理论将经济增长的动力归为无法解释的外在技术进步。20世纪80年代中期，以罗默、卢卡斯为代表的一批经济学家，掀起了以内生技术变动为核心的新经济增长理论的研究热潮，克服了新古典经济理论技术外生不足的缺陷，将技术内生化，很好地刻画了经济增长的动力机制。本章试图将资源和环境纳入人力资本积累的内生经济增长模型中，研究资源环境约束下的内生经济增长；试图以动态优化为分析工具，求出考虑资源和环境约束的模型平衡解；再用同样的思路，求出不考虑资源环境约束的模型的另一平衡解；根据两个平衡解的差额就得出资源环境对经济增长的"尾效"大小。

卢卡斯在其增长模型中，引入了人力资本因素，他认为，人力资本不同于劳动力，人力资本是可以积累的，而劳动力不可积累。人力资本的特征是新一代比老一代更聪明。他在模型中讨论了经济持续增长的条件和平衡增长率等，但模型并没有考虑资源环境的利用。本章在借鉴已有学者研究成果的基础上，将资源环境的利用纳入内生经济增长理论中，构建资源环境约束下的内生经济增长模型，接着通过最优化理论函数求出均衡解，得到经济增长的"尾效"模型，然后借城市化水平和经济增长水平的半对数关系，推导出城市化进程的"资源尾效"模型。

为了分析该"资源尾效"效应，做出如下假设：（1）假定经济体是封闭的，并且规模报酬不变。（2）假设经济产出的高低直接影响社会公民的福利，对于每个个人而言就是追求效用最大化；而整个社会计划者，各个效用函数可以累加，该问题就成了追求社会效用函数最大化问题。（3）资源是经济生产所必需的和基本的要素，即经济学中所谓的"没有免费的午餐"。资源生产要素与经济产出之间满足经济学关于生产要素的基本假设，即 y 是关于 r 的增函数且边际生产力递减。（4）在经济生产过程中只有一种产品，且只有一类资源，环境污染物也只有一类，这里不考虑消费产生的污染，仅考虑生产过程中资源消耗产生的污染。将生产过程中产生的环境污染物视为生产中资源消耗产生的副产品，从而纳入生产函数成为城市化水平函数的内生变量，对经济产出产生负效应。（5）长期发展过程中人均资源存量具有非负增长的特点，人均资源存量非负增长意味着人均资源存量随时间保持不变（不可再生资源）或随时间而增加（可再生资源）。

（1）经济增长的"资源尾效"效应

为了使问题简化，我们假定劳动力为常数，并标准化为1，每个生产者将以一定的比例 u 的时间来从事生产，如果该生产者从事生产、学习及培训等的时间为一个单位的话，则每个生产者将以 $1 - u$ 的比例的时间来从事人力资本建设（如接受教育培训等），则人力资本变动的方程可以表示为：

$$\dot{h} = B(1 - u)h \qquad (3.45)$$

式（3.45）中：$\dot{h}$ 为人力资本的变化率，B 为正常数，表示"学习生产率"参数。将资源和环境纳入生产函数并假设生产函数为柯布 - 道格拉斯型，这样人均产出可以表示为（吴巧生等，2009）：

$$y = Ak^{\alpha}(uh)^{\beta}r^{\gamma}p^{-\eta} \qquad (3.46)$$

式（3.46）中：A 为技术参数，k 是人均物质资本，r 为人均资源投入，p 为人均污染物，$0 < \alpha, \beta, \gamma, \eta < 1$。这里的环境污染对人均产出是负效应，所以在其弹性系数 η 前面加上负号。

为计算方便，假定规模报酬不变，所以：

$$\alpha + \beta + \gamma - \eta = 1 \qquad (3.47)$$

假定人均物质资本满足如下变化方程：

$$\dot{k} = Ak^{\alpha}(uh)^{\beta}r^{\gamma}p^{-\eta} - c - \delta k \qquad (3.48)$$

式（3.48）中：c 为人均消费，δ 为资本折旧率，$\dot{k}$ 为人均资本变化率。

根据假设，资源是经济生产所必需的和基本的要素，即 $r = 0$ 时，$y = 0$；若 $y > 0$，则 $r > 0$。这一假设的合理性从经济学角度来看是明显的，即经济学中所谓的"没有免费的午餐"。假定经济产出 y 是关于资源生产要素 r 的增函数且边际生产力递减，在保证经济可持续增长的前提下，由于我们定义长期发展过程中人均资源存量 s 具有非负增长的特点，人均资源存量非负增长意味着人均资源存量随时间保持不变（不可再生资源）或随时间而增加（可再生资源）。所以人均资源存量的变动方程可以表示为：

$$\dot{s} = vs - r \qquad (3.49)$$

式（3.49）中：$\dot{s}$ 表示人均资源存量变化率，v 为资源再生率，r 为当期的人均资源投入量。当资源为不可再生资源时，资源再生率 $v = 0$；当资源为可再生资源时，$v > 0$。

对于环境约束，我们只考虑生产过程中自然资源开发利用产生的污染，对消费产生的污染暂时不考虑。将生产过程中产生的环境污染物视为生产中资源消耗产生的副产品，从而纳入生产函数成为城市化水平函数的内生变量，对经济产出产生负效应，因此，产出函数是关于环境污染的减函数。

假定环境污染流量方程可以表示为：

$$p = \sigma r^{\lambda} \qquad \sigma, \lambda > 0 \qquad (3.50)$$

式（3.50）中：p 指环境污染流量，r 指当期人均资源投入消耗量（指资源消耗带来的污染弹性）。人均资源消耗越多，带来的人均污染物也随之增多。

由于假设经济产出的高低直接影响到社会公民的福利，对于社会计划者，该问题就变为求解效用函数最大化问题，在一般的增长模式中，社会福利只是消费的函数，社会福利最大化也就是消费效用。因此，该问题就变成求解效用函数最大化问题：

$$\max u = \max \int_0^{\infty} \frac{c^{1-\varepsilon} - 1}{1 - \varepsilon} e^{-\rho t} dt, \varepsilon, \rho > 0, \varepsilon \neq 1 \qquad (3.51)$$

式（3.51）中：u 为效用，c 为人均消费，ρ 为效用贴现率，为正数，ε 为跨时替代弹性系数。

式（3.51）的约束条件为式（3.48）、（3.49）、（3.50）。

根据最优控制理论，构造现值 Hamilton 函数：

$$H = \frac{c^{1-\varepsilon} - 1}{1 - \varepsilon} + \theta_1 [Ak^\alpha (uh)^\beta r^\gamma p^{-\eta} - c - \delta k] + \theta_2 (vs - r) + \theta_3 (1 - u) Bh \quad (3.52)$$

其中，p 可以被 σr^λ 替代，则汉密尔顿函数变为：

$$H = \frac{c^{1-\varepsilon} - 1}{1 - \varepsilon} + \theta_1 [Ak^\alpha (uh)^\beta r^\gamma \sigma^{-\eta} r^{-\lambda \eta} - c - \delta k] + \theta_2 (vs - r) + \theta_3 (1 - u) Bh$$

$$(3.53)$$

控制变量 $c \geqslant 0$、$u \in [0,1]$、$r \geqslant 0$ 与状态变量 k、s、h 的一阶条件为：

$$\partial H / \partial c = c^{-\varepsilon} - \theta_1 = 0 \quad (3.54)$$

$$\partial H / \partial u = \beta \theta_1 Ak^\alpha u^{\beta-1} h^\beta r^{\gamma - \lambda \eta} \sigma^{-\eta} - \theta_3 Bh = 0 \quad (3.55)$$

$$\partial H / \partial r = (\gamma - \lambda \eta) \theta_1 Ak^\alpha (uh)^\beta r^{\gamma - \lambda \eta - 1} \sigma^{-\eta} - \theta_2 = 0 \quad (3.56)$$

$$\dot{\theta_1} = \rho \theta_1 - \partial H / \partial k = \rho \theta_1 - \theta_1 [\alpha Ak^{\alpha-1} (uh)^\beta r^{\gamma - \lambda \eta} \sigma^{-\eta} - \delta] \quad (3.57)$$

$$\dot{\theta_2} = \rho \theta_2 - \partial H / \partial s = \rho \theta_2 - v \theta_2 \quad (3.58)$$

$$\dot{\theta_3} = \rho \theta_3 - \partial H \partial h = \rho \theta_3 - \beta \theta_1 Ak^\alpha u^\beta h^{\beta-1} r^{\gamma - \lambda \eta} \sigma^{-\eta} + \theta_3 B (1 - u) \quad (3.59)$$

其中：$\theta_1, \theta_2, \theta_3$ 分别是人均物质资本、人均资源和人均人力资本的影子价格，其横截性条件为：

$$\begin{cases} k(t) \geqslant 0, s(t) \geqslant 0, h(t) \geqslant 0 \\ \lim_{t \to \infty} u_1(t) k(t) e^{-\rho t} = 0 \\ \lim_{t \to \infty} u_2(t) s(t) e^{-\rho t} = 0 \\ \lim_{t \to \infty} u_3(t) h(t) e^{-\rho t} = 0 \end{cases} \quad (3.60)$$

为方便求出均衡解和运算，令 g_1 为各个变量的增长率，即 $g_1 = \dfrac{\dot{I}}{I}$，则有：

$$g_h = \frac{\dot{h}}{h}, g_s = \frac{\dot{s}}{s}, g_k = \frac{\dot{k}}{k}, g_{\theta_1} = \frac{\dot{\theta_1}}{\theta_1}, g_{\theta_2} = \frac{\dot{\theta_2}}{\theta_2}, g_{\theta_3} = \frac{\dot{\theta_3}}{\theta_3} \quad (3.61)$$

根据动态优化理论，在经济社会最优增长的路径下，各经济变量的增长速度呈现均衡增长的特性。显然，根据各个变量的约束方程可以求得各变量在稳态中的增长率，进而分析各种参数如何影响这些增长率，可以发现怎样才能实现资源环境和城市化的可持续发展。

由式（3.48）、（3.49）、（3.50）分别可以得到人均人力资本增长率 g_h、人均物质资本增长率 g_k 和人均资源投入增长率 g_s：

$$g_h = \frac{\dot{h}}{h} = B(1 - u) \tag{3.62}$$

$$g_k = \frac{\dot{k}}{k} = Ak^{\alpha-1}(uh)^\beta r^{\gamma-\lambda\eta}\sigma^{-\eta} - \frac{c}{k} - \delta = \frac{y}{k} - \frac{c}{k} - \delta \tag{3.63}$$

$$g_s = \frac{\dot{s}}{s} = v - \frac{r}{s} \tag{3.64}$$

由于稳态下各变量的增长率为常量，y/k 为常数，c/k 为常数，r/s 为常数。即：

$$g_y = g_k = g_c \tag{3.65}$$

$$g_r = g_s \tag{3.66}$$

再将 $y = Ak^\alpha(uh)^\beta r^\gamma p^{-\eta}$ 两边同时对时间求导得：

$$g_y = \alpha g_k + \beta g_h + (\gamma - \lambda\eta)g_r \tag{3.67}$$

由式（3.60）和（3.62）可继续推出：$(1 - \alpha)g_y = \beta g_h + (\gamma - \lambda\eta)g_r$

$$g_y = \frac{\beta g_h + (\gamma - \lambda\eta)g_r}{1 - \alpha} \tag{3.68}$$

由式（3.55）～（3.61）可求得：

$$g_{\theta_1} = \frac{\dot{\theta_1}}{\theta_1} = -\varepsilon\frac{\dot{c}}{c} = -\varepsilon g_c \tag{3.69}$$

$$g_{\theta_1} + \alpha g_k + (\beta - 1)g_h + (\gamma - \lambda\eta)g_r = g_{\theta_3} \tag{3.70}$$

$$g_{\theta_1} + \alpha g_k + \beta g_h + (\gamma - \lambda\eta - 1)g_r = g_{\theta_2} \tag{3.71}$$

$$g_{\theta_3} = \frac{\dot{\theta_3}}{\theta_3} = \rho - B(1-u) - \frac{\theta_1 \beta y}{h\theta_3} \qquad (3.72)$$

$\frac{\theta_1 y}{h\theta_3}$ 为常数，对其求导整理可得：

$$g_{\theta_1} + g_y = g_h + g_{\theta_3} \qquad (3.73)$$

$$g_{\theta_2} = \frac{\dot{\theta_2}}{\theta_2} = \rho - v \qquad (3.74)$$

由式（3.63）、（3.67）、（3.69）~（3.74）可求得：

$$g_y = \frac{(\gamma - \lambda\eta)(v - \rho) + \beta g_h}{(1 - \alpha) - (1 - \varepsilon)(\gamma - \lambda\eta)} \qquad (3.75)$$

从式（3.75）可知纳入人力资本的内生增长模型存在均衡解，模型在长期内趋于稳定，故探讨该模型在长期内的"资源尾效"有意义。为了进一步探讨内生经济增长下的"尾效"，考虑平衡增长路径，得到：

$$g_y = \frac{\beta g_h + \gamma g_r - \eta g_p}{(1 - \alpha)} \qquad (3.76)$$

从式（3.76）可以看出：人均产出的增长率与物质资本的弹性系数 α、资源消耗弹性系数 γ、人力资本弹性系数 β 和人力资本增长率 g_h 成正比，与环境污染的弹性系数 η 成反比。

作为一种简化，假定经济增长中总的"尾效"等于自然资源和环境污染对经济增长"尾效"之和。如果考察经济增长中资源环境要素包括能源、土地、水资源和环境污染，相应的资源 r 的弹性系数 γ 可以分别表述为 γ_e，γ_t，γ_w。根据经济学分析方法，这种简化当然包括两种情形：一是从长期看，假设单位劳动力拥有土地和水资源始终保持不变，总的能源数量不变，得到能源对经济增长的尾效，即能源不受限制与能源受到限制情形下的单位劳动力产出增长率之差，有 $Drag_e^g = \frac{\beta g_h + \beta g_L + \gamma_e n}{1 - \alpha} - \frac{\beta g_h + \beta g_L}{1 - \alpha} = \frac{\gamma_e n}{1 - \alpha}$，同理可得土地资源的尾效为 $Drag_t^g = \frac{\beta g_h + \beta g_L + \gamma_t n}{1 - \alpha} - \frac{\beta g_h + \beta g_L}{1 - \alpha} = \frac{\gamma_t n}{1 - \alpha}$，

水资源的尾效为 $Drag_w^g = \dfrac{\beta g_h + \beta g_L + \gamma_w n}{1 - \alpha} - \dfrac{\beta g_h + \beta g_L}{1 - \alpha} = \dfrac{\gamma_w n}{1 - \alpha}$；二是在假设人均劳动力环境污染量增长与人均劳动力污染量不变的情况下，得到污染不受限制与受到限制情形下的单位劳动力增长率之差，有 $Drag_p^g =$

$-(\dfrac{\beta g_h + \beta g_L + \eta n}{1 - \alpha} - \dfrac{\beta g_h + \beta g_L}{1 - \alpha}) = -\dfrac{\eta n}{1 - \alpha}$。由此可得能源、水资源、土地、环境污染对经济增长的尾效之和为：

$$Drag_{etwp}^g = \frac{(\gamma_e + \gamma_t + \gamma_w + \eta)n}{1 - \alpha} \tag{3.77}$$

从式（3.77）可知：资源环境对经济增长的尾效大小不仅与资本生产弹性系数 α、劳动力增长率 n 密切相关，还与能源、土地、水资源的生产弹性系数大小成正比，与环境污染的产出弹性系数大小的绝对值成正比。

（2）城市化与经济增长的关系模型

为了进一步研究城市化进程中的资源消耗"尾效"，需要建立城市化与经济增长之间的联系方程。从经济角度看，城市化是在空间体系下的一种经济转换过程。人口和经济之所以向城市集中是集聚经济和规模经济作用的结果，经济增长必然带来城市化水平的提高，而城市化水平的提高无疑又会加速经济增长（刘耀彬等，2005）。因此，城市化与经济发展之间具有极为密切的关系。大量跨国和时间序列数据证实，国家或地区的城市化水平与经济增长之间的关系既不符合线性相关，也不符合双曲线模式，而是一种十分明显的半对数曲线关系（周一星，1995）。对于城市化与经济增长的理论关系推导研究，梁进社基于二元经济理论做了比较深入的论证工作（梁进社，1999），此处借鉴他的研究思路，得到我们需要的城市化与经济增长的关系公式。

城市化的经济过程虽然不可分割，但从理念上来讲可将这个连续的过程划分成：劳动力从农业部门转入非农业部门，然后农村人口通过转移集中在众多被称作"城市"的地域范围内。转移的劳动力所扶养的人口将伴随着这两个过程从农村迁入城市：第一个过程往往由经济发展过程中生产要素的替代促成；第二个过程由所谓的"城市集聚规模经济"促成。近现代经济发展的史实表明：一方面，由于劳动者每人占有的资本在增加，劳动者的工资随之稳步上升，而资本的利息率仅仅出现一些波动，并没有表现出持续上升的趋势，也就是相对于资本的回报率而言，劳动者的工资率在上升；另一方面，农产品的需求收入弹性不足，而城市中工商业产品和服务的收入弹性大于1，导致农产品与非农产品的贸易价格在下降。

在上述情况下，农业经营者将用资本代替劳动的生产方法以减少生产成本。这样，农业生产领域的劳动者将相对减少。工商部门由于有相对有利的产品价格，可以吸纳较多的工资在逐步上升的劳动者。所以可以推断，农业生产技术的改进、农村的高出生率、劳动力增加快、城市生活条件好、物质与文化生活丰富、受教育的机会多、具有吸引力等这些导致劳动者移入城市的因素在推动城市化发展时都必须经由上述经济过程。

在这个过程中，城乡的经济发展水平怎样决定？假设经济可以分成两个部门：一个为城市部门，一个为农村部门。用 y_r 和 y_u 分别表示它们的人均GNP（即人均国民生产总值），a_r 和 a_u 分别表示它们的劳动生产率，v_r 和 v_u 分别表示它们的社会扶养指数（即人口数与劳动者之比），它们满足下面的关系式：

$$\begin{cases} y_r = \dfrac{a_r}{v_r} \\ y_u = \dfrac{a_u}{v_u} \end{cases} \tag{3.78}$$

即城乡的发展水平由他们的劳动生产率和社会扶养指数决定。由于城市的生育率比乡村低，而劳动生产率又高，因而其人均 GNP 较高。如果城市的劳动生产率低，它的劳动报酬就无法高于乡村，因而也无法吸引劳动者从乡村来城市就业，这样 Harris – Todaro 的城乡劳动力转移模型就难以运作，城市化的进程也难以想象。综上分析，在随后的推求中，我们假设城市的人均国民生产总值 y_u 总是大于乡村的人均国民生产总值 y_r（Harris et al.，1970）。

如果用 N_u 和 N_r 分别表示城市和乡村人口数，y 表示城市和乡村的总体人均 GNP，z 表示城市化水平，即城市人口占总人口的比重，则有：

$$y = \frac{N_r y_r + N_u y_u}{N_r + N_u} = (1 - z) y_r + z y_u \tag{3.79}$$

式（3.79）描述了全国的人均国民生产总值与城市人均国民生产总值、乡村人均国民生产总值、城市化水平的关系。对式（3.79）两边取全微分得到：

$$dy = (1 - z) dy_r + z dy_u + (y_u - y_r) dz \tag{3.80}$$

式（3.80）说明全国人均国民生产总值的增加，在一个很小的范围内与城市人均国民生产总值增长量、乡村人均国民生产总值增长量、城市化水平的增长量呈线性正比的关系，增长比例系数分别是城市人口比重、乡村人口比重、城市人均国民生产总值与乡村人均国民生产总值的差值。

现在我们还没有对 y_u 和 y_r 以及 x 怎样增长做任何说明。为了将 y_u 和 y_r 从式（3.80）中的某些项消除掉，我们假定 y_u 和 y_r 的增长分别引起的 y 的增长总是占据一个不变的份额，即：

$$\frac{(1 - z) dy_r + z dy_u}{dy} = \alpha \tag{3.81}$$

由式（3.81）得：

$$dy = \frac{y_u - y_r}{1 - \alpha} dz \tag{3.82}$$

式（3.81）说明城市化水平 x 的增长所导致的全国人均国民生产总值的增长也总是占据一个不变的份额。在 Harris – Todaro（1970）模型中，城乡劳动力迁移的平衡条件为：乡村劳动者工资等于城市劳动者的预期工资，即 $w_u = (1 + \lambda) w_r$，其中 λ 是城市的失业率，w_u 和 w_r 分别是城市和乡村的劳动者工资，$(1 + r)$ 为加权因子，由此可以得到 $w_u - w_r = \lambda w_r$。与此相仿，我们假定城市人均国民生产总值与乡村人均国民生产总值之差与全国人均国民生产总值成正比，即有：

$$y_u - y_r = ky \tag{3.83}$$

k 是一个比例常数,那么式 (3.83) 可写成:

$$dy = \frac{ky}{1-\alpha}dz \tag{3.84}$$

式 (3.84) 表明城乡的绝对差距随着经济的发展在扩大,同时暗示其相对差距也在扩大。相对差距的扩大可以从式 (3.85) 看出:

$$\frac{y_r}{y_u} = 1 - \frac{ky}{y_u} \tag{3.85}$$

当城市化水平不断提高时,即城市人口的比重不断增加时,全国人均 GNP 必然越来越接近城市人均 GNP,换言之,y/y_u 上升。从式 (3.85) 可知,y_r/y_u 变小。但总体的库兹涅茨不平衡系数却经历了一个弓型变化。这里,库兹涅茨系数为 $\dfrac{(y-y_r)(1-z)+(y_u-y)z}{y}$,结合式 (3.79) 和 (3.83) 进一步得到如下库兹涅茨系数:

$$2k(1-z)z = 2k\left[\frac{1}{4} - (z - \frac{1}{2})^2\right] \tag{3.86}$$

从系数可知,随着 z 的增加,总体的不平衡性经历了从小到大的变化过程,在50% ~70%处达到最大,然后又减小。这恰好是一个倒 U 型发展过程。

现在,回到式 (3.84),它可以写成:

$$\frac{dy}{y} = \frac{k}{1-\alpha}dz \tag{3.87}$$

解这个微分方程得:

$$z = \frac{1-\alpha}{k}\ln y + c \tag{3.88}$$

令 $\dfrac{1-\alpha}{k} = b$,式 (3.88) 可以进一步写成:

$$z = b\ln y + c \tag{3.89}$$

这就是我们所要推求的关系式，即城市化与人均国民生产总值在理论上存在半对数方程关系。

（3）城市化的"资源尾效"模型

为了便于与人均产出增长率的式子相衔接，对于上面得到的理论关系式，令 $c = -\dfrac{\ln \varpi}{\pi}, b = \dfrac{1}{\pi}$，并将其代入该式，得到：

$$y = \varpi\, e^{\pi U} e^{\xi}, \varpi > 0, \pi > 0 \qquad (3.90)$$

对式（3.90）进一步求导和变形，得：

$$\dot{U} = \frac{1}{\pi} g_y \qquad (3.91)$$

式中：$\dot{U}$ 表示城市化水平的年增长率，π 为城市化对人均产出的弹性值：$\pi = \dfrac{dy/y}{du}$。将式（3.91）代入式（3.75）得到城市化水平的年增长的关系方程：

$$\dot{U} = \frac{1}{\pi} \frac{(\gamma - \lambda \eta)(v - \rho) + \beta g_h}{(1 - \alpha) - (1 - \varepsilon)(\gamma - \lambda \eta)} \qquad (3.92)$$

最终得到城市化水平的"资源尾效"为：

$$Drag_{etwp}^{U} = \frac{1}{\pi} \frac{(\gamma_e + \gamma_t + \gamma_w + \eta)n}{1 - \alpha} \qquad (3.93)$$

从经济增长和城市化进程的"资源尾效"模型可知，其阻力大小不仅与物质资本生产弹性系数 α 和城市化对人均产出的弹性值 π 密切相关，还与水土资源、能源生产弹性系数和环境污染弹性系数的绝对值大小成正比，而资源弹性的下降和环境污染弹性系数的下降都只能依赖技术进步和人们节约资源和保护环境的消费生活习惯的形成，可见要降低资源对城市化进程中的"资源尾效"，必须大力提高技术水平，加强人力资本投资，转变生产方式，将粗放型经济增长方式转变成资源节约型的经济增长方式，努力提高资源开发利用的技术水平，同时也加强人们的资源环境保护意识，这样城市化才能走上可持续发展的道路（见表 3-1）。

表 3－1　城市化的"资源尾效"效应

资源类型	对城市化的"资源尾效"表现
水资源	1. 水是城市的必需品,不仅影响城市居民的身体健康、生活质量,还影响城市的生产方式和工业规模; 2. 河流是影响城镇布局的主要因素,在古代为城市提供稳定的水源和滋润土地;在近代河流成为城市物资运输的重要通道;在现代河流成为水源、动力源、交通运输通道、污染净化场所,此外还是减弱城市"热岛效应"的有效手段、市民亲近自然的场所; 3. 水资源的品质高低对城市生命体及城市建设具有重大影响。在城市基础设施建设中,水中酸碱度是衡量其对城市建筑及设备影响的重要因素,影响城市基础设施工程结构体及设备的稳定性和使用寿命
土地资源	1. 对农业和水源用地而言,地层中表土层的厚度、土壤颗粒结构、矿物质及有机质含量、保水性等对农作物生长有很大影响。同时,并不充分的人均耕地面积对城市化的进一步发展构成了硬性的制约,土地面积的不断减少和土质的下降对不断增长的人口来说是巨大的压力; 2. 对于城市用地而言,表土层的工程地质特性对城市建设将产生很大制约,会影响城市表面建筑的构造和使用类型等
矿产能源	1. 矿产和能源资源是工业发展的主要原料,是城市第二产业的物质基础; 2. 在量上,一方面,矿产资源总量必须满足社会生产及消费的基本需求;另一方面,经济本身的发展也需要有一定的规模,否则,单位产品的成本会上升,最终将阻碍经济的发展; 3. 在质上,矿产资源的开采难度、质量水平也会对当地经济产生影响,从而影响城市化的水平

2. 城市化的"资源诅咒"效应

传统理论认为,良好的自然资源禀赋可以有力地推动区域的经济发展。然而,世界工业化发展的历史表明,资源优势并不总是经济发展的福音,更多的时候却成为经济发展的诅咒,甚至成为反工业化的重要诱因(牛仁亮等,2006)。对此现象的研究也衍生出发展经济学的一个重要发现和热点研究方向——"资源诅咒"学说,即指丰富的自然资源对经济增长产生了限制作用,自然资源丰裕的经济体反而呈现出令人失望的经济发展绩效的一种现象(张复明等,2008)。资源对经济的这种软约束,就是所谓的"资源诅咒",它由 Auty 在 1993 年首次提出(Auty,1993)。"资源诅咒"的传导机制归纳起来主要有以下几点(见表 3－2):①荷兰病:是指某种自然资源或者自然资源的价格意外上涨将导致资源从制造业向自然资源产业转移,削弱制造业的出口竞争力和减少其国内需求;②贸易条件论:发展中国家出口资源密集型初级产品，与工业制成品的进口间的价格差距一直存在，且需求弹性十分缺乏，使其积累资本的目标随着贸易条件的恶化而难以实现；③价格的波动：自然资源的生产具有低价格弹性和低供给弹性的特征，来自资源的收入随着世界经济周期的变化表现出高度的不稳定性；④锁定效应与沉淀成本：在自然资源丰裕条件下形成的专业化容易导致刚性的锁定效应与巨大的沉淀成本，阻碍产业转型，制约技术进步；⑤轻视人力资本与技术创新的投资：自然资本会挤出人力资本和技术创新的投入，阻碍自然资源产业的发展，降低经济发展速度；⑥国内政治环境的影响：在自然资源丰裕的国家，由界定资源产权引起的寻租、腐败和内战的存在导致资源利用的低效率。

表 3 - 2   "资源诅咒"效应的主要传导机制

传导机制	主要内容	主要学者
荷兰病	某种自然资源或者自然资源的价格意外上涨将导致资源从制造业向自然资源产业转移，削弱制造业的出口竞争力和减少其国内需求	Corden & Neary（1982）；Sachs & Warner（1995）；Hausmann & Rigobon（2002）
贸易条件论	初级商品的出口国将不可避免地遭受贸易条件恶化的命运，影响政府财政收入和宏观经济政策，同时初级产品对其他产业部门缺乏联系效益	Prebisch、Singer、Hirschma（1950s）
价格的波动	自然资源的价格具有波动性，而对于这种波动性的管理又十分困难，收益较低	Nerske（1958）；V. Levin（1960）；Sachs & Warner（2001）；Manzano & Rigobon（2001）
锁定效应与沉淀成本	在自然资源丰裕条件下形成的专业化容易导致刚性的锁定效应与巨大的沉淀成本，阻碍产业转型，制约技术进步	Grabher（1993）；宋冬林和汤吉军（2006）
轻视人力资本与技术创新的投资	自然资本会挤出人力资本和技术创新的投入，阻碍自然资源产业的发展，降低经济发展速度	Gylfason et al.（1999）；Birdsall、Pinckney、Sabot（2001）；邵帅和齐中英（2008a）
国内政治环境的影响	在自然资源丰裕的国家，由界定资源产权引起的寻租、腐败和内战的存在，或者"制度质量"差，导致资源利用低效率	Lane & Tomell（1996）；Torvik（2002）；Baland & Francois（2000）；Sala-I-Martin、Subramanian（2003）

在一国内部的区域层面，一些学者也通过实证考察发现了"资源诅咒"效应的存在。Papyrakis 等的截面数据实证检验结果表明了"资源诅咒"效应同样存在于美国这样一个经济高度发达的国家（Papyrakis et al.，2006）；徐康宁等和胡援成等均使用省际面板数据得出了我国各地区的资源禀赋水平与经济增长之间呈显著的负相关关系、"资源诅咒"效应在我国区域层面同样存在的结论（徐康宁等，2006；胡援成等，2007）。学者们从不同角度对"资源诅咒"现象提出了各种理论解释。Gylfason 认为由于自然资源提供了一种持续性的财富源泉而使人们减少了将现有资本转移到未来的需求，所以丰富的自然资源会降低储蓄和投资的需要（Gylfason，2001）；Gylfason 等认为在资源丰裕的条件下，资源丰裕地区的政府或家庭过分自信而没有形成对高水平教育的需求，他们相信自然资本是最重要的资产，是一种安全的保障，而忽略了人力资本的积累（Gylfason et al.，2006）。然而，相比之下，学者们较少基于内生经济增长理论对其进行实证分析和解释。显然，内生增长理论将人力资本差异性视为增长的关键因素之一，因此资源开发对人力资本的挤出效应更应得到充分重视。Sachs 等较早地对此给予了关注，认为开发自然资源会吸引潜在创新者和企业家去从事初级产品生产而挤出企业家行为和创新行为（Sachs et al.，2001），可惜的是他们并没有对这一思想进行进一步的经济理论分析；Papyrakis 等从内生增长理论的视角，给出了资源开发对 R&D 行为挤出效应的一种解释，但他们并没有考虑资源丰裕地区自身对自然资源的利用以及开采成本问题（Papyrakis et al.，2004）；邵帅等（2008）以罗默（1990）的 R&D 内生增长模型为基本框架，将能源作为基本生产要素加入最终产品部门生产函数，并引入一个纯资本密集型的能源开发部门，建立了一个能源输出型城市的四部门内生增长模型，对能源开发与 R&D 行为之间的关系进行了动态均衡分析和比较静态均衡分析，并利用来自 36 座中国典型能源输出型城市的面板数据对理论推断进行了实证考察，从"资源诅咒"学说的视角来为目前我国能源输出型城市普遍存在的经济衰退等问题提出一种机理解释进而为该类城市的经济发展提供一定的理论支持（邵帅等，2008）。

已有研究通过构建一个两部门的内生增长模型，利用均衡分析，解释"资源诅咒"。为了深入、全面地理解自然资源与城市化的正确关系，本节在借鉴以上文献的基础上，基于前面推导的城市化与经济增长的理论关系，通过构建一个两部门的内生增长模型，利用均衡分析，寻找制约自然资源诅咒的因素，进而从理论上对自然资源与城市化之间的悖论关系进行初步分析，并为实证分析奠定理论基础。

为了分析城市化的"资源诅咒"效应，做出如下假设：（1）市场处于一个封闭但自由竞争的经济环境中；（2）消费者具有同质性且具有无限的时间观念，无弹性地提供劳动；（3）消费者普遍为风险厌恶者；（4）整个经济社会是理性的，生产追求利润最大化，消费追求效用最大化；（5）环境要素不变，仅考虑自然资源的约束；（6）经济生产规模报酬不变。

（1）生产函数

经济体规模报酬不变的生产函数为：

$$y = A k^\alpha l^\beta r^\gamma h^{1-\alpha-\beta-\gamma} \tag{3.94}$$

式中：生产投入的要素有既定的社会技术存量 A 、人均物质资本 k 、人均劳动力 l 、人均自然资源投入量 r 和人均人力资本 h 。其中，k 、l 、r 和 h 为城市主体拥有的四种要素，其输入量分布状况取决于要素成本 $w_k, w_l, w_r,$ w_h 的大小。

（2）社会偏好

所有消费者都是理性的，且其决策是相同的，其标准的固定弹性效用函数为：

$$U(c) = \int_0^\infty \frac{c^{1-\sigma} - 1}{1 - \sigma} e^{-\rho t} dt \tag{3.95}$$

式中：c 表示个人的瞬时消费；$\rho > 0$ ，为消费者的主观时间偏好率；$\sigma \geqslant 0$ ，为边际效用弹性，是跨期替代弹性的倒数。通过构建汉密尔顿函数求最大值的方法可以得到 Ramsey 规则，即：

$$g_c = \frac{\overset{\Delta}{c}}{c} = \frac{w - \rho}{\sigma} \quad （其中 w 为市场利率） \tag{3.96}$$

（3）均衡分析

生产部门追求利润最大化的行为满足：

$$\max_{k,l,r,h} \pi = \max_{k,l,r,h} [U - w_k k - w_l l - w_r r - w_h h] \tag{3.97}$$

其一阶条件为：

$$w_k = \alpha A k^{\alpha-1} l^{\beta} r^{\gamma} h^{1-\alpha-\beta-\gamma} \tag{3.98}$$

$$w_l = \beta A k^{\alpha} l^{\beta-1} r^{\gamma} h^{1-\alpha-\beta-\gamma} \tag{3.99}$$

$$w_r = \gamma A k^{\alpha} l^{\beta} r^{\gamma-1} h^{1-\alpha-\beta-\gamma} \tag{3.100}$$

$$w_h = (1 - \alpha - \beta - \gamma) A k^{\alpha} l^{\beta} r^{\gamma} h^{-(\alpha+\beta+\gamma)} \tag{3.101}$$

在均衡情况下，各要素成本是一致的。结合式（3.98）与（3.100）有：

$$\frac{k}{r} = \frac{\alpha}{\gamma} \tag{3.102}$$

k/r 表示每单位人均自然资源的资本配置率，而 γ 表示资源的依赖程度，式（3.102）说明在其他因素不变的情况下，经济发展对自然资源的依赖程度越高时，其资本配置效率反而越低，暗示资源诅咒存在的可能。

结合式（3.100）与（3.101）得：

$$\frac{h}{r} = \frac{1-\alpha-\beta-\gamma}{\gamma} = \frac{1-\alpha-\beta}{\gamma} - 1 \tag{3.103}$$

h/r 表示每单位人均自然资源的人力资本配置率，式（3.103）说明在其他因素不变的情况下，经济发展对自然资源的依赖程度越高时，其人力资本配置效率反而越低，也暗示资源诅咒存在的可能。

结合式（3.98）与（3.99）、（3.99）与（3.100）得：

$$\frac{k}{l} = \frac{\alpha}{\beta} \tag{3.104}$$

$$\frac{l}{r} = \frac{\beta}{\gamma} \tag{3.105}$$

经济主体决策的结果是使各要素收益趋于一致，因此可以推出均衡条件下的资本收益满足：

$$w = \frac{w_k + w_l + w_r + w_h}{4} \tag{3.106}$$

结合式（3.98）、（3.99）、（3.100）、（3.101）和（3.106）得：

$$w = \frac{U}{4}\left(\frac{\alpha}{k} + \frac{\beta}{l} + \frac{\gamma}{r} + \frac{1 - \alpha - \beta - \gamma}{h}\right) \tag{3.107}$$

结合式（3.96）与（3.107）得：

$$g_c = \frac{1}{\sigma}\left[\frac{U}{4}\left(\frac{\alpha}{k} + \frac{\beta}{l} + \frac{\gamma}{r} + \frac{1 - \alpha - \beta - \gamma}{h}\right) - \rho\right] \tag{3.108}$$

居民消费水平的增长情况是衡量经济增长的重要指标。因此，可以通过考察居民人均消费水平与自然资源之间的关系来探究经济增长与自然资源之间的关系问题。人均消费增长对自然资源取偏导数得：

$$\frac{\partial g_c}{\partial r} = \frac{U}{4\sigma}\left[\frac{\alpha\gamma}{kr} + \frac{\beta\gamma}{lr} + \frac{\gamma(\gamma - 1)}{r^2} + \frac{\gamma(1 - \alpha - \beta - \gamma)}{hr}\right] \tag{3.109}$$

人均消费增长对资源的二次偏导数为：

$$\frac{\partial^2 g_c}{\partial r^2} = \frac{\gamma(\gamma - 1)U}{4\sigma}\left[\frac{\alpha}{kr^2} + \frac{\beta}{lr^2} + \frac{\gamma - 2}{r^3} + \frac{(1 - \alpha - \beta - \gamma)}{hr^2}\right] \tag{3.110}$$

也即：

$$\frac{\partial^2 g_c}{\partial r^2} = \frac{\gamma(\gamma - 1)U}{4\sigma r^3}\left[\frac{\alpha r}{k} + \frac{\beta r}{l} + (\gamma - 2) + \frac{(1 - \alpha - \beta - \gamma)r}{h}\right] \tag{3.111}$$

结合式（3.102）、（3.103）、（3.105）和（3.111）得：

$$\frac{\partial^2 g_c}{\partial r^2} = \frac{\gamma(\gamma - 1)(4\gamma - 2)U}{4\sigma r^3} \tag{3.112}$$

（4）"资源诅咒"效应讨论

依据式（3.102）和（3.103）所隐含"资源诅咒"可能存在的结论，结合城市化与经济增长之间的半对数理论关系，以下分别从物质资本和人力资本两个方面考虑城市化进程中的资源约束问题。

①如果自然资源影响城市化进程受制于物质资本这一门槛，以 h 为不变量，令式（3.109）等于0，得：

$$k^* = \frac{\gamma(\alpha + \beta + \gamma - 1)h}{(1 - \alpha - \beta - \gamma)(3\gamma - 1)} \tag{3.113}$$

$$k^* = \frac{\gamma h}{1 - 3\gamma} \tag{3.114}$$

要使 $k^* > 0$，则必须满足 $0 < \gamma < \frac{1}{3}$，此时式（3.112）恒等于0。由此可知，存在唯一的 k^*，使生产部门关于自然资源的函数取得最小值，进一步说明在这一临界值两边，经济增长和城市化与自然资源之间的关系是不一致的，即当 $0 < k < k^*$ 时，"资源诅咒"是存在的。据此可以得到命题1。

命题1：城市化进程对资源依赖程度越高，其物质资本配置效率反而越低。当人均物质资本投入不足时，资源禀赋水平越高，其城市化进程越慢。

从命题1可知，在自然资源禀赋优越的城市，由于对资源的过度依赖，一定程度上挤出了以固定资产为主的物质资本投资，致使人均物质资本不足，引起城市化进程在人均自然资源增加投入的条件下速度反而放缓，即产生"资源诅咒"。

②如果自然资源影响城市化进程受制于人力资本这一门槛，以 k 为不变量，令式（3.109）等于0，得：

$$h^* = \frac{\gamma(\alpha + \beta + \gamma - 1)k}{\alpha\gamma + \dfrac{\beta\gamma k}{l} + \dfrac{\gamma(\gamma - 1)k}{r}} \tag{3.115}$$

结合式（3.102）、（3.104）和（3.113）得：

$$h^* = \frac{\gamma(\alpha + \beta + \gamma - 1)k}{\alpha(3\gamma - 1)} \tag{3.116}$$

式中：$\alpha + \beta + \gamma - 1 < 0$，要使 $h^* > 0$，则必须满足 $0 < \gamma < \dfrac{1}{3}$，此时式（3.112）恒等于 0。由此可知，存在唯一的 h^*，使生产部门关于自然资源的函数取得最小值，进一步说明在这一临界值两边，经济增长和城市化与自然资源之间的关系是不一致的，即当 $0 < h < h^*$ 时，"资源诅咒"是存在的。据此可以得到命题 2。

命题 2：城市化进程对资源依赖程度越高，其人力资本配置效率反而越低。当人均人力资本投入不足时，资源禀赋水平越高，其城市化进程越慢。

从命题 2 可知，在自然资源禀赋优越的城市，由于对资源的过于依赖，一定程度上挤出了人力资本投资，致使人均人力资本不足，引起城市化进程的速度反而放缓，即"资源诅咒"。

（二）城市化影响环境

1. 城市化作用环境的基本途径

城市化是一个综合发展的过程，包括人口、社会、经济、空间等各方面的因素。城市化进程首先表现为农村人口大量向城市转移，城市人口的增加自然扩大了城市地域的范围；相对应的，农业活动转为非农业活动，以及整个社会的生活方式开始受城市的影响，促使城市成为各种社会经济活动、科技发展、文化进步和信息交流的中心，促进经济的发展，从而为环境保护提供一些资金支持，这是城市化对环境的正面影响。同时，人口的高度集中，维持生活所需要的越来越多的资源也给环境造成了很大的压力。还有人们生活方式的城市化也使产生的废气、废水等污染越来越多，不断挑战环境的承载能力。这就形成了城市化对环境的负面影响作用。

城市化对环境的影响主要表现在气候、土壤和环境生物等方面。在城市化速度日趋加快的今天，城市化引起的"热岛"效应、水资源污染、耕地面积锐减、空气质量恶化等种种问题已经凸显（见表 3 - 3）。

表 3 - 3   城市化对环境的影响

环境要素	影响表现
气候	城市工业各种气体的排放和各项建设改变着太阳辐射强度和地面的热容量，导致气温的变化，产生城市"热岛"现象
水	城市化过程也使相当部分的流域（例如小的河道、湖泊和湿地）为不透水地表所替代，减少了蓄水空间。不透水地表的入渗量几乎为零，使径流总量增大，雨水汇流速度大大提高，从而使洪峰出现时间提前。地区的入渗量减小，地下水补给量相应减小，枯水期河流基流量也将相应减小。排水系统的完善，增加了汇流的水力效率。城市中的天然河道被裁弯取直、疏浚和整治，使河槽流速增大，导致径流量和洪峰流量加大。而城市径流中污染物组分及浓度随城市化程度、土地利用类型、交通量、人口密度和空气污染程度而变化
环境生物	城市的生物多样性减少，室内装修方兴未艾。人们在装修地面、四壁和天花板等时，使用的人造板、内墙涂料、木器涂料、胶黏剂、地毯、壁纸、家具、地板革、混凝土外加剂、有放射性的建筑材料 10 大类室内装饰装修材料，向居室内释放出 300 多种化学物质，其中有 20 多种化学物的浓度较高，足以给居住者带来伤害

2. 城市化导致环境库兹涅茨曲线效应

对经济发展给环境带来的影响效应进行典型研究的是库兹涅茨，他提出了库兹涅茨曲线（倒 U 型曲线），它表明当一个国家经济发展水平较低时，环境污染的程度较轻，但是随着人均收入的增加，环境污染由低趋高，环境恶化程度随经济的增长而加剧；当经济发展达到一定水平后，随着人均收入的进一步增加，环境污染又由高趋低，其环境污染的程度逐渐减弱，环境质量逐渐得到改善。环境污染与经济发展呈颠倒过来的 U 型的形状。鉴于城市化发展对经济发展具有反推动作用，很多学者将 EKC 曲线用于研究城市化与环境之间的关系，研究表明，城市化发展与人均收入也普遍存在倒 U 型的关系，即在城市化过程开始时，环境污染较低，随着城市化进程的加快，达到某一临界点后，城市化水平的继续提高使环境污染逐渐改善。EKC 曲线并不是稳定不变的，除了环境和经济水平的内生性变化导致其本身的形状改变之外，EKC 曲线也会因环境政策、污染处理技术等外生性变量发生移动（见图 3 - 15）。

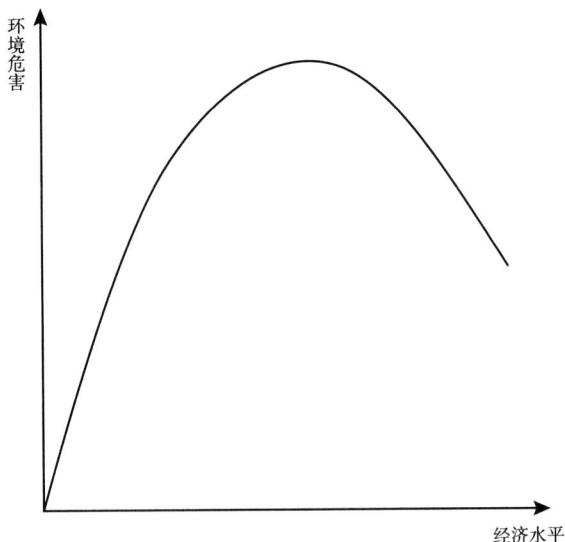

图 3 – 15   环境库兹涅茨曲线

为了对环境库兹涅茨曲线的形成有一个基本认识，这里利用一个简单的微观模型，从消费和污染治理技术的联系入手，分析经济增长和环境的关系（陈艳莹，2002；岳利萍等，2006）。

（1）污染与收入关系的假定

为简化分析，首先考虑经济中只存在一个家庭的情况。此时，不存在外部性，个体最优就是帕累托最优。假定家庭的消费 C 会导致污染 P，家庭的效用函数为：

$$U = U(C,P) \tag{3.117}$$

其中：$U_C > 0$，$U_P < 0$，即消费量越多，家庭的效用越高；污染量越多，家庭的效用越低。由于污染是消费的副产品，因此家庭可以采用两种方法降低污染：一是治理污染；二是减少消费。令 E 表示家庭用于污染治理的资源投入量，并且假定污染排放量与消费量正相关，与污染治理的资源投入量负相关，则有：

$$P = P(C,E) \tag{3.118}$$

其中 $P_C > 0$，$P_E < 0$。假定家庭可用于消费和污染治理的资源禀赋总量为 M，将 C 和 E 的相对成本标准化为 1，则资源约束条件可简化为 $C + E = M$。M 同时也是经济中的总收入。

考虑效用函数和污染函数的一种简单形式：

$$U = C - zP \tag{3.119}$$

$$P = C - C^\alpha E^\beta \tag{3.120}$$

式（3.119）中的常数 z 为污染的边际效用损失，且 $z > 0$。在式（3.120）中，假定 1 个单位的消费会产生 1 个单位的污染，则 C 为治理前的总污染量，污染治理函数 $C^\alpha E^\beta$ 采用了标准的柯布－道格拉斯形式。假定家庭的目标是通过决定消费和污染治理的资源投入量来实现个人效用的最大化。当 $z = 1$ 时，将式（3.120）带入式（3.119），在满足资源约束条件 $C + E = M$ 的前提下，最优的消费量和污染治理投入量分别为：

$$C^* = \frac{\alpha}{\alpha + \beta} M \tag{3.121}$$

$$E^* = \frac{\beta}{\alpha + \beta} M \tag{3.122}$$

将上述两式代入式（3.120），可以解得最优的污染排放量：

$$P^*(M) = \frac{\alpha}{\alpha + \beta} M - \left(\frac{\alpha}{\alpha + \beta}\right)^\alpha \left(\frac{\beta}{\alpha + \beta}\right)^\beta M^{\alpha+\beta} \tag{3.123}$$

环境库兹涅茨曲线的形状由式（3.123）的一阶导数决定：

$$\frac{\partial P^*}{\partial M} = \frac{\alpha}{\alpha + \beta} - (\alpha + \beta)\left(\frac{\alpha}{\alpha + \beta}\right)^\alpha \left(\frac{\beta}{\alpha + \beta}\right)^\beta M^{\alpha+\beta-1} \tag{3.124}$$

当 $\alpha + \beta = 1$ 时，由柯布－道格拉斯函数的性质可知，污染治理具有不变的规模收益，$\frac{\partial P^*}{\partial M}$ 为常数。在 $0 \leq \alpha, \beta \leq 1$ 的情况下，如图 3－16（A）所示，P^* 将随 M 增长。当 $\alpha + \beta \neq 1$ 时，式（3.123）的二阶导数为：

$$\frac{\partial^2 P^*}{\partial M^2} = -(\alpha + \beta - 1)(\alpha + \beta)\left(\frac{\alpha}{\alpha + \beta}\right)^\alpha \left(\frac{\beta}{\alpha + \beta}\right)^\beta M^{\alpha+\beta-2} \tag{3.125}$$

当 $\alpha + \beta < 1$ 时，污染治理的规模收益递减，$\dfrac{\partial^2 P^*}{\partial M^2} > 0$，如图 3 – 16

（B）所示，污染与收入间呈 U 型关系。而当 $\alpha + \beta > 1$ 时，污染治理具有递增的规模收益，$\dfrac{\partial^2 P^*}{\partial M^2} < 0$，污染与收入间的关系如图 3 – 16（C）所示呈倒 U 型，这正是环境库兹涅茨曲线所描述的状况。

当 $z \neq 1$ 时，最优的消费量为：

$$C^* = \frac{\alpha}{\alpha + \beta}M + \frac{1 - Z}{z(\alpha + \beta)C^{\alpha - 1}(M - C)^{\beta - 1}} \tag{3.126}$$

尽管 z 值的变动会影响各个收入水平上 C^* 和 P^* 数值的大小，但污染治理具有递增的规模收益仍然是环境库兹涅茨曲线成立的充分条件。

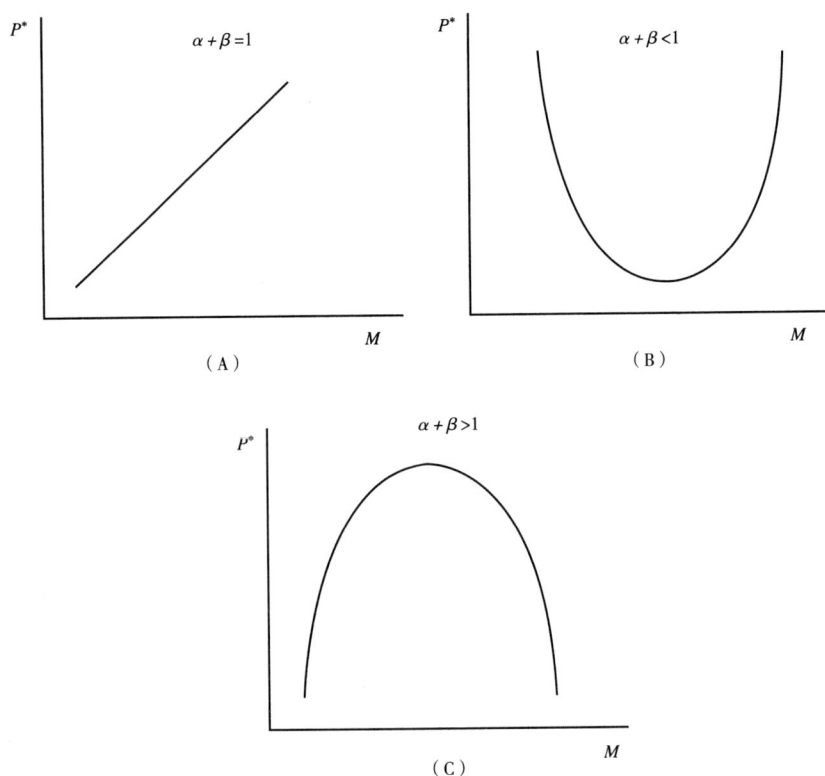

图 3 – 16　最优的污染 – 收入路径

（2）环境库兹涅茨曲线成立的条件

以上通过简化模型的函数形式分析了环境库兹涅茨曲线的成立条件，下面将把这种分析推广到模型的一般形式。考虑上面模型的一般形式：

$$U = U(C,P)$$

$$P = C - A(C,P) = C - A(C,M-C) \tag{3.127}$$

其中，$A(C,P)$ 是污染治理函数。污染与收入之间存在倒 U 型关系的充分条件可定义如下：

定理：假定效用函数 $U(C,P)$ 相对于 C 和 P 都是凹函数，即消费和清洁的环境都是正常物品。如果存在数值 θ，能够使得：

$$\lim_{C \to M} R(C) = \frac{\partial U(C,0)/\partial C}{\partial U(C,0)/\partial P} \geqslant \theta > -\infty \tag{3.128}$$

并且，$A(C,P)$ 为 k 阶奇次凹函数，$k>1$，且 $A(0,x) = A(x,0) = 0$。当满足上述条件时，在任何一个收入水平上的正的污染排放量都将随收入的增加最终减少为 0。上述定理描述的实际上就是环境库兹涅茨曲线。当收入为 0 的时候（$M=0$），消费和污染都是 0。而当收入达到某一较高水平时，污染排放量同样也会减少为 0。因此，如果在特定收入水平上存在正的污染排放量，那么最优的污染路径必定是从 0 增加到这一水平，然后再随收入的增加减少为 0。这正是经验数据所反映的污染与收入之间的倒 U 型关系。

图 3-17 说明了上述定理的证明过程。图 3-17（A）为资源约束线和污染治理的等产量线。由于污染治理函数 $A(C,P)$ 是奇次函数，可以将 C 和 E 单位化为 C/M 和 E/M，即每元收入中用于消费和污染治理的比例。在当前资源约束下所能达到的最大污染治理量为 Q_1。图 3-17（B）说明了总污染排放量（C/M）、污染治理量（A/M）和实际污染排放量（P/M）之间的关系。由式（3.127）可知：$P/M = C/M - A/M$，因此曲线 C/M 与曲线 A/M 相减就可以得到污染量曲线 P/M，其表示的是家庭对决定效用的两件物品消费 C 和污染 P 所做的取舍。当收入 M 增加时，污染排放量的变化取决于污染治理函数 $A(C,P)$ 的奇次阶数 k。如果 $k=1$，当收入 M 增加 1

倍时，消费量 C、治理污染的资源投入量 E 和污染治理量都增加 1 倍，图形的位置不会发生变化。如果 $k < 1$，则污染治理的规模收益递减，当收入 M 增加 1 倍时，污染治理的增加量小于 1 倍，因此 P/M 会增加。而如果 $k > 1$，由于污染治理活动具有递增的规模收益，收入增加 1 倍时，污染治理的增加幅度将高于 1 倍，如图 3-16（B）所示，曲线 P/M 将向下移动。

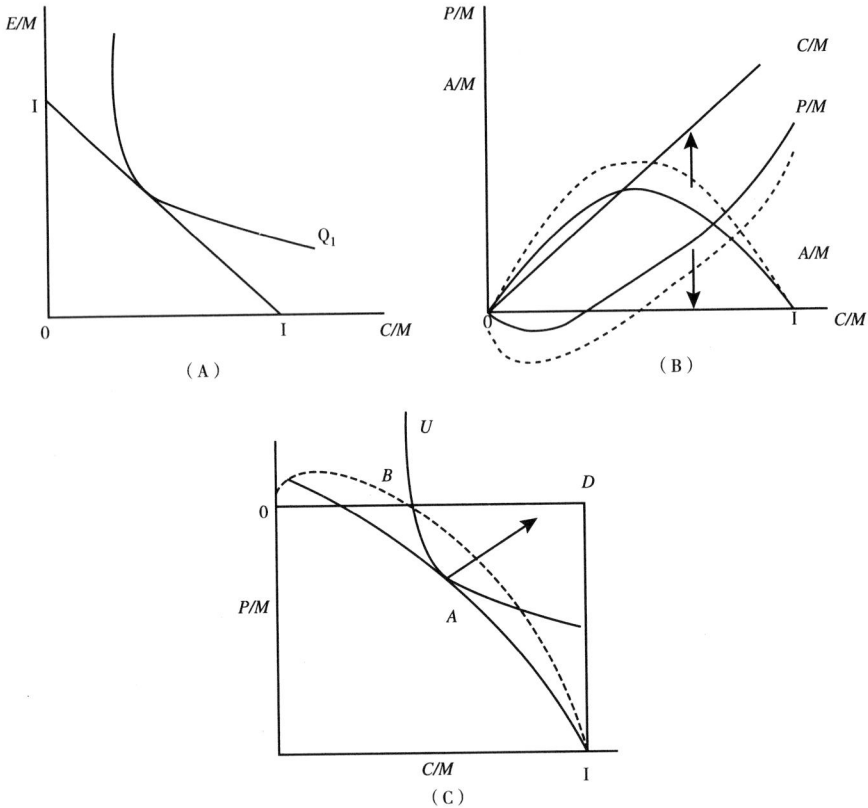

图 3-17　定理的证明过程

为便于分析，图 3-17（C）将图 3-17（B）中的 P/M 曲线沿横坐标轴进行了翻转。翻转后的曲线实际上是家庭在给定的收入约束 M 下的消费可能性边界。由无差异曲线 U 和消费可能性边界决定的消费量和污染量的最优组合为 A 点，此时经济中存在一定的污染。当 M 增加时，在 $k > 1$，即污染治理活动具有递增的规模收益时，消费可能性边界会向右上方移动。A 点会越来越接近 D 点，即 $C/M = 1$，$P = 0$。只要无差异曲线 U 不会变成一条垂线，当收入足够高时，A 点最终将落在线段 BD 的范围内，即经济中的污染排放量将减少为 0。而当 $P = 0$ 时，效用的无差异曲线不会陡峭成一根垂线，这正是式（3.128）所假定的内容。这实际上是要求家庭不会无限制地以污染环境为代价增加物质消费。或者反过来说，当收入增长到无穷大时，家庭对清洁环境的边际支付意愿不为 0。这一条件在现实生活中是普遍成立的。由于式（3.128）中的条件是普遍成立的，因此，$k > 1$，污染治理活动的规模收益递增就是环境库兹涅茨曲线成立的充分条件。

（3）多个经济个体的环境库兹涅茨曲线存在的条件

以上分析针对的是经济中只存在一个家庭的情况，这说明外部性并不是环境库兹涅茨曲线存在的必要条件。事实上，以上模型可以很容易扩充到多个经济个体。为说明这一点，考虑下面的模型：

$$U_i = C_i - P \ (i = 1,2,\cdots,n) \tag{3.129}$$

$$P = C - C^\alpha E^\beta \qquad C = \sum_i C_i \qquad E = \sum_i E_i \tag{3.130}$$

$$M_i = C_i + E_i \tag{3.131}$$

假定家庭 i 按照纳什博弈的方式制定自己的消费决策，由一阶条件可以解得最优反应方程为：

$$C_i^* = \frac{\alpha}{\alpha + \beta} M_i + \left[\frac{\alpha}{\alpha + \beta} \sum_{j \neq i} M_j - \sum_{j \neq i} C_j \right] \tag{3.132}$$

如果所有的家庭都按照这种方式制定各自的消费决策，则纳什均衡解为：

$$C_i^* = \frac{\alpha}{\alpha + \beta} M_i \ (i = 1,2,\cdots,n) \tag{3.133}$$

在这种情况下，污染与收入之间的关系与单个家庭的情况完全相同。当且仅当 $\alpha + \beta > 1$，污染治理活动具有递增的规模收益时，污染与收入才会存在倒 U 型关系。但需要注意的是，当存在多个经济个体时，污染的外部性导致个体的最优并不能保证社会整体的帕累托最优。从社会角度看，最优的消费和污染水平应当使社会整体效用最大化，即：

$$\max \sum_i U_i = \sum_i C_i - nP \tag{3.134}$$

这一总效用函数与式（3.119）中的个人效用函数形式完全相同，因此解也具有同样的形式。由于 $n > 1$，比较个体最优解和社会最优解可以看出，从社会角度而言，单个家庭用于消费的资源过多，而对污染治理投入的资源过少。

3. 城市化作用环境的效果

（1）人口增长中的环境压力 IPAT 模型

为了研究资源消耗和环境破坏的驱动因素，Ehrlich 和 Holdren 首次提出建立 IPAT 方程来反映人口对环境压力的影响（Ehrlich et al.，1971），即：

$$I = P \times A \times T \tag{3.135}$$

式中：I 为环境压力（Environmental Impact）、P 为人口数量（Population）、A 为富裕度（Affluence，通常以单位人均 GDP 表示）、T 为技术（Technology，以单位 GDP 产生的环境压力衡量）。式（3.135）中乘号并非意味着简单的数学乘法运算，而代表这四个因素间的关系，该模型实质上是对四者关系阐述的一个概念性框架。该模型是一个被广泛认可的分析人口对环境影响的公式，现在仍被广泛用于分析环境变化的决定因素。在此基础上，Waggoner 和 Ausubel 发展了 ImPACT 模型，把"$I = PAT$"中的 T 分解成单位 GDP 的消费（C）和单位消费产生的影响（T），因此变为"$I = PACT$"（Waggoner et al.，2002）。该模型的主要目的在于找出一些决定性因素，并通过这些因素量的改变来减少对环境的影响，并找出影响决定性因素的其他因素。

关于"$I = PAT$"，还存在一些争论，有些学者认为应再增加一个因素 B，即变为"$I = PBAT$"，B 指的是行为（Behavior），他们认为人类除了可以通过减少财富或使用有效的技术减少对环境的改变之外，还有其他更有效的方式，如自身行为。但是有的学者认为行为包含在人口、人均财富和技术里面，B 只能包含那些不包含在人口、人均财富、技术里面的因素，而这些是很难分清楚的。然而，不论是"$I = PAT$"模型还是"$I = PBAT$"模型，这类研究都是通过改变一个因素，而保持其他因素固定不变来分析问题，这样得到的结果就是对因变量的等比例影响，这是模型最大的局限性。

为了克服 IPAT 的不足，York 等在 IPAT 的基础上，建立了 STIRPAT（Stochastic Impacts by Regression on Population，Affluence and Technology）模型（York et al.，2003），即：

$$I_t = aP_t^b A_t^c T_i^d \qquad (3.136)$$

该模型保留了 IPAT 模型的乘法结构，把三个主要因素：人口（P）、人均消费（A）和技术（T）作为资源环境排放量改变（I）的决定因素。在对模型取对数后，式（3.136）变为：

$$lnI_t = lna + blnP_t + clnA_t + dlnT_t + e_t \qquad (3.137)$$

式中：下标 t 指年份，P_t 代表人口，A_t 代表财富，T_t 代表技术，也可以是经济活动的资源环境使用效率，因变量 I_t 代表资源环境变化，式（3.137）反映了资源环境排放量和人口、财富、技术之间的线性关系，其中因素 P_t、A_t 可以分解，而 T_t 也可以分解，所以为了便于分析问题，可以将城市化水平、劳动力人口比例等因素引进该模型中。

（2）城市化进程中的 IUPAT 效应模型

人口转移、经济增长、产业集聚、空间扩张和社会的发展的直接代价就是资源的消耗和环境的退化。为了研究资源消耗和环境破坏的驱动因素，我们引用 IPAT 方程来分析资源环境在城市化进程中所产生的效应。一般来说，城市化对资源要素的占有和损耗具有不可再生性，对环境要素的损害具有累积性，并且城市化水平越高，对资源环境的索取就越多，给资源环境带来的压力也就越大。因此，城市化可以看成是资源环境变化的一个典型驱动力。同时，考虑到资源环境质量又主要受制于人口增长、经济发展和技术进步三大因素，因此经典的 IPAT 模型可以扩展为带有城市化因素的 IUPAT 效应模型：

$$I_i = U_i \times (P_i/U_i) \times (G_i/P_i) \times (I_i/G_i) \tag{3.138}$$

式中：U 表示为城市化率；I 表示资源环境压力；P 表示人口规模；G 表示经济总量规模（GDP）；I/G 表示单位 GDP 产生的废弃物或者能源消费量。

根据城市化率是城镇人口占总人口的比例的这个含义，即 $U = \dfrac{P_u}{P}$，其中 P_u 为城镇人口，可以进一步得到：

$$\frac{I_t}{P_t} = U_t \times (G_t/P_{U_t}) \times (I_t/G_t) \tag{3.139}$$

式中：I_t/P_t 表示人均资源环境压力；U_t 表示城市化率；G_t/P_{U_t} 表示单位城镇人口所产生的经济总量，体现了城市生产能力对资源环境所产生的压力；I_t/G_t 表示单位 GDP 产生的资源环境压力。

根据式（3.138），对式（3.139）两边同时取对数就得到计量模型，即：

$$\ln \frac{I_t}{P_t} = \ln U_t + \ln(G_t/P_{U_t}) + \ln(I_t/G_t) + \varepsilon_t \tag{3.140}$$

利用该模型就可以直接验证资源环境在城市化进程中的效应是否存在以及方向和大小。

五　政策启示

（1）开放经济下贸易与环境是相互作用与影响的，各国的环境污染程度都不同，所以对污染的消化和吸收能力也有很大的不同。而且各国经济发展的水平参差不齐，也使处理污染物的水平各不相同。应该整体考虑贸易和环境之间的关系以及影响。现实中，国际贸易与环境保护和环境安全之间往往不能协调发展，存在诸多矛盾和争议，应该整体考虑贸易和环境之间的关系以及影响。

（2）贸易与城市化也是相互作用与影响的，在制定政策时，一方面要促进城市化进程稳健推进，使经济效益增加；另一方面要注意防止落后地区和发达地区贸易差异不断扩大。

（3）要降低资源环境对城市化水平的资源尾效大小，必须大力提高技术水平，加强人力资本投资，需要开始转变生产方式，将粗放型经济增长方式转变成资源节约型的经济增长方式，努力提高资源开发利用的技术水平，同时也加强人们的资源环境保护意识，这样城市化才能走上可持续发展的道路。

第四章

贸易、环境与城市化
传导机制

一 贸易、环境与城市化传导机制的概念与内涵

(一) 贸易、环境与城市化传导机制的概念

所谓传导机制, 实际上就是在一个统一的系统中各因素的相互联动作用, 可以解释一个因素通过何种纽带 (事实上这种纽带也是由其他因素搭建而成的) 对另一因素产生怎样的影响。在西方经济理论中, 传导机制是指通过摆动体系的结构特性去解释当体系在一定初始条件下摆动过程将呈现怎样的特性这一问题 (刘军善, 1996)。借助经济学来解释开放经济下的贸易、环境与城市化传导机制, 它应该包含三方面内容: 一是传导的途径, 即一个子系统要素的变动通过什么样的途径或渠道影响其他子系统要素的变动; 二是各个子系统要素互动的过程, 即各子系统要素变化引起其他子系统要素变化的过程, 也就是通过物质流、价值流和信息流关系来传导一个子系统要素的变动对其他子系统要素的影响; 三是传导是多种因素作用的结果, 不论子系统要素变动通过什么途径或渠道传导, 子系统要素之间发生什么样的互动关系, 传导都受到许多因素的影响, 这些因素可能叠加、可能抵消而呈现出复杂多变的特征。开放经济条件下的贸易、环境与城市化传导机制可

概括为子系统关系在运行中受多种因素影响发生变动，并通过一定的途径或渠道与相关要素相互作用的过程。

（二）贸易、环境与城市化传导机制的内涵

根据前三章的理论描述，可以看出贸易、环境与城市化之间存在两两相互关系。可以用图 4 - 1 来表示。

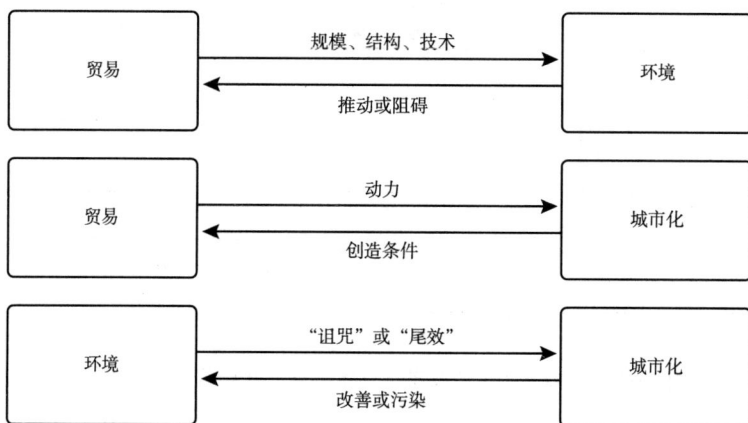

图 4 - 1　贸易、环境与城市化两两关系示意图

基于以上关系分析，我们提出以下假说：贸易、环境与城市化之间存在互动机制，贸易通过改变生产规模、生产结构和提升技术水平等方式对环境产生影响（可称为"三效应"），环境为贸易提供硬件基础，推动贸易活动或阻碍贸易的发展；贸易是城市化不断前进的动力，而城市化的快速发展又为扩大贸易种类和范围创造了条件；环境通过对城市化的硬约束产生的"尾效"效应和软约束产生的"诅咒"效应对城市化进程产生影响，而城市化的水平和质量会对环境造成污染破坏或者改良和提升。

因此，根据这一假说设计如下三者关系的流程图（见图 4 - 2）。需要说明的是，由于贸易对环境产生的"三效应"，贸易是城市化的动力机制以及环境对城市化的"资源诅咒"和"资源尾效"效应都已经被众多学者研究和证实，具有一般的普遍性，因此三者关系的流程图中用实线表示它们的关

系。而环境对贸易、城市化对贸易以及城市化对环境的影响作用虽然理论上
为人们所共知，但学术上的直接研究和实证相对较为缺乏，因此在传导机制
图中用虚线表示它们的关系。本书将试图从这个示意图中找到贸易、环境、
城市化是如何通过彼此相互影响的。

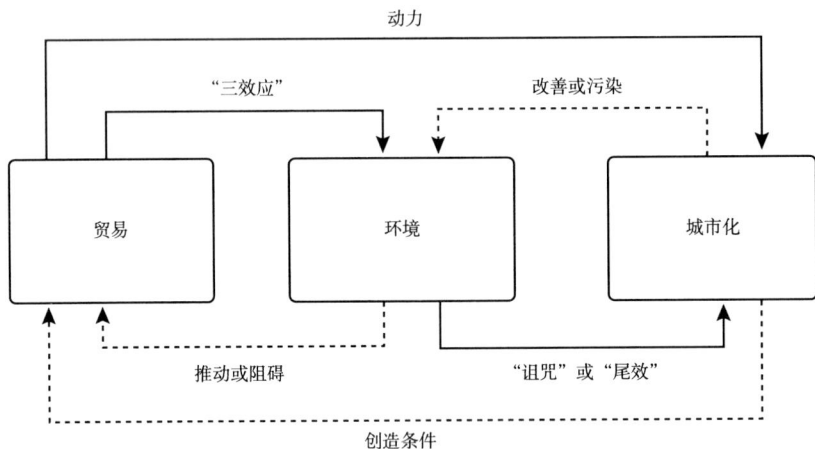

图 4 - 2　开放条件下的贸易、环境与城市化传导机制示意图

二　贸易、环境与城市化传导机制分析假设

根据以上对贸易、环境与城市化传导机制概念和内涵的阐释，为了进一
步从理论上解释开放经济下的贸易、环境与城市化之间的传导机制，以便对
三者的传导机制进行实证研究，我们做出如下前提假设：（1）每个公民都
是"经济人"，都追求效用的最大化，对于整个社会而言，各个效用函数可
以累加，因而整个社会是理性的，也会追求社会效用最大化。因此，社会会
根据效益最大化原则来调整生产布局、贸易结构、环境政策、城市化发展方
案等一系列问题，以获取最佳收益。（2）全社会信息对称，政策传达良好，
政府宏观调控措施得力，过程清晰可控。这就保证了对贸易、环境或城市化
所采取的任一决策或行动都会直接产生影响，不会产生其他多余的中间环
节，以确保传导的通达顺畅。

（一）有关贸易的假设

假设在一个开放的经济体内，资源充分自由流动，市场完全自由竞争。不同地区间建立了协作互助关系，确立了支持贸易政策，不存在贸易壁垒，对外贸易自由畅通，规模报酬不变。同时，我们假定某一地区中的对外贸易是该地区经济总产值的重要来源，对外贸易的水平决定了该地区的经济产出水平，而经济水平是人口迁移和城市化发展的原动力，因此贸易对该地区的城市化水平有重要影响。且该区域自然资源丰富，所生产的资源密集型产品除了满足本地区的消费外，基本用于对外交换，所以该地区资源的条件也对贸易水平产生约束。

（二）有关环境的假设

资源是贸易活动所必需的和基本的要素，即经济学中所谓的"没有免费的午餐"。假定区域资源生产要素（只包括土地、水资源等自然物质资源，不包括观念、制度、行为准则等非物质因素）与贸易水平之间满足经济学关于生产要素的基本假设，在现有的技术水平下，资源的投入量与产生的污染量呈正相关关系，即意味着资源的投入不仅会成为经济增长要素，而且会成为环境的污染源。因此资源投入的增长对城市化和贸易会产生双面效应。同时，资源的投入对环境产生的污染效应不受地理位置、经济发展程度的影响。

（三）有关城市化的假设

城市化发展遵循一般经济规律，长期发展过程中人均资源存量具有非负增长的特点，人均资源存量非负增长意味着人均资源存量随时间保持不变（不可再生资源）或随时间而增加（可再生资源）。推进城市化发展的主要动力在于对最大的经济收益的追逐，使得人口由农村向城市转移，而这种经济收益不仅包括收入分配、公共基础设施的使用，而且包括对优质环境和美好生活的追求。人口在不同区域间的转移并不受户籍、地缘、战争、封锁等外来因素的干扰。

三 贸易、环境与城市化传导过程分析

（一）贸易为工具目标的传导模式

1. 环境为中间目标，城市化为最终目标

（1）贸易水平的上升会同时提高自然资源的使用水平和环境污染的程度，在产业结构效率和资源使用效率一定时，贸易对环境的影响为负，即贸易自由化扩大了经济活动的规模，导致污染增加，有害于环境（规模效应）。在环境被破坏以后，环境质量退化导致成本增加，对城市化产生硬性约束，即产生"资源尾效"。

可以得到传导过程 I（见图 4-3）：贸易水平↑（经济规模）→环境质量↓（在规模效应作用下）→城市化速度↓（"资源尾效"），可用公式表达为 $Ur = f(Tr, En)$，其中，Ur 为城市化水平，Tr 为贸易水平，En 为环境污染水平。

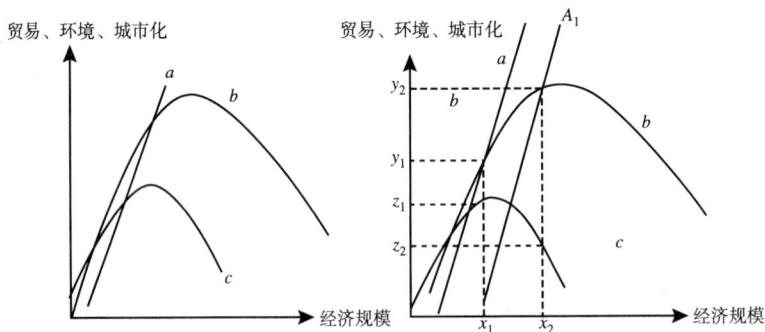

图 4-3 贸易－环境－城市化的传导过程 I

图 4-3 中 a 为贸易水平曲线，b 为环境污染曲线。根据一般研究经验，城市化增长速度与经济增长呈现倒 U 型，因此用 c 表示城市化速度曲线。假

定贸易与经济水平呈正相关关系，环境污染程度正处于环境库兹涅茨曲线的左半部分，即环境污染程度随着经济增长持续上升，而城市化发展速度已经进入衰退期，开始随着经济规模的增长而减缓。在环境质量和城市化速度一定的情况下，当贸易水平因减税、贸易壁垒消除、战乱平息等外生因素而上升时，贸易曲线右移为 A_1 曲线，经济规模由 x_1 扩大为 x_2，环境质量由 y_1 上升为 y_2，城市化速度由 z_1 下降为 z_2。

（2）贸易的结构效应理论认为国际贸易促进了专业化分工，使生产、贸易的商品构成发生变化，从而对环境产生影响。如果一国扩张的出口部门的生产平均污染程度低于规模缩小的进口竞争部门，则结构效应为正，反之为负。因此，在环境质量有所上升的情况下，有可能对城市发展起到推动和促进作用，但也可能对城市化产生"资源诅咒"。

由此可以得到传导过程II（见图4-4）：贸易水平↑（专业化分工，比较优势理论）→环境质量↑（规模扩张的出口部门平均污染程度低于规模缩小的进口竞争部门）→城市化水平↑（资源环境的基础作用）。可用公式表达为 $U_r = f(T_r, E_n)$，其中，U_r 为城市化水平，T_r 为贸易水平，E_n 为环境污染水平。

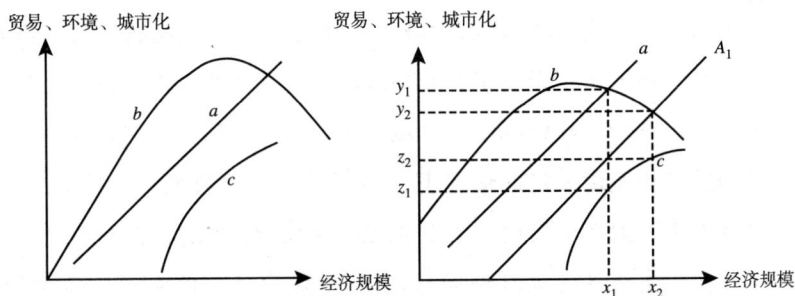

图4-4 贸易、环境、城市化传导过程II

图4-4中 a 为贸易水平曲线，b 为环境污染曲线，c 为城市化水平曲线。假定贸易与经济水平呈正相关关系，环境污染程度正处于环境库兹涅茨曲线的右半部分，即环境污染程度随着经济增长开始减弱，且城市化发展遵循半

对数曲线轨迹。在环境质量和城市化水平一定的情况下，当贸易水平因减税、贸易壁垒消除、战乱平息等外生因素而上升时，贸易曲线右移为 A_1 曲线，在专业化分工条件下，具有比较优势的地区环境质量由 y_1 下降为 y_2，推动城市化水平由 z_1 上升为 z_2。

可以得到传导过程Ⅲ（见图 4-5）：贸易水平↑（专业化分工）→环境质量↑（规模扩张的出口部门平均污染程度低于规模缩小的进口竞争部门）→城市化速度↓（资源诅咒）。可用公式表达为 $Ur = f(Tr, En)$，其中，Ur 为城市化水平，Tr 为贸易水平，En 为环境污染水平。

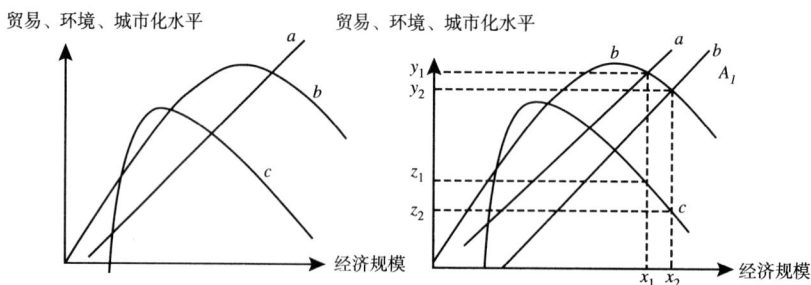

图 4-5　贸易-环境-城市化传导过程Ⅲ

图 4-5 中 a 为贸易曲线，b 为环境曲线。由于资源诅咒对城市化会产生先到速度再到水平的影响，将 c 表示为城市化速度曲线。假定贸易与经济水平呈正相关关系，环境污染程度正处于环境库兹涅茨曲线的右半部分，即环境污染程度随着经济增长开始减弱，且城市化速度开始随着经济增长减慢。在环境质量和城市化速度一定的情况下，当贸易水平因减税、贸易壁垒消除、战乱平息等外生因素而上升时，贸易曲线右移为 A_1 曲线，在专业化分工条件下，具有比较优势的地区环境质量由 y_1 下降为 y_2，但由于"资源诅咒"的存在，城市化速度由 z_1 下降为 z_2。

可以得到传导过程Ⅳ（见图 4-6）：贸易水平↑（专业化分工）→环境质量↓（规模扩张的出口部门平均污染程度高于规模缩小的进口竞争部门）→城市化速度↓（资源尾效）。可用公式表达为 $Ur = f(Tr, En)$，其中，Ur 为城市化水平，Tr 为贸易水平，En 为环境污染水平。

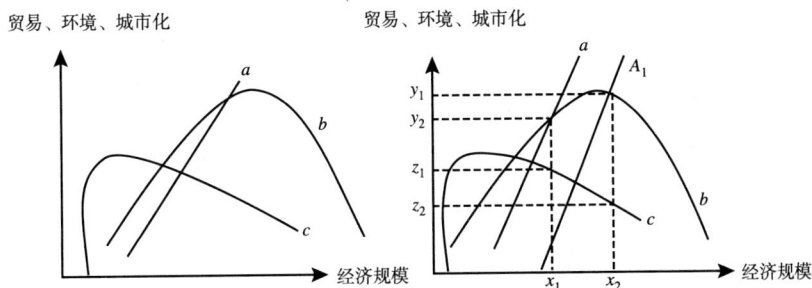

图 4 – 6 贸易 – 环境 – 城市化传导过程 Ⅳ

图 4 – 6 中 a 为贸易水平曲线，b 为环境污染曲线，c 为城市化速度曲线。假定贸易与经济水平呈正相关关系，环境污染程度正处于环境库兹涅茨曲线的左半部分，即环境污染程度随着经济增长开始加剧，而城市化的速度随着经济增长开始减慢。在环境质量和城市化速度一定的情况下，当贸易水平因减税、贸易壁垒消除、战乱平息等外生因素而上升时，贸易曲线右移为 A_1 曲线，在专业化分工条件下，地区规模扩张的出口部门平均污染程度高于规模缩小的进口竞争部门，环境质量由 y_1 下降至 y_2，约束城市化速度由 z_1 下降至 z_2。

（3）对外贸易为解决特定环境问题的技术和服务在全球范围的扩散创造了机会，使得环境保护技术得到更广泛的利用，也使得大规模开采资源、破坏环境的技术被广泛采用。贸易带来的国民福利增加、人均收入水平提高，使人们对洁净环境的需求增加。贸易所引致的技术进步和清洁技术、设备在国际间的流动有利于减少环境污染。对城市化而言，这一方面促进了城市化的进程，另一方面又有产生"资源诅咒"的可能。同时，如果有害环境的技术具有更高的经济效率，就会取代传统的"环境友好技术"，从而对环境产生负效应，进而约束城市化进程。

可以得到传导过程 Ⅴ（见图 4 – 7）：贸易水平↑（收入增加）→环境质量↑（技术进步）→城市化水平↑。可用公式表达为 $Ur = f(Tr, En)$，其中，Ur 为城市化水平，Tr 为贸易水平，En 为环境污染水平。

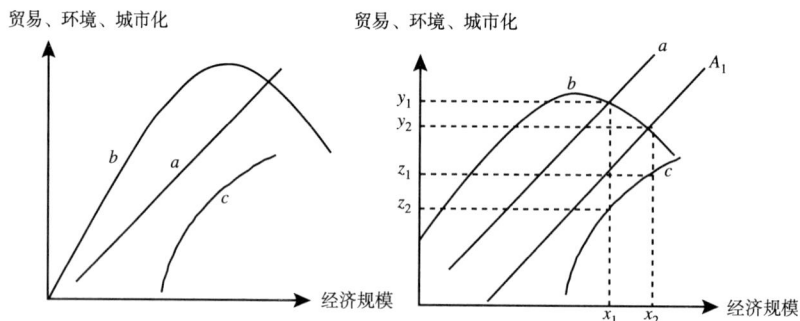

图 4 - 7 贸易 - 环境 - 城市化传导过程 V

图 4 - 7 中 a 为贸易水平曲线, b 为环境污染曲线, c 为城市化水平曲线。假定贸易与经济水平呈正相关关系, 环境污染程度正处于环境库兹涅茨曲线的右半部分, 即环境污染程度随着经济增长开始减弱, 且城市化发展遵循半对数曲线轨迹。在环境质量和城市化水平一定的情况下, 贸易曲线因减税、贸易壁垒消除、战乱平息等外生因素而变为 A_1 曲线, 带动人们对清洁技术的需求和开发, 会导致环境质量由 y_1 下降为 y_2, 使城市化水平由 z_1 下降为 z_2。

可以得到传导过程 VI (见图 4 - 8): 贸易水平↑ (收入增加) →环境质量↑ (技术进步) →城市化速度↓ (资源诅咒)。可用公式表达为 $Ur = f(Tr, En)$, 其中, Ur 为城市化水平, Tr 为贸易水平, En 为环境污染水平。

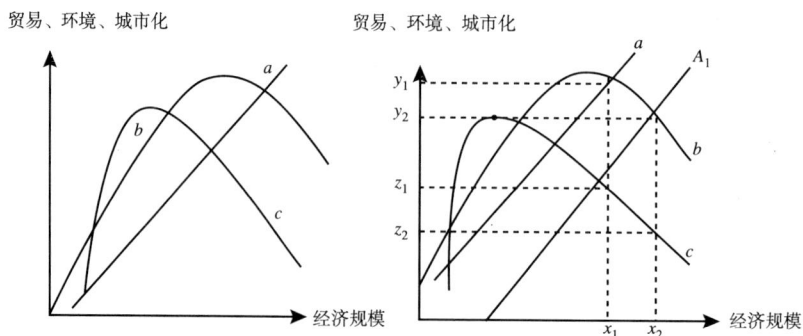

图 4 - 8 贸易 - 环境 - 城市化传导过程 VI

图 4 - 8 中 a 为贸易水平曲线, b 为环境污染曲线, c 为城市化速度曲线。假定贸易与经济水平呈正相关关系, 环境污染程度正处于环境库兹涅茨曲线

的右半部分，即环境污染程度随着经济增长开始减弱，且城市化发展速度随着经济增长减慢。在环境质量和城市化速度一定的情况下，当贸易水平因减税、贸易壁垒消除、战乱平息等外生因素而上升时，贸易曲线变为 A_1 曲线，带动人们对清洁技术的需求和开发，会导致环境质量由 y_1 下降为 y_2，但由于资源诅咒，城市化速度由 z_1 下降为 z_2。

可以得到传导过程Ⅶ（见图4-9）：贸易水平↑（收入增加）→环境质量↓（有害环境技术取代环境友好技术）→城市化速度↓（资源尾效）。可用公式表达为 $Ur = f(Tr, En)$，其中，Ur 为城市化水平，Tr 为贸易水平，En 为环境污染水平。

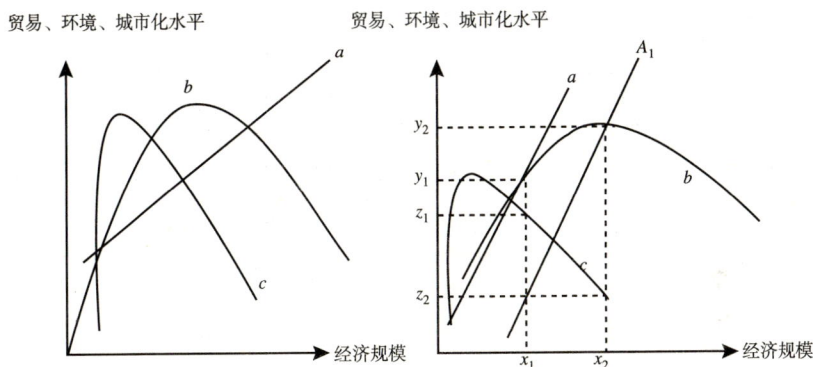

图4-9 贸易－环境－城市化传导过程Ⅶ

图4-9中 a 为贸易水平曲线，b 为环境污染曲线，c 为城市化速度曲线。假定贸易与经济水平呈正相关关系，环境污染程度正处于环境库兹涅茨曲线的左半部分，即环境污染程度随着经济增长加剧，且城市化速度随着经济增长减慢。在环境质量和城市化速度一定的情况下，当贸易水平因减税、贸易壁垒消除、战乱平息等外生因素而上升时，贸易曲线变为 A_1 曲线，增加了人们的收入，为了追求利益，人们会用有害环境型技术取代环境友好技术，地区环境质量由 y_1 上升为 y_2，使城市化速度由 z_1 下降为 z_2。

2. 城市化为中间目标，环境为最终目标

对外贸易通过促进工业化的发展，奠定城市化的物质基础，加速通商区城市化，推动农村商品经济发展和人口城市化，从而加速城市现代化因素的积累。在现有污染处理技术和资源利用效率不变的情况下，与城市化水平上升伴随的工业化进程会造成城市"热岛"、水与耕地资源锐减、大气污染严重、环境生物多样性减少等环境问题。

可以得到如下传导过程（见图 4 – 10）：贸易水平↑（收入增加）→城市化水平↑（积累现代化因素）→环境质量↓（技术不变）。可用公式表达为 $En = f(Tr, Ur)$，其中，Ur 为城市化水平，Tr 为贸易水平，En 为环境污染水平。

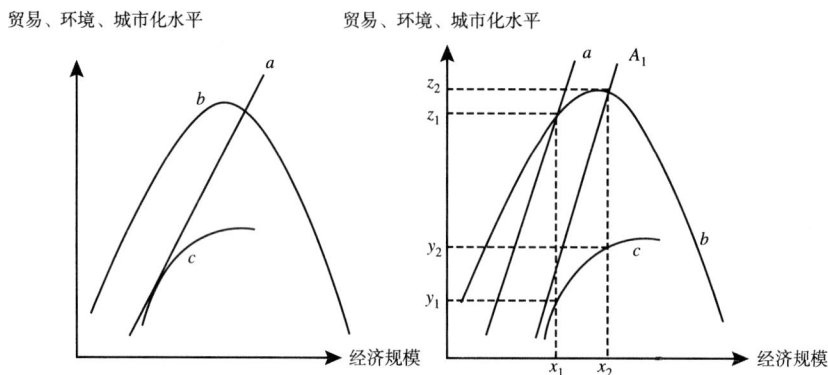

图 4 – 10　贸易 – 城市化 – 环境传导过程

图 4 – 10 中 a 为贸易水平曲线，b 为环境污染曲线，c 为城市化水平曲线。假定贸易与经济水平呈正相关关系，环境污染程度正处于环境库兹涅茨曲线的左半部分，即环境污染程度随着经济增长开始加剧，且城市化发展遵循半对数曲线轨迹。在环境质量和城市化水平一定的情况下，当贸易水平因减税、贸易壁垒消除、战乱平息等外生因素而上升时，贸易曲线变为 A_1 曲线，增加了人们的收入，积累了现代化因素，城市化水平由 y_1 上升为 y_2，在资源利用效率和污染处理技术水平不变的情况下，地区环境质量由 z_1 上升为 z_2。

（二）环境为工具目标的传导模式

1. 贸易为中间目标，城市化为最终目标

环境从自然地理条件及能源资源方面对贸易能否顺利发展产生外部硬约

束。贸易的根本是物品的买卖，因此不同自然地理环境下的不同资源，成为进行国际贸易的先决条件。通达的对外贸易对促进工业化的发展、加速通商区城市化、推动农村商品经济发展和人口城市化有重要作用。

可以得到如下传导过程：环境水平↑（地理优越，资源充足）→贸易水平↑→城市化水平↑（奠定物质基础）。可用公式表达为 $Ur = f(En, Tr)$，其中，Ur 为城市化水平，Tr 为贸易水平，En 为环境污染水平。

图 4 – 11 中 a 为贸易水平曲线，b 为环境污染曲线，c 为城市化水平曲线。假定贸易与经济水平呈正相关关系，环境污染程度正处于环境库兹涅茨曲线的左半部分，即环境污染程度随着经济增长开始加剧，且城市化发展遵循半对数曲线轨迹。在贸易和城市化水平一定的情况下，当环境污染水平因污染治理技术落后、环境政策不严等外生因素上升时，环境曲线下降为 B 曲线，优越的地理环境与资源会促进贸易水平由 y_1 上升为 y_2，促进了城市化水平由 z_1 上升为 z_2。

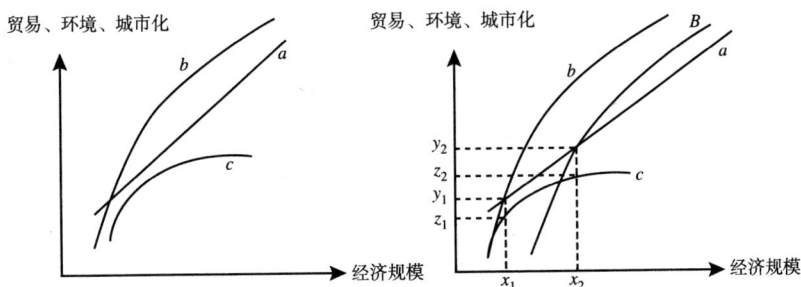

图 4 – 11　环境 – 贸易 – 城市化传导过程

2. 城市化为中间目标，贸易为最终目标

环境对城市化产生两方面影响。一方面，为城市化进程提供充足的资源，这是城市化发展的先决条件，另一方面，过分充实的资源供给也难免让城市化陷入"资源诅咒"的怪圈。而城市化本身会对国际贸易产生巨大的刺激，城市化扩大了世界经济的总需求和总供给，国际贸易中城市所提供的产品和满足城市消费的产品所占的比重也随着城市化的进程而增加，因而必然使国际贸易随之增长。

可以得到传导过程Ⅰ（见图 4 – 12）：环境水平↑→城市化水平↑（奠

定物质基础）→贸易水平↑。可用公式表达为 $Tr = f(En, Ur)$，其中，Ur 为城市化水平，Tr 为贸易水平，En 为环境污染水平。

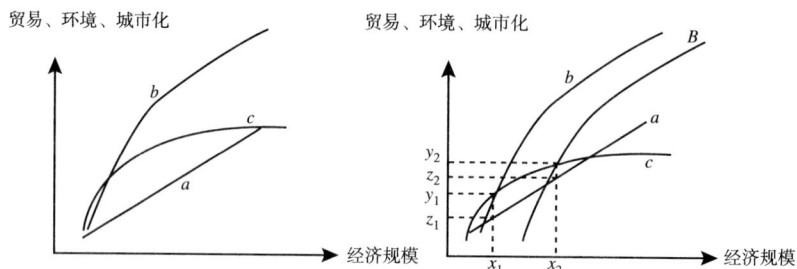

图 4 – 12 环境 – 城市化 – 贸易传导过程 Ⅰ

图 4 – 12 中 a 为贸易曲线，b 为环境曲线，c 为城市化曲线。假定贸易与经济水平呈正相关关系，环境污染程度正处于环境库兹涅茨曲线的左半部分，即环境污染程度随着经济增长开始加剧，且城市化发展遵循半对数曲线轨迹。在贸易和城市化水平一定的情况下，当环境污染因污染治理技术落后、环境政策不严等外生因素上升时，环境曲线下降为 B 曲线，城市化水平由 y_1 上升为 y_2，贸易水平由 z_1 上升为 z_2。

可以得到传导过程Ⅱ（见图 4 – 13）：环境水平↑→城市化水平↓（资源诅咒）→贸易水平↓。可用公式表达为 $Tr = f(En, Ur)$，其中，Ur 为城市化水平，Tr 为贸易水平，En 为环境污染水平。

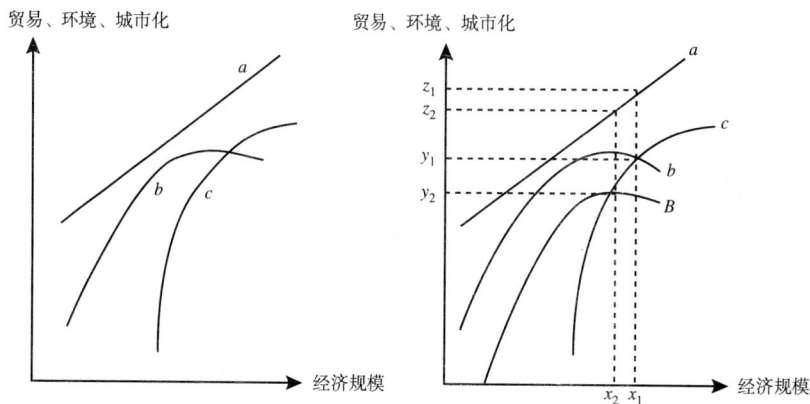

图 4 – 13 环境 – 城市化 – 贸易传导过程 Ⅱ

图 4-13 中 a 为贸易水平曲线,b 为环境污染曲线,c 为城市化水平曲线。假定贸易与经济水平呈正相关关系,环境污染程度正处于环境库兹涅茨曲线的右半部分,即环境污染程度随着经济增长开始减弱,且城市化发展遵循半对数曲线轨迹。在贸易和城市化水平一定的情况下,当环境污染水平因污染治理技术落后、环境政策不严等外生因素上升时,环境曲线变为 B 曲线,由于资源诅咒,城市化水平由 y_1 下降为 y_2,贸易水平由 z_1 下降为 z_2。

(三) 城市化为工具目标的传导模式

1. 贸易为中间目标,环境为最终目标

如果说贸易催生了城市,那么城市也推动了贸易。城市化发展对国际贸易产生了强大的推动作用。城市化扩大了全球经济的总需求和总供给,随着城市化的进程增加,城市所提供的产品和满足城市消费的产品所占的比重在加大,因而促进国际贸易的增长。根据"三效应"理论,贸易对环境产生规模效应、结构效应和技术效应三方面的影响,这表明贸易的增长对环境的影响是不确定的。

可以得到传导过程 Ⅰ(见图 4-14):城市化水平↑→贸易水平↑→环境质量↓(在规模效应作用下)。可用公式表达为 $En = f(Ur, Tr)$,其中,Ur 为城市化水平,Tr 为贸易水平,En 为环境污染水平。

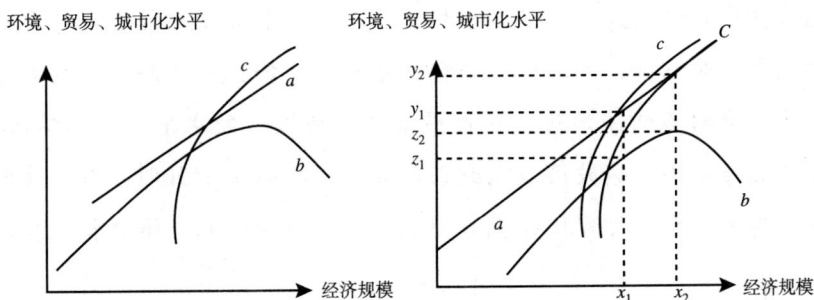

图 4-14 城市化-贸易-环境传导过程 Ⅰ

图 4-14 中 a 为贸易曲线，b 为环境曲线，c 为城市化曲线。假定贸易与经济水平成正相关，环境污染程度正处于环境库兹涅茨曲线的左半部分，即环境污染程度随着经济增长开始加剧，且城市化发展遵循半对数曲线轨迹。在贸易和环境污染水平一定的情况下，当城市化水平因户籍政策放宽或人口流动限制减少上升时，城市曲线由 c 变为 C，贸易水平由 y_1 上升为 y_2，在规模效应下，环境水平由 z_1 上升为 z_2。

可以得到传导过程 II（见图 4-15）：城市化水平↑→贸易水平↑→环境质量↑（结构效应下，规模扩张的出口部门平均污染程度低于规模缩小的进口竞争部门）。可用公式表达为 $En = f(Ur, Tr)$，其中，Ur 为城市化水平，Tr 为贸易水平，En 为环境污染水平。

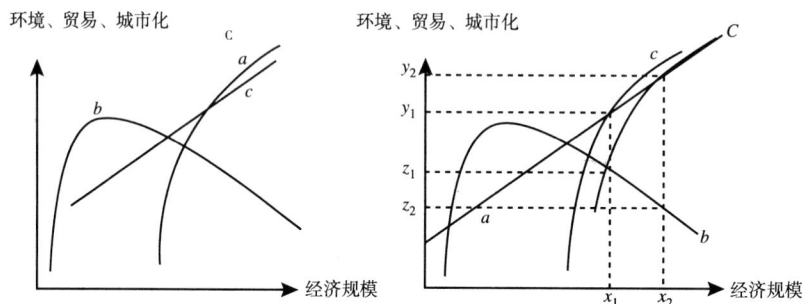

图 4-15　城市化-贸易-环境传导过程 II

图 4-15 中 a 为贸易水平曲线，b 为环境污染曲线，c 为城市化水平曲线。假定贸易与经济水平成正相关，环境污染程度正处于环境库兹涅茨曲线的右半部分，即环境污染程度随着经济增长开始减弱，且城市化发展遵循半对数曲线轨迹。在贸易水平和环境污染水平一定的情况下，当城市化水平因户籍政策放宽或人口流动限制减少上升时，城市化曲线由 c 变为 C，贸易水平由 y_1 上升为 y_2，在结构效应下，环境水平由 z_1 下降为 z_2。

可以得到传导过程 III（见图 4-16）：城市化水平↑→贸易水平↑→环境质量↓（结构效应下，规模扩张的出口部门平均污染程度高于规模缩小的进口竞争部门）。可用公式表达为 $En = f(Ur, Tr)$，其中，Ur 为城市化水平，Tr 为贸易水平，En 为环境污染水平。

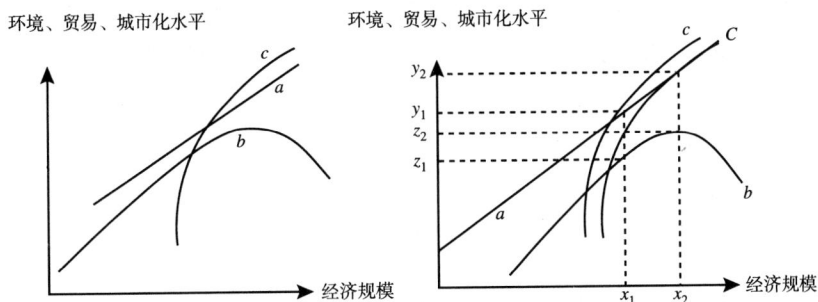

图 4 – 16　城市化 – 贸易 – 环境传导过程Ⅲ

图 4 – 16 中 a 为贸易水平曲线，b 为环境污染曲线，c 为城市化水平曲线。假定贸易与经济水平呈正相关关系，环境污染程度正处于环境库兹涅茨曲线的左半部分，即环境污染程度随着经济增长开始加剧，且城市化发展遵循半对数曲线轨迹。在贸易水平和环境污染水平一定的情况下，当城市化水平因户籍政策放宽或人口流动限制减少上升，城市化曲线由 c 变为 C，贸易水平由 y_1 上升为 y_2，在结构效应下，环境水平由 z_1 上升为 z_2。

可以得到传导过程Ⅳ（见图 4 – 17）：城市化水平↑→贸易水平↑→环境质量↓（有害环境技术取代环境友好技术）。可用公式表达为 $En = f(Ur, Tr)$，其中，Ur 为城市化水平，Tr 为贸易水平，En 为环境污染水平。

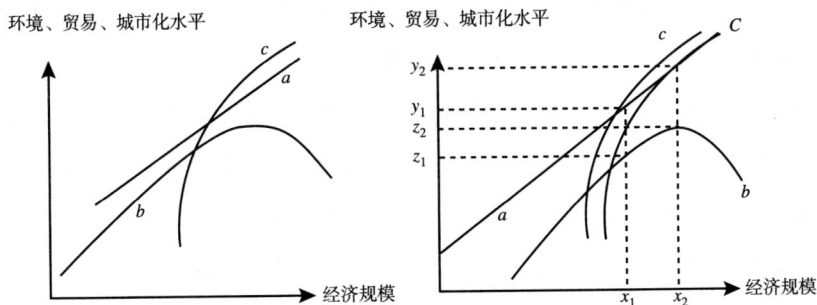

图 4 – 17　城市化 – 贸易 – 环境传导过程Ⅳ

图 4 – 17 中 a 为贸易水平曲线，b 为环境污染水平曲线，c 为城市化水平曲线。假定贸易与经济水平呈正相关关系，环境污染程度正处于环境库兹涅茨曲线的左半部分，即环境污染程度随着经济增长开始加剧，且城市化发展遵循半对数曲线轨迹。在贸易水平和环境污染水平一定的情况下，当城市化水平因户籍政策放宽或人口流动限制减少上升时，城市化曲线由 c 变为 C，贸易水平由 y_1 上升为 y_2，在技术效应下，环境水平由 z_1 上升为 z_2。

可以得到传导过程 V（见图 4 – 18）：城市化水平↑→贸易水平↑→环境质量↑（技术进步）。可用公式表达为 $En = f(Ur, Tr)$，其中，Ur 为城市化水平，Tr 为贸易水平，En 为环境污染水平。

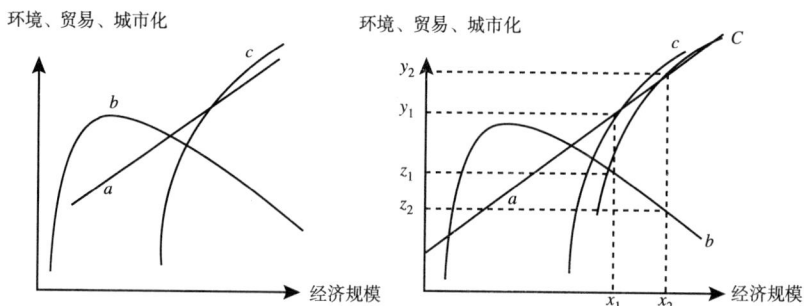

图 4 – 18　城市化 – 贸易 – 环境传导过程 V

图 4 – 18 中 a 为贸易水平曲线，b 为环境污染曲线，c 为城市化水平曲线。假定贸易与经济水平呈正相关关系，环境污染程度正处于环境库兹涅茨曲线的右半部分，即环境污染程度随着经济增长开始减弱，且城市化发展遵循半对数曲线轨迹。在贸易水平和环境污染水平一定的情况下，当城市化水平因户籍政策放宽或人口流动限制减少上升时，城市化曲线由 c 变为 C，贸易水平由 y_1 上升为 y_2，在技术效应下，环境水平由 z_1 下降为 z_2。

2. 环境为中间目标，贸易为最终目标

城市化水平上升尽管伴随着城市的污染加剧，但与此同时，城市化水平的上升也意味着资源的投入增加，这种资源的投入正是贸易发展的重要基础。

可以得到如下传导过程（见图 4 – 19）：城市化水平↑→资源投入↑→

贸易水平↑。可用公式表达为 $Tr = f(Ur, En)$，其中，Ur 为城市化水平，Tr 为贸易水平，En 为环境污染水平。

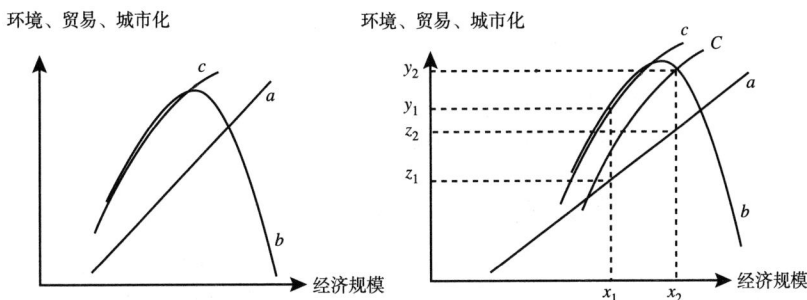

图 4-19 城市化 – 环境 – 贸易传导过程

图 4-19 中 a 为贸易水平曲线，b 为环境污染曲线，c 为城市化水平曲线。假定贸易与经济水平呈正相关关系，环境污染程度正处于环境库兹涅茨曲线的左半部分，即环境污染程度随着经济增长开始加剧，且城市化发展遵循半对数曲线轨迹。在贸易水平和环境污染水平一定的情况下，当城市化水平因户籍政策放宽或人口流动限制减少上升时，城市化曲线由 c 变为 C，资源投入量由 y_1 上升为 y_2，贸易水平由 z_1 上升为 z_2。

四 贸易、环境与城市化传导机制模型

在以上的理论研究中，我们对贸易、环境与城市化的两两关系进行了阐述，并进一步提出了贸易、环境与城市化传导机制分析框架，认为三者之间可能呈现系统的关联，可以构建出贸易、环境与城市化传导机制的模型。在实证研究中，众多学者采用了依赖于经济增长的实践模型，将两两关系联系起来，但对三者的系统计量比较少见。但在经济增长的纽带之下，这三者也很可能存在模型上的关联。如果像一般关系分析那样选择单一方程估计，则可能因变量的内生性问题而引起估计结果丧失有效性、一致性和无偏性等特性，得出与实际不一致甚至偏离实际的结果。综合之前的分析，并参考杨新铭等（2010）的建模

思路，我们选择联立方程模型进行估计，以避免内生性问题，并反映三者之间的真实联动关系。我们初步确定的贸易、环境与城市化传导机制模型为如下形式：

$$
\begin{cases}
Tr = \alpha_1 + \alpha_2 En + \alpha_3 Ur + \sum_{i=1}^{k} \theta_i W_i + \mu \\[2mm]
En = \beta_1 + \beta_2 Tr + \beta_3 Ur + \sum_{j=1}^{m} \varphi_j W_j + \upsilon \\[2mm]
Ur = \gamma_1 + \gamma_2 En + \gamma_3 Tr + \sum_{l=1}^{n} \lambda_l W_l + \delta
\end{cases}
\tag{4.1}
$$

其中，Tr 代表贸易，En 代表环境，Ur 代表城市化，这三个变量为内生变量。W 为与贸易、环境和城市化相关的外生变量，i、j、l 分别为变量的数量，α、β、γ 为待估参数，μ、υ、δ 为误差项。

五　政策启示

本章对开放经济下的贸易、环境与城市化的传导机制进行了推导，提出了以贸易为工具目标的传导模式，以环境为工具目标的传导模式以及以城市化为工具目标的传导模式，得出了一系列的理论分析假设，并由此得到一些启示：

（1）贸易水平的上升会同时提高自然资源的使用水平和环境污染的程度，在产业结构效率和资源使用效率一定时，贸易对环境的影响为负。在环境被破坏以后，环境质量退化导致成本增加，对城市化产生硬性约束，即产生"资源尾效"；在环境质量有所上升的情况下，有可能对城市发展起到推动促进作用，但也可能对城市化产生"资源诅咒"。因而，考虑到环境保护力度和城市化发展程度，必须制定科学合理的外贸发展战略。

（2）贸易带来的国民福利增加、人均收入水平提高，使人们对洁净环境的需求增加。对于城市化而言，贸易一方面促进了城市化的进程，另一方面则可能产生"资源诅咒"。然而，如果"有害环境技术"具有更高的经济效率，就会取代传统的"环境友好技术"，从而对环境产生负效应，进而约束城市化进程。因此，致力于高新环境友好技术的研发将能有效改善这一可能结果。

（3）对外贸易通过促进工业化的发展，奠定城市化物质基础，加速区域城市化，推动农村商品经济发展和人口城市化，加速城市现代化因素的积累。然而，在现有污染处理技术和资源利用效率不变的情况下，城市化水平上升伴随的工业化进程会带来环境质量下降等问题。因此，在发展过程中，城市化速度要与资源环境承载力相结合，环境治理技术革新要与提升经济水平并行。

第五章
贸易、环境与城市化的
内生增长模型

一 贸易、环境与经济增长的内生模型

（一）基本模型假定

本章通过拓展 Grossman 和 Helpman（1991）以及 Rivera-Batiz 和 Romer（1991）的模型框架，将环境质量（污染）作为内生要素引入效用函数，构建了一个开放经济下的多部门内生经济增长模型，较为完整地刻画了开放经济条件下对外贸易、环境质量、内生技术进步与长期经济增长之间的内在关系（彭水军等，2006）。通过对模型的系统分析，主要回答了以下几个问题：环境外部性是否抑制长期经济增长？开放经济下，一国贸易如何影响经济增长？贸易自由化是否有利于环境质量的改善？在考虑环境外部性的情况下，贸易开放对社会福利的影响效应怎样？环境外部性如何影响技术创新和经济增长的最优时间路径？

本章首先考察一个小国开放经济，类似于国际贸易理论的研究者（Grossman 和 Helpman，1991），小国有如下含义：首先，小国面对的是具有完全弹性的世界市场上的需求和给定的外生价格；其次，不考虑小国金融资产的国际贸易和知识资本的国际流动；最后，在小国内，创新活动仅发生在

生产非贸易商品的部门。我们假定：某一小国按照外生的给定相对价格交换两种最终产品。贸易的格局反映出该国的要素禀赋。换言之，生产这两种供交换的商品的部门分别密集地使用不同的初级生产要素。而在任何时期，该国均相对地专门生产可以密集使用其禀赋较丰裕的生产要素进行生产。随着时间的推移，生产能力的提高使这两个生产贸易商品的部门的生产可能性曲线扩张。生产能力的提高源于生产非贸易商品部门内的内生创新活动（杜希饶等，2006；牛晓姝等，2008）。

1. 生产技术

（1）最终产品部门

国内存在两个部门生产两种最终产品，其数量分别用 Y 和 Z 表示，每一部门又存在无数个同质的最终产品生产商。生产两种最终产品的技术均为不受时间影响的柯布－道格拉斯技术，规模收益不变，并且假设每一部门只使用一种初级投入，生产最终产品 Y 的部门只使用人力资本，其使用量为 H_Y，生产最终产品 Z 的部门只使用物质资本，其使用量为 K_Z。于是有：

$$Y = A_Y H_Y^\alpha D_Y^{1-\alpha} \tag{5.1}$$

$$Z = A_Z K_Z^\alpha D_Z^{1-\alpha} \tag{5.2}$$

其中，在式（5.1）和（5.2）中，$A_i(i = Y, Z)$ 为常量，受计量单位影响，表示外生的一般性生产力技术水平，可视为一系列制度因素，如政府行为、法律体系、产权安排等的函数。D_i 为中间产品指数，表示行业 $i(i = Y, Z)$ 中所使用的中间产品量。这里，还假定各部门使用中间投入品的密集程度相同，以保证平衡增长路径的存在。如果没有这一假设，其中的一个部门可能会逐渐衰落，并在长期均衡中完全消失。对于中间投入指数，考虑投入品是水平差异的，沿袭 Grossman 和 Helpman（1991）的分析思路，有：

$$D_i = \left[\int_0^N x_i(j)^\beta dj \right]^{1/\beta} \tag{5.3}$$

其中，N 为国内中间产品的种类数，为避免整数约束，设 N 是连续而非离散的; $x_i(j)$ 为在最终产品 i 中,中间产品 $j(j \in [0,N])$ 的投入量;参数 β 控制不同中间投入品之间的替代弹性, $\varepsilon = 1/(1-\beta) > 1$。

(2) 中间产品部门

在中间产品部门,在区间 $[0,N]$ 上分布着无数个中间产品生产商,每个厂商只生产一种中间产品,且每种中间产品之间两两不同。一旦新的产品品种或设计方案被研发部门研发出来,下游的某一中间产品生产商将通过购买该设计方案专利,从而开始这种新中间产品的独家生产。假设不同的中间产品的生产将使用同样的规模收益不变的柯布-道格拉斯技术:

$$x(j) = A_x [K_x(j)]^\gamma [H_x(j)]^{1-\gamma} \quad (A_x > 0, 0 < \gamma < 1, j \in [0,N]) \tag{5.4}$$

其中, $x(j)$ 表示为生产第 j 种中间产品的数量; $A_x > 0$,为中间产品部门的生产力参数; $K_x(j)$ 表示为生产第 j 种中间产品所投入的物质资本数量; $H_x(j)$ 表示为生产第 j 种中间产品所投入的人力资本数量。

(3) 研发 (R&D) 部门

研发部门开发新的中间产品品种或设计方案,研发产出取决于该部门人力资本投入以及已有的知识资本存量,但不需要物质资本,其生产函数形式为:

$$\dot{N} = A_N H_N N \quad (A_N > 0) \tag{5.5}$$

其中, N 表示经济中已有的技术知识存量, $\dot{N}$ 为技术知识的增量; $A_N > 0$,为研发部门的生产力参数; H_N 为研发活动的人力资本的投入数量。

(4) 环境质量

为了避免增加更多的状态变量,本模型视环境质量为流量。考虑环境质量变化的两种函数形式。首先,环境质量 E 被视为污染排放的函数:

$$E = A_E P_Y^{\theta_1} P_Z^{\theta_2} \quad (A_E > 0, \theta_1 < 0, \theta_2 < 0) \tag{5.6}$$

其中, P_Y 和 P_Z 分别为最终产品部门 Y 和 Z 的污染排放水平,污染排放作为最终产品生产的副产物,其函数形式设定为: $P_Y = Y^\lambda, P_Z = Z^\lambda (\lambda > 0)$,于是有:

$$E = A_E (Y^{\theta_1} Z^{\theta_2})^{\lambda} \tag{5.7}$$

其次，假设在最终产品的生产中由于使用中间产品而产生污染，从而损害消费者对舒适环境的享受，因此我们设定如下函数形式：

$$E = \left[\int_0^N x(j)^{\eta} dj \right]^{\frac{-1}{\eta}} (\eta > 0) \tag{5.8}$$

2. 消费偏好

考虑到人们的福利不仅取决于当前的物质消费流，也取决于环境质量。因此，我们利用综合的方法来定义福利，考虑消费与环境需求之间的替代。假定代表性消费者在无限时域上对两种贸易商品 C_Y, C_Z 和环境质量 E 产生效用，且有一个标准的固定弹性不可分效用函数：

$$U(C_Y, C_Z, E) = \begin{cases} \dfrac{(C_Y^{\varphi} C_Z^{1-\varphi} E^{\delta})^{1-\sigma} - 1}{1 - \sigma} & (0 < \sigma, \sigma \neq 1) \\ \ln C_Y + (1-\varphi) \ln C_Z + \delta \ln E & (\sigma = 1) \end{cases} \tag{5.9}$$

其中，$U(C_Y, C_Z, E)$ 表示每时刻福利的瞬时效用函数。$1 - \sigma$ 为跨期替代弹性参数；φ 为消费品 C 的边际效用弹性参数，表示对物质消费流的偏好程度；δ 为环境意识参数，表示对环境质量 E 的偏好程度；且 $0 \leqslant \varphi \leqslant 1, \delta \geqslant 0$，$\varphi(1 - \sigma) < 1, \delta(1 - \sigma) < 1$，瞬时效用函数关于 C 和 E 是非递减、严格拟凹的。

3. 市场结构

假设两种贸易品（Y 和 Z）的市场、劳动力市场、资本市场以及来自研发部门的新的中间产品设计方案市场都是完全竞争的，而对于中间产品市场，做两个标准假设：中间产品部门是自由进出的；当中间产品生产商的上游部门（研发部门）开发出一个新的产品品种或设计方案以后，这个新方案便被某一中间产品生产商购买，并进行垄断性生产。

（二）市场均衡分析

1. 均衡条件

在均衡增长路径上，均衡数量序列和均衡价格序列应满足下列条件。

（1）消费者效用最大化

消费者的财富由拥有的人力资本、物质资本的价值等因素决定。给定消费品（即两种可贸易最终产品）的价格、物质资本出租率和环境质量（虽然总的环境质量随着时间的变化而变化，但对于单个消费者而言，视环境质量为外生给定的），消费者在无限时域上通过最大化自己的效应决定其消费和财富积累的时间路径。

（2）最终产品生产商利润最大化

给定最终产品的价格、人力资本工资率、物质资本出租率以及中间产品价格，最终产品生产商通过选择投入一定数量的物质资本、人力资本和本国的中间产品以使其实现利润最大化。

（3）中间产品生产商利润最大化

中间产品生产商在面对向右下方倾斜的需求曲线以及物质资本出租率、已研究开发出来的差异产品种类和中间产品的设计方案专利价格既定的情况时，最大化其垄断利润流。

（4）R&D 生产者利润最大化

R&D 生产者在中间产品的设计方案专利价格、人力资本工资率以及知识资本存量外生给定的条件下，通过选择投入 R&D 活动的人力资本使之实现利润最大化。

（5）所有市场出清

人力资本市场、资本市场等通过市场力量达到出清状态。

2. 均衡增长路径

根据最终产品生产企业的利润最大化条件，如果两种最终产品的生产量均为正值，那么每一种最终产品的单位成本均等于其世界价格。可适用的单位成本函数对应式（5.1）和（5.2）的柯布－道格拉斯生产函数。通过对这两式中的常数 $A_i(i = Y, Z)$ 做出适当的选择，最终产品生产中的不完全专业化意味着：

$$P_Y = w_H^\alpha P_D^{1-\alpha} \qquad (5.10)$$

$$P_Z = w_K^\alpha P_D^{1-\alpha} \tag{5.11}$$

$$P_D = \left\{ \int_0^N \left[P_x(j)^{\frac{\beta}{\beta-1}} dj \right] \right\}^{\frac{\beta-1}{\beta}} \tag{5.12}$$

其中，w_H 为人力资本工资率，w_K 为资本出租率；P_i 为贸易产品 $i(i = Y,$ $Z)$ 的世界价格；P_D 为中间投入品的价格指数，表示获取一单位数量指数 D 的最小生产成本；$P_x(j)$ 中 P 为第 $j(j \in [0, N])$ 种中间产品的价格。如果某种产品的单位成本超过其世界价格，则该种产品的生产将停止。

在研发部门，假设中间产品的设计方案专利价格为 P_N，从而均衡条件要求 P_N 必须等于其单位成本，即：

$$P_N = \frac{w_H}{A_N N} \tag{5.13}$$

在中间产品生产部门，通过对单位成本函数（5.11）应用 Shepherd 引理，可以发现投入 D_i 数量中间产品用于生产最终产品的企业对 $x_i(j)$ 的引致需求为：

$$x_i(j) = D_i \left[P_x(j) \right]^{\frac{1}{\beta-1}} \left\{ \int_0^N \left[P_x(s) \right]^{\frac{\beta}{\beta-1}} ds \right\}^{\frac{-1}{\beta}} \quad (i = Y, Z; j \in [0, N]) \tag{5.14}$$

由式（5.14）可以看出，中间产品生产企业面对的需求曲线是向右下方倾斜的，意味着存在由于对中间产品的垄断生产而带来的垄断利润，这正是企业持续创新的微观激励之所在。由利润最大化条件可得中间产品部门的垄断定价为：

$$P_x(j) = \frac{w_K^\gamma w_H^{1-\gamma}}{\beta} \quad (j \in [0, N]) \tag{5.15}$$

根据式（5.14）和（5.15），很显然，在均衡条件下，所有已开发的差异产品都对称地投入最终产品部门，从而所有的中间产品生产企业具有相同的需求函数、利润水平，再结合式（5.12），有：

$$P_D = P_x N^{\frac{\beta-1}{\beta}} \tag{5.16}$$

其中，P_x 为所有中间产品共同的均衡价格。

由式（5.10）、（5.11）、（5.15）以及（5.16），可得两种初级投入要素价格：

$$w_H = \beta^{1-\alpha} P_Y \left(\frac{P_Y}{P_Z}\right)^{\frac{1-\alpha}{\alpha}} N^{\frac{1-\beta}{\beta}(1-\alpha)} \tag{5.17}$$

$$w_K = \beta^{1-\alpha} P_Y \left(\frac{P_Y}{P_Z}\right)^{-1} N^{\frac{1-\beta}{\beta}(1-\alpha)} \tag{5.18}$$

在均衡状态，假定贸易产品的世界价格为一个常数，从而式（5.16）与（5.17）表明 $\dot{w}_H/w_H = \dot{w}_K/w_K = (1-\alpha)(1-\beta)\dot{N}/N\beta = (1-\alpha)(1-\beta)g_N^e/\beta$，其中，$g_N = \dot{N}/N$。结合式（5.13），得：

$$\frac{\dot{p}_N}{P_N} = \left[\frac{(1-\alpha)(1-\beta)}{\beta} - 1\right]g_N \tag{5.19}$$

使用 Shepherd 引理，我们可以从式（5.9）、（5.10）、（5.13）、（5.14）和（5.17）分别得到各部门对两种初级要素的需求：

$$H_Y = \alpha P_Y Y/w_H, H_N = P_N N g_N^e/w_H$$

$$K_Z = \alpha P_Z Z/w_K, K_x = \beta P_x x/w_K$$

结合要素市场出清条件以及恒等关系式，$P_x N_x = P_D(D_Y + D_Z) = (1-\alpha)(P_Y Y + P_Z Z)$，可得：

$$w_H H = \alpha P_Y Y + (1-\alpha)\beta(1-\gamma)(P_Y Y + P_Z Z) + P_N N g_N \tag{5.20}$$

$$w_K K = \alpha P_Z Z + (1-\alpha)\beta\gamma(P_Y Y + P_Z Z) \tag{5.21}$$

为了模型分析方便，对式（5.20）、（5.21）做如下变形：

$$\bar{w}_H H = [\alpha + (1-\alpha)\beta(1-\gamma)]P_Y \bar{Y} + (1-\alpha)\beta(1-\gamma)P_Z \bar{Z} + \bar{P}_N g_N \tag{5.22}$$

$$\bar{w}_K K = (1-\alpha)\beta\gamma P_Y \bar{Y} + [\alpha + (1-\alpha)\beta\gamma]P_Z \bar{Z} \tag{5.23}$$

其中，$\bar{w}_K = w_K/N^{\frac{1-\beta}{\beta}(1-\alpha)}, \bar{w}_H = w_H/N^{\frac{1-\beta}{\beta}(1-\alpha)}, \bar{Y} = Y/N^{\frac{1-\beta}{\beta}(1-\alpha)}, \bar{Z} =$

$Z/N^{\frac{1-\beta}{\beta}(1-\alpha)}$, $\bar{P}_N = P_N/N^{\frac{1-\beta}{\beta}(1-\alpha)-1}$，将所得到的两个等式相加，就有：

$$\bar{w}_H H + \bar{w}_K K = [1 - (1-\alpha)(1-\beta)](P_Y \bar{Y} + P_Z \bar{Z}) + \bar{P}_N g_N \qquad (5.24)$$

式（5.24）表示总的资源约束条件，即初级投入的总价值，等于在研发部门和生产部门所用资源的价值之和。

接下来讨论无套利条件。由于 R&D 部门是可以自由进出的，故在均衡中，中间产品的设计方案专利价格应等于垄断生产者所能获得利润的贴现值。在一个有完全预见性的均衡中，中间产品生产企业所有者得到的全部利润（红利加上资本收益）应该等于对无风险债务投资的收益，因此，资本市场的均衡条件意味着下面的非套利条件必须成立：

$$\pi + \dot{P}_N = rP_N \qquad (5.25)$$

其中，π 为企业所有者获得的利润水平；r 为本国资本市场上的瞬时利率。

由式（5.14）和（5.15）易得 $\pi = (1-\beta)P_x x$，因此，$\pi/P_N = (1-\beta)P_x x/p_N = (1-\beta)P_D D/NP_N = (1-\alpha)(1-\beta)(P_Y Y + P_Z Z)/NP_N$，结合式（5.19）、（5.25），可得：

$$\frac{(1-\alpha)(1-\beta)(P_Y \bar{Y} + P_Z \bar{Z})}{\bar{P}_N} + \left[\frac{(1-\alpha)(1-\beta)}{\beta} - 1\right]g_N = r \qquad (5.26)$$

再回到消费者的配置问题。考虑用间接效用函数替换直接效用函数（5.9），于是有：

$$\begin{aligned}
V(P_Y, P_Z, Q, E) &= \frac{(QE^\delta/P_Y^\varphi P_Z^{1-\varphi})^{1-\sigma} - 1}{1-\sigma} \\
&= \max_{c_Y, c_Z}\left[\frac{(C_Y^\varphi C_Z^{1-\varphi} E^\delta)^{1-\delta} - 1}{1-\sigma} - 1\right] \quad (\text{s.t. } P_Y C_Y + P_Z C_Z = Q)
\end{aligned}$$

其中，Q 为支出。代表性家庭的最优化问题就是在无限时域内使其效应最大化，即求解以下动态优化问题：

$$\max\int_0^N V(P_Y,P_Z,Q,E)e^{-\rho t}dt \quad (\text{s. t. } \dot{a} = ra + w_K K + w_H H - Q)$$

其中，a 表示家庭的资产。通过运用 Pontryagin 最大值原理，得到的关键条件就是关于消费支出和环境质量的最优路径：

$$\sigma\frac{\dot{Q}}{Q} - \delta(1-\sigma)\frac{\dot{E}}{E} = r - \rho \tag{5.27}$$

根据效用函数的性质，由于消费者具有完全理性预期，式（5.27）表明环境质量的变化将影响消费者的最优支出配置，即尽管消费者视环境 Q 为外生给定的，但随着环境质量的演变，消费者将相应地调整其消费支出安排。特别的，如果 $\sigma = 1$，即效用函数为对数形式，此时效用函数关于消费 C 和环境 Q 是加性可分的，式（5.27）中第二项将消失，从而消费支出的最优时间路径将不受环境质量 Q 的影响。

最后，由于没有国际资本流动，意味着一国的贸易必须在任意时点保持平衡。贸易平衡条件要求支出的价值等于国民收入，即：

$$Q = P_Y Y + P_Z Z \tag{5.28}$$

根据式（5.1）、（5.2），在均衡增长路径上，变量 Y 和 Z 具有相等的增长率，且 $\dot{Y}/Y = \dot{Z}/Z = (1-\alpha)(1-\beta)\dot{N}/N\beta = (1-\alpha)(1-\beta)g_N/\beta$。因此，通过对式（5.28）进行微分，得到：

$$\frac{\dot{Q}}{Q} = \frac{(1-\alpha)(1-\beta)}{\beta}g_N \tag{5.29}$$

另一方面，结合式（5.7）或（5.8）以及 $\dot{Y}/Y = \dot{Z}/Z = (1-\alpha)(1-\beta)g_N/\beta$，有：

$$\frac{\dot{E}}{E} = \frac{\lambda(\theta_1+\theta_2)(1-\alpha)(1-\beta)}{\beta}g_N \text{ 或者 } \frac{\dot{E}}{E} = \frac{\eta-1}{\eta}g_N \tag{5.30}$$

将式（5.29）、（5.30）代入式（5.27），易得：

$$r = \rho + \kappa\frac{(1-\alpha)(1-\beta)}{\beta}g_N \tag{5.31}$$

其中，$\kappa = \sigma - \delta(1 - \sigma)\lambda(\theta_1 + \theta_2)$。如果环境质量采用式（5.8）所设定的函数形式，则有 $r = \rho + \kappa' \dfrac{(1 - \alpha)(1 - \beta)}{\beta} g_N$，其中 $\kappa' = \sigma - \delta(1 - \sigma)(\eta - 1)\beta / \eta(1 - \alpha)(1 - \beta)$。联立式（5.17）、（5.18）以及（5.13）、（5.24）、（5.26），可以求得稳定状态的技术进步率 g_N 为：

$$g_N = \frac{\dot{N}}{N} = \frac{\Delta A_N \left[H + (P_Y/P_Z)^{-\frac{1}{\alpha}} K \right] - \rho}{1 + \Delta + \left[(1 - \alpha)(1 - \beta)/\beta \right](\kappa - 1)}$$

其中，$\Delta = (1 - \alpha)(1 - \beta)/[1 - (1 - \alpha)(1 - \beta)]$。如果应用式（5.8），则将上式中技术进步率 g_N 表达式的 κ 替换为 κ'。结合式（5.29）、（5.30）以及 $\dot{Y}/Y = \dot{Z}/Z = (1 - \alpha)(1 - \beta)g_N/\beta$，得到命题1。

命题1：在开放经济条件下，均衡增长路径上各经济变量的增长率为：

$$g_N = \frac{\dot{N}}{N} = \frac{\Delta A_N \left[H + (P_Y/P_Z)^{-\frac{1}{\alpha}} K \right] - \rho}{1 + \Delta + \left[(1 - \alpha)(1 - \beta)/\beta \right](\kappa - 1)} \tag{5.32}$$

$$g_C = \frac{\dot{C}_Y}{C_Y} = \frac{\dot{C}_Z}{C_Z} = \frac{\dot{Q}}{Q} = \frac{(1 - \alpha)(1 - \beta)}{\beta} g_N \tag{5.33}$$

$$g_E = \frac{\dot{E}}{E} = \frac{\lambda(\theta_1 + \theta_2)(1 - \alpha)(1 - \beta)}{\beta} g_N \quad \text{或者} \quad g_E = \frac{\dot{E}}{E} = \frac{\eta - 1}{\eta} g_N \tag{5.34}$$

命题1中均衡解的获得是基于内点解的假设，故经济中人力资本应该一部分投入最终产品部门的生产，同时还有一部分投入研发部门的技术创新，即满足 $0 < H_N < H$。本书还注意到只有当 $(1 - \alpha)(1 - \beta)(1 - \kappa)g_N/\beta < \rho$ 时，消费者效用函数的积分才是收敛的，事实上，消费者效用最大化问题的横截性条件保证了该不等式的成立。因此，在模型中，我们假设模型参数同时满足内点解存在性条件和效用函数积分收敛条件，根据式（5.5）与式（5.32），必有 $g_N > 0$，并且关于技术进步率 g_N 的表达式〔即式（5.32）〕中的分子与分母均为正；消费增长率 $g_C > 0$，即沿着均衡增长路径，消费（产出）不断增长；如果环境外部性由式（5.7）刻画，则沿着均衡增长路径，环境质量以一常数速率衰退，因为根据式（5.34），有 $g_E < 0$；如果环境质

量的函数形式由式（5.8）给出，g_E 的符号不确定，由式（5.34）可知，当 $\eta > 1$ 时，$g_E > 0$ 沿着均衡增长路径，环境质量将不断改善，当 $0 < \eta \leqslant 1$ 时，环境质量维持原状甚至加速衰退。在本书模型中，环境外部性由参数关系式 $\delta\lambda(\theta_1 + \theta_2)$〔如果环境质量函数为式（5.7）〕或 $\delta(\eta - 1)\beta/\eta(1 - \alpha)(1 - \beta)$〔环境质量函数为式（5.8）〕给定，假定 $\delta\lambda(\theta_1 + \theta_2) < 1$ 或 $\delta(\eta - 1)\beta/\eta(1 - \alpha)(1 - \beta) < 1$，即假设经济中消费者相对于环境质量而言更偏好于消费。

为了分析一国经济中要素禀赋以及各个经济环境参数的变化对稳态增长率 g_C 的影响，通过将式（5.32）代入式（5.33）并对式（5.33）求偏导数，可得：$\partial g_C/\partial K > 0, \partial g_C/\partial H > 0, \partial g_C/\partial A_N > 0, \partial g_C/\partial \rho < 0, \partial g_C/\partial \sigma < 0, \partial g_C/\partial \beta < 0$。于是有命题2。

命题2：一国经济中的物质资本 K 和人力资本 H 禀赋越丰富，研发部门的产出效率 A_N 越高，消费者的时间偏好率 ρ 越低，边际效用弹性 σ 以及替代弹性 η 越小，则稳态经济增长率 g_C 就越高。

3. 环境与增长

在以上的模型中，环境外部性是否抑制长期经济增长？这要视具体情况而定。如果消费者的跨期替代弹性 $1 - \sigma$ 大于1（即边际效应弹性 $\sigma < 1$），则环境外部性将降低均衡增长率。这由式（5.32）易知，当消费者不对环境质量产生效用时（即 $\delta = 0$），关于 g_C 的表达式中分母将变小，从而均衡增长率 g_C 变大；并且，g_C 随着参数 δ 的增大而减小；这意味着经济中消费者的环境保护意识越强（δ 越大），均衡增长率越低。类似的，可以考察环境质量关于污染排放水平的弹性参数（θ_1 和 θ_2）以及污染排放关于产出的弹性参数（λ）的变化对均衡增长率的影响效应。易知，当 $\sigma < 1$ 时，均衡增长率随着弹性参数 λ 以及 θ_1、θ_2 的（绝对值）增大而减小。相反，如果跨期替代弹性 $1 - \sigma$ 小于1（即 $\sigma > 1$），则环境外部性将促进长期经济增长，并且，消费者的环保意识参数 δ、环境质量的弹性参数 λ 以及 θ_1、θ_2 的（绝对值）越大，均衡增长率就越高。

特别的，当 $\sigma = 1$ 时（此时效用函数为对数形式），效用函数关于消费和环境是加性可分的，则在竞争性市场均衡条件下，环境将不影响长期经济增长。因此，可以得到命题3。

命题3：（1）环境外部性抑制、不影响或促进长期经济增长，当且仅当消费者的跨期替代弹性（$1/\sigma$）大于、等于或小于1。（2）当$\sigma < 1$时，均衡经济增长率g_C随着消费者的环保意识参数δ、环境质量的弹性参数λ以及θ_1、θ_2的（绝对值）增大而减小；当$\sigma > 1$时，结论正好相反。（3）如果环境质量函数由式（5.8）给定，则命题1当且仅当$\eta < 1$时成立；当$\eta > 1$时，所得结论正好相反；当$\eta = 1$时，环境外部性将不影响长期经济增长。

4. 贸易与增长

为了研究贸易对经济增长的影响，我们可以比较发生贸易条件下的均衡和没有贸易时的均衡。从生产方面来讲，自给自足条件下的经济与贸易条件下的经济相似，唯一不同之处在于自给自足条件下的产品价格不同于世界市场上的价格。小国在贸易条件下进口的产品的价格低于其在自给自足条件下该种产品的价格。我们通过分析这种外生的进口产品相对价格的下降，从而讨论贸易对增长的影响。

如前文所述，假设在自给自足条件下和自由贸易条件下，一国在最终产品生产方面都没有实现完全专业化。根据式（5.17）、（5.18），有：

$$\left[\frac{P_Y}{P_Z}\right]^{\frac{1}{\alpha}} = \left[\frac{w_H}{w_K}\right] \qquad (5.35)$$

式（5.35）表明人力资本密集型最终产品的相对价格上升，将带来人力资本的相对报酬的上升，而这正是国际贸易理论中的Stopler - Samuelson定理。

将式（5.35）代入式（5.32），有：

$$g_N = \frac{\Delta A_N [H + (w_H/w_K)^{-1}K] - \rho}{1 + \Delta + [(1-\alpha)(1-\beta)/\beta](\kappa - 1)} \qquad (5.36)$$

不妨设$(P_Y/P_Z)_A$和$(P_Y/P_Z)_W$分别为自给自足条件下和世界市场上人力资本密集型产品Y和物质资本密集型产品Z的相对价格。如果$(P_Y/P_Z)_A > (P_Y/P_Z)_W$，则小国在生产物质资本密集型的最终产品上有比较优势，该国在贸易均衡中将出口物质资本密集型的最终产品和进口人力资本密集型的最终产品，根据式（5.35)，该国在参与到世界市场以后，由于人力资本密集型产品的相对价格下降，从而引起人力资本相对报酬的下降。作为贸易自由化的结果，以人力资本衡量的资源存量 $[H + (w_H/w_K)^{-1}K]$ 会扩张，因此，该国的技术进步率会提高，进而使得经济增长速度提高［事实上，由式（5.32)、（5.33)，可直接得到此结论，因为 $\partial\, g_C/\partial\,(P_Y/P_Z) < 0$ ］。这一结论非常直观，即国际竞争使得生产进口产品 Y 的部门收缩，这使得人力资本的供给过剩，从而导致人力成本，即工资下降。由式（5.13）可知，此时研发部门的技术创新成本下降，研发部门得以扩张，即贸易使得资源从制造业部门释放出来，并被研发部门所利用，使技术创新的速度提高，从而使贸易促进长期经济增长。相反，如果 $(P_Y/P_Z)_A < (P_Y/P_Z)_W$，则该国在贸易均衡中将出口人力资本密集型的最终产品和进口物质资本密集型的最终产品。随着贸易的发生，该国人力资本相对报酬上升，所以可获得的资源存量 $[H + (w_H/w_K)^{-1}K]$ 将收缩，于是均衡增长率将下降。因为贸易而扩张的部门是和研发部门竞争要素投入的，即出口部门的扩张是以技术创新部门的收缩为代价的，从而贸易就会妨碍经济增长。综上，得到开放经济模型中的命题 4。

命题 4：如果 $(P_Y/P_Z)_A > (P_Y/P_Z)_W$，则一国进口人力资本密集型产品 Y 和出口物质资本密集型产品 Z，贸易条件将改善，从而有利于长期经济增长；相反，如果出口人力资本密集型产品 Y 和进口物质资本密集型产品 Z，则贸易条件 (P_Z/P_Y) 的改善将妨碍长期经济增长。

5. 贸易与环境

与讨论贸易对增长的影响类似，我们通过分析外生进口产品相对价格的下降，来探讨贸易对环境质量影响的水平效应和长期增长效应。利用式（5.7)，环境质量函数可写为：

$$E = A_E(\bar{Y}^{\theta_1}\bar{Z}^{\theta_2})^{\lambda} N^{\lambda(\theta_1+\theta_2)(1-\alpha)\frac{1-\beta}{\beta}} \tag{5.37}$$

其中，$\bar{Y} = Y/N^{(1-\alpha)\frac{1-\beta}{\beta}}, \bar{Z} = Z/N^{(1-\alpha)\frac{1-\beta}{\beta}}$。对式（5.37）关于最终产品 Y 的价格 P_Y 求微分，然后两边同时乘以 P_Y，可以得到以下关于价格弹性的等式：

$$\in_{EY} = \theta_1 \in_{YY} + \theta_2 \in_{ZY} + \lambda(\theta_1 + \theta_2)\frac{(1-\alpha)(1-\beta)}{\beta} \in_{NY} \qquad (5.38)$$

其中，$\in_{jY}$ 为变量 $j(j = Y, Z, E, N)$ 关于最终产品 Y 的价格弹性。根据式（5.17）、（5.18）、（5.20）以及（5.21），可得到关于 $\in_{YY}$、$\in_{ZY}$ 和 $\in_{NY}$ 的表达式，然而，在一般情况下，它们的符号都是不确定的，因此 $\in_{EY}$ 的符号也是模棱两可的（可正可负），即小国在时点 $t\{t \in [0, +\infty)\}$ 实行贸易自由化对环境污染水平的影响效应是不确定的。如果环境质量由函数式（5.8）给定，则 $\in_{EY} = -\in_{xY} + (1 - 1/\eta) \in_{NY}$，其中 $\in_{xY}$ 为变量 x 关于 p_Y 的弹性，此时有类似的结论。同时，根据命题 4，当 $(P_Y/P_Z)_A > (P_Y/P_Z)_W$ 时，则小国在贸易均衡中将进口人力资本密集型产品 Y 和出口物质资本密集型产品 Z，贸易条件的改善将促进长期经济增长，但由式（5.34）有 $\partial g_E/\partial (P_Y/P_Z)_A > 0$，即环境质量随着贸易条件的改善将以更高的速率恶化。当 $(P_Y/P_Z)_A < (P_Y/P_Z)_W$ 时，则贸易条件的变化会抑制长期经济增长，但有利于环境质量的改善，于是得到命题 5。

命题 5：（1）一国贸易条件（P_Y/P_Z）改善对环境质量影响的水平效应具有不确定性。（2）一国贸易条件改善对环境质量的影响效应依赖于国际贸易的增长效应：如果贸易促进经济增长，则贸易自由化不利于环境质量的改善；相反，如果贸易抑制经济增长，则有利于环境质量的改善。（3）如果环境质量由式（5.8）给定，则命题（1）当且仅当 $0 < \eta < 1$ 时成立，当 $\eta > 1$ 时，所得结论正好相反；当 $\eta = 1$ 时，贸易自由化将不影响一国的环境质量。

二 城市化二元经济模型

（一）基本假设

经济发展既包含增长又包含经济结构优化，如农业国经过工业化成为非农业国，在此过程中相应发生制度变迁和社会转型（杨小凯，2003；方甲，1989；索洛，1989；曼昆，2002）。阿瑟·刘易斯最早提出二元经济理论

（刘易斯，1989），并把二元经济模型进一步抽象成经济发展的一般理论，用来研究发展中国家的经济发展。在他的模型中，农业存在充分的劳动力剩余，在现代产业部门高工资的吸引下，会自愿进入现代产业部门，因此工业化意味着大量的农民从农村转移到城市。经济全球化带来的开放特征是发展中国家城市化快速发展的典型特征之一。开放经济放宽了城市化的资源约束，使得资本在世界范围内高速流动；此外，外资为发展中国家的基本建设提供了资金支持，推动了世界的城市化进程。因此，构建开放经济下的发展中国家城市化模型，可以为发展中国家城市化快速发展路径选择提供理论支持。

刘易斯的二元经济结构模型把发展中国家的经济结构概括为现代部门与传统部门，这一模型建立在无限剩余劳动力供给的基本假设之上，成为发展经济学第一阶段的核心理论。1961 年，费景汉和拉尼斯提出 Lewis-Ranis-Fei 模型（Fei，1961），他们认为刘易斯模型的缺陷在于贬低了农业在经济发展中的地位和作用，该模型重视人口增长因素，提出了部门间平衡发展的思想，并把农业剩余劳动力转移过程的实现由一种无阻碍过程变为一种有可能受阻的三阶段发展过程，进一步丰富了农业剩余劳动力理论的内容（高帆，2003；钱陈，2005；李峰峰等，2005）。之后，托达罗提出托达罗模型（Todaro，1969），引进"期望收入"来代替城市实际收入，较好地解释了当时在发展中国家普遍存在的农村人口向城市大规模迁移与城市高失业率持续并存的现象。1997 年，托达罗又提出这一过程会重复发展下去。然而，这些理论几乎未能涉及开放经济下的城市化发展模型，因此，我们将外商投资引入农业部门的生产函数，以农业部门的劳动力转出速度作为衡量城市化水平的标志，建立起差分模型来讨论和分析开放经济下的城市化。为分析方便，这里做如下假设：①经济体是开放的，生产函数对资本和有效劳动是规模报酬不变的。②经济全球化增加了城市化快速发展可利用的资源，也引进了资本、技术和现代企业制度，加快了市场化进程，与国际接轨，降低了交易成本。③经济生产部门只有农村农业和城市工业两部门，并将外商投资引入农业部门。④衡量城市化水平的标志是农业部门劳动力的转出速度。

（二）模型结构

1. 两部门的生产函数

（1）农村农业部门生产函数：

$$Y_1(t) = [F + K_1(t) + T(t)]^\alpha [A_1(t)L_1(t)]^{1-\alpha} \tag{5.39}$$

（2）城市工业部门生产函数：

$$Y_2(t) = [K_2(t)]^\beta [A_2(t)L_2(t)]^{1-\beta} \tag{5.40}$$

其中，F 为农业部门的土地，假设为一常数；$K_1(t)$ 为农业部门的资本（不含本年的外商投资），本模型不考虑折旧，则 $K_1(t) = s_1 Y_1(t)$，这里 s_1 为农业部门储蓄率（非负常数）；$T(t)$ 为外商对农业部门的投资，$T(t) = h(t)T(t)$，这里 $h(t)$ 为外商对农业部门投资的变化率；$A_1(t)$ 为农业部门的技术进步，本模型假设技术进步是哈罗德中性的，技术进步的速度外生给定，即 $A_1(t) = g_1 A_1(t)$，这里 $g_1 > 0$；$L_1(t)$ 为农业部门的劳动力，设农业部门劳动力增长率为 $n_1(t)$，则 $L_1(t) = n_1 L_1(t)$；$K_2(t)$ 为非农业部门资本，本模型主要分析外商对农业部门的投资对城市化的作用，因此对于非农业部门，国内国外资本不分开考虑，不考虑折旧，$K_2(t) = s_2 Y_2(t)$，这里 s_2 为非农业部门储蓄率（非负常数）；$A_2(t)$ 为非农业部门技术进步，同农业部门，$A_2(t) = g_2 A_2(t)$，这里 $g_2 > 0$；$L_2(t)$ 为非农业部门劳动力，非农业部门劳动力增长率为 $n_2(t)$，$L_2(t) = n_2 L_2(t)$；模型假设两部门劳动力出清，即 $L(t) = L_1(t) + L_2(t)$，设人口自然增长率为常数 n，则 $= \dot{L}(t)nL(t)$。

2. 劳动力转移函数

设 $M_1(t)$ 为第 t 年从农业部门转出的劳动力数量，$M_2(t)$ 为第 t 年转入非农业部门的劳动力数量；$m_1(t)$ 为第 t 年从农业部门转出的劳动力的比率，将它视为转出速率，$m_2(t)$ 为第 t 年转入非农业部门的劳动力比率，将它视为转入速率（李帅等，2006）。

$$M_1(t) = (1 + n)L_1(t - 1) - L_1(t) \tag{5.41}$$

$$M_2(t) = L_2(t) - (1 + n)L_2(t - 1) \tag{5.42}$$

$$m_1(t) = \frac{M_1(t)}{L_1(t - 1)} = n - n_1 (t) \tag{5.43}$$

$$m_2(t) = \frac{M_2(t)}{L_2(t - 1)} = n_2 (t) - n \tag{5.44}$$

设第 t 年的城市化水平为 $x(t)$ ，由劳动力转入与转出相等得下式：

$$[1 - x(t - 1)]L(t - 1)m_1(t) = x(t - 1)L(t - 1)m_2(t)$$

由上式得：

$$m_2(t) = \frac{1 - x(t - 1)}{x(t - 1)} \tag{5.45}$$

3. 非农业部门农产品供需市场

（1）城市工业部门农产品供给函数：

$$S(t) = (1 - s_1)Y_1(t) - L_1(t)d_1 - G(t) \tag{5.46}$$

（2）城市工业部门农产品需求函数：

$$D(t) = L_2(t)d_2 \tag{5.47}$$

其中：d_1 为单位农业部门劳动力的农产品需求，假设为常数；$G(t)$ 为当年政府对农产品的调节、收购或发放，设 $\dot{G}(t) = wG(t)$；d_2 为单位非农业部门劳动力的农产品需求，假设为常数。

对式（5.46）两边同时取自然对数并求导，得：

$$\frac{\dot{D}(t)}{D(t)} = n_2(t)(1 - s_1)\frac{\dot{Y}_1(t)}{Y_1(t)} - n_2(t) - w \tag{5.48}$$

对（5.48）式两边同时取自然对数并求导，得：

$$\frac{\dot{Y}_1(t)}{Y_1(t)} = \alpha[s_1 + h(t)] + (1 - \alpha)[g_1 + n_1(t)] \tag{5.49}$$

将式（5.49）代入式（5.46），得：

$$\frac{\dot{S}(t)}{S(t)} = \alpha(1-s_1)[s_1 + h(t)] + (1-\alpha)(1-s_1)[g_1 + n_1(t)] - n_1(t) - w \quad (5.50)$$

由式（5.50）得：

$$\frac{\dot{D}(t)}{D(t)} = n_2(t) \quad (5.51)$$

建立供需平衡的差分方程，得：

$$\frac{\dot{D}(t+1)}{D(t+1)} = \frac{\dot{S}(t)}{S(t)} \quad (5.52)$$

将式（5.50）、（5.51）、（5.45）、（5.46）、（5.47）依次代入式（5.52），简化后得到一般形式的线性差分方程：

$$m_1(t+1) + \frac{(\alpha s_1 - \alpha - s_1)x(t)}{1-x(t)}m_1(t) = [\alpha(1-s_1)h(t) - (1-s_1)$$
$$(1-\alpha)g_1 + (\alpha s_1 - \alpha - s_1 - 1)n - w -$$
$$\alpha s_1(1-s_1)]\frac{x(t)}{1-x(t)} \quad (5.53)$$

此差分方程的平衡解为：

$$m_1^* = \frac{\alpha(1-s_1)h(t) - (1-s_1)(1-\alpha)g_1 + (\alpha s_1 - \alpha - s_1 - 1)n - w - \alpha s_1(1-s_1)}{(1-s_1)(1-\alpha) - \frac{1}{x(t)}}$$

$$(5.54)$$

（三）稳定性和结论分析

1. 稳定性分析

用变量代换法考察一阶线性差分方程 $x_{n+1} + ax_n = b$ 平衡解的稳定性：将线性问题替换为 $x_{n+1} + ax_n = 0$，这时，对于新方程平衡点 $x^* = 0$ 的稳定性问题，因为 $x_k = (-a)^k x_0$，因此当且仅当 $|a| < 1$，从而原方程的平衡

解是稳定的。对于本模型，当且仅当 $\left| \dfrac{(as_1 - a - s_1)x(t)}{1 - x(t)} \right| < 1$ 时，平衡解 m_1^* 是稳定的。

2. 模型结论分析

从农业部门转出的劳动力比率 m_1^* 与外商投资水平 $h(t)$ 成正比，即在开放经济中，外商投资对城市化做出贡献；从农业部门转出的劳动力比率 m_1^* 与农业部门的技术进步 g_1 成反比。由于农产品的收入弹性低，当非农业部门居民一般收入增加时，农产品需求增加十分缓慢；同时农产品价格弹性也很低，当农业部门技术进步使农产品增产时，农产品价格就会大幅度下降，因此，农业部门的技术进步并不利于提高农民收入，也不一定会对城市化产生正影响。

农民实际收入的增加率为 $\dfrac{\dot{S}(t)}{S(t)} - n_1(t) = \dfrac{\dot{D}(t+1)}{D(t+1)} - n_1(t) = m_1(t) + m_2(t+1)$，因此，农民实际收入的增加率为第 t 期从农业部门转出的劳动力比率与第 $t+1$ 期转入非农业部门劳动力比率之和，因此将农村的大量劳动力转移出来，是提高农民收入的有效途径，有助于城市化发展。

三　贸易、环境与城市化的内生增长关系模型

（一）基本假设

从以上研究可以看到，开放经济下的贸易、环境与经济内生增长关系和开放经济下的城市化模型研究已具备了很好的理论基础，这些成果对于开放经济下的贸易、环境与城市化的内生增长关系的研究具有很强的启发意义，也进一步说明按照"贸易－环境－经济增长－城市化"的思路开展该领域的研究是完全可行的。为了简化分析，我们做出如下假设：①假定经济体是开放的，生产函数对人力资本和物质资本的规模报酬不变。②经济增长动力主要是人力资本和物质资本，技术进步不是我国经济增长的引擎，因而不考

虑技术进步的内生影响。其中人力资本增量函数具有严格拟凹性质，教育被
看作人力资本投资的唯一选择。社会平均人力资本和物质资本均对最终产品
生产具有正的外部效应。③在开放的经济体中，对外贸易是经济生产所必需
的要素，即没有对外贸易，经济增长就不会发生。对外贸易生产要素与经济
产出之间满足经济学关于生产要素的基本假设，即 y 是关于 r 的增函数且边
际生产力递减，并且规模报酬不变。④在经济生产过程中，环境污染物只有
一类，这里不考虑消费产生的污染，仅考虑生产过程中资源消耗产生的污
染。将生产过程中产生的环境污染物视为生产中资源消耗产生的副产品，从
而纳入生产函数成为城市化水平函数的内生变量，对经济产出产生负效应。
⑤经济增长引起城市集聚、城市规模扩大和城市化水平的提高，城市化反过
来对经济增长也具有明显的推动作用，两者之间是一种互相促进的关系。尽
管这种关系在不同国家、地区之间存在着明显差异，但它们的外在一致表现
为城市化进程与经济状态的对等发展。一般来说，经济增长水平与城市化水
平是相匹配的，开放经济下城市化水平与经济增长之间存在半对数曲线
关系。

（二）模型结构

1. 生产方程

（1）人力资本函数

为了使问题简化，假定劳动力为常数，且标准化为 1，同时假设生产者
从事生产、学习及培训的时间为一个单位，且以比例 u 的时间来从事生产，
以比例 $1-u$ 的时间来从事人力资本积累（如接受教育、培训等），且假设
人力资本变动的方程为：

$$\dot{h} = B(1-u)h \tag{5.55}$$

式中：$\dot{h}$ 为人力资本的变化率，B 为正常数，表示"学习生产率"参数。

（2）人均生产函数

将贸易和环境纳入生产函数并假设生产函数为柯布－道格拉斯型，这样

人均产出可以表示为式 (5.56) (刘耀彬等, 2011):

$$y = AK^\alpha (uh)^\beta t^\gamma p^{-\eta} \qquad (5.56)$$

式中: A 为技术参数, K 是人均物质资本, t 为人均贸易投入, p 为人均污染物, 且 $0 < \alpha, \beta, \gamma, \eta < 1$, 这里的环境污染对人均产出是负效应的, 所以在其弹性系数 η 前面要加上负号 (刘耀彬等, 2011)。

由规模报酬不变可得:

$$\alpha + \beta + \gamma - \eta = 1 \qquad (5.57)$$

(3) 人均物质资本函数

假定人均物质资本满足如下变化方程:

$$\dot{K} = AK^\alpha (uh)^\beta t^{\gamma-\eta} - c - \delta k \qquad (5.58)$$

式中: c 为人均消费, δ 为资本折旧率, $\dot{K}$ 为人均资本变化率。

(4) 人均贸易函数

根据假设, 贸易是经济生产和增长所必需的要素, 即若 $t = 0$ 时, $y = 0$, 若 $y > 0$, 则 $t > 0$。这一假设的合理性, 国外以经济学家罗伯特逊和诺克斯为代表的贸易促进增长理论已有证明。假定经济产出 y 是关于贸易这一重要经济生产要素 t 的增函数且边际生产力呈现递减规律。在保证经济可持续增长的前提下, 由于我们在假设条件中定义在经济长期发展过程中人均贸易总额 s 具有非负增长特性, 人均贸易总额非负增长表示着人均贸易总额随时间保持不变或随时间而增加。因此人均贸易总额的变动方程可以表示为:

$$\dot{s} = vx - t \qquad (5.59)$$

式中: $\dot{s}$ 表示人均贸易总额变化率, v 为贸易增长率, t 为当期的人均贸易投入量。当贸易发展维持不变的水平时, 贸易增长率 $v = 0$, 当贸易发展得到提高时, $v > 0$。

(5) 环境污染函数

对于环境的约束, 本书只考虑在开放条件下的贸易活动所产生的污染,而对生产产品和产品消费过程中所产生的污染暂时不予以考虑。将开放条件下的贸易活动所产生的环境污染视为生产中资源消耗产生的副产品，从而纳入生产函数成为城市化水平函数的内生变量，对经济产出产生负效应，因此，柯布－道格拉斯产出函数是关于环境污染的减函数。

假定环境污染流量方程可以表示为：

$$p = \sigma t^{\lambda} \qquad \sigma, \lambda > 0 \tag{5.60}$$

式中：p 指环境污染流量，σ 指当期人均贸易投入消耗量，λ 指贸易活动对环境污染的产出弹性系数。人均贸易投入和交易越多，带来的人均污染物也随之增多。

2. 消费偏好

由于假设人均消费的高低直接影响社会公民的福利，社会计划者的目标就变为谋求效用函数最大化。鉴于在一般的增长模式中，社会福利为消费的函数，社会福利最大化也就是消费的效用最大化。因此，该问题就变成求解效用函数最大化的问题，效用函数取为不变跨时替代弹性的效用函数 CES：

$$\max u = \max \int_0^{\infty} \frac{c^{1-\varepsilon} - 1}{1 - \varepsilon} e^{-\rho t} dt, \varepsilon, \rho > 0, \varepsilon \neq 1 \tag{5.61}$$

式中：u 为效用，c 为人均消费，ρ 为效用贴现率，为正数。ε 为跨时替代弹性系数。式（5.55）的约束条件为式（5.58）、（5.59）和（5.60）。

（三）市场均衡

根据最优控制理论，构造现值 Hamilton 函数：

$$H = \frac{c^{1-\varepsilon} - 1}{1 - \varepsilon} + \theta_1 [AK^{\alpha}(uh)^{\beta} t^{\gamma} p^{-\eta} - c - \delta k] + \theta_2(vs - t) + \theta_3(1 - u)Bh \tag{5.62}$$

式中的 p 可以被 σ_r^{λ} 替代，则汉密尔顿函数变为：

$$H = \frac{c^{1-\varepsilon} - 1}{1 - \varepsilon} + \theta_1 [AK^{\alpha}(uh)^{\beta} t^{\gamma} \sigma^{-\eta t - \lambda \eta} - c - \delta \kappa] +$$

$$\theta_2(vs - t) + \theta_3(1 - u)Bh \tag{5.63}$$

控制变量 $c \geq 0$、$u \epsilon [0,1]$、$t \geq 0$ 与状态变量 k、s、h 的一阶条件为:

$$\partial H / \partial c = c - \varepsilon - \theta_1 = 0 \tag{5.64}$$

$$\partial H / \partial u = \beta \theta_1 AK^\alpha u^{\beta-1} h^{\gamma-\lambda\eta} \sigma - \eta - \theta_3 Bh = 0 \tag{5.65}$$

$$\partial H / \partial t = (\gamma - \lambda\eta) \theta_1 AK^\alpha (uh)^\beta t^{\gamma-\lambda\eta-1} \sigma^{-\eta} - \theta_2 = 0 \tag{5.66}$$

$$\dot{\theta_1} = \rho\theta_1 - \partial H / \partial K = \rho\theta_1 - \theta_1 [\alpha AK^{\alpha-1}(uh)^\beta t^{\gamma-\lambda\eta} \sigma - \delta] \tag{5.67}$$

$$\dot{\theta_2} = \rho\theta_2 - \partial H / \partial s = \rho\theta_2 - v\theta_2 \tag{5.68}$$

$$\dot{\theta_3} = \rho\theta_3 - \partial H / \partial h = \rho\theta_3 - \beta\theta_1 AK^\alpha u^\beta h^{\beta-1} t^{\gamma-\lambda\eta} \sigma^{-\eta} + \theta_3 B(1 - u) \tag{5.69}$$

式中: θ_1、θ_2、θ_3 分别是人均物质资本、人均贸易和人均人力资本的影子价格,其横截性条件为:

$$\begin{cases} K(t) \geq 0, s(t) \geq 0, h(t) \geq 0 \\ \lim^{u_1}(t)K(t)e^{-\rho t} = 0 \\ \lim^{u_2}(t)s(t)e^{-\rho t} = 0 \\ \lim^{u_3}(t)h(t)e^{-\rho t} = 0 \end{cases} \tag{5.70}$$

为方便求出均衡解和运算,令 g_i 为各个变量的增长率,即 $g_i = \dfrac{\dot{I}}{I}$,则有:

$$g_h = \frac{\dot{h}}{h}, g_s = \frac{\dot{s}}{s}, g_K = \frac{\dot{K}}{K}, g_{\theta_1} = \frac{\dot{\theta_1}}{\theta_1}, g_{\theta_2} = \frac{\dot{\theta_2}}{\theta_2}, g_{\theta_3} = \frac{\dot{\theta_3}}{\theta_3} \tag{5.71}$$

根据动态最优化理论,经济增长在最优路径下达到均衡,各经济要素的增长变化率趋于稳态。根据汉密尔顿函数的导方程组,可求得各变量在稳态中的增长率,进而分析各种参数如何影响经济增长率、稳态经济增长能否达到,以及可以发现怎样才能在开放经济条件下实现贸易、环境和城市化的可持续发展。

由假设和已知可得,人均人力资本增长率 g_h、人均物质资本增长率 g_k、人均贸易投入增长率 g_s,满足式(5.72)、(5.73)与(5.74):

$$g_h = \frac{\dot{h}}{h} = B(1 - U) \tag{5.72}$$

$$g_K = \frac{\dot{K}}{K} = AK^{\alpha-1}(uh)^{\beta}t^{\gamma-\lambda\eta}\sigma^{-\eta} - \frac{c}{k} - \delta = \frac{y}{k} - \frac{c}{k} - \delta \tag{5.73}$$

$$g_s = \frac{\dot{s}}{s} = v - \frac{t}{s} \tag{5.74}$$

由于在稳态下各变量的增长率为常量，y/k 为常数，c/k 为常数，t/s 为常数，即：

$$g_y = g_K = g_c \tag{5.75}$$

$$g_t = g_s \tag{5.76}$$

再将 $y = AK^{\alpha}(uh)^{\beta}t^{\gamma}p^{-\eta}$ 两边同时对时间求导得：

$$g_y = ag_K + \beta g_h + (\gamma - \lambda\eta)g_t \tag{5.77}$$

由式（5.72）和（5.72）可继续推出：

$$(1 - \alpha)g_y = \beta g_h + (\gamma - \lambda\eta)g_t$$
$$g_y = \frac{\beta g_h + (\gamma - \lambda\eta)g_t}{(1 - \alpha)} \tag{5.78}$$

由式（5.65）~（5.71）可求得：

$$g_{\theta_1} = \frac{\dot{\theta_1}}{\theta_1} = -\varepsilon g_c \tag{5.79}$$

$$g_{\theta_1} + ag_K + \beta g_h + (\gamma - \lambda\eta - 1)g_t = g_{\theta_3} \tag{5.80}$$

$$g_{\theta_1} + ag_K + \beta g_h + (\gamma - \lambda\eta - 1)g_t = g_{\theta_2} \tag{5.81}$$

$$g_{\theta_3} = \frac{\dot{\theta_3}}{\theta_3} = \rho - B(1 - u) - \frac{\theta_1\beta y}{h\theta_3} \tag{5.82}$$

$\Rightarrow \frac{\theta_1\beta y}{h\theta_3}$ 为常数，对其求导整理可得：

$$g_{\theta_1} + g_y = g_h + g_{\theta_3} \tag{5.83}$$

$$g_{\theta_2} = \frac{\dot{\theta_2}}{\theta_2} = \rho - v \tag{5.84}$$

由式（5.73）、（5.77）及式（5.79）~（5.84）可求得：

$$g_y = \frac{(\gamma - \lambda\eta)(v - p) + \beta g_h}{(1 - \alpha) - (1 - \varepsilon)(\gamma - \lambda\eta)} \tag{5.85}$$

由式（5.85）可见，开放经济条件下的经济增长水平与物质资本的弹性系数 α、贸易投入弹性系数 γ、人力资本弹性系数 β 和人力资本增长率 g_h 成正比，与环境污染的弹性系数 η 成反比。表明物质资本、人力资本以及贸易投入越多，对经济增长的促进作用就越大，相反，环境污染越小，表明其经济发展水平越高。

（四）贸易、环境与城市化的内生增长关系模型

以上推导的是开放经济条件下贸易、环境与经济增长的一个内生增长模型，并没有将城市化融入进去，而我们要研究的是开放经济条件下贸易、环境与城市化的内生关系，因此需要建立城市化与经济增长之间的联立方程。利用以上开放经济下贸易、环境与经济增长关系的推导结果，采用城市化与经济增长的半对数关系曲线，得到城市化水平的年增长的关系方程：

$$\dot{U} = \frac{1}{\pi} \frac{(\gamma - \lambda\eta)(v - p) + \beta g_h}{(1 - \alpha) - (1 - \varepsilon)(\gamma - \lambda\eta)} \tag{5.86}$$

从式（5.86）可以看出：开放经济条件下的城市化发展水平与物质资本的弹性系数 α、贸易投入弹性系数 γ、人力资本弹性系数 β 和人力资本增长率 g_h 成正比，与环境污染的弹性系数 η 成反比。

四 结论与政策启示

本章从三个部分推导得到了开放经济下的贸易、环境与城市化的内生增

长关系的理论模型：系统地分析了开放条件下贸易、内生技术进步、经济增长与环境的关系；劳动力、农产品需求及技术进步与城市化的关系；城市化发展水平与物质资本的弹性系数、贸易投入弹性系数、人力资本弹性系数、人力资本增长率及环境污染的弹性系数的关系。得出了一系列的结论，对于以后贸易、环境与城市化关系的研究有重要的指导意义。

（1）开放经济条件下，一国经济中的物质资本和人力资本禀赋越丰富，研发部门的产出效率（A_N）越高，消费者的时间偏好率（ρ）越低，边际效用弹性（σ）以及替代弹性（β）越小，则稳态经济增长率就越高。

（2）环境外部性对长期经济增长的影响效应依赖于消费者的跨期替代弹性（$1/\sigma$）：如果跨期替代弹性大于 1，则环境外部性抑制长期经济增长；相反，如果跨期替代弹性小于 1，则环境外部性有利于经济增长。

（3）贸易开放的增长效应关键依赖于本国参与国际分工的模式。如果自给自足条件下和世界市场上人力资本密集型产品 Y 的相对价格 $(P_y/P_z)_A$ 大于物质资本密集型产品 Z 的相对价格 $(P_y/P_z)_W$，则一国进口人力资本密集型产品 Y 和出口物质资本密集型产品 Z，贸易条件将改善，从而有利于长期经济增长；相反，如果出口人力资本密集型产品 Y 和进口物质资本密集型产品 Z，则贸易条件（P_z/P_y）的改善将妨碍长期经济增长。这一理论分析结果也为我国近年来所制定的"科技兴贸"战略提供了一定的理论依据："科技兴贸"不仅能够通过改善出口商品结构、增强出口商品技术含量而直接提高出口商品竞争力与改善贸易条件，而且能够通过调整要素的部门流动而起到优化要素配置效率的作用，而后者正是决定长期稳态经济增长率的关键因素。

（4）为贸易开放与经济增长之间的不确定关系提供了理论解释。自 Smith 以来贸易开放与经济增长的关系一直是经济学家争论的命题，尽管理论研究普遍支持贸易开放对经济增长的正向作用，然而这一观点却受到经验研究的否定，即贸易开放与经济增长之间的关系是不确定的。虽然 Edwards

（1992）等的实证结果支持了贸易开放可以通过改善国内资源配置、提高技术学习效应促进经济增长，然而其他学者的实证结果却并不支持贸易开放的增长效应，或者贸易开放对经济增长的促进作用只在一定条件下成立，如Lee（1993）、Harrison（1996）。本模型则进一步为贸易开放与经济增长之间的这一不确定关系提供了理论解释。

　　（5）贸易自由化对环境质量的作用是模棱两可的，这依赖于可贸易产品的供给价格弹性、贸易开放的增长效应以及污染的要素密集度，尤其是贸易自由化能否改善环境质量在很大程度上依赖于贸易开放对长期经济增长的影响。综合贸易 – 环境关系的经验文献结果来看（Copeland 和 Taylor，2004），国际贸易对国内环境质量的影响并非像"污染天堂"假说所表明的，必然会导致发展中国家的环境质量恶化、污染排放增加。本书模型则为此提供了理论解释：国际贸易对环境质量的影响，往往取决于一国参与国际贸易的分工模式以及国际贸易对国内要素部门配置的影响。模型的这一推导结果也提醒我们，在制定贸易政策时要充分考虑贸易开放对增长、环境以及社会福利影响的不确定性因素，特别是贸易自由化政策对发展中国家而言，往往意味着在经济增长与环境质量下降两者之间的权衡与取舍。

　　（6）从农业部门转出的劳动力比率 $\dot{m}_1$ 与外商投资水平 $h(t)$ 成正比（即在开放经济中，外商投资对城市化做出贡献）；从农业部门转出的劳动力比率 $\dot{m}_1$ 与农业部门的技术进步 g_1 成反比；农业部门的技术进步并不利于提高农民收入，也不一定会对城市化产生正影响；农民实际收入的增加率 $\dfrac{\dot{S}(t)}{S(t)} - n_1(t) = \dfrac{\dot{D}(t+1)}{D(t+1)} - n_1(t) = m_1(t) + m_2(t+1)$ 为第 t 期从农业部门转出的劳动力比率与第 $t+1$ 期转入非农业部门劳动力比率之和，因此将农村的大量劳动力转移出来，是提高农民收入的有效途径，有助于城市化。这也和我国改革开放以来的转移农村剩余劳动力促进经济增长及提高城市化水平和以城市化引领未来一个时期中国经济平稳健康发展的国家发展战略相适应。同时也可以为发展中国家城市化快速发展路径选择提供理论支持。

（7）开放经济条件下的城市化发展水平与物质资本的弹性系数 α、贸易投入弹性系数 γ、人力资本弹性系数 β 和人力资本增长率 g_h 成正比，与环境污染的弹性系数 η 成反比。这一模型推导结果给我们这样的启示：为了提高城市化发展水平，我们要尽可能地采取能够增加物质资本、人力资本以及贸易投入和降低环境污染水平的措施。

第六章

贸易、环境与城市化
协调发展的政策评价模型

一 贸易、环境与城市化协调发展的内涵和特征

（一）贸易、环境与城市化协调发展内涵

协调的本意为"和谐一致，配合得当"，它描述了系统内部各要素良好的搭配关系（张晓东，2001）。"协调"是指在尊重客观规律、把握系统相互关系原理的基础上，为了实现系统演进的总体目标，通过建立有效的运行机制，综合运用各种手段、方法和力量，依靠科学的组织和管理，使系统间的相互关系达到理想状态的过程。"理想状态"是指为实现系统总体演进目标，各子系统或各元素之间相互协作、相互配合、相互促进而形成的一种良性循环态势。协调对象是相互关联的系统，"协调"是系统内外的联动，是一个整体概念，孤立的事物或系统组成要素不存在协调问题，系统的有机联系是协调的基础。协调是和动态相对的，是始终与发展相联系的具有时间、空间约束的概念。"理想状态"意义上的"协调"的终极含义，决定了"过程"意义上的"协调"的永无终极。"协调"的反面是"不协调"或"失调"，在现实中"协调"存在一个随着协调目标及其环境条件而变化的具有一定值域的"协调度"，越过"值域"则为"失调"。开放经济下的贸易、

环境与城市化是相互作用、相互影响的，根据前面的相互作用分析，贸易、环境与城市化三系统的关系可以分为两类：①失调类，即贸易和城市化（环境）发展对环境（贸易和城市化）起制约和阻碍的作用。在城市化和贸易的发展过程中，无视自然规律，掠夺性地开发资源，将给环境带来大量的污染，超过环境的承载能力，导致环境状况恶化；环境恶化又反过来制约城市化和贸易的发展，同时城市化和贸易的停止和衰退又会使得用来改进环境的资金减少，只能进一步无限制地向自然环境索取资源，城市化和贸易的发展与环境相互制约、相互阻碍，加重了环境污染，形成恶性循环。②协调类，即贸易和城市化（环境）发展对环境（贸易和城市化）起改善和促进的作用。城市化及贸易的发展，加强了环境保护，改善了环境污染状况。城市化和贸易的发展为解决环境问题提供了资金支持和技术保障，促进了环境质量的提高；而环境状况的改善和环境质量的提高又为城市化和贸易的发展提供了条件，城市化和贸易的发展与环境改善相互促进，形成良性循环。

（二）贸易、环境与城市化协调发展的特征

从协调的含义来看，它是一个相对时间和空间的概念，表现为某一状态的值。协调不等同于发展，不是"调和""停滞"，而是发展的必要条件，协调追求的是系统整体最优。开放经济下的贸易、环境与城市化是社会经济发展中的三个子系统，所以开放经济下的贸易、环境与城市化变化也存在着协调发展问题。以时空为参照系，协调发展存在两个基本特征：（1）时间变化特征。也就是在城市化与贸易开放的不同发展阶段，贸易、环境与城市化的协调状况具有不一样的属性。（2）空间特征。也就是在不同空间环境下，贸易、环境与城市化的协调状况不同，分布状况也不一样。

二　贸易、环境与城市化协调发展的评价模型

（一）协调度评价模型

为了刻画开放经济下的贸易、环境与城市化协调发展的时空差异，需要

建立协调度模型。所谓"协调度"是度量系统或系统内部要素在发展过程中彼此和谐一致的程度，体现了系统由无序走向有序的趋势，是度量协调状况好坏的定量指标。从系统演化的角度看，系统自组织亦是子系统之间或系统要素之间相互作用、相互克制的一个动态演变过程。从协同学的角度看，协同作用和协调程度决定了系统在达到临界区域时走向何种秩序与结构，或称决定了系统由无序走向有序的趋势。由协同学可知，系统在相变点处的内部变量可分为快、慢弛豫变量两类，慢弛豫变量是决定系统相变进程的根本变量，即系统的序参量。系统由无序走向有序机理的关键在于系统内部序参量之间的协同作用，它左右着系统相变的特征与规律，协调度正是定量刻画这种协同作用的量度。由此，我们把贸易、环境与城市化三个系统通过各自元素彼此影响、彼此协同发展的程度定义为贸易－环境－城市化协调度，协调度的大小反映了它们对区域社会－经济－环境系统的作用强度和贡献程度。本章的协调发展评价模型由四部分组成，即协调度、协调发展度、协调评价等级体系和指标体系。

1. 协调度模型

设 $x_1, x_2, x_3, \cdots, x_m$ 是反映城市化发展水平的 m 个指标，$y_1, y_2, y_3, \cdots,$ y_n 是反映环境发展水平的 n 个指标，$z_1, z_2, z_3, \cdots, z_j$ 是反映贸易发展水平的 j 个指标，则城市化、环境与贸易的综合发展水平可以由下列公式计算得出：

$$u(x) = \sum_{i=1}^{m} a_i x_i \qquad e(y) = \sum_{i=1}^{n} b_i y_i \qquad t(z) = \sum_{i=1}^{j} c_i z_i \qquad (6.1)$$

式中：$u(x)$、$e(y)$、$t(z)$ 分别表示城市化、环境与贸易的综合发展水平，a_i、b_i、c_i 分别表示城市化、环境与贸易各指标的权重。根据文献（宋建波等，2010），贸易、环境与城市化协调度的计算公式如下：

$$C = \left| \frac{u(x)e(y)t(z)}{\left| \dfrac{u(x) + e(y) + t(z)}{3} \right|^3} \right| \qquad (6.2)$$

式中，C 是协调度。式（6.2）反映了城市化、环境与贸易发展水平在

$u(x)$、$e(y)$ 与 $t(z)$ 之和一定的条件下，为了使 $u(x)$、$e(y)$ 与 $t(z)$ 之积最大，反映了城市化、环境与贸易发展水平进行组合协调的数量程度。$0 \leqslant C \leqslant 1$，$C$ 越大，则城市化、环境与贸易三者发展越协调；反之，则越不协调。据此并结合前文所述，设定协调度等级及其划分标准如表 6 – 1 表示。

表 6 – 1　协调度等级分类

协调度 C	0 ~ 0.2	0.2 ~ 0.4	0.4 ~ 0.5	0.5 ~ 0.7	0.7 ~ 0.8	0.8 ~ 0.9	0.9 ~ 1
协调等级	严重失调	中度失调	轻度失调	勉强协调	中等协调	良好协调	优质协调

2. 协调发展度模型

为了更好地度量城市化、环境与贸易发展水平进行组合的数量程度，反映城市化、环境与贸易的整体协同效应，我们引入协调发展度的概念，它是度量贸易、环境与城市化协调发展水平高低的定量指标。其计算公式如下：

$$\begin{cases} T = \alpha u(x) + \beta e(y) + \delta t(z) \\ D = \sqrt{C \cdot T} \end{cases} \tag{6.3}$$

其中：D 是协调发展度，C 是协调度，T 是城市化、环境与贸易发展水平的综合评价指数，它反映城市化、环境与贸易的整体效益或水平；α、β、δ 为待定权数，具体取值多少可以利用专家系统确定，这里我们取 $\alpha = \beta = \delta$。根据前面的分析，按照协调发展度 D 的大小，我们将城市化、环境与贸易的协调发展状况划分为 2 个层次，共 7 大类 28 种基本类型（见表 6 – 2），从而对城市化、环境与贸易协调发展状况进行定量评判。

（二）协调发展评价指标体系

1. 指标体系建立的原则

开放经济下的贸易、环境与城市化三个系统之间具有结构复杂、层次多样的特点，这些给贸易、环境和城市化协调发展的协调度测度和评价带来了

表 6-2 开放经济下的贸易、环境与城市化协调发展类型以及标准

D	类型	第一层次	第二层次
		$u(x)、e(y)、t(z)$	具体类型
0.8~1	优质协调发展类	$u(x)>e(y)>t(z)$	优质协调发展类贸易滞后型
		$e(y)>u(x)>t(z)$	
		$u(x)>t(z)>e(y)$	优质协调发展类环境滞后型
		$t(z)>u(x)>e(y)$	
		$e(y)>t(z)>u(x)$	优质协调发展类城市化滞后型
		$t(z)>e(y)>u(x)$	
		$u(x)=e(y)=t(z)$	优质协调发展类贸易、环境、城市化同步型
0.6~0.8	良好协调发展类	$u(x)>e(y)>t(z)$	良好协调发展类贸易滞后型
		$e(y)>u(x)>t(z)$	
		$u(x)>t(z)>e(y)$	良好协调发展类环境滞后型
		$t(z)>u(x)>e(y)$	
		$e(y)>t(z)>u(x)$	良好协调发展类城市化滞后型
		$t(z)>e(y)>u(x)$	
		$u(x)=e(y)=t(z)$	良好协调发展类贸易、环境、城市化同步型
0.4~0.6	中度协调发展类	$u(x)>e(y)>t(z)$	中度协调发展类贸易滞后型
		$e(y)>u(x)>t(z)$	
		$u(x)>t(z)>e(y)$	中度协调发展类环境滞后型
		$t(z)>u(x)>e(y)$	
		$e(y)>t(z)>u(x)$	中度协调发展类城市化滞后型
		$t(z)>e(y)>u(x)$	
		$u(x)=e(y)=t(z)$	中度协调发展类贸易、环境、城市化同步型
0.3~0.4	勉强协调发展类	$u(x)>e(y)>t(z)$	勉强协调发展类贸易滞后型
		$e(y)>u(x)>t(z)$	
		$u(x)>t(z)>e(y)$	勉强协调发展类环境滞后型
		$t(z)>u(x)>e(y)$	
		$e(y)>t(z)>u(x)$	勉强协调发展类城市化滞后型
		$t(z)>e(y)>u(x)$	
		$u(x)=e(y)=t(z)$	勉强协调发展类贸易、环境、城市化同步型

续表

D	类型	第一层次 $u(x)$、$e(y)$、$t(z)$	第二层次 具体类型
0.2~0.3	轻度失调衰退类	$u(x)>e(y)>t(z)$	轻度失调衰退类贸易滞后型
		$e(y)>u(x)>t(z)$	
		$u(x)>t(z)>e(y)$	轻度失调衰退类环境滞后型
		$t(z)>u(x)>e(y)$	
		$e(y)>t(z)>u(x)$	轻度失调衰退类城市化滞后型
		$t(z)>e(y)>u(x)$	
		$u(x)=e(y)=t(z)$	轻度失调衰退类贸易、环境、城市化同步型
0.1~0.2	中度失调衰退类	$u(x)>e(y)>t(z)$	中度失调衰退类贸易滞后型
		$e(y)>u(x)>t(z)$	
		$u(x)>t(z)>e(y)$	中度失调衰退类环境滞后型
		$t(z)>u(x)>e(y)$	
		$e(y)>t(z)>u(x)$	中度失调衰退类城市化滞后型
		$t(z)>e(y)>u(x)$	
		$u(x)=e(y)=t(z)$	中度失调衰退类贸易、环境、城市化同步型
0~0.1	严重失调衰退类	$u(x)>e(y)>t(z)$	严重失调衰退类贸易滞后型
		$e(y)>u(x)>t(z)$	
		$u(x)>t(z)>e(y)$	严重失调衰退类环境滞后型
		$t(z)>u(x)>e(y)$	
		$e(y)>t(z)>u(x)$	严重失调衰退类城市化滞后型
		$t(z)>e(y)>u(x)$	
		$u(x)=e(y)=t(z)$	严重失调衰退类贸易、环境、城市化同步型

干扰，为了全面认识贸易、环境与城市化协调发展的整体效应和宏观表现，应建立一套切实可行的指标体系，遵循以下原则。

（1）科学性原则

科学性原则是所有指标体系的基础与前提，只有进行科学的定义和科学的分析才能保证结果的科学性。在选择具体指标的时候要考虑这些指标是否可以反映协调的内涵和协调发展的程度。

（2）目的性原则

目的性原则就是要明确指标体系的应用范围、达到的目的和应起到的作用。要选择具有代表性的能体现贸易、环境与城市化系统协调度和协调发展度的指标。

（3）相对完备性原则

指标体系作为一个有机整体，应该能够全面地反映和测度贸易、环境与城市化协调发展的状况。指标体系必须大小适宜，指标过多会掩盖主要问题，不利于揭示所要研究的主要问题；过少的话又会因为指标层次过粗、过少而反映不了三个系统相互作用的整体情况。

（4）相对独立性原则

为了确保评价的准确性，在选择指标时，考虑到描述贸易、环境与城市化协调发展状况的指标通常会存在指标间信息的重叠，所以我们应该尽可能地选择那些相对独立的指标。

（5）可比性原则

为了便于比较，在选取指标时我们要考虑到结果在地区间的横向可比性。同时指标体系中各指标的含义要准确，范围、统计方法要科学、统一，保证具有可比性。

（6）可获取性原则

指标体系包括不同类型的指标，各评价指标含义要明确，内容简单明了，容易理解，信息集中，数据资料容易获得，计算方法简明易懂，简单易行。

（7）动态与静态相结合的原则

贸易、环境与城市化系统的协调发展是一个动态的过程，所以选取的指标体系除了要有可以反映现状的静态指标，也要有反映发展趋势的动态指标，做到动静结合，才能更好地反映贸易、环境与城市化系统协调发展的整个过程。贸易、环境与城市化系统协调发展指标体系包括贸易指标、环境发展指标和城市化发展指标三大体系。由于贸易、环境与城市化系统均由复杂的多变量组成，因此贸易、环境与城市化系统指标体系也必然是庞大的，我们不可能也不必对所有的因素进行测度，而是从贸易、环境与城市化三者协调发展互动机制的最本质的内涵出发，找出关键因素，从这些庞大而复杂的指标体系中确定具有代表性的能体现贸易、环境与城市化系统协调发展度的核心指标和主要指标，建立指标体系。

2. 指标体系构成

考虑到开放经济下的贸易、环境与城市化是相互作用和相互制约的，我们所选的一级指标有贸易子系统指标、环境子系统指标、城市化子系统指标。我们所追求的协调发展不是单纯的快速的城市化，同时还要考虑人们的生活水平的提高（包括人们对生存环境质量要求水平）和可持续发展。我们在上述原则的基础上，采用频度统计法、理论分析法以及专家咨询法来设计指标。首先对目前有关城市化、环境和贸易水平测度和指标设计的文献进行频度统计，选择那些近年来研究者使用频度较高的指标；其次对贸易、环境和城市化协调发展的相互作用进行综合分析，选出那些重要的结构性指标；最后征询有关专家的意见，对指标进行调整，构建以贸易子系统、环境子系统和城市化子系统为一级指标的指标体系。其步骤如图 6 - 1 所示。

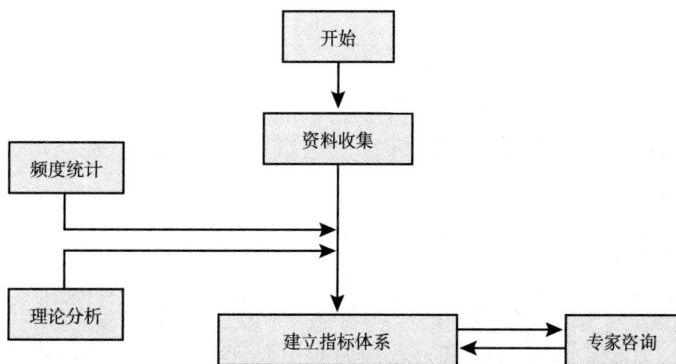

图 6 - 1　指标筛选程序

（1）贸易子系统指标

从贸易和环境、城市化的关系研究中可以看出，影响协调的贸易因素有对外贸易水平和对外贸易速度。所以，初步从对外贸易水平和对外贸易速度两个方面构建贸易子系统，指标设计中包含：①反映对外贸易水平的进出口总额、出口额、进口额、外商直接投资额、实际利用外资额。②反映对外贸易速度的进出口额增长率、出口额增长率、进口额增长率、实际利用外资额增长率和外商直接投资额增长率。

（2）环境子系统指标

借鉴中科院可持续发展研究组的成果，我们将生态环境指标划分为生态环境水平、生态环境压力和生态环境保护三方面内容。指标设计中包含：①反映生态环境水平的指标：土地面积、人均绿地面积、建成区绿化覆盖率以及人均家庭生活用水量。②反映生态环境压力的指标：工业废水排放量、工业二氧化硫排放量、工业固体废弃物排放量、工业固体废弃物产生量、工业粉尘排放量。③反映生态环境保护的指标：工业固体废弃物综合利用率、工业废水排放达标率、生活垃圾无害化处理率。

（3）城市化子系统指标

在以上对贸易、环境与城市化相互作用分析的基础上，我们按照系统论观点从城市化的人口、经济、空间和社会四个方面进行层次划分和结构分析，从而构建比较合理的城市化指标体系框架（见表6-3），具体如下：①人口城市化指标。具体可以细化为第三产业人员从业比重、城镇登记失业率、非农人口占总人口比重、城市人口比重、高等学校在校生人数、城市人口总数、非农人口总数等。②经济城市化指标。全面构建经济城市化指标，具体选取如人均GDP、工业总产值、全社会固定资产投资、地方财政收入、第三产业产值占GDP比重、第三产业增加值等。③社会城市化指标。具体指标可以考虑社会消费品零售总额、医生数、每万人拥有大学生数、本地电话用户数、国际互联网用户数、人均拥有道路面积、每万人拥有公共汽车数等。④空间城市化指标。在城市化过程中，随着城市人口的集聚和非农经济的发展，一个很重要的特征就是地域景观的改变，主要体现在一个区域中城市数量的增加、规模扩大和人口密度的提高。具体指标可以参考建成区面积、国土面积、城市道路面积、城市人口密度等。

表 6 - 3 贸易、环境、城市化协调评价指标体系框架

目标层 A	准则层 B		指标层 P
贸易、环境与城市化协调发展研究	城市化子系统 *U*	人口城市化	第三产业人员从业比重/%
			城镇登记失业率/%
			非农人口占总人口比重/%
			高等学校在校生人数/人
		经济城市化	人均 GDP/元
			工业总产值/亿元
			全社会固定资产投资/万元
			地方财政收入/万元
			第三产业产值占 GDP 比重/%
		社会城市化	社会消费品零售总额/万元
			本地电话用户数/户
			每万人拥有公共汽车数/辆
			医生数/人
		空间城市化	建成区面积/平方公里
			城市道路面积/万平方米
			城市人口密度/人·平方公里
	环境子系统 *E*	生态环境水平	土地面积/平方公里
			人均绿地面积/平方米
			建成区绿化覆盖率/%
			人均家庭生活用水量/吨
		生态环境压力	工业废水排放量/万吨
			工业二氧化硫排放量/吨
			工业粉尘排放量/万吨
		生态环境保护	工业固体废弃物综合利用率/%
			工业废水排放达标率/%
	贸易子系统 *T*	对外贸易水平指标	对外贸易出口额/万美元
			对外贸易进出口总额/万美元
			外商直接投资额/万美元
		对外贸易速度指标	出口额增长率/%
			进出口额增长率/%
			外商直接投资额增长率/%

3. 指标权重的确定

有很多种方法可以确定指标权重，比如主观赋值法、客观赋值法等，主观赋值法主要是从主观上根据对每个指标的重视程度来确定权重，比如层次分析法和专家经验评估法等都属于这一类型；而客观赋值法则主要根据客观的原始数据等来确定指标权重，其中熵值法、因子分析法和复相关系数法等都属于这一类型。在对协调发展评价的研究中，不同学者采用的方法各不相同。考虑到熵值法对数据的要求比较高，我们采用主观的层次分析法来确定权重。所谓层次分析法，是指通过对目标、准则、方案等层次的分解，进行定量分析和定性分析的一种决策方法。这个方法是美国匹兹堡大学运筹学家萨蒂提出的。这个方法的关键在于确定不同因素的相对重要性。

层次分析法的应用步骤包括：（1）建立层次结构模型。在深入分析实际问题的基础上，将有关的各个因素按照不同属性自上而下地分解成若干层次，同一层次的诸因素从属于上一层次的因素或对上层因素有影响，同时又支配下一层次的因素或对下层因素起作用。目标层在最上层，一般只有1个因素，最下层则是方案或对象层，它们中间可以有一个或几个层次，这些层次一般是准则层或者指标层。（2）构造判断矩阵。对每一层次的指标进行两两比较，根据表6-4中的标度来进行计算。（3）计算权向量并做一致性检验。相对重要性确定后，进行一致性检测，检验若通过，则点击查看结果，即各指标权重；如果没有通过的话，那就需要调整矩阵，直至通过一致性检验。（4）权重的确定。一致性通过后，就可以计算各层次与对于系统的总排序权重以及各指标的权重。

表6-4 比例标度以及含义

标度	含义	标度	含义
1	两个元素相比,具有同等重要性	3	两个元素相比,前者比后者略微重要
5	两个元素相比,前者比后者明显重要	7	两个元素相比,前者比后者强烈重要
9	两个元素相比,前者比后者极度重要	2、4、6、8	两个相邻程度的中间

三　贸易、环境与城市化协调发展的情景模拟方法

（一）政策模拟方法概述

政策模拟是利用数学和计算机方法，对实际的政策问题开展建模和模拟分析的一门以管理科学为总体，融合经济学、地理学、计算机科学等的新型学科。作为一个学科，政策模拟不完全具备实证科学的特点。政策模拟的结果，是一种计算机实验的结果，目前不可能也不允许采用各种模拟的政策作用于现实世界从而进行检验，因为政策一旦发挥作用就改变了现实世界，实验的结果是现实世界回到原点，因此政策模拟的科学性主要靠理论的正确性、模型的准确性和算法的完整性来实现。

1960 年，挪威经济政策激励了可计算一般均衡（CGE）模型的开发，使得对国家的经济政策模拟成为可能。Scarf 于 1967 年解决了可计算一般均衡的某些数学计算难题，为 CGE 计算提供了科学基础。20 世纪 70 年代的石油经济危机使得经济学家意识到没有严格的理论设定，计量经济模型便不能对冲击效果进行有效的模拟，而 CGE 却不受这方面的限制，这提高了研究者对 CGE 模型的兴趣。1969 年美国开始研究政策模拟器，并且在 1986 年构建了国家宏观经济政策模拟系统，这个系统包括 100 多万个方程，可以模拟国际贸易的政策问题，这使政策模拟作为一个学科得以兴起。在这个过程中，国际上陆续出版了 *J. Policy Modelling*，*Economic Modelling*，*Computational Economics* 等专业期刊，有的期刊，如 *J. Economic Dynamics & Control* 也把文章重点放在经济建模与模拟方面，美国、德国、日本、印度陆续出现了相应的学科组织，政策模拟得到了迅速发展。当前政策模拟主要表现为三个领域，宏观经济政策模拟、企业经济政策模拟和资源环境政策模拟，这与计算经济学、计算管理科学、地理信息科学等基础性学科密切相关，也与决策支持系统等计算机科学紧密联系。

在政策模拟学科发展的同时，发达国家基于基础理论的研究建立了自己

的经济政策模拟系统——政策模拟器（Policy Simulator，PS），用于指导国际贸易政策、国内经济政策的制定，在国际贸易中争取主动。一些企业也开发了自己的政策模拟器。政策模拟器是用于探索各种政策情景的大型软件，它的核心通常是配备地理信息系统（GIS）的决策支持系统（DSS）。美国在1986年构建了国家宏观经济政策模拟器后，1997年将其改造为AMIGA（美国和世界动态经济一般均衡模型），可分析国家经济政策与贸易政策对美国200个部门的经济影响；1989年加拿大国家统计局与大学联合建立了政策模拟实验室，1991年开发出政策模拟器；1993年澳大利亚研发的The MONASH Model包含113个部门、56个地区、282种职业，用于分析财政、税收、关税、环境等方面的经济政策，预测劳动力市场和收入分配。表6-5列示了到2000年为止，一些有代表性的政策模拟器，不仅局限于宏观经济领域，资源环境经济学领域、微观经济学领域也广泛地开发使用政策模拟器（王铮等，2004、2010）。

表 6 - 5　政策模拟器

名称	AMIGA	Murphy Model	SPSD/M	Fair-model	MSG2	Storm
建立国家	美国	澳大利亚	加拿大	美国	美、日、德、澳	印度
模拟尺度	一国	一国	一国	一国	多国	一国
模拟焦点	国家宏观经济政策的冲击中短程响应和短期经济预报，环境经济政策	国家宏观经济政策和中期、短期经济预报	国家与地方政府财政、社会福利	国家宏观经济政策和中期、短期经济预报	国家间宏观经济相互作用，政策分析、单国经济预报	国家宏观经济政策、产业政策
时间单位	不详	季	不详	季	年	年
规模	200个方程265个变量	100个方程165个变量	不详	129个方程251个变量	260个方程328个变量	146个方程168个变量
分析功能	进出口、投资、消费、能源、就业、环境	汇率、利率、就业、住房、技术变化	税收、财政、人口政策和社会福利	不详	进出口、投资、消费、能源、就业、技术变化	进出口、国家财政、投资、就业、农业政策

政策模拟是一门正在发展中的科学，已经广泛应用于各个经济领域，其中关于国家经济安全或多国经济博弈的政策模拟成为重点。因此有一种看法认为，政策模拟器是和平时期的原子弹。经过多年的发展，多种方法被用于政策模拟领域，这些方法大致可以归类如下：（1）计量经济学方法；（2）运筹学方法；（3）基于机理的数值解方法；（4）基于自主体模拟的动力学方法；（5）数值模拟方法；（6）情景分析方法；（7）系统工程方法；（8）最优控制方法。目前，在方法学上，政策模拟正在与实验经济学密切结合。实验经济学可以帮助用于政策模拟的模型获取参数，并且代替某些涉及人的行为特征的模型。政策模拟可以延伸实验经济学的结果，给出具体的政策。事实上，许多大学的政策模拟实验室兼有实验经济学实验室的功能。为分析简便，我们采用情景分析方法来对政策进行模拟。

（二）贸易、环境与城市化协调发展的情景分析方法

（1）情景分析的概念及其特点

"情景"（Scenario）最早出现于 1967 年 Herman Kahn 和 Wiener 合著的《2000 年》一书中。他们认为：未来是多样的，几种潜在的结果都有可能在未来实现；通向这种或那种未来结果的途径也不是唯一的，对可能出现的未来以及实现这种未来的途径的描述构成一个"情景"。"情景"就是对未来情形以及能使事态由初始状态向未来状态发展的一系列事实的描述（张学才等，2005）。

基于"情景"的"情景分析法"（Scenario Analysis）是在对经济、产业或技术的重大演变提出各种关键假设的基础上，通过对未来详细的、严密的推理和描述来构想未来各种可能的方案。情景分析法的最大优势是使管理者能发现未来变化的某些趋势和避免两个最常见的决策错误：过高或过低估计未来的变化及影响。情景分析法在西方已有几十年的历史。该方法最早用在军事上，20 世纪 40 年代末，美国兰德公司的国防分析员对核武器可能被敌对国家利用的各种情形加以描述，这是情景分析法的开始。到 20 世纪 70 年代，兰德公司在为美国国防部就导弹防御计划做咨询时进一步发展了该方

法。今天，许多世界著名的跨国公司，如美国的壳牌石油公司、德国的 BASF 公司、戴姆勒 - 奔驰公司及美国的波音公司等在制定战略规划时都使用了该方法。一些国家政府也采用了该方法，如南非白人政府就是利用该方法推导了各种选择可能的结果之后制定了种族隔离制度和平变革的政策。

情景分析法具有以下本质特点：①承认未来的发展是多样化的，有多种可能的趋势，其预测结果也将是多维的。②承认人在未来发展中的"能动作用"，对未来决策者的意图和愿望进行分析是情景分析法的一个重要方面。③情景分析法特别注意对组织发展起重要作用的关键因素和协调一致性关系的分析。④情景分析法中的定量分析与传统趋势外推型的定量分析的区别在于：情景分析法在定量分析中嵌入了大量的定性分析，以指导定量分析的进行，所以是一种融定性与定量分析于一体的新预测方法。⑤情景分析法是一种对未来进行研究的思维方法，它所使用的技术方法和手段大都来源于其他相关学科，重点在于如何有效获取和处理专家的经验知识，这使得情景分析法具有心理学、未来学和统计学等学科的特征。

（2）"情景"理论体系的构成

国外的经济学家对"情景"理论体系的构成有不同的看法。Fahey 认为一个情景应该包括结束状态、策略、驱动力和逻辑四个要素。他认为每个要素都能以多种方式发展，并且这些要素之间的相互关联导致了三种不同类型的竞争情景：第一种是即时情景（emergent scenarios）。这种类型以分析竞争者当前的市场策略为起始，探讨如果竞争者改变现在的策略将会出现什么变化。第二种是不受限制的"如果 - 那么"情景分析（Unconstrained "What-If" Scenarios）。这种类型来自开放式结局（open-ended）或者是不受限的"如果 - 那么"问题（Unconstrained "What-If" Questions），这些问题通常暗示着可能的结束状态，例如一个完全新的竞争策略。第三种是受限的"如果 - 那么"情景分析（Constrained "What-If" Scenarios）。受限的"如果 - 那么"问题产生的情景需要构想出完全不同的计划，这些计划允许情景设计者深入地评估一些迥然不同的竞争者的行动和行动造成的结果。

Fink 认为"情景管理"应建立在以下三个主要原则之上：（1）系统思

考（System Thinking）。传统的管理方法侧重于对单一个体的分析，忽略了对系统整体的认识，因此常常导致失败。所以必须加强对复杂系统的整体性分析。（2）开放式未来思考（Future-open Thinking）。因为未来不可能只有一种结局，因此人们应该习惯把多种可能的结局考虑进来。（3）策略性思考（Strategic Thinking）。以前，公司一般都只会考虑可控制因素的变动性和成功。在20世纪70年代的经济萧条和石油危机到来后，"连续性的年代"终结了。企业家不再只重视眼前的利益，相反，他们开始把长远利益考虑进来。策略性思考因此成为在复杂的、激烈的环境中成功的保障。

情景分析法的最基本观点应该是未来充满不确定性，但未来有部分内容是可以预测的。这是由不确定性的特征决定的。如果对不确定性进行分解，我们可以发现，不确定性由两部分构成：（1）"影响系统"本质上的不确定因素。在这里，"影响系统"指的是由影响某一事件的趋势或发展的，相互联系、相互影响的多种因素构成的体系。影响系统本质上的不确定因素是无法预测的。（2）缺乏信息和对影响系统的了解。如果采用比较科学、系统的方法来把可预测的东西同不确定的东西分离出来，通过对影响系统和其可预测的、规律性的因素的更多了解，就可以大幅度降低不确定性，从而预测未来的某些发展趋势。

（3）情景分析法的步骤

情景分析法的价值在于它能使企业对一个事件做好准备，并采取积极的行动：将负面因素最小化、正面因素最大化。情景分析法也提供了思想上的模拟，能保证企业按希望的方向行动。情景分析法主要通过对最可能对企业的经营环境产生影响的各种因素可能发生的变化进行定性分析，然后构想可能出现的多种可能性，并通过严密的分析和筛选，将这些可能性减少到最少的几种，并由此制定出相应的对策。

Gilbert将情景分析法分为10个步骤：提出规划的前提假设；定义时间轴和决策空间；回顾历史；确定普通和相矛盾的假设；为结构变量决定连接到多样性的指示；为填充决策空间而构建情景草案；为所有的竞争者草拟策略；将策略映射到情景；使替代的策略有效；选择或者适应最好的策略。而

Fink 认为情景分析法应该分为以下 5 个阶段，即情景准备、情景域分析、情景预测、情景发展、情景传递。

（4）情景分析法在经济评价与预测中的应用

情景分析法用作一种评估与预测思想时，是其他学科的理论和方法的综合集成。因此，多数进行经济评价与预测的研究者，通常选择某种定量分析工具，对一些指标进行量化评估，再借助定量工具得出不同情景下的发展状况，然后对这些结果进行比较、分析，提出相应的措施与建议。国内外运用情景分析法进行经济评估与预测的研究非常多，主要集中在交通规划、农业发展、能源需求、气候变化等领域。

（三）贸易、环境与城市化情景分析

1. 情景方案的设计

贸易、环境与城市化是一个动态的过程，涉及多个领域，受国家政策等的影响。所以，为了对开放经济下的贸易、环境与城市化协调发展情景方案的真实性、可应用性进行分析，我们从可持续发展的观点出发，结合前面的PSR 分析框架和经济学理论、模型分析结果，根据将来可能出现的情况提出两个层次多种类型的方案。

2. 情景方案的比较

通过分析预测，对不同情景下的结果进行分析，以可持续发展观为指导，结合实现这些目标的假定条件，给出未来贸易、环境和城市化协调发展的政策建议。

四　政策启示

（1）C（$0 \leqslant C \leqslant 1$）是协调度，反映了城市化、环境与贸易发展水平进行组合协调的数量程度。C 越大，则城市化、环境与贸易三者发展越协调，反之，则越不协调。D（A）为协调发展度，它能够更好地反映城市化、环境与贸易的整体协同效应；K 越大，则城市化、环境与贸易的整体协调性

越好，反之，则越差。由此可知，贸易和城市化发展与环境是一个整体的系统，其中每一部分的改变都可能影响整个系统的发展。因此，在发展中应该注意到：在推进城市化和发展贸易的同时，应加强环境保护，改善环境污染状况。

（2）开放经济下的贸易、环境与城市化协调发展评价指标体系的成功构建，对贸易、环境与城市化协调发展水平的评价具有开创性的意义。分析指标，可以帮助政策制定者了解自身发展的优势和劣势，为改善和提高提供科学的思路和方法，同时有助于提升协调发展的效益。

（3）开放经济下的贸易、环境与城市化协同发展是一个动态复杂的过程，情景分析显示可以基于多种方案，并通过分析预测，对不同情景下的结果进行比较，提出未来贸易、环境和城市化协调发展的优化政策建议。

第七章
基于长三角（16 个城市）的实证研究

一 问题的提出

中国自 20 世纪 70 年代末开始实行改革开放政策，并实施出口导向战略。自 1978 年以来，对外贸易一直保持高速增长，在世界出口大国中的排名从 1978 年的第 32 位提升到 2010 年的第 1 位。与此同时，中国吸引外资也取得了突出成就，投资规模不断扩大，并保持着较快的增长速度，1978～2010 年，中国已成为世界上第一大吸收外资国。进出口贸易和外商直接投资不仅已成为中国经济增长和城市化的主要驱动力之一，而且也对中国的经济、社会、环境等产生了巨大的冲击和影响。通常来说，一国的进出口贸易与环境之间存在着双向的联系及影响：一方面，进出口贸易的发展扩大了经济活动的有效边界，各种资源可以得到更合理的配置，并且贸易自身也是一种解决环境问题的重要方式和手段，譬如有利于环境保护技术的传播等；另一方面，进出口贸易给环境带来的负面影响同样不可忽视，主要表现为进出口贸易活动扩大了相应的生产消费活动的规模，相关贸易产品的生产会导致对资源的过度开采和利用等，从而破坏生态系统。因此，进出口贸易的增长并不一定意味着资源的更有效利用和环境的改善（李静等，2011）。

通常发展中国家更多的是从事污染行业的生产（Hettige et al.，1992），因而资源消耗型和环境污染密集型产品在出口中占据较大的比例。中国作为一个发展中国家，长期以来被当作"世界工厂"，发达国家将大量的高污染、高能耗产业向我国转移。因此，中国在保持 GDP 高速增长的同时，也付出了较大的资源环境代价。《中国统计年鉴 2011》显示，2010 年我国的 SO_2 排放量、能源消耗总量以及化学需氧量（COD）含量分别达到了 1864.4 万吨、324939 万吨标准煤和 1238.1 万吨。值得注意的是，我国经济存在着明显的地区性不平衡：经济发展水平从东至西呈阶梯型分布，在进出口贸易中占据主要份额的是东部沿海的发达省份，因此资源消耗和环境污染增长的主要来源也是这些地区，而东部沿海的长三角地区无疑是东部地区的经济发展龙头。相关的统计数据表明，作为世界第六大城市群集聚地，长三角地区是中国改革开放的前沿阵地，也是中国经济最具活力的区域之一，虽然其土地面积仅占全国的 1%，人口仅占全国的 7%，但其 2010 年创造了 21.52% 的国内生产总值（达 86313.77 亿元）、全国 21.72% 的财政收入、39.24% 的外贸出口和 38.69% 的外贸进口。进出口贸易和城市化在促进长三角区域经济发展的过程中一直发挥着举足轻重的作用。1985 年，长三角地区进出口总额仅为 82.85 亿美元，只占全国进出口总额的 11.90%，而经过 20 余年的发展，到了 2010 年，长三角地区进出口总额已急剧攀升到 10882.84 亿美元，占全国比重达 36.59%。1990～2010 年长三角地区的累计贸易顺差额已达到 5689.32 亿美元，尤其在 1995 年以来整个地区顺差额占当年全国顺差总额的平均比重已达到了 54.1%，即占到全国贸易外汇净收入的一半还多。与此同时，长三角地区城市化取得明显进展，其核心区城镇人口占总人口的比重由 1978 年的 17.93% 上升到 2010 年的 52.63%，初步形成城市体系比较合理、功能比较完善的城市化优先发展地区。然而，对外贸易和城市化在拉动长三角区域经济高速增长的同时，也使整个地区的环境质量面临着日趋恶化的巨大压力。长三角地区已成为我国新的生态环境脆弱带，罪魁祸首就是严重的水体污染、大气污染和耕地污染等，包括水利环境恶化、地下水超采引起地面沉降、水质污染以及由此而引起的质量型缺水、大气污染、酸雨、固体污染物堆积等一系列问题。中国科学院南京土壤研究所的课题"长江、珠江三角洲地区土壤和大气环境质量变化规律与调控原理"研究证实，长三角部分地区的土壤污染状况相当严重，已经通过食物链对蔬菜、动物造成极大的危害，并将间接危及人类的健康。有关检测显示，在长江三角洲这一地区已经测出 16 种多环芳烃类物质，100 多种多氯联苯，还有 10 余种其他毒性更强的持久性有机污染物（倪伟清，2008）。那么问题是：环境的持续污染在多大程度上归因于贸易开放和城市化？突飞猛进的贸易开放与城市化会不会使长三角地区沦落为"污染避难所"？贸易和城市化通过何种途径影响环境？三者之间有什么联系以及其传导机制是什么？三者之间的内生增长途径是怎样的？应该如何协调长三角地区贸易、环境与城市化之间的相互关系？为了回答这些问题，本章以长三角（16 个城市）为实证分析的对象，尝试探讨以上现实问题。

二 贸易、环境与城市化的基本状况

（一） 对外贸易状况

长三角地区仅凭全国 2.2% 的陆地面积、10.4% 的人口，2008~2010 年创造了全国约 22.2% 的国内生产总值、约 23.8% 的财政收入以及约 36.6% 的进出口贸易总额。毫无疑问，该地区已经成为中国经济、科技、文化最发达的地区之一。20 世纪 80 年代，长三角地区的对外贸易发展一直比较平缓，但 20 世纪 90 年代以后发展速度逐渐加快，特别是 2001 年中国加入 WTO 以后，其增长速度更是惊人，并逐步在全国对外贸易中占据极其重要的地位。

1. 外贸规模和外贸速度迅速扩大

1986 年，长三角地区进出口总额仅为 89.09 亿美元，只占全国进出口总额的 12.06%，而到了 2003 年，该地区进口总额迅速扩展到了 2874.78 亿美元，占全国 1/3 强。至 2006 年，长三角地区的对外贸易实现再次飞跃，短短三年翻了两倍多，进出口总额达到 6506.31 亿美元。20 余年来，长三角地区的对外贸易总体增长了令人难以置信的 7.3 倍，1991 年以来平均每年增速达到 27.43%（同期全国的年均增速为 19.01%），只有个别年份出现了较低的增速，如 1997 年与 1998 年受金融危机影响、2001 年受贸易摩擦影响，但仍保持在 12% 以上，从而为我国出口创汇，推动国民经济增长做出了极为重要的贡献（见表 7－1）。

表 7－1　长三角地区对外贸易规模、增速、差额与依存度

单位：亿美元，%

年份	进出口总额	年增速度	出口额	出口额年增速	进口额	进口额年增速	贸易差额	外贸依存度
1986	89.09	7.53	65.43	11.19	23.66	－11.40	41.77	17.72
1990	143.43	60.99	104.54	10.74	38.90	－18.36	65.64	22.16
1991	172.05	19.95	120.72	15.48	51.33	31.95	69.39	25.60
1992	217.18	26.23	141.28	17.03	75.90	47.87	65.38	25.95
1993	285.94	31.66	163.57	15.78	122.36	61.20	41.21	25.64
1994	366.17	28.06	218.50	33.58	147.68	20.69	70.82	36.21
1995	468.15	27.85	290.57	32.98	177.58	20.25	112.99	34.97
1996	544.92	18.53	328.80	13.16	226.11	27.33	102.69	35.20
1997	626.62	12.92	389.24	18.38	237.38	4.98	151.86	35.20
1998	726.24	15.90	424.73	9.12	301.51	27.02	123.22	37.61
1999	881.70	21.41	499.65	17.64	382.05	26.71	117.60	42.31
2000	1281.81	45.38	705.67	41.23	576.14	50.81	129.53	54.80
2001	1450.52	13.16	794.83	12.63	655.69	13.81	139.14	56.06
2002	1849.26	27.49	999.46	25.75	849.79	29.60	149.67	63.40
2003	2874.78	55.46	1492.17	49.30	1382.61	62.70	109.56	83.40
2004	4160.96	44.74	2191.63	46.88	1969.33	42.44	222.30	100.35
2005	5216.97	25.38	2905.28	32.56	2311.70	17.39	593.58	104.66
2006	6506.31	24.71	3748.86	29.04	2757.46	19.28	991.40	108.83
2007	7775.94	19.51	4506.83	20.22	3268.80	18.54	1238.03	163.40
2008	8866.01	14.02	5306.47	17.74	3559.50	08.89	1746.93	160.80
2009	7682.92	－13.34	4460.67	－15.94	3222.30	－9.47	1238.42	128.00
2010	10378.60	35.09	5925.70	32.84	4452.90	38.19	1472.80	146.80

资料来源：根据历年上海市、浙江省和江苏省的统计年鉴及中国对外经济贸易年鉴相关数据计算而得。

2010 年，长三角地区全力以赴促调整、促转型、促创新，外贸出口迅速恢复。进出口贸易总额达到 10378.6 亿美元，增长 35.09%。全年共实现

出口总额 5925.7 亿美元，增长 32.84%，比 2009 年加快了 48.78 个百分点；进口总额增长 38.19%，比 2009 年加快了 47.66 个百分点。

2. 外贸依存度急速上升

长三角地区的外贸依存度总体上是逐年增加的，2010 年外贸依存度已高达 146.8%，比同年全国的外贸依存度 67.03% 高出 79.77 个百分点。仔细观察还可以发现，在经历了 1999 年以前多年的缓慢增长之后，随着中国经济的迅速崛起，特别是 2000 年以来，长三角地区外贸依存度以罕见的速度高速增长。近年来长三角地区外贸依存度不仅远远高于国内大多数省、市、自治区的同期水平，还高于世界许多发展中国家水平，更高于多数发达国家水平。从增长幅度来看，1999 年之前长三角地区外贸依存度低于全国平均水平，但这个差距在逐渐缩小，1999 年之后长三角地区的外贸依存度开始超过全国外贸依存度平均水平，并且二者之间的差距越来越大。

1986~2007 年，长三角的贸易依存度一直呈不断上升的趋势，2008 年开始下降。在 20 世纪 90 年代有所起伏，2000 年以后又开始稳步上升。1989 年以前，长三角贸易依存度基本维持在 18% 左右，变化很小；1990~1998 年，呈平稳增长趋势。值得一提的是，1994 年的汇改促进了出口的迅速增长，从而导致该年的外贸依存度明显升高；而 1997 年的东南亚金融危机又减少了出口，所以 1997 年和 1998 年这两年，其外贸依存度看不出下降；1999 年至今，随着世界经济的逐渐好转，尤其是 2001 年中国加入 WTO 以来，随着对外贸易环境的改善，长三角地区的外贸依存度才开始得以连续三年急剧增加，并于 2004 年首次越过 100%，随后稳定在 100%~110%，2008 年开始下降。不过总体来看，长三角地区的经济开放度已随之日益提升，与世界各国的经贸活动往来也日趋频繁、活跃，整体经济的对外依存度明显逐年增加。

3. 对外贸易商品结构不断优化和升级

长三角地区对外贸易在总量迅速增长的同时，也实现了贸易商品结构的不断优化和升级。由表 7-2 不难发现，长三角地区对外贸易，不论出口还是进口，都呈现同样的规律：初级产品的比重逐渐下降，相反，工业制成品的比重继续在高位稳健上升。

在出口贸易中，上述规律趋势尤为明显，初级产品的出口比重 1985 年为 19.10%，2006 年已锐降到了 2.48%，而同期工业制成品的比重则从 80.90% 攀升到了 97.52%。虽然升级的速度因起点较高而慢于全国的步伐，但长三角地区出口贸易的商品结构至今依然明显优于全国的整体水平，2006 年全国初级产品和工业制成品的出口比重分别是：5.46%（高于长三角的 2.48%）和 94.54%（低于长三角的 97.52%）。而在工业制造成品的出口贸易中，以纺织品为代表的劳动密集型产品所占比重在逐年下降，以化学品、机械和运输设备为代表的资本密集型产品所占比重在逐年增加，如表 7－2 所示。资本密集型产品占工业品出口总额的比重 1990 年为 23.92%，至 2006 年则已达到了 64.51%，从而使以往整个地区主要倚重资源密集型和劳动密集型产品出口的局面得到极大改观。

表 7－2　长三角地区工业制成品贸易中资本密集型产品比重变化

单位：亿美元，%

年份	资本密集型产品出口额	资本密集型产品占工业制成品出口额的比重	资本密集型产品进口额	资本密集型产品占工业制成品进口额的比重
1990	92.53	23.92	16.92	51.63
1991	107.70	26.89	22.70	53.01
1992	126.54	27.26	36.73	59.40
1993	148.15	24.84	59.34	59.32
1994	199.94	29.15	69.67	58.19
1995	268.53	31.12	87.52	59.90
1996	302.79	35.50	117.53	60.92
1997	358.98	36.92	122.81	61.61
1998	396.13	39.42	171.9	66.79
1999	469.77	41.29	213.17	65.83
2000	669.20	44.33	326.93	65.82
2001	758.28	47.47	387.92	67.60
2002	960.01	50.65	520.61	68.88
2003	1443.99	56.12	909.87	73.08
2004	2124.32	59.85	1265.66	72.03
2005	2826.60	62.00	1473.90	71.72
2006	3655.71	64.51	1786.55	73.15

注：资本密集型产品指化学品及有关产品，机械及有关运输设备。

资料来源：根据历年上海市、浙江省和江苏省的统计年鉴及中国对外经济贸易年鉴相关数据计算而得。

在进口贸易中，20余年来，商品结构的变迁幅度不如出口贸易明显，但随着工业制成品在世界贸易中的比重不断增加，进口贸易中初级产品的比重还是从1985年的17.03%下降到了2006年的11.43%，而同期工业制成品的比重则增加了5.6个百分点。与出口贸易类似，从表7-2可以看出，在工业制成品的进口贸易中，以化学品、机械和运输设备为代表的资本密集型产品所占比重也在逐年增加。

从竞争力角度来分析，在初级产品贸易中，1993年是一个转折点，因为从这一年开始，初级产品的贸易竞争力指数〔又称TC指数，其值 = $(X - M) / (X + M)$〕从正值转变成了负值，而且其绝对值逐年增大，2006年该指数值已达到了 -0.54。由此可见，长三角地区初级产品的国际竞争力已开始削弱，并导致净进口的数量不断增长。在工业制成品的贸易中，20余年来，长三角地区虽然一直保持着正的TC指数值，即维持着工业制成品的净出口，但TC指数值在震荡中逐步趋降，如1985年为0.41，2006年已跌至0.20。近年来长江三角洲出口市场不断趋于多元化，目前，商品出口遍及150多个国家和地区，但出口市场的集中度仍然偏高。这种出口市场对少数国家和地区的过度依赖，导致区域经济发展受国际经济波动影响较大，不利于区域经济的稳定发展，贸易多元化格局有待进一步形成。此外，利用外资规模以稳定速度增长，但从发展需要来看，规模依旧偏小，而且引进方式比较单一，境外投资仍处于起步阶段。同时，虽然长三角商品进出口总额已占全国的1/4，但出口商品技术含量不高，缺少具有规模和较强竞争力的拳头产品。所以，长三角的外贸竞争力还有待提高。

因为外贸商品结构实质上是产业结构的反映，考察长三角地区近年来产业结构的变化将有助于我们理解上述外贸商品结构变迁的成因。当前长三角地区的产业结构已处于二、三产业并重，深加工向技术集约化过渡的重工业化阶段。随着重工业化过程的纵深推进，钢铁、化工、机械等产业迅速崛起，在工业资源结构中资本要素的地位迅速凸显。因而在对外贸易上则表现为资本密集型产品，如机电设备类产品的贸易额迅猛增长。产业结构的不断升级与人民生活水平的提高，也必然导致初级产品的生产、需求与贸易不断趋于萎缩。

4. 对外贸易区域差异明显

对历年数据进行纵横比较分析可以发现，改革开放以来，长三角（16个城市）在发展对外贸易的途径和模式上也是各具特色、各有所长的。在贸易形式和贸易差额上，上海呈多样化发展，服务贸易迅速崛起；江苏省8市和浙江省7市则依旧偏重于出口贸易和货物贸易，服务贸易规模普遍较小。在贸易差额方面，如上所述，自1999年开始上海的对外贸易已由原来的顺差转为逆差，并一直持续至今。而浙江省7市因长期以来坚持出口导向战略，进口规模虽增长迅猛但仍然偏小，贸易顺差额较大，且逐年递增。江苏省8市的对外贸易也一直保持顺差，但历年顺差额明显小于浙江省7市。

在贸易方式上，上海是一般贸易与加工贸易并举，且加工贸易的比重在逐步扩大；而江苏省8市与浙江省7市则是各有偏颇，前者以加工贸易，尤其是以进料加工贸易为主导，而后者则明显偏重和依赖于一般贸易的发展。在出口商品结构上，上海以高科技含量和高附加值的商品为主，浙江省7市则以轻纺、服装、日用品为主。近年来浙江省7市的纺织纱线织物制品、服装及衣着附件、鞋类、塑料制品、家具及零件等低价日用品的出口约占到全部出口额的九成。江苏省8市的出口产品结构则轻重并举，相对合理，主要包括机械及运输设备、服装、纺织纱线与织物、化工产品，以及部分计算机、通信电子与生物医药等高新技术产品。

在出口主体上，上海以外商投资企业和国有大中型企业为主，江苏省8市外商直接投资企业占绝对主导，而浙江则是国有企业、外商投资企业、集体私营企业三分天下，各占其一。在出口市场上，上海与江苏的集中程度相对较高，而浙江则比较分散。近年来浙江省对外贸易发展一直坚持四个"多元化"的方针，即出口主体、出口市场、出口商品结构、贸易方式的多元化，取得了显著成效。特别是在市场多元化方面，浙江在巩固美国、中国香港、日本、欧盟等传统市场的同时，大力开拓东欧、中东、非洲、俄罗斯、拉美等市场，目前，对这些新兴市场的出口比重已达 30% 左右。上海与江苏的出口贸易依然集中于传统市场，主要包括日本、欧盟、美国、中国台湾、韩国、东盟、中国香港七个国家和地区。

5. 污染品贸易逐渐增加

污染品贸易对环境的影响更为直接，因为在排污强度既定的情况下，污染品的生产量与贸易额是环境污染的主要决定因素。因此要了解贸易自由化与贸易增长对环境的影响，有必要首先对长三角地区污染品的贸易情况进行深入的了解与剖析。我们按 SITC 分类，暂且将初级产品中第三类"矿物燃料、润滑油及有关原料"，工业制成品中第五类"化学品及有关产品"与第六类"轻纺产品、橡胶制品、矿冶产品及其制品"定义为污染密集型产品，简称污染品。由表 7－3 可以发现，随着长三角地区贸易额的迅猛增长，无论是在出口贸易中，还是在进口贸易中，污染品贸易的绝对值都在急剧增加。1990 年污染品的出口额仅为 44.69 亿美元，2006 年其值已达到 810.6 亿美元，增长了 17 倍多。而污染品的进口贸易甚至比出口增长还要快，在1990 年进口额仅为 16.68 亿美元，至 2006 年进口额已经增长 40 多倍，达到689.56 亿美元。可以预见，随着贸易开放度的逐渐提高，对外贸易额的不断增长，长三角地区的环境污染问题可能会日趋加重。

表 7－3　长三角地区对外贸易规模、增速、差额与依存度

单位：亿美元，%

年份	出口						进口					
	矿物燃料、润滑油及有关原料		化学品及有关产品		轻纺产品、橡胶制品、矿冶产品及其制品		矿物燃料、润滑油及有关原料		化学品及有关产品		轻纺产品、橡胶制品、矿冶产品及其制品	
	金额	比重	金额	比重	金额	比重	金额	比重	金额	比重	金额	比重
1990	0.84	0.8	5.62	5.4	38.23	37	0.35	0.9	5.89	15	10.44	27
1991	0.70	0.6	6.49	5.4	42.91	36	0.88	1.7	7.27	14	13.88	27
1992	0.73	0.5	7.43	5.3	49.74	35	1.09	1.4	6.89	9	19.91	26
1993	2.34	1.4	10.29	6.3	56.59	35	3.12	2.5	10.05	8	38.00	31
1994	2.87	1.3	16.33	7.5	69.98	32	2.36	1.6	15.30	10	43.85	30
1995	3.36	1.2	27.55	9.5	90.14	31	2.90	1.6	20.93	12	42.75	24

续表

年份	出口						进口					
	矿物燃料、润滑油及有关原料		化学品及有关产品		轻纺产品、橡胶制品、矿冶产品及其制品		矿物燃料、润滑油及有关原料		化学品及有关产品		轻纺产品、橡胶制品、矿冶产品及其制品	
	金额	比重	金额	比重	金额	比重	金额	比重	金额	比重	金额	比重
1996	3.81	1.2	32.63	9.9	92.78	28	5.92	2.6	23.10	10	70.90	31
1997	4.61	1.2	36.50	9.4	104.4	27	8.02	3.4	25.63	11	71.74	30
1998	4.82	1.1	36.58	8.6	102.8	24	7.45	2.5	29.80	10	74.46	25
1999	3.99	0.8	39.55	7.9	116.1	23	10.41	2.7	48.26	13	95.44	25
2000	4.50	0.6	50.01	7.1	130.4	18	17.87	3.1	81.42	14	114.2	20
2001	4.90	0.6	56.75	7.1	140.9	18	15.63	2.7	91.67	14	118.9	18
2002	5.61	0.6	60.38	6.0	172.7	17	16.51	1.9	121.7	14	132.6	16
2003	8.72	0.6	78.26	5.2	235.0	16	24.19	1.7	170.6	12	184.5	13
2004	16.8	0.8	107.6	4.9	344.5	16	41.27	2.1	239.7	12	235.0	12
2005	17.4	0.6	146.2	5.0	449.3	15	42.80	1.9	282.0	12	264.5	11
2006	19.4	0.5	188.3	5.0	602.9	16	61.06	2.2	330.9	12	298.6	11

注：污染品指矿物燃料、润滑油及有关原料；化学品及有关产品；轻纺产品、橡胶制品、矿冶产品及其制品。

资料来源：根据上海市、浙江省和江苏省的统计年鉴及中国对外经济贸易年鉴相关数据计算而得。

所幸的是，虽然污染品贸易的绝对值在逐年递增，但进出口贸易中污染品的比重却在逐步下降，如出口贸易中轻纺产品、橡胶制品、矿冶产品及其制品的出口比重由 1990 年的 37% 下降到了 2006 年的 16%。另外，化学品、矿物燃料等产品的出口比重也有微幅下降。在进口贸易中，除矿物燃料等能源类产品的进口比重略有上升外，随着长三角地区产能结构与需求结构的改变，其他两类污染品的进口比重也出现了不同程度的下降。污染品在对外贸易商品中的比重逐年萎缩，使长三角地区污染品贸易的发展速度相对落后于整体对外贸易的发展速度。

从各类污染品的贸易差额来分析，矿物燃料类与化学品类分别从 1996 年、1999 年开始相继出现贸易逆差，即实现了净进口，并一直保持至今。但轻纺、橡胶、矿冶产品却自 1990 年以来始终保持着贸易顺差，而且近年来顺差额呈现加速递增之势。由表 7 - 3 可以看出，在三类污染品的贸易中，轻纺、橡胶、矿冶产品所占的比例最大，平均占长三角地区贸易总额的

24%左右，但 1990 年以来，此类产品在进口与出口贸易中的比重均已出现大幅回落。显然，随着长三角地区经济的发展和产业结构的调整，如果污染品贸易的比重，尤其是比例最大的轻纺、橡胶、矿冶产品的贸易比重能持续下降，则整个地区环境污染的压力必然会较以往有所缓解。

（二）环境状况

作为我国城市群最为集中的区域之一，长三角地区人口密集，高楼林立，工矿企业密布，制造业水平处于全国领先地位，其经济的崛起，充分展示了一种高密度、高强度的区域经济发展模式的效用。但随着工业化进程的不断加快，及城市化与对外贸易的高速增长，整个地区的环境负荷逐年加重，环境质量日趋恶化，环境污染与资源破坏已成为影响该地区社会经济持续发展的重大问题，长江三角洲地区已成为我国新的生态环境脆弱带。

1. 水体污染较为突出

由于大量的氮、磷及有机物的排放，长三角区域内主要水体的水质日趋恶化。除长江、钱塘江干流的水质保持良好外，长三角其余中小河道（包括京杭运河）、太湖、阳澄湖以及城市地表水、近海水域等水体的水质污染均很严重，普遍出现季节性的或终年的黑臭脏现象，城市河流及大河流市区段尤甚。以太湖为例，20 世纪 80 年代初期，水质以 II 类清洁水体为主，约占 69%，IV 类水质只占全湖的 1%左右。但到了 2006 年，在 21 个国控监测点位中，若以总氮为主要污染指标，整个太湖已经没有 I～IV 类水质，只剩下 V 类和劣 V 类水质，其点位分别占 14%和 86%，与 2004 年相比，仅隔两年时间 IV 类水质已完全消失，而劣 V 类水质的点位比例却增加了 28.9 个百分点。虽然湖体的高锰酸盐指数、总磷年均值分别维持在 III 类、IV 类水质标准，但因总氮污染过于严重，湖体综合水质仍为劣 V 类，全湖平均营养状态指数为 63.00，处于中度富营养状态，主要污染指标见表 7-4 所示。与此同时，若以氨氮、五日生化需氧量和石油类等污染指标来考察，则太湖的绝大部分环湖河流均属中度污染，在 2006 年的 87 个地表水国控监测断面中，II 类水质断面仅占 1%，III 类、IV 类占 31%，而 V 类和劣 V 类水质则占了 68%。

表 7 - 4　长三角地区湖泊水体主要污染指标

年份	高锰酸盐指数（mg/L）	总磷（mg/L）	总氮（mg/L）	营养状态指数
2001	5.38	0.097	2.19	60.93
2003	4.30	0.071	2.86	57.80
2004	4.70	0.078	2.82	61.40
2006	4.60	0.080	3.17	63.00

资料来源：2001~2006 年全国及各省环境状况公报。

再以上海黄浦江干流为例，2006 年，除松浦大桥、南市水厂和吴淞口 3 个断面的水质与 2002 年基本持平外，淀峰和临江 2 个断面的水质都出现了不同程度的持续恶化现象。浙江八大水系、内陆河流和湖库的 171 个省控断面水质监测结果统计，2006 年有 38.0% 的监测断面水质为 IV 类、V 类或劣 V 类，失去了饮用水功能，比 1999 年的同类水质占比 25.7% 增加了 12.3 个百分点，而达到或优于地表水环境质量 IV 类标准的监测断面仅占 62.0%，比 1999 年的 74.3% 下跌了 12.3 个百分点。

其实，"跨界污染"也是导致区内河流水质恶化的一个主要因素。长三角地区水源丰富，水网交错，而江南运河、苏州河等航道和主要污染河道又穿行其间，极易造成省市边界水体之间的交叉污染与相互扩散。2000 年太湖流域省界的水体中，约 79% 受到了不同程度的污染，IV 类水占 48%，而 V 类和劣 V 类水占 31%。上海、江苏、浙江边界河流的污染也非常突出，基本属于 V 类或劣 V 类水，具体见表 7 - 5。

表 7 - 5　长三角地区湖泊水体主要污染指标

单位：%

项目	河流断面数（个）	各类水质比例			
		III 类	IV 类	V 类	劣 V 类
苏沪边界河	8	25	25	25	25
苏浙边界河	9	—	44.5	22.2	33.3
沪浙边界河	3	—	—	33.3	66.7
总体水质状况	—	10	30.0	25.0	35.0

资料来源：钱娥萍：《长江三角洲河流污染现状及变化趋势》，《环境科学研究》2002 年第 6 期，第 24~27 页。

此外，长三角的近岸海域污染也十分严重，海水以Ⅳ类和劣Ⅳ类为主，赤潮频繁。2004 年，江苏、上海和浙江海域的赤潮发生面积分别达到 1000 平方公里、1100 平方公里和 1646 平方公里，约占到全国的 66.3%。因受无机氮和活性磷酸盐超标影响，浙江近岸海域的水体总体处于中度富营养化状态，2006 年全省绝大部分近岸环境功能区未达到水质保护目标要求，水质达标率仅为 4.93%，在所监测的 45 个国控站位 4.22 平方公里近岸海域中，Ⅳ类和劣Ⅳ类水占 54.4%，Ⅲ类水质占 10.1%，而Ⅰ~Ⅱ类水质只占 35.5%。浙江环保局有关统计数据显示，2006 年浙江全年共监测到大小赤潮 11 次，累计面积达 3000 平方公里，其中单次最大面积为 1000 平方公里。浙江沿海地区是全国海水养殖重点区，不断下降的海洋环境质量对海水养殖构成了重大威胁。江苏的情况比浙江略微好些，2006 年在江苏省近岸海域的 24 个海水水质监测点中，有 14 个监测点符合海水水质标准Ⅱ类要求，占 58.3%，但在全省 26 条主要入海河流的河口水域中，有 65.4% 的断面水质劣于Ⅴ类，15.4% 的断面水质符合Ⅳ类要求，仅 19.2% 的断面水质符合地表水环境质量标准Ⅲ类要求。

2. 土地侵占和污染比较严重

在长三角地区的工业化和城市化进程中，环境破坏和资源浪费的现象一直比较严重，这又集中表现在耕地资源的浪费上，致使整个地区的耕地面积不断减少。早在 1995 年，长三角地区 16 个城市的耕地面积仅为 332.70 万公顷，人均耕地 0.045 公顷，远低于全国平均水平 0.078 公顷。在长三角（16 个城市）中，上海的耕地面积，不管是总量还是人均面积历来是最少的。1987~2010 年，上海耕地面积从 330900 公顷锐降到 201000 公顷，减幅达 129900 公顷，人均耕地面积也从 1987 年的 0.026 公顷下降到了 2010 年的 0.0087 公顷。无独有偶，2009 年末，浙江省耕地面积仅为 1920900 公顷，也比 1987 年净减了 175970 公顷，人均耕地面积则由 0.042 公顷降至 0.036 公顷。江苏省的实有耕地面积在 1995 年前一直逐年递减，1996 年虽然增加到 5061700 公顷，但此后又立即恢复了下降态势，1997~2009 的 12 年间，江苏省耕地面积累计减少了 3676160 公顷，约占全省土地面积的 4.02%，同期人均耕地面积则从 0.071 公顷下降到了 0.06 公顷。然而在土地资源如此稀缺的情况下，很多建设用地在批租围占之后却长期闲置，甚至被囤积倒卖、任意挪用，如拥有 11 个省级以上开发区的苏州市，全部批准用地面积仅为 98.2 平方公里，而各开发区实际控制面积却达 322.4 平方公里。长三角地区历来人多地少，但 20 余年来工业建设用地迅速增长，加上产业结构趋同，用地结构不尽合理，重复建设、违规圈地、粗放滥用现象严重，导致土地供需矛盾进一步突出。

在耕地面积不断萎缩的同时，长三角地区耕地土壤的污染更是令人担忧。长三角地区过量施用化肥和农药，及未经处理的各种污染物的无序排放，使整个地区的土壤中硝酸盐、重金属和有机物大量累积、存留，导致土壤物理性质劣化、养分失衡，严重影响了农业生态环境和农产品质量安全。2010 年浙江省化肥施用总量约占全国总量的 1.7%，其中氮肥 263.86 万吨，磷肥 87.74 万吨，钾肥 30.97 万吨，复合肥 85.93 万吨，平均用量为 2783kg/hm^2，比 20 世纪 70 年代初期增加了 3~4 倍。1995~2006 年，浙江省每年施用农药 6.0 万~6.7 万吨，其中杀虫剂占 52%~60%，而杀虫剂中有机磷杀虫剂占 60%，高毒农药占 50% 左右，农药施用量为 37.23kg~41.58kg/hm^2，为全国平均水平（9.75kg~14.25kg/hm^2）的 3~4 倍，且单位面积农药施用量有逐年上升的趋势，但农药实际利用率很低，农药接触到靶标作物的仅为 10%~20%，极大部分进入并残留在土壤之中。1990 年以来江苏省的化肥施用量总体上也保持稳步增长的态势，2010 年化肥施用总量达 341.1 万吨（折纯量），比 1990 年的 221.8 万吨（折纯量）增长了53.79%。

同期江苏省农药使用量也从 1990 年的 7.98 万吨上升到 2006 年的 9.86 万吨，增幅达 23.56%，但单位面积农药使用量为 17.51kg~20.97 kg/hm^2，低于浙江省的使用水平，高出全国平均水平。随着化肥农药减量增效措施的全面推广，上海市的化肥和农药使用总量自 1990 年以来已得到有效控制并逐步回落，化肥使用量从 1990 年的 24.8 万吨（折纯量）下降到 2010 年的 11.8 万吨（折纯量），同期农药使用量也从 1.88 万吨减少到 0.83 万吨，但该时期单位面积的化肥和农药平均使用量仍然分别维持在 2795.59kg/hm² 与 35.03kg/hm² 的水平，大大高出全国平均水平和发达国家设置的上限。

3. 大气环境污染呈现

长三角三省市的空气质量基本上达到了国家环境空气质量二级标准，大气环境总体处于轻污染级，但在局部工业集中的城市和地区污染仍有缓慢加重的趋势。如在 2001 年浙江省所有省辖城市的空气质量均达到国家空气质量二级标准，但到 2006 年已有 25% 的省辖城市空气质量下降到国家空气质量三级标准。对长三角地区空气质量影响最大的污染物是尘类总悬浮颗粒物或可吸入颗粒物，其次为二氧化硫和二氧化氮。2009 年上海市二氧化氮 0.053（毫克/立方米），二氧化硫 0.035（毫克/立方米），可吸入颗粒物 0.081（毫克/立方米）。2006 年江苏省 13 个省辖城市的可吸入颗粒物（PM10）年均值浓度达 0.10 毫克/立方米，除无锡、常州、苏州、南通和连云港 5 市可吸入颗粒物（PM10）达到国家环境空气质量二级标准外，其余 8 市均超标。

近年来，长三角大气污染已明显由以往单纯的煤烟型污染向煤烟型和机动车废气混合型污染转变，污染主要来自燃煤废气和机动车尾气的排放。长三角地势平坦，不具备大型水力发电条件，核能发电也始行不久，在能源消耗大幅度增加的情况下，只好发展火电，即建设大量小机组和大型火电厂。曾有一段时期，大型火电厂来不及迅速建成，整个地区冒出了大量周期短的燃油小电厂，以解"电荒"的燃眉之急。大量的燃煤机组，均无脱硫装置，排放出大量的二氧化硫，导致酸雨频繁发生。而在煤烟污染未见缓解的同时，经贸增长带来的交通运输量大幅度增加，使大气环境的机动车尾气型（即石油型）污染加重，臭氧和细粒子大量增加。此外，随着长三角地区污染品生产与贸易的增长，矿物燃料、金属冶炼、化肥农药等污染行业总体处于轻污染级，但在局部工业集中的城市和地区污染仍有缓慢加重的趋势。目前，长三角洲已成为我国两个主要的酸雨控制区之一，16 个城市中有 7 个属于酸雨控制区，几乎整个长三角地区都处于酸雨的威胁中，降水 pH 值逐年下降。2010 年的统计数据表明，上海市、江苏省、浙江省降水 pH 平均值分别为 4.66、5.1 和 4.3，酸雨频度分别为56.4%、38.6% 和 91.6%。三省市中浙江省的酸雨发生频率最高、强度最大、范围最广，32 个省辖城市中 25 个为重酸雨区，其余 7 个为中酸雨区，全省已无轻酸雨区。

大气污染将直接使城市、森林、草场、植被、水系等的生态平衡被破坏，降低生态系统消纳污染物以及维持良性循环的能力。城市空气中高浓度的二氧化硫、氮氧化物和悬浮颗粒物会严重影响人类健康和动植物生长，如引起人体中枢神经受损、肺部损伤或纤维化、慢性支气管炎等，并造成植物果叶脱落和抑制生长等问题。酸雨会导致土壤酸化，农作物减产或品质降低，森林生长受阻，建筑物受腐蚀，使用寿命缩短，江河湖水酸化则会导致鱼类死亡、濒危等。如浙江省温州市是我国酸雨频率超过 95% 的四个城市之一，每年因酸雨造成的损失约达 3 亿元。

4. 工业"三废"排放增加

随着经济贸易的不断开放和快速发展，长三角地区凭借其雄厚的经济基础、独特的区位优势和强大的科研实力，加快了承接世界制造业转移的步伐，三次产业结构中第二产业的比重继续攀升并将在很长一段时间内占据绝对优势。一般来说，第二产业是污染的主要来源，这势必导致长三角地区工业"三废"污染日益加重。而长三角地区尤其是江苏省和浙江省乡镇工业和家庭工业非常发达，家庭作坊式的民营企业星罗棋布，但其粗放式的发展所带来的污染问题却成了环保工作中的一大难题。2006 年浙江省民营经济（主要为乡镇工业和家庭工业）增加值为 9898.85 亿元，占全省GDP 的比重为 62.9%，其中个体私营经济为 8639.61 亿元，占 GDP 的54.9%。1979～2006 年，按现价计算的浙江省民营经济增加值年均增长19.0%，其中个体私营经济年均增长 28.9%，大大快于 GDP 的年均增长速度。在江苏省和上海市，2006 年个体和私营经济增加值占 GDP 的比重也分别达到 35% 和 19.7%，均高于全国平均水平。但随着乡镇工业的迅速发展，污染物的排放量也迅速增长，从而进一步加重了长三角地区环境的压力。据统计，在乡镇工业"三废"排放量中，江苏省居全国第一，浙江省列全国第二。毋庸置疑，如"三废"污染不能得到有效控制，长三角地区的生态环境将面临进一步恶化的威胁。表7-6展示了1997~2006年的十年间，长三角地区工业"三废"的具体排放情况。虽然过分密集的人口和城市群所带来的生活"三废"持续上升，并已成为长三角环境负荷加重的另一重要因素，但本书所谈工业"三废"指工业废水、工业废气和工业固废，不包括生活"三废"。

表7-6 长三角地区工业"三废"排放总量（1997~2006年）

年份	工业废水排放量（亿吨）	工业废气排放量（亿标立方米）	二氧化硫（万吨）	工业烟尘（万吨）	工业粉尘（万吨）	工业固废产生量（万吨）
1997	40.10	16727.5	223.02	108.78	170.5	5241.53
1998	40.60	17416.4	225.57	99.92	135.9	5501.72
1999	40.33	18717.6	185.39	83.76	118.3	5469.16
2000	41.09	21342.4	207.77	70.52	77.4	5778.74
2001	49.71	28838.2	194.77	70.23	74.7	6761.09
2002	41.44	30258.0	197.40	61.30	56.7	7169.25
2003	40.52	32863.9	219.91	61.45	74.7	7529.38
2004	40.67	38401.4	232.17	65.89	68.6	8801.80
2005	45.79	41703.6	251.86	67.45	58.6	10234.62
2006	45.54	49010.9	244.48	64.45	52.2	12354.19

资料来源：1998~2007年上海市、浙江省和江苏省的环境状况公报及其统计年鉴。

进一步分析表7-6可以看出，长三角地区的"三废"排放总量近十年来都有了不同幅度、不同轨迹的增加。首先，工业废水排放总量呈短周期的微幅波动式上升态势，2006年比1997年增加了5.44亿吨，增幅达13.57%，除上海市的工业废水排放量有所下降外，江苏、浙江两省的工业废水排放量都有明显的上升，其中浙江省的工业废水排放量增加最快，十年内翻了一番多，而江苏省的废水排放量所占比重最高，约占整个长三角的52.77%。其次，工业废气排放总量保持了十年连续的增长，1998年以来年均增速达到13.03%，但随着长三角产业结构和工业布局的调整，尤其是对非金属矿物、黑色金属冶炼与压延、石油炼焦、橡胶化工、化纤纺织等产业的整治和改造，废气污染物中工业烟尘和工业粉尘的排放量都有明显回落，二氧化硫排放量也出现了一段时期的下降，但 2003 ~ 2006 年又恢复了稳步增长的势头。最后，工业固体废弃物产生量也保持平稳上升的势头，1998 年来年均增长率达到了 10.25%，在两省一市中，江苏省的工业固废产生量比例最大，占一半左右，其次是浙江省，约占 30%，上海市的固废产生量最小，只占 20% 左右。

（三）城市化状况

长三角作为我国城镇化水平最高、产业最发达、人口最密集的区域之一，总体呈现三大特征。一是城市网络联系便捷，基本形成"同城效应"；二是城市化水平和质量显著提升；三是城市体系总体上呈现扁平状结构，城镇体系较为完善。

1. 城市化水平高，发展速度快

长三角地区以上海为核心，包括南京、杭州、苏州、无锡、宁波等 80 多个市、县、区，是我国经济发达、人口稠密的地区。长三角平均城市化水平已达到 52.63%，高于全国 36% 的平均水平，相当于世界中等收入国家城市化水平。整个地区呈现城市化发展较快的特点。台州、苏州、绍兴、舟山、宁波等 10 个城市城市化水平增长高于 30 个百分点，而上海、杭州、南京等原先城市化水平较高的城市由于基础较好、人口总量规模较大，城市化增长都低于 30 个百分点。各城市城市化增长的幅度差别比较大，如南京、湖州分别增长了 20.3 个和 21.7 个百分点，而台州、苏州分别增长了 38.3 个和 38.1 个百分点，这些数据都充分说明了这些城市的城市化快速增长的势头。

2. 城市化水平地区差异大，内部差异存在

从 16 个地级城市来看，长三角各城市的城市化水平存在一定差异，其中上海、南京城市化水平超过 70%；杭州、无锡、苏州、舟山、宁波、常州、台州、镇江 8 个城市城市化水平达 50% ~ 60%；绍兴、扬州城市化水平达 40% ~ 50%；泰州、南通、湖州、嘉兴 4 市城市化水

平达30%～40%。总的来看，各市城市化水平与经济发展水平有密切关系。

从县级行政区层面来看，城市化的区域差异更为明显，上海人口明显向中心城区集聚，中心城区城市化率在95%以上，但在外围地区，特别是远郊地区，城市化水平仅为30%左右，形成上海市和浙江省、江苏省交界地区的低谷，差别比较大；从江苏省来看，苏南地区城镇人口占总人口比重最高，达到64.5%，而苏中地区仅为42.9%。

3. 城市体系较为完善

总体而言，目前长江三角洲的城市体系已比较完备，已形成了由特大城市、大城市、中等城市、小城市、县城、县属镇和乡级镇组成的七级城镇体系，城镇等级齐全，类型多样，各类城市的数量也呈现出"宝塔型"的特点，呈扁平状结构，大、中、小型城市的数目之比分别为4∶17∶30。这样一种城市体系结构，有利于控制核心城市人口的盲目膨胀，实现各级城市的合理分工，发挥城市带的整体优势，是比较合理的（沈玉芳等，2009）。然而，长三角地区产业的无序竞争、耕地过度占用以及大量的人口流动等也导致了以政府为主体的制度层面改革相对滞后、城镇与工业布局混乱、土地利用率不高、农村宅基地减量化难度大等问题（见表7－7）。

表7－7　长三角地核心城市规模等级

人口规模（万人）	城市数	各类城市名称（包括县级市）
＞500	1	上海
200～500	5	南京、苏州、杭州、无锡、南通
100～200	7	宁波、扬州、常州、泰州、绍兴、镇江、嘉兴
50～100	4	台州、湖州、宜兴、常熟
20～50	17	江阴、通州、如皋、张家港、舟山、昆山、泰兴、江都、溧阳、兴化、吴江、靖江、金坛、海宁、高邮、丹阳、仪征
＜20	19	太仓、句容、江堰、温岭、海门、启东、余姚、上虞、慈溪、平湖、桐乡、诸暨、临海、嵊州、建德、富阳、临安、丰化、扬中

资料来源：2005年上海市、浙江省和江苏省的统计年鉴以及长三角其他各市的统计年鉴。

三　贸易、环境与城市化互动效应：基于时间
序列数据的实证分析

（一）资料来源与计量模型

1. 资料来源

我们选取的城市化、环境与贸易的相关指标数据均来源于政府统计部门公开发布的权威统计数据。采用的数据为年度数据，样本期为 1990～2009 年，所有数据均来源于中国官方资料 1991～2010 年的《浙江统计年鉴》、《江苏统计年鉴》、《上海统计年鉴》、《常州统计年鉴》、《南京统计年鉴》、《南通统计年鉴》、《苏州统计年鉴》、《泰州统计年鉴》、《无锡统计年鉴》、《扬州统计年鉴》、《镇江统计年鉴》、《杭州统计年鉴》、《湖州统计年鉴》、《嘉兴统计年鉴》、《宁波统计年鉴》、《绍兴统计年鉴》、《台州统计年鉴》及《舟山统计年鉴》。

2. 时间序列计量模型

（1）单位根检验

在对变量进行协整分析之前，首先须对变量的平稳性进行检验，只有变量在一阶平稳，即 I（1）条件下，才能进行协整分析。本节采用时间序列 ADF 单位根检验的方法来检验变量的平稳性。1976 年 Dickey & Fuller 首次通过最小二乘法回归得到 DF 分布并进行变量的单位根检验之后，在 1979 年、1980 年对 DF 检验进行了扩充，形成了 ADF（Augment Dickey-Fuller）检验，检验过程如下：对于任意变量 Y_t，检验零假设 ～I（1）相当于检验 $\triangle Y_t$ 是平稳的。ADF 单位根检验过程基于 OLS 回归式。

$$Y_t = \alpha + \beta T + \rho Y_{t-1} + \sum_{i=1}^{p} \beta_i \Delta Y_{t-j} + \varepsilon_t \tag{7.1}$$

$$Y_t = \alpha + \beta T + \alpha_1 Y_{t-1} + \sum_{i=1}^{p} \beta_i \Delta Y_{t-j} + \varepsilon_t \ (\alpha_1 = \rho - 1) \tag{7.2}$$

式中，T 表示线性时间趋势，ρ 为滞后项，ε_t 为白噪声残差。检验 Y_t ［序列为 I（1）］中存在一个单位根的零假设相当于检验式（7.2）中 $\alpha_1 = \rho - 1$ 的假设。如果 α_1 显著小于 0，则存在一个单位根的零假设被拒绝。

（2）协整检验

Granger（1987）给出了协整的定义：若干个由单位根过程所生成的数据的变量，若存在这样的线性组合，使与这一组合的偏差（协整残差）由稳定过程所生成，则这种组合即为变量之间的协整，它反映了变量之间的长期稳定性。简言之，协整关系是指经济变量之间存在的长期均衡关系。由 Engle 和 Granger（1987）正式提出后，目前两个常用的协整检验方法是 Engle 和 Granger（1987）的两步检验法以及 Johansen 和 Juselius 的方法（Johansen 和 Juselius，1990；Johansen，1995）。Johansen 和 Juselius 在研究协整问题时，在多元变量分析的基础上不仅提供了一个估计的方法，还提出了检验协整向量个数及经济理论所设条件的显式方法。因此，Johansen 和 Juselius 的方法已成为协整分析的关键工具。

利用 Johansen（1988、1991）和 Johansen 和 Juselius（1990）提出的基于 VAR 方法的协整系统检验，我们分别考察了贸易与环境、贸易与城市化、城市化与环境两两之间的长期稳定关系。Johansen 协整检验的关键是计算两个统计量：一个是迹统计量 $\lambda_{trace} = -T \sum_{i=r+1}^{n} \ln(1 - \bar{\lambda}_i)$（$r = 0, 1, \cdots, n - 1$），另一个是最大特征值统计量 $\lambda_{max} = -T \ln(1 - \bar{\lambda}_i)$（$r = 0, 1, \cdots, n - 1$），它是检验第 $r+1$ 个特征值 λ_{r+1} 为零的似然比统计量，其中 $\bar{\lambda}$ 是根据极大似然估计方法得到的残差矩阵的特征值。正如 Johansen（1995）所指出的，在小样本情况下，迹统计量和最大特征值统计量的检验结果可能会出现差异，因此下文在进行协整分析时，同时计算出迹统计量（λ_{trace}）和最大特征值统计量（λ_{max}）。

Johansen 协整检验的一个主要问题是对于我们分析所采用的小样本而言，协整检验的渐进临界值可能并不适用。我们采用 Maddala 和 Kim（1998）建议的方法对 Johansen 协整检验的迹统计量（λ_{trace}）和最大特征值统计量（λ_{max}）进行修正：在协整检验得到的 λ_{trace}、λ_{max} 的基础上，再

乘以 $(T-nk)/T$ 来进行修正，其中 T 为样本观察数目，n 为 VAR 模型变量个数，k 是 VAR 模型滞后阶数。根据 Maddala 和 Kim（1998）的方法，在有限样本情况下这一修正将提高估计的精确度。

（3）结构式向量自回归（SVAR）识别

1980 年，西姆斯（Sims）针对大型宏观经济计量模型存在的不足，首次提出了非约束性向量自回归（VAR）模型，该模型不需要区分变量是内生或外生的，通过模型中所有内生当期变量对它们的若干滞后值进行回归，进而估计出全部内生变量的动态关系，并且通过脉冲响应函数和方差分解分析某一变量扰动项的初始变动对模型中其他变量的冲击效应。但贸易与环境、贸易与城市化、城市化与环境两两之间的互动关系不仅与变量滞后期值有关，还与其他变量同期值有关，结构式向量自回归（SVAR）能够考虑变量间的同期关系，从而相较于无约束的 VAR 能更精确地解释变量间的动态关系。

两变量之间的 SVAR 模型如下（高铁梅，2009）：

$$x_t = b_{10} + b_{12}z_t + \gamma_{11}x_{t-1} + \gamma_{12}z_{t-1} + u_{xt}$$
$$z_t = b_{20} + b_{22}x_t + \gamma_{21}x_{t-1} + \gamma_{22}z_{t-1} + u_{zt}$$
$$(t = 1,2,\ldots,T) \tag{7.3}$$

式（7.3）假设：①变量过程 x_t 和 z_t 均是平稳随机过程；②随机误差 u_{xt} 与 u_{zt} 是白噪声序列，且 $\sigma_x^2 = \sigma_z^2 = 1$；③随机误差 u_{xt} 与 u_{zt} 之间不相关，$\mathrm{cov}(u_{xt}, u_{zt}) = 0$。可将式（7.3）称为一阶结构向量自回归模型 [SVAR (1)]。作为一种结构式经济模型，引入了变量之间的作用与反馈作用，其中系数 b_{12} 表示变量 z_t 的单位变化对变量 x_t 的即时作用，γ_{21} 表示 x_{t-1} 的单位变化对 z_t 的滞后影响。虽然 u_{xt} 和 u_{zt} 是单纯出现在 x_t 和 z_t 中的随机冲击，但如果 $b_{22} \neq 0$，则作用在 x_t 上的随机冲击 u_{xt} 通过对 x_t 的影响，能够即时传到变量 z_t 上，这是一种间接的影响；如果 $b_{12} \neq 0$，同理。冲击的交互影响体现了变量作用的双向和反馈关系。

k 个变量的 p 阶结构向量自回归模型 $SVAR(P)$ 为：

$$B_0 y_t = \varGamma_1 y_{t-1} + \varGamma_2 y_{t-2} + \ldots + \varGamma_p y_{t-p} + u_t \tag{7.4}$$

其中：

$$B_0 = \begin{bmatrix} 1 & -b_{12} & \cdots & -b_{1k} \\ -b_{21} & 1 & \cdots & -b_{2k} \\ \cdots & \cdots & \cdots & \cdots \\ -b_{k1} & -b_{k2} & \cdots & 1 \end{bmatrix}, \Gamma_i = \begin{bmatrix} \gamma_{11}^{(i)} & \gamma_{12}^{(i)} & \cdots & \gamma_{1k}^{(i)} \\ \gamma_{21}^{(i)} & \gamma_{22}^{(i)} & \cdots & \gamma_{2k}^{(i)} \\ \cdots & \cdots & \cdots & \cdots \\ \gamma_{k1}^{(i)} & \gamma_{k2}^{(i)} & \cdots & \gamma_{kk}^{(i)} \end{bmatrix}, i = 1, 2, \ldots, p, u_t = \begin{bmatrix} u_{1t} \\ u_{2t} \\ \vdots \\ u_{kt} \end{bmatrix}$$

式（7.3）可表示成滞后算子形式为：

$$B(L)y_t = u_t, E(u_t u'_t) = I_k \tag{7.5}$$

其中：$B(L) = B_0 - \Gamma_1 L - \Gamma_2 L^2 - \cdots - \Gamma_p L^p$，为滞后算子 L 的 $k \times k$ 参数矩阵。

（4）Granger 因果关系检验

Engle 和 Granger（1978）提出的因果关系检验法是当前计量经济分析中用于判别两个变量的变化之间是否存在双向因果关系的主要工具。Granger 因果检验在考察序列 X 是否为序列 Y 的原因时，先估计当前的 Y 值被其自身滞后期取值所能解释的程度，然后验证通过引入序列 X 的滞后值是否可以提高 Y 的被解释程度。如果是，则称序列 X 是 Y 的 Granger 成因，此时 X 的滞后期系数具有统计显著性。另外，一般还需要验证反向因果关系，即序列 Y 是否是 X 的 Granger 成因。考虑以下双变量回归模型：

$$Y_t = \alpha_0 + \sum_{i=1}^{k1} \alpha_t Y_{t-1} + \sum_{j=1}^{k2} \beta_j X_{t-j} + \mu_t \tag{7.6}$$

$$X_t = \alpha_0 + \sum_{i=1}^{k1} \alpha_t X_{t-1} + \sum_{j=1}^{k2} \beta_j Y_{t-j} + \mu_t \tag{7.7}$$

其中：k 是最大滞后项，μ_t 为白噪声序列，满足均值为零，零方差且自相关 [即 $E(\mu_t) = 0, Var(\mu_t) = \sigma^2$]，$\alpha$ 和 β 为待估参数，滞后长度 k_1 和 k_2 要预先确定。首先对式（7.6）和（7.7）进行最小二乘估计，计算出各自的残差平方和，然后利用上述两个回归方程的残差平方和计算 F 统计量。最后检验零假设：$H_0: \beta_J = 0 (J = 1, 2, \cdots, k_2)$，若其中至少有一个显著不等于零，则拒绝零假设；反之，则接受零假设。

由 Engle 和 Granger（1987）推导出的定理，如果包含在 VAR 模型中的变量存在协整关系，则我们可以建立包括误差修正项（EC）在内的误差修正模型（ECM），并根据 ECM 模型来判断变量之间的因果关系。包括双变量的误差修正模型的一般形式为：

$$\Delta Y_t = c_1 + \sum_{i=1}^{k1} \alpha_{1i} \Delta Y_{t-i} + \sum_{j=1}^{k2} \beta_{1i} \Delta X_t + \gamma_1 EC_{1,t-1} + \mu_{1i} \tag{7.8}$$

$$\Delta X_t = c_1 + \sum_{i=1}^{k1} \alpha_{2i} \Delta Y_{t-i} + \sum_{j=1}^{k2} \beta_{2i} \Delta X_t + \gamma_2 EC_{2,t-1} + \mu_{2i} \tag{7.9}$$

其中：$EC_{1,t-1}$、$EC_{2,t-1}$ 分别表示前述协整检验结果的一阶滞后残差（误差修正项），误差修正项的大小表明了从非均衡向长期均衡状态调整的速度，误差修正项的系数包含过去的变量值是否影响当前变量值的信息，一个显著的非零系数表明过去的均衡误差在决定当前的结果中扮演了重要的角色。

除了基于无约束 VAR 模型的 ECM-Granger 因果检验方法之外，Toda 和 Yamamoto（1995）提出了一种新的因果检验方法。Toda 和 Yamamoto（1995）的方法优点在于其不受 VAR 系统协整关系的制约，并且这一方法简单易行（Rambaldi 和 Doran，1996）。Toda 和 Yamamoto（1995）的方法是首先估计无约束 VAR 模型，滞后期为 $k+d$，其中 k 是由 AIC 一类最优滞后阶数选择准则决定，d 是模型变量的最大单整阶数。在对这一滞后阶数为 $k+d$ 的 VAR 系统进行估计后，再运用 Wald 检验来确定是否存在因果关系。值得注意的是，在进行 Wald 检验时，要忽略新增加的 d 项滞后项。

（二）贸易与环境

本节首先采用长三角地区（16 个城市）汇总结果分析整个长三角贸易与环境的互动效应，然后采用类似计量方法，得到长三角地区 16 个城市的实证结果。

1. 对整个长三角地区（16个城市）的实证

（1）指标和实证模型

基于前面的分析，贸易对环境的影响表现在结构效应、技术效应和规模效应三个方面，根据 Grossman 和 Krueger（1991）以及 Ekins（1997）的研究成果，建立以下实证模型：

$$\ln e = \alpha + \beta_1 \ln X_1 + \beta_2 \ln X_2 + \beta_3 \ln X_3 + \varepsilon \qquad (7.10)$$

其中：e 是总的污染物排放量，用工业固体废弃物产生量表示，X_1 代表第二产业结构占 GDP 比重，X_2 代表环境污染治理投资额，X_3 代表出口贸易额，ε 是随机扰动项。

（2）ADF 单位根检验

我们用 ADF 方法对长三角（16个城市）整体的时间序列进行平稳性检验，并采用 AIC、SC 平均数最小的原则确定最佳滞后阶数，得出检验结果如表 7-8 所示。由表 7-8 的结论可以看出，4 个变量的原始时间序列都是非平稳的，但它们的一阶差分变量却是平稳的，因此它们都具有一阶单整现象，可以在此基础上进行 Johansen 协整关系检验。

表 7-8 长三角（16 个城市）时间序列变量的 ADF 检验

变量	检测类型	ADF 检测值	各显著水平下的临界值			检测结果
			1%	5%	10%	
$\ln e$	$(0,0,3)$	4.23336	-2.70809	-1.96281	-1.60613	不平稳
$d\ln e$	$(C,0,3)$	-3.870612	-3.88675	-3.05217	-2.66593	5% 平稳
$\ln X_1$	$(C,0,3)$	-2.396316	-3.85739	-3.04039	-2.66055	不平稳
$d\ln X_1$	$(0,0,1)$	-5.394864	-2.70809	-1.96281	-1.60613	1% 平稳
$\ln X_2$	$(C,T,1)$	-2.527291	-4.57156	-3.69081	-3.28691	不平稳
$d\ln X_2$	$(C,0,1)$	-4.191829	-3.88675	-3.05217	-2.66659	1% 平稳
$\ln X_3$	$(0,0,1)$	3.693364	-2.72825	-1.96627	-1.60503	不平稳
$d\ln X_3$	$(C,T,3)$	-4.932392	-4.18001	-3.79117	-3.34225	1% 平稳

（3）Johansen 协整检验

利用 Johansen（1995）、Johansen 和 Juselius（1990）提出的基于 VAR 方法的协整系统检验，得到结果如表 7 - 9 所示。从上述协整检验结果中我们可以发现，在 5% 的显著水平下存在一个协整方程，并可写成如下数学表达式，括号内为渐进标准误：

$$\ln e = 1.5562 + 1.0647\ln X_1 - 0.8867\ln X_2 + 0.0672\ln X_3 \tag{7.11}$$
$$\quad\quad\quad (0.14138) \quad\quad (0.13196) \quad\quad (0.01911)$$

从式（7.11）可以看出：各变量显著，工业固体废弃物产生与第二产业结构占 GDP 比重、环境污染治理投资额、出口贸易额之间存在着稳定的协整关系。这一结果也说明在长三角地区的开放经济过程中，对外经贸合作活动的频繁开展始终影响着整个地区的环境质量与污染排放，因此贸易与环境是相关联的，并且整个长三角（16 个城市）的规模效应都为负（即贸易规模的增加，会导致污染的增加），技术效应为正（即技术水平增加，会导致污染的减少），结构效应为正（即结构升级，会导致污染的减少）。

表 7 - 9　长三角（16 个城市）时间序列变量的协整检验

原假设	λ_{max}	λ_{trace}	5% 临界值	1% 临界值
None*	0.82371	52.1876	47.21	54.46
At most 1	0.41652	19.2762	29.23	35.45
At most 2	0.21143	8.5013	15.41	20.04
At most 3	0.17091	3.7482	3.76	6.65

注：* 表示在 5% 的显著性水平下拒绝原假设；迹统计量显示在 5% 的显著性水平下有一个协整方程；显著性水平由 Eviews 7.0 给出。

（4）SVAR 模型识别

SVAR 模型的可识别条件：简化式的未知参数不比结构式的未知参数多。对于三元 p 阶 SVAR 模型来说，需要估计的参数个数为 $(k^2 p + k^2)$，而三元 p 阶 VAR 模型的待估计参数个数为 $[k^2 p + 0.5 \times (k + k^2)]$，则三元

SVAR 模型可识别的条件为施加 $0.5k(k-1)$ 个限制条件才能估计出结构式模型的参数。对长三角（16 个城市）对应的平稳阶数的 $\ln e$、$\ln X_1$、$\ln X_2$、$\ln X_3$ 的时间序列数据，由于样本容量较小，选择初始滞后阶数为 3，进行 Var lag structure 的 lag length criteria 检验，确定整个长三角（16 个城市）SVAR 模型的滞后项数为 2。

根据前文对贸易与环境的互动关系分析知，对外贸易对环境质量存在长期不确定影响，因为对外贸易是长期的；另外，按照环境作用于"贸易三效应"特点，设置环境质量对贸易的长期约束为零。

综上，由整个长三角（16 个城市）SVAR 滞后阶数 p、可识别条件与长期约束设置，可得整个长三角（16 个城市）SVAR 模型可识别，由此可以进一步做 Granger 因果检验和回归分析。

（5）Granger 因果关系检验

采用 SVA 识别结果，采用 Toda 和 Yamamoto（1995）因果检验方法，现将 $\ln e$ 与 $\ln X_1$、$\ln X_2$、$\ln X_3$ 之间的 Granger 因果关系进行检验（见表 7-10）。检验结果表明，就本节所选取的污染变量及样本期间而言，在滞后两期以内，约为 95% 的置信水平下，我们可以认为结构变动、环境污染治理和出口贸易都是导致整个长三角（16 个城市）环境质量变化的重要原因。该结果说明对外贸易确实能影响一个地区的环境质量，随着长三角地区经济开放程度的加深，整个地区的环境质量必然会发生相应的改变。另外，上述检验结果也显示环境质量的变化并不是引起整个长三角（16 个城市）的产业结构变动的原因。由此我们推论，在整个长三角（16 个城市）环境因素并没有在产业结构调整变动的导向中发挥其应有的作用，环境保护的理念也尚未全面贯穿、融入整个地区相关的产业结构调整政策当中，在决策的源头环保思想并没有得到充分的体现与贯彻，至今环境与发展的综合决策机制也尚未在区内得以全面的建设与完善。

进一步分析表 7-10 可以发现，对于"$\ln e$ 不是 $\ln X_3$ 的 Granger 成因"

表 7 - 10　长三角（16 个城市）时间序列变量的 Granger 因果关系检验

H_0 假设	SVAR 滞后阶数	d	T - 统计量
$\ln e$ does not Granger cause $\ln X_1$	1	1	2.596(0.761)
$\ln X_1$ does not Granger cause $\ln e$	1	1	5.403(0.010)
$\ln e$ does not Granger cause $\ln X_2$	1	1	4.362(0.045)
$\ln X_2$ does not Granger cause $\ln e$	2	1	4.452(0.046)
$\ln e$ does not Granger cause $\ln X_3$	2	1	5.243(0.011)
$\ln X_3$ does not Granger cause $\ln e$	2	1	5.408(0.033)

的原假设（H_0）检验，其相伴概率也很低，只有 0.011，因此可以拒绝原假设，并认为环境质量的变化也是导致整个长三角（16 个城市）出口贸易变化的原因之一。那么环境质量的变化怎么会对整个长三角（16 个城市）的出口贸易有一定的反作用呢？其实这应归因于整个长三角（16 个城市）相对于国内其他地区而言实施了较为严格的环境管制措施。近年来，随着整个长三角（16 个城市）地区环境法制建设的逐步深入，环境政策法规体系日渐完善，同时环境执法与监管的力度不断加大，对排污企业的清理整顿和查处力度也不断加大，总体而言，整个长三角（16 个城市）的环境规制开始日趋严格。另外，从法律和经济层面上讲，环境资源作为一个对比较优势具有影响力的生产要素其地位已基本确立，在污染防治中以排污交易制度为基础的市场化经济手段已得到了不断的探索和运用。因而，由环境污染所产生的负外部效应已部分被市场定价机制内部化而反映在产品的价格之中，"环境规制的成本贸易效应" 在整个长三角（16 个城市）已开始显现。所以，从短期来看，当一个地区的环境规制相对变得严格时，该地区的产品出口，尤其是污染密集型产品的出口会因比较优势受到削弱而出现萎缩。另外，科学发展观在外贸政策中不断得到体现，如关税、退税政策的调整对出口的扩张也有一定的抑制作用。当然，在整个长三角（16 个城市）地区，环境质量的影响力还有限，毕竟一个完善的资源品、能源品交易市场尚未得以完善，环境污染所导致的负外部效应并没有通过污染权的清晰界定而充分作用于微观企业的投资决策与生产行为，市

场失灵尚未被完全克服。

2. 对长三角 16 个城市的实证

按照类似的方法，我们对长三角 16 个城市的贸易与环境关系进行计量分析，为了计算简便，我们只给出了其简单的拟合结果（见表 7 – 11）。从各项指标来看，16 个城市的总体回归方程都存在着显著的线性关系。从表 7 – 11 的数据结果可以看出，长三角 16 个城市的规模效应都为负，即贸易规模的增加，会导致污染的增加；上海、南京、常州、镇江、南通和舟山 6 个城市的技术效应为负，其他 10 个城市的技术效应为正。南京、苏州、杭州、湖州、嘉兴、宁波和绍兴这 7 个城市的结构效应为正，其他 9 个城市的结构效应为负。

表 7 – 11　长三角 16 个城市贸易与环境拟合结果

城市	R 的平方	R 的平方的调整	F 值	T 值				方程
				常量	出口额	第二产业占GDP比重	环境保护投资额	
上海	0.96	0.95	126.29	1.55	11.17	1.71	0.15	$lne = 2.027 + 0.408\ln X_1 + 0.003\ln X_2 + 0.246\ln X_3$
南京	0.97	0.96	147.53	3.23	2.63	-1.58	10.24	$lne = 7.773 - 0.887\ln X_1 + 0.138\ln X_2 + 0.066\ln X_3$
常州	0.90	0.88	48.35	-3.85	0.96	3.09	4.19	$lne = -19.946 + 0.244\ln X_1 + 5.219\ln X_2 + 0.077\ln X_3$
苏州	0.98	0.98	243.63	0.17	12.35	-1.45	-0.48	$lne = 0.533 - 0.144\ln X_1 - 0.017\ln X_2 + 0.463\ln X_3$
镇江	0.90	0.88	45.44	-2.03	3.50	2.48	1.90	$lne = -13.093 + 3.954\ln X_1 + 0.099\ln X_2 + 0.16\ln X_3$
无锡	0.94	0.92	78.31	-3.35	3.54	3.83	-0.54	$lne = -15.001 + 3.903\ln X_1 - 0.094\ln X_2 + 0.472\ln X_3$
南通	0.98	0.97	230.47	-0.20	1.02	4.42	5.84	$lne = -0.174 + 1.109\ln X_1 + 0.091\ln X_2 + 0.035\ln X_3$
泰州	0.81	0.78	23.02	-1.35	0.94	2.39	-0.24	$lne = -6.213 + 2.628\ln X_1 - 0.033\ln X_2 + 0.087\ln X_3$
扬州	0.75	0.70	16.00	-0.56	3.81	1.20	-1.13	$lne = -2.332 + 1.236\ln X_1 - 0.112\ln X_2 + 0.333\ln X_3$
杭州	0.97	0.96	172.56	3.93	13.23	-2.67	-4.52	$lne = 11.395 - 1.964\ln X_1 - 0.111\ln X_2 + 0.2667\ln X_3$
湖州	0.94	0.93	80.80	1.36	11.26	-0.81	-1.93	$lne = -15.001 + 3.903\ln X_1 - 0.094\ln X_2 + 0.472\ln X_3$
嘉兴	0.97	0.97	199.60	-0.01	13.35	-0.20	-4.54	$lne = -0.015 - 0.154\ln X_1 - 0.192\ln X_2 + 0.623\ln X_3$
宁波	0.87	0.84	34.62	0.23	4.32	-0.10	-1.34	$lne = 3.376 - 0.372\ln X_1 - 0.132\ln X_2 + 0.408\ln X_3$
绍兴	0.94	0.93	82.32	3.61	8.84	-2.20	-1.63	$lne = 10.069 - 1.621\ln X_1 - 0.066\ln X_2 + 0.224\ln X_3$
泰州	0.81	0.78	23.02	-1.35	0.94	2.39	-0.24	$lne = -6.213 + 2.628\ln X_1 - 0.033\ln X_2 + 0.087\ln X_3$
舟山	0.95	0.94	107.48	-5.40	1.10	5.61	0.09	$lne = -5.350 + 1.727\ln X_1 + 0.022\ln X_2 + 0.211\ln X_3$

（三）贸易与城市化

1. 对整个长三角 （16个城市） 的实证

（1）指标和实证模型

目前，贸易与城市化的研究多集中在 FDI 和城市化关系方面，而在大部分的有关 FDI 与城市化关系的研究文献中，所用实证模型大都大同小异。我们结合中国的实际情况，建立以下实证模型：

$$\ln U = \alpha + \beta \ln FDI + \varepsilon \qquad (7.12)$$

其中：U 代表城市化，这里用非农人口比重表示，FDI 代表国外直接投资，ε 是随机扰动项。

（2）ADF 单位根检验

我们用 ADF 方法对长三角（16个城市）整体的时间序列进行平稳性检验，并采用 AIC、SC 平均数最小的原则确定最佳滞后阶数，得出检验结果如表 7－12 所示。由表 7－12 分析结论可以看出，两个变量的原始时间序列都是非平稳的，但它们的一阶差分变量却是平稳的，因此它们都具有一阶单整现象，可以在此基础上进行 Johansen 协整关系检验。

表 7－12　长三角 （16个城市） 时间序列变量的 ADF 检验

变量	检测类型	ADF 检测值	各显著水平下的临界值			检测结果
			1%	5%	10%	
$\ln U$	$(0,0,3)$	4.23336	－2.70809	－1.96281	－1.60613	不平稳
$d\ln U$	$(C,0,3)$	－4.870612	－3.88675	－3.05217	－2.66593	1%平稳
$\ln FDI$	$(C,0,3)$	－2.396316	－3.85739	－3.04039	－2.66055	不平稳
$d\ln FDI$	$(0,0,1)$	－5.394864	－2.70809	－1.96281	－1.60613	1%平稳

（3）Johansen 协整检验

利用 Johansen （1995）、Johansen 和 Juselius （1990） 提出的基于 VAR 方法的协整系统检验，结果发现，在 5% 的显著水平下存在一个协整方程，并可写成如下数学表达式，括号内为渐进标准误：

$$\ln U = 3.243 + 0.113 \ln FDI \tag{7.13}$$
$$\underset{(0.1431)}{}$$

从式 (7.13) 可以看出：非农人口比重与国外直接投资之间存在着稳定的协整关系，这一结果也说明在长三角地区的经济开放过程中，对外经济活动的强度始终影响着整个地区的城市化水平，因此贸易与城市化是相关联的。

（4）SVAR 模型识别

选择初始滞后阶数为 3，进行 Var lag structure 的 lag length criteria 检验，确定整个长三角（16 个城市）SVAR 模型的滞后项数为 1。

根据前文对贸易与城市化互动关系的分析知，对外贸易对城市化存在长期不确定影响，因为对外贸易是长期的；另外，按照贸易作用于城市化的特点，设置城市化对贸易的长期约束为零。

综上，由整个长三角（16 个城市）SVAR 滞后阶数 p、可识别条件与长期约束设置，可得整个长三角（16 个城市）SVAR 模型可识别，由此可以进一步做 Granger 因果检验和回归分析。

（5）Granger 因果关系检验

采用 SVA 识别结果，采用 Toda 和 Yamamoto（1995）因果检验方法，现将 $\ln U$ 与 $\ln FDI$ 之间的 Granger 因果关系检验结果进行检验。检验结果表明，就本节所选取的污染变量及样本期间而言，在滞后两期以内，约为 95% 的置信水平下，我们可以认为外商直接投资和城市化之间存在双向 Granger 因果关系。该结果说明对外贸易确实能影响一个地区的城市化进程，随着长三角地区经济开放程度的加深，整个地区的城市化水平必然会得到相应的提高。同时，长三角（16 个城市）的城市化进程的加快有利于扩大外商直接投资规模和提升效益。

2. 对长三角 16 个城市的实证

按照类似的方法，我们对长三角 16 个城市的贸易与城市化关系进行计量分析，为了计算简便，这里只给出了其简单的拟合结果（见表 7–13）。从数据和回归方程可以看出，总体而言，长三角 16 个城市的回归方程存在着显著的线性关系，这16个城市的城市化和贸易都存在正相关关系，即贸易推动了城市化的发展。

表 7 − 13   长三角 16 个城市贸易与城市化拟合结果

城市	R 的平方	R 的平方的调整	F 值	T 值		方程
				常量	FDI	
上海	0.326	0.289	8.716	14.407	2.952	$\ln U = 3.563 + 0.057\ln FDI$
南京	0.611	0.59	28.315	9.556	5.321	$\ln U = 2.622 + 0.131\ln FDI$
常州	0.834	0.825	90.629	12.734	9.52	$\ln U = 2.113 + 0.148\ln FDI$
苏州	0.639	0.619	31.911	2.823	5.649	$\ln U = 1.218 + 0.196\ln FDI$
镇江	0.494	0.466	17.6	5.883	4.195	$\ln U = 2.054 + 0.142\ln FDI$
无锡	0.466	0.436	15.708	6.057	3.963	$\ln U = 2.342 + 0.133\ln FDI$
南通	0.743	0.729	52.039	11.542	7.214	$\ln U = 2.103 + 0.124\ln FDI$
泰州	0.817	0.807	80.469	5.381	8.97	$\ln U = 1.156 + 0.201\ln FDI$
扬州	0.46	0.43	15.335	6.532	3.916	$\ln U = 2.189 + 0.132\ln FDI$
杭州	0.709	0.692	43.758	14.655	6.615	$\ln U = 2.498 + 0.103\ln FDI$
湖州	0.913	0.908	187.977	28.113	13.71	$\ln U = 2.154 + 0.112\ln FDI$
嘉兴	0.795	0.784	69.953	14.01	8.364	$\ln U = 2.035 + 0.123\ln FDI$
宁波	0.795	0.784	69.998	10.69	8.366	$\ln U = 1.84 + 0.13\ln FDI$
绍兴	0.812	0.802	77.829	4.553	8.822	$\ln U = 1.023 + 0.20\ln FDI$
泰州	0.817	0.807	80.469	5.381	8.97	$\ln U = 1.156 + 0.201\ln FDI$
舟山	0.465	0.436	15.67	8.004	3.958	$\ln U = 2.247 + 0.146\ln FDI$

（四）环境与城市化

1. 对整个长三角 （16 个城市） 的实证

（1）指标和实证模型

经济发展对环境影响的效应比较典型的研究成果是库兹涅茨的倒 U 型曲线假设提出的，它表明当一个国家经济发展水平较低的时候，环境污染的程度较轻，但是随着人均收入的增加，环境污染由低趋高，环境恶化程度随经济的增长而加剧；当经济发展达到一定水平后，随着人均收入的进一步增加，环境污染又由高趋低，其环境污染逐渐减缓，环境质量逐渐得到改善。环境污染与经济发展呈倒 U 型关系。鉴于城市化发展对经济发展具有反推动作用，很多学者将 EKC 曲线用于研究城市化与环境之间的关系，研究表明，城市化发展与环境质量也普遍存在倒 U 型的关系，即在城市化过程开始时，环境污染水平较低，随着城市化进程的加快，环境污染加剧，达到某一临界点后，随着城市化水平的继续提高，环境污染水平降低。

$$lne = \alpha + \beta_1 lnu + \beta_2 (lnu)^2 + \varepsilon \qquad (7.14)$$

lne 为环境污染指标的对数形式，用工业固体废弃物产生量表示，α 为特定的截面效应，lnu 和 $(lnu)^2$ 分别表示城市化水平的一次和二次形式，用非农人口比重表示，ε 是随机扰动项。

（2）ADF 单位根检验

我们用 ADF 方法对长三角（16 个城市）整体的时间序列进行平稳性检验，并采用 AIC、SC 平均数最小的原则确定最佳滞后阶数，得出检验结果如表 7 – 14 所示。由表 7 – 14 分析结论可以看出，4 个变量的原始时间序列都是非平稳的，但它们的一阶差分变量却是平稳的，因此它们都具有一阶单整现象，可以在此基础上进行 Johansen 协整关系检验。

表 7 – 14　长三角（16 个城市）时间序列变量的 ADF 检验

变量	检测类型	ADF 检测值	各显著水平下的临界值			检测结果
			1%	5%	10%	
lne	$(0,0,3)$	4.23336	– 2.70809	– 1.96281	– 1.60613	不平稳
$dlne$	$(C,0,3)$	– 3.870612	– 3.88675	– 3.05217	– 2.66593	5% 平稳
lnu	$(0,0,3)$	4.23336	– 2.70809	– 1.96281	– 1.60613	不平稳
$dlnu$	$(C,0,3)$	– 4.870612	– 3.88675	– 3.05217	– 2.66593	1% 平稳
$(lnu)^2$	$(0,0,1)$	3.693364	– 2.72825	– 1.96627	– 1.60503	不平稳
$d(lnu)^2$	$(C,T,3)$	– 4.932392	– 4.18001	– 3.79117	– 3.34225	1% 平稳

（3）Johansen 协整检验

我们利用 Johansen （1995）、Johansen 和 Juselius（1990）提出的基于 VAR 方法的协整系统检验，得到结果如表 7 - 15 所示。从上述协整检验结果中我们可以发现，在 5% 的显著水平下存在一个协整方程，并可写成如下数学表达式，括号内为渐进标准误：

$$\ln e = 64.28 - \underset{(0.1425)}{34.23} \ln u + \underset{(0.1423)}{6.34} (\ln u)^2 + \varepsilon \qquad (7.15)$$

从式（7.15）可以看出：城市化一次项、城市化二次项与工业固体废弃物产生量之间存在着稳定的协整关系。这一结果也说明在长三角地区的城市化进程中，城市化过程始终影响着整个地区的环境质量与污染排放，因此环境与城市化是相关联的，并且整个长三角（16 个城市）的城市化发展与环境质量显示出倒 U 型曲线关系。

表 7 - 15　长三角（16 个城市）时间序列变量的协整检验

原假设	λ_{max}	λ_{trace}	5% 临界值	1% 临界值
None*	0.8961	81.6800	27.58	47.86
At most 1	0.7754	36.5825	21.13	29.80
At most 2	0.2840	6.7068	14.26	15.49
At most 3	0.0011	0.0223	3.81	3.84

注：* 表示在 5% 的显著性水平下拒绝原假设；迹统计量显示在 5% 的显著性水平下有一个协整方程；显著性水平由 Eviews 7.0 给出。

（4）SVAR 模型识别

长三角（16 个城市）对应的平稳阶数的 $\ln e$、$\ln u$、$(\ln u)^2$ 时间序列数据，由于样本容量较小，因此选择初始滞后阶数为 3，进行 Var lag structure 的 lag length criteria 检验后，确定整个长三角（16 个城市）SVAR 模型的滞后项数为 2 是最优。

根据前文对环境与城市化的互动关系的分析知，环境对城市化存在长期不确定影响，因为环境变化是长期的；另外，按照环境约束城市化特点，设置城市化对环境的长期约束为零。

可见整个长三角（16个城市）SVAR模型可识别，由此可以进一步做Granger因果检验和回归分析。

（5）Granger因果关系检验

采用SVA识别结果，采用Toda和Yamamoto（1995）因果检验方法，$\ln e$ 与 $\ln U$、$(\ln U)^2$ 之间的Granger因果关系检验结果如表7－16所示。检验结果表明，就本节所选取的污染变量及样本期间而言，在滞后两期以内，约为95%的置信水平下，我们可以认为城市化一次项和二次项都是导致整个长三角（16个城市）环境质量变化的重要原因。该结果说明城市化确实能影响一个地区的环境质量，随着长三角地区城市化进程的推进，整个地区的环境质量呈现出环境库兹涅茨曲线特征。同时，上述检验结果还显示环境质量的变化也是引起整个长三角（16个城市）的城市化变动的原因。

表7－16　长三角（16个城市）时间序列变量的Granger因果关系检验

H_0 假设	SVAR滞后阶数	d	T－统计量
$\ln e$ does not Granger cause $\ln u$	1	1	4.456（0.041）
$\ln u$ does not Granger cause $\ln e$	1	1	4.823（0.038）
$\ln e$ does not Granger cause $(\ln u)^2$	2	1	4.362（0.045）
$(\ln u)^2$ does not Granger cause $\ln e$	2	1	4.432（0.047）

2. 对长三角16个城市的实证

按照类似的方法，我们对长三角16个城市的城市化与环境关系进行计量分析，为了简便，这里只给出了其简单的拟合结果，见表7－17所示。从数据和拟合回归方程可以看出，长三角16个城市的环境与城市化普遍存在着倒U型曲线关系，即城市化过程开始时，环境污染程度较低，随着城市化进程的加快，达到某一临界点后，随着城市化水平的继续提高，环境污染逐渐改善。

表 7 - 17　长三角 16 个城市城市化与环境拟合结果

城市	R 的平方	R 的平方的调整	F 值	T 值			方程
				常量	非农人口比重	非农人口比重平方	
上海	0.636	0.593	14.826	2.541	-2.471	2.532	$\ln e = 141.587 - 64.103\ln u + 7.642(\ln u)^2$
南京	0.96	0.955	204.237	0.369	-0.141	0.455	$\ln e = 4.541 - 0.84\ln u + 0.328(\ln u)^2$
常州	0.562	0.51	10.896	0.414	-0.312	0.482	$\ln e = 7.474 - 3.125\ln u + 0.667(\ln u)^2$
苏州	0.906	0.895	81.612	-2.001	2.082	-1.694	$\ln e = -26.489 + 15.152\ln u - 1.685(\ln u)^2$
镇江	0.659	0.619	16.453	3.795	-3.151	3.37	$\ln e = 24.431 - 12.157\ln u + 1.934(\ln u)^2$
无锡	0.891	0.879	69.759	0.997	-0.881	1.098	$\ln e = 17.794 - 8.028\ln u + 1.272(\ln u)^2$
南通	0.772	0.745	28.765	2.914	-2.292	2.596	$\ln e = 16.512 - 7.728\ln u + 1.299(\ln u)^2$
泰州	0.83	0.811	41.634	3.541	-2.827	3.257	$\ln e = 14.225 - 7.407\ln u + 1.379(\ln u)^2$
扬州	0.708	0.674	20.659	3.952	-3.576	3.81	$\ln e = 31.818 - 16.692\ln u + 2.568(\ln u)^2$
杭州	0.957	0.952	189.278	-0.791	1.108	-0.73	$\ln e = -6.75 + 5.192\ln u - 0.468(\ln u)^2$
湖州	0.863	0.847	53.661	4.179	-4.064	4.261	$\ln e = 62.759 - 38.657\ln u + 6.392(\ln u)^2$
嘉兴	0.95	0.944	161.461	-2.523	2.638	-2.131	$\ln e = -19.981 + 12.708\ln u - 1.559(\ln u)^2$
宁波	0.889	0.876	68.291	2.867	-2.717	2.94	$\ln e = 45.232 - 26.175\ln u + 4.31(\ln u)^2$
绍兴	0.958	0.953	194.608	3.08	-0.963	1.72	$\ln e = 5.73 - 1.192\ln u + 0.351(\ln u)^2$
泰州	0.83	0.811	41.634	3.541	-2.2827	3.257	$\ln e = 14.225 - 7.407\ln u + 1.379(\ln u)^2$
舟山	0.906	0.895	82.222	2.868	-2.912	3.148	$\ln e = 47.712 - 29.018\ln u + 4.681(\ln u)^2$

（五）政策启示

首先，加强区域环境合作，完善资源产权制度，创新环境管理手段。环境资源是一种公共产品，其产权关系界定不清晰，不可避免地会产生外部性问题。因此，根据科斯定理，将产权制度引入环境治理中，可以有效地强化市场机制的运行并解决政府干预出现的问题，促进环境管理手段的创新与优化。政府在完善行政机制的同时，应主要通过设计并完善制度、明晰并保护产权、规范并明确交易规则等手段，顺应经营主体谋求最大利益的经济动机，使环境保护成为其自觉行为，从而实现生产、贸易与环境保护的和谐统一。

长三角是我国对外经济贸易增长速度最快、制造业密集程度最高的地区之一，大气污染、水污染等已成为整个地区典型的负外部性问题。当前长三角各级政府主要运用庇古理论，普遍采取征收排污费的方式来缩小私人边际成本和社会边际成本的差距，以期实现环境的外部性的有效内部化。但由于存在排污收费标准不合理、排污收费对象不全面以及污染治理资金被截留挪用等问题，通过征收排污费来治理污染的方法积弊已深，实际上没有达到预期的效果。而一些经济学家针对排污费的不足提出来的排污税制度，虽然在一定程度上对排污费进行了修正，但是在本质上并无多大区别，也没有实际解决影响排污费实施效果的缺陷。在排污税率的设置这一决定排污税实施效果的关键因素上，还是依赖政府，不能科学地反映外部成本，并且还存在一些由自身特点所决定的缺陷，可操作性和政策效果差。相比而言，根据产权理论，运用科斯手段，通过重点利用市场机制来解决环境污染问题，能较好地克服其他方法的缺陷，具有极大的优越性。为此，长三角各级政府应尽快建立和完善环境资源的产权制度及价格形成机制，科学确定区域环境控制目标，完善资源使用权的初次分配，规范交易规则及秩序，降低交易费用，在政府管制的保障下充分发挥市场在资源配置中的基础性作用。

其次，协调产业结构，发挥地区比较优势，合理布局生产力。城市化进程中第二产业的变动对环境质量产生了至关重要的影响。第二产业比重过高将恶化环境质量。1990年以来长三角地区污染物排放的增加是源于工业部门的超高速增长和经济结构的重型化。长三角1993～1997年第二产业产值比重均在50%以上，而通过计算发现长三角整个地区的第二产业比重自改革开放以来一直在50%以上。在完成工业化的国家和新兴工业化国家或地区中，即使在其工业化的高峰期，第二产业比重也很少达到50%。日本是实施赶超工业化的代表性国家，其在20世纪50～70年代中，第二产业比重绝大多数时间在40%以下。因此，长三角应优化其产业结构，合理地降低第二产业比重，以减轻环境压力。尤其是上海市的工业化已经进入后期，更应该控制第二产业的比重。

同时，不同的区域有不同的资源、环境、经济和社会条件，每个区域都各有所长也各有所短，因此，应根据不同类型地区的条件提出各自的经济发展方向、资源开发和环境保护与建设方案，因地制宜，扬长避短，最大限度地发挥地区优势，形成各具特色的区域经济，实现长三角经济持续、稳定、协调发展。为进一步强化贸易开放对长三角环境质量的结构效应，有效遏制整个地区的结构性环境污染，应加快区域内现有产业结构的优化升级和合理调整工业布局，鼓励发展科技先导型、资源节约型、环境友好型的产业和产业群，逐步形成经济效益、社会效益和生态效益相统一的工业布局。对区域内新上建设项目，应充分考虑其对区域环境和生态系统的影响，绝不允许突破排放总量控制指标，而对于区域内现有的传统产业，尤其是资源密集型的重污染企业，则应加快运用现代技术和装备进行改进、改造或转产，甚至停产或搬迁，使调整重组后的产业结构能基本达到"科技含量高、经济效益好、资源消耗低、环境污染少"的要求。在条件成熟时，可考虑由相关部门牵头，组织协调、科学规划整个长三角不同地区、不同生产部门间的生产布局，积极引导分散的乡镇企业向园区化、集群化方向发展，以规避外部不经济性，减少对资源环境的压力和污染。与此同时，要把调整和优化贸易商品结构与调整和优化产业结构有机结合起来，继续降低初级产品在出口商品结构中所占的比重，限制或减少资源性高耗能、低附加值的污染品出口，鼓励并扶持绿色产品、高新科技产品出口，提高出口产品的环境竞争力。

最后，实施引进外商直接投资可持续发展战略。利用外资特别是外商直接投资，不仅可以增加资本供给，还可以引入先进的技术设备和管理经验，同时还可以增加国家财政税收、扩大就业，并推动市场经济体制的不断改革和完善。外资企业的进入，会弥补国内市场上的产业空白，并改造传统产业，因此利用外资还可以使产业结构调整和升级的步伐加快。外资企业用人的本土化战略及其对员工教育培训的重视，能极大地提高劳动者素质，而其人才的流出，又使管理知识和技术工艺向社会扩散，提高社会整体的管理和技术水平。

可以预计，随着跨国公司新一轮对华投资活动的展开，长三角地区吸引外资的规模必将继续扩大，并将领跑珠三角、环渤海地区而成为一个新的亮点。外商直接投资拉动了长三角地区经济的持续增长，提升了整个地区的出口创汇能力，并扩大了对外经贸合作的规模，但正如前文实证分析的结果所示，外资大量引入也加剧了长三角地区的能源消耗和污染排放，使原本脆弱的资源环境面临着更大的威胁。因此，长三角三省市在下一阶段利用外资的过程中，应以科学发展观和可持续发展理论为指导，尽快实现外资利用从数量扩张型向质量效益型转变，充分发挥利用外资的技术外溢效应和制度示范效应，把吸收外资与本地区的比较优势、环保标准、产业升级以及国企改革等结合起来，注重利用外资的质量，全面提升利用外资的水平和效率。在外资和项目引进的环保审批和管理方面，应当积极参照国际环境标准，严格限制或禁止环境污染型的外资项目继续进入长三角地区，对于资源节约型、环境友好型的外资项目则可以给予一定的政策倾斜或优惠；应要求已在华投资的跨国公司积极采取母国环境标准，加强员工的环保意识教育，提高环境管理水平，并鼓励与其合作经营的伙伴、供应商等外协组织共同打造绿色产业链和清洁产业带。在外资和项目引进的产业结构与地区导向方面，长三角地区应充分发挥自身区位优势，因地制宜，把外商直接投资项目更多地引向需求增长快、环境污染少、能促进可持续发展的领域，如清洁能源、交通通信、信息科技、生态农业、环保产业以及现代服务业等，并鼓励他们开展"循环经济建设"，积极推行清洁生产和资源的循环利用，努力实现节能降耗和污染减排的目标。同时，要防止外商将污染密集型产业由长三角城市地区向农村地区转移，也要防止其利用我国西部大开发的机会将污染密集型产业由长三角地区向中西部地区转移。总之，除了政策优惠、基础设施、市场规模、法制建设等因素之外，我们还应把提高生态环境质量作为改善投资环境和吸引外资的重要内容，使引进外商直接投资与可持续发展实现良性互动，做到以外资促环保，以环保促外资。

四　贸易、环境与城市化传导机制：基于面板数据的联立方程组估计

（一）数据、变量与模型

1. 资料来源

本节选取的城市化、环境与贸易的相关指标数据均来源于政府统计部

门公开发布的权威统计数据。采用的数据为年度数据，样本期为 1990 ~ 2009 年，所有数据均来源于中国官方资料 1991 ~ 2010 年的《浙江统计年鉴》、《江苏统计年鉴》、《上海统计年鉴》、《中国城市统计年鉴》、《常州统计年鉴》、《南京统计年鉴》、《南通统计年鉴》、《苏州统计年鉴》、《泰州统计年鉴》、《无锡统计年鉴》、《扬州统计年鉴》、《镇江统计年鉴》、《杭州统计年鉴》、《湖州统计年鉴》、《嘉兴统计年鉴》、《宁波统计年鉴》、《绍兴统计年鉴》、《台州统计年鉴》及《舟山统计年鉴》，由于涉及数据年份比较多，跨度较大，且各省各年份统计标准有差异，因此我们对缺失值部分用 SPSS 软件进行插值补充，对少量的统计标准不一的数值进行统一。

2. 变量选择

（1）主要变量选择

分别选取出口总额、工业固体废弃物排放量和城市化水平代表贸易、环境和城市化。

出口额是指一定时期内一国出口的商品的全部价值，称为出口贸易总额或出口总额，一定程度上可以反映一个地区的对外贸易水平。

工业固体废弃物排放量指将所产生的固体废弃物排到固体废弃物污染防治设施、场所以外的数量，不包括矿山开采的剥离废石和掘进废石（即煤矸石和呈酸性或碱性的废石）。

城市化水平又叫城市化率，是衡量一个国家或地区的城市化最主要的指标，一般由非农业人口占总人口的比重表示。

其中，Tr = 出口总额，En = 固体废弃物排放量，Ur = 非农业人口/总人口。

（2）其他变量选择

随着对外贸易的加快，越来越多的外资企业将工厂搬迁至中国，利用中国大量廉价的劳动力进行生产，以降低生产成本，实现专业化生产。同时，国外也进行了专业化的分工，在国外进行科研。由于在中国生产产品更加便宜，中国的廉价劳动力促进了大量产品集聚在中国生产，而后运往世界各地。因此，我国的劳动力资源促进了对外贸易的发展及壮大。故本书选择年末社会就业人数作为劳动力水平的表现指标，作为贸易方程的另一变量。

本书拟用外商直接投资（FDI）来作为环境方程的另一变量。大量研究表明，FDI 对环境产生较大的影响。在经济全球化的过程中，由于部分地区急于引进外资，初期时并不重视引资质量和调整引资结构，加上引资环境监管体系尚不完善，外商直接投资对我国环境造成了一定影响。

经济增长与城市化的关系已经为众多学者研究，并得出其发展路径符合半对数模型。所以我们用国内生产总值（GDP）作为城市化方程的另一变量。

3. 实证模型

为便于进一步进行实证分析，考虑到开放经济下的贸易、环境与城市化联系的系统性和反馈特征，参考"三效应"模型和城市化动力模型，将第 4 章中的原方程修正为如下面板联立方程形式：

$$\begin{cases} \ln Tr_{it} = \alpha_1 + \alpha_2 \ln En_{it} + \alpha_3 \ln Ur_{it} + \alpha_4 \ln X_{it} + \mu_{it} \\ \ln En_{it} = \beta_1 + \beta_2 \ln Tr_{it} + \beta_3 \ln Ur_{it} + \beta_4 \ln Y_{it} + \upsilon_{it} \\ \ln Ur_{it} = \gamma_1 + \gamma_2 \ln En_{it} + \gamma_3 \ln Tr_{it} + \gamma_4 \ln Z_{it} + \delta_{it} \end{cases} \quad (7.16)$$

其中：X、Y、Z 分别为贸易、环境及城市化相关的外生变量，分别对贸易、环境与城市化产生重大影响。α、β、γ 为待估参数，μ、υ、δ 为误差项。

（二）数据检验与模型计量

1. 数据描述与预处理

首先采用 Stata 统计软件对原始数据进行描述和统计（见表 7 – 18 和表 7 – 19）。为便于计量分析，消除共线性等问题，采用取对数的方式对原始数据进行预处理，结果见表 7 – 20 所示。

表 7 - 18 面板数据统计

Xtdes		
City：	1,2,…,16	$n = 16$
Year：	1990,1991,…,2009	$T = 20$
	Delta(year) = 1 year	
	Span(year) = 20 periods	
（City,year uniquely identifies each obsevation）		

Distribution of T_i：	Min	5%	25%	50%	75%	95%	Max
	20	20	20	20	20	20	20

表 7 - 19 变量描述

	Xtsum				
Variable		Mean.	Std. Dev.	Min	Max	Observations
Ur	Overall	35.39093	17.72433	8.580293	94.50117	$N = 320$
	Between		15.90375	15.2862	76.065	$n = 16$
	Within		8.734256	19.1376	74.74838	$T = 20$
En	Overall	23834.16	20898.26	30	208000	$N = 320$
	Between		16043.7	6183.6	70952.1	$n = 16$
	Within		13952.34	-18370.34	160882.1	$T = 20$
Tr	Overall	91.42828	224.0771	.02	1693.5	$N = 320$
	Between		137.4362	8.0695	502.257	$n = 16$
	Within		180.1302	-324.2087	1282.671	$T = 20$
GDP	Overall	1329.301	1393.468	23.42	15046.45	$N = 320$
	Between		1322.176	172.331	5755.252	$n = 16$
	Within		1455.167	-3644.291	10620.5	$T = 20$
FDI	Overall	10.60991	16.65228	0.0021	105.38	$N = 320$
	Between		12.56519	0.3106	44.5425	$n = 16$
	Within		11.34981	-30.18259	71.4474	$T = 20$
Labor	Overall	319.5322	180.7696	54.73	1064.42	$N = 320$
	Between		177.2468	60.183	846.854	$n = 16$
	Within		55.96817	57.40016	593.9532	$T = 20$

表 7 - 20　变量对数处理

Xtsum		$\ln Ur$　$\ln En$　nTr　$\ln GDP$　$\ln FDI$　$\ln Labor$				
Variable		Mean.	Std. Dev.	Min	Max	Observations
$\ln En$	Overall	9.737186	0.9434134	3.401197	12.24529	$N = 320$
	Between		0.7062173	8.120994	11.05351	$n = 16$
	Within		0.6488387	5.01739	11.38666	$T = 20$
$\ln Tr$	Overall	2.795929	2.078724	- 3.912023	7.434553	$N = 320$
	Between		1.301096	1.086266	5.725396	$n = 16$
	Within		1.651989	- 2.20236	6.110055	$T = 20$
$\ln GDP$	Overall	6.486136	1.250691	3.15359	9.618897	$N = 320$
	Between		0.8131492	4.762223	8.321416	$n = 16$
	Within		0.9707721	1.118697	8.380233	$T = 20$
$\ln FDI$	Overall	1.056581	2.012313	- 6.165818	4.657573	$N = 320$
	Between		1.380641	- 1.693576	3.527801	$n = 16$
	Within		1.502255	- 4.309961	3.695142	$T = 20$
$\ln Labor$	Overall	5.611253	0.5867731	4.002412	6.970185	$N = 320$
	Between		0.5825921	4.094597	6.736241	$n = 16$
	Within		0.1584454	4.450594	6.279182	$T = 20$

2. 面板单位根检验

为了避免伪回归，确保估计结果的有效性，需要对各面板序列的平稳性进行检验。面板单位根检验是指将面板数据中的变量各横截面序列作为一个整体进行单位根检验，面板数据的单位根检验到目前为止还没有完全统一。常见的单位根检验方法有 Levin，Lin & Chu t 统计、Breitung 统计、IPS-W 统计、ADF-Fisher 统计和 PP-Fisher 统计。其中，Levin，Lin & Chu t 统计量、Breitung 统计量的原假设为存在普通单位根过程，IPS-W 统计量、ADF-Fisher 统计量和 PP-Fisher 统计量的原假设为存在有效的单位根过程。根据 ρ_i 对同（异）质性假定的不同，所有的检验可分为两类：一类是假定所有的面板单位包含着共同的单位根，即对于各个不同单位的 i，$\rho_i = \rho$，有代表性的检验如 LLC 检验、Breitung 检验等；另一类检验则放宽了同质性假定，允许 ρ_i 在不同的面板单位中自由度变化，与第一类检验相比，放宽了假定，进一步接近了客观现实，代表性的检验如 IPS – W 检验、ADF-Fisher 和 PP-Fisher 检验。

为了检验的稳健性，我们采用五种单位根检验方法，主要有 LLC 检验（Levin、Lin & Chu t，2002）、Breitung 检验（Breitung，2000）、IPS – W 检验（Im et al.，2003）、Fisher 检验（Maddala et al.，1999）（包括 ADF 和 PP 检验）。

考虑以下基于面板数据的 AR（1）过程：

$$y_{i,t} = \rho_i y_{i,t-1} + \mu_{i,t} \tag{7.17}$$

其中，$i = 1, 2, \cdots$；$t = 1, 2, \cdots$；ρ_i 为自回归系数；$\mu_{i,t}$ 为相互独立的异质扰动项。当 $|\rho_i| < 1$，y_i 为弱（趋势）稳定过程，而当 $|\rho_i| = 1$，y_i 为非平稳的 I（1）过程。

这里分别采用 Levin, Lin & Chu t、Breitung、IPS-W、ADF-Fisher 和 PP-Fisher 等方法对数据进行面板单位根检验，结果见表 7 – 21 所示。

表 7 – 21 水平序列面板单位根检验结果

变量名称	检验方法	统计量值	P 值	判断
Ur	Levin, Lin & Chu t*	0.33629	0.9999	不平稳
	Breitung t – stat	0.54853	0.7083	
	Im, Pesaran and Shin W – stat	4.53786	1.0000	
	ADF – Fisher Chi – square	14.3097	0.9970	
	PP – Fisher Chi – square	28.4777	0.6455	
ln*GDP*	Levin, Lin & Chu t*	– 3.78865	0.0001	不平稳
	Breitung t – stat	2.06721	0.9806	
	Im, Pesaran and Shin W – stat	0.05447	0.5217	
	ADF – Fisher Chi – square	35.0273	0.3264	
	PP – Fisher Chi – square	50.5818	0.0196	

续表

变量名称	检验方法	统计量值	P 值	判断
ln*FDI*	Levin, Lin & Chu t*	− 7. 15107	0. 0000	平稳
	Breitung t − stat	0. 63716	0. 7380	
	Im, Pesaran and Shin W − stat	− 3. 60122	0. 0002	
	ADF − Fisher Chi − square	68. 3397	0. 0002	
	PP − Fisher Chi − square	105. 485	0. 0000	
ln*En*	Levin, Lin & Chu t*	− 4. 75998	0. 0000	不平稳
	Breitung t − stat	− 0. 37870	0. 3525	
	Im, Pesaran and Shin W − stat	− 0. 96778	0. 1666	
	ADF − Fisher Chi − square	70. 1274	0. 0001	
	PP − Fisher Chi − square	76. 7915	0. 0000	
ln*Tr*	Levin, Lin & Chu t*	− 4. 22023	0. 0009	不平稳
	Breitung t − stat	2. 15076	0. 3954	
	Im, Pesaran and Shin W − stat	− 1. 39223	0. 5343	
	ADF − Fisher Chi − square	40. 1481	0. 9834	
	PP − Fisher Chi − square	32. 9865	0. 4187	
ln*labor*	Levin, Lin & Chu t*	− 0. 01141	0. 4954	不平稳
	Breitung t − stat	− 3. 18719	0. 0007	
	Im, Pesaran and Shin W − stat	0. 84628	0. 8013	
	ADF − Fisher Chi − square	37. 6125	0. 2277	
	PP − Fisher Chi − square	24. 4753	0. 8267	

通过对原数列的检验发现，在各个变量的 Levin，Lin & Chu t 统计量、Breitung 统计量、IPS - W 统计量、ADF - Fisher 统计量和 PP - Fisher 统计量中，均存在一个或多个 P 值在 5% 的显著性水平下不能拒绝原假设（存在单位根），因此我们认为整个面板数据是非平稳的，需要进行进一步差分。经过一阶差分后，经过单位根检验，发现一阶差分变量趋于平稳，并且变量之间具有同阶特征（见表 7 - 22），因此，可以进行协整检验。

表 7 - 22　差分序列面板单位根检验结果

变量名称	检验方法	统计量值	P 值	判断
$\Delta \ln Ur$	Levin, Lin & Chu t*	- 8.95988	0.0000	平稳
	Breitung t - stat	- 3.60895	0.0002	
	Im, Pesaran and Shin W - stat	- 7.57740	0.0000	
	ADF - Fisher Chi - square	126.745	0.0000	
	PP - Fisher Chi - square	471.604	0.0000	
$\Delta \ln GDP$	Levin, Lin & Chu t*	- 3.85471	0.0001	平稳
	Breitung t - stat	- 7.77243	0.0000	
	Im, Pesaran and Shin W - stat	- 6.42127	0.0000	
	ADF - Fisher Chi - square	102.747	0.0000	
	PP - Fisher Chi - square	54.7814	0.0073	
$\Delta \ln FDI$	Levin, Lin & Chu t*	- 11.7763	0.0000	平稳
	Breitung t - stat	- 3.57457	0.0002	
	Im, Pesaran and Shin W - stat	- 11.2700	0.0000	
	ADF - Fisher Chi - square	168.930	0.0000	
	PP - Fisher Chi - square	344.786	0.0000	
$\Delta \ln En$	Levin, Lin & Chu t*	- 7.06522	0.0000	平稳
	Breitung t - stat	- 1.63375	0.0512	
	Im, Pesaran and Shin W - stat	- 6.16543	0.0000	
	ADF - Fisher Chi - square	245.797	0.0000	
	PP - Fisher Chi - square	356.972	0.0000	
$\Delta \ln Tr$	Levin, Lin & Chu t*	- 7.04036	0.0000	平稳
	Breitung t - stat	- 4.13026	0.0000	
	Im, Pesaran and Shin W - stat	- 8.21712	0.0000	
	ADF - Fisher Chi - square	123.368	0.0000	
	PP - Fisher Chi - square	122.047	0.0000	
$\Delta \ln labor$	Levin, Lin & Chu t*	- 10.4881	0.0000	平稳
	Breitung t - stat	- 5.84046	0.0000	
	Im, Pesaran and Shin W - stat	- 9.26090	0.0000	
	ADF - Fisher Chi - square	143.733	0.0000	
	PP - Fisher Chi - square	147.486	0.0000	

3. 面板协整检验

如果基于面板单位根检验的结果表明变量之量是同阶单整的，那么可以进行面板协整检验。面板协整检验是依据面板主体之间关系的不同而进行的，可分为部门独立协整检验和部门依赖协整检验。前者主要包括同质面板协整检验 Kao（1999），异质面板协整检验 Pedroni（2004）、McCoskey & Kao（1998）；后者是 Matei Demetrescu 等（2005）。Kao（1999）、Kao 和 Chiang（2000）利用推广的 DF 和 ADF 检验提出了检验面板协整的方法，这种方法假设没有协整关系，并且利用静态面板回归的残差值来构建统计量。Pedroni（1999）在零假设是动态多元面板回归中没有协整关系的条件下给出了七种基于残差的面板协整检验方法。与 Kao 的方法不同的是，Pedroni 的检验方法允许异质面板的存在。

Pedroni 协整方法利用下列协整方程的残差：

$$y_{it} = a_{it} + \delta_{it}t9 + x_{it}\beta_i + e_{it} \tag{7.18}$$

其中，$t = 1, 2, \cdots, T$，$i = 1, 2, \cdots, N$；y_{it} 和 x_{it} 分别是 $(N \times N) \times 1$ 和 $(N \times T) \times m$ 维可观察变量。

Pedroni 建议用两类检验：第一类是基于联合组内的尺度检验，包括四种统计方法：Panel ν 统计量、Panel rho 统计量、Panel PP 统计量和 Panel ADF 统计量。这些统计量包含了不同变量的自回归系数对估计的残差的单位根检验。第二类是基于组间的尺度检验，包括三种统计方法：Group rho 统计量、Group PP 统计量和 Group ADF 统计量。这些统计量基于每个向量个体估计系数的简单平均[①]。Kao 检验结果显示三个方程的数据通过了协整检验，说明变量之间存在长期稳定的均衡关系，其方程回归残差是平稳的；Pedroni 检验的大部分方法也拒绝了原假设，应当认为数据是平稳的，因此可以在此基础上直接对原方程进行回归，此时的回归结果较为精确。

---

① 这 7 个统计量的具体推导过程可以参考 Pedroni（1997、1999）。

这里分别采用 Kao 检验和 Pedroni 检验两种方法对数据进行面板协整检验，结果见表 7 - 23 所示。

表 7 - 23　Kao 检验和 Pedroni 检验结果（滞后阶数由 SIC 准则确定）

检验方法	检验假设	统计量名	P 值（贸易方程）	P 值（环境方程）	P 值（城市化方程）
Kao 检验	H_0：不存在协整关系（$\rho = 1$）	ADF	- 4.256530 (0.0000)	- 1.740949 (0.0408)	- 1.685155 (0.0460)
Pedroni 检验	$H_0: \rho_i = 1$ $H_1: (\rho_i = \rho)$ < 1	Panel v-Statistic	- 2.06856 (0.9806)	- 1.01132 (0.8441)	5.784477 (0.0000)
		Panel rho-Statistic	1.766428 (0.9613)	0.468784 (0.6804)	3.155887 (0.9992)
		Panel PP-Statistic	- 2.067417 (0.0193)	- 3.747045 (0.0001)	- 4.752210 (0.0000)
		Panel ADF-Statistic	- 2.154014 (0.0156)	- 4.405446 (0.0000)	- 5.368867 (0.0000)
	$H_0: \rho_i = 1$ $H_1: (\rho_i = \rho)$ > 1	Group rho-Statistic	4.409039 (0.9965)	1.772535 (0.9618)	5.065983 (1.0000)
		Group PP-Statistic	- 5.390401 (0.0000)	- 14.08266 (0.0000)	- 12.29620 (0.0000)
		Group ADF-Statistic	- 2.528461 (0.0057)	- 4.495307 (0.0000)	- 3.246904 (0.0006)

4. 面板 Granger 因果检验

面板数据中的因果检验同样是建立在以上时间序列的 Granger 因果关系检验思想基础之上的，但是由于面板数据自身的特点，面板数据中的因果检验必须充分考虑到数据本身的特点（程建伟，2007）。面板数据是时间序列和截面数据的混合，这样既可以分析个体之间的差异，又可以描述个体的动态变化特征。面板数据可以有效地扩大样本容量，有效地削弱模型中多重共线性的影响、提高模型的估计精度，还可以反映一些被忽略的时间因素和个体差异因素的综合影响，而这些因素往往是难以观察或量化的。但是，面板数据中的一个不可回避的重要问题是面板内的异质性问题，这使得无约束模型的构建对是否存在因果关系有着非常重要的影响。对于一个时间维度很短的面板数据，采用 Hurlin（2004）的修正模型可以充分考虑数据的异质性问题。

假设两个变量 x 和 y，其时间维度为 T，个体个数为 N，对每一个个体 $i = 1,2,\cdots,N$，时间 $t = 1,2,\cdots,T$，则线性模型如下：

$$y_{i,t} = \alpha_i + \sum_{k=1}^{k} \gamma_i^{(k)} y_{i,t-1} + \sum_{k=1}^{k} \beta_i^{(k)} x_{i,t-1} + \varepsilon_{i,t} \tag{7.19}$$

这里所有的个体滞后项的阶数都是相同的，该模型允许参数变化，是一个固定效应的变系数模型。之所以如此，Hurlin 认为异质性来源于两个方面：一个是固定的 α_i，这在前期的研究中已经考虑到了。另一个是 β_i，当假设 $\beta_i = \beta_j$ 时，估计的 β 会趋近 β_i 的均值。如果该均值恰好接近零的话，就有可能错误地认为不存在因果关系风险（Hurlin et al.，2004）。

同质的无因果关系的原假设是：

$$H_0 : \beta_i = 0 (i = 1,2,\cdots,N) \tag{7.20}$$

若允许 N 的个体中有 N_1 的个体不存在因果关系，而在剩下的个体中存在异质性的因果关系：

$$H_1 : \beta_i = 0 (i = 1,2,\cdots,N); \beta_i \neq 0 (i = N_1 + 1, N_2 + 1, \cdots, N) \tag{7.21}$$

其中：$N_1 \in [0,N]$，但是并不确切地知道 N_1 具体是多少，令 $W_{i,T}$ 代表每一个体的针对原假设 H_{0i} 的 Wald 统计量，$W_{N,T}^{H_{nc}} \in \dfrac{1}{N} \sum_{i=1}^{N} W_{i,T}$，Hurlin 证明只要 $T > 5 + 2L$，当 $N \rightarrow \infty$，则 $Z_{N,T}^{H_{nc}} = \sqrt{\dfrac{N}{2 \times K} \times \dfrac{T - 2K - 5}{(T - K - 3)}} \times \left[\dfrac{(T - 2K - 3)}{T - 2K - 1} W_{N,T}^{H_{nc}} - K \right]$ 服从标准正态分布。

为进一步找出贸易、环境和城市化三者相互作用的传导途径，对每组检验计算三个统计量的值：所有个体 Wald 统计量的均值 $W_{N,T}^{H_{nc}}$；基于 $W_{i,T}$ 独立同分布且具有有限的二阶距的标准统计量 $Z_{N,T}^{H_{nc}}$；基于有限样本的渐进标准统计量 $\dot{Z}_{N,T}^{H_{nc}}$。对所有统计量，分别计算滞后阶数为 1、2 时的值。通过在滞后 1 阶、2 阶后检验，结果发现贸易与环境、贸易与城市化、环境与城市化两两之间的同质无因果关系检验的三个统计量的值在 5% 水平下都拒绝了原假设，相反则接受原假设，即贸易与环境、贸易与城市化、环境与城市化两两之间都存在双向的 Granger 因果关系。

利用 Granger 因果检验对其进行分析（见表 7 - 24）。在 5% 的置信度水平下，结果显示，城市化是环境污染的 Granger 原因，贸易与城市化互为 Granger 原因，相互影响，环境是贸易的 Granger 原因。Granger 因果关系研究表明，贸易、环境与城市化之间不存在显著的双向 Granger 因果关系，只是存在由城市化到环境再到贸易的单向 Granger 因果联系。

表 7 - 24　面板同质无因果关系检验结果

原假设	滞后阶数	统计量		
		$W_{N,T}^{H_{nc}}$	$Z_{N,T}^{H_{nc}}$	$\tilde{Z}_{N,T}^{H_{nc}}$
lnEn 不是 Ur 的 Granger 原因	1	5.063 **	4.2946 **	3.2041 **
Ur 不是 lnEn 的 Granger 原因	1	6.0372 **	5.7094 **	4.2744 **
lnTr 不是 Ur 的 Granger 原因	2	5.1276 **	4.6014 **	4.1426 **
Ur 不是 lnTr 的 Granger 原因	2	6.8742 **	5.9786 **	4.5467 **
lnTr 不是 lnEn 的 Granger 原因	1	5.3214 **	4.2376 **	4.1498 **
lnEn 不是 lnTr 的 Granger 原因	1	5.3721 **	4.7981 **	4.4576 **

注：** 表示在 5% 水平下显著。

5. 面板联立方程估计

估计面板联立方程组的方法可分为两类，即"单一方程估计法"和"系统估计法"。由于单一方程估计会忽略各方程之间的联系，因此不如将所有方程作为一个整体进行估计更有效率。我们使用系统估计法中的"三阶段最小二乘法"（Three Stages Least Square）来估计联立方程组，经 Stata 软件估计结果如表 7 - 25 所示。

估计结果中，三个方程都整体显著，且各方程中系数在 90% 的置信度下也呈显著性。得到联立方程组如下：

表7-25　面板联立方程回归估计结果

MultⅣariate regression						
Equation	Obs	Parms	RMSE	"R-sq"	F-Stat	P
Ur	320	3	12. 13225	0. 5359	121. 61	0. 0000
lnTr	320	3	1. 407375	0. 5459	126. 64	0. 0000
lnEn	320	3	. 7152714	0. 4306	79. 65	0. 0000

		Coef.	Std. Err.	t	P > |t|	[90% Conf. Interval]	
lnTr							
	lnEn	. 3030948	. 1037135	2. 92	0. 004	. 1323345	. 4738552
	Ur	. 0615474	. 0054835	11. 22	0. 000	. 0525191	. 0705758
	lnlabor	. 8313021	. 1484176	5. 60	0. 000	. 586938	1. 075666
	_cons	− 6. 99823	1. 055543	− 6. 63	0. 000	− 8. 736142	− 5. 260318
lnEn							
	lnTr	− . 0704474	. 0386572	− 1. 82	0. 069	− . 1340951	. 0067997
	Ur	. 0143923	. 0032441	4. 44	0. 000	. 009051	. 0197335
	lnFDI	. 2686949	. 0402465	6. 68	0. 000	. 2024306	. 3349592
	_cons	9. 140899	. 1123575	81. 36	0. 000	8. 955906	9. 325891
Ur							
	lnEn	4. 464935	. 9248887	11. 59	0. 000	2. 94214	5. 987729
	lnTr	3. 247114	. 794652	8. 64	0. 000	1. 93875	4. 555479
	lnGDP	2. 857941	1. 434968	1. 99	0. 047	. 4953194	5. 220563
	_cons	− 35. 70066	8. 577201	5. 65	0. 000	− 49. 8227	− 21. 57862

$$\begin{cases} \ln Tr = 0.3031\ln En + 0.0615Ur + 0.8313\ln Labor - 6.9982 \\ \ln En = -0.0704\ln Tr + 0.0144Ur + 0.0269\ln FDI + 9.1409 \\ Ur = 4.4649\ln En + 3.2471\ln Tr + 2.8579\ln GDP - 35.7001 \end{cases} \quad (7.22)$$

（三）实证结果分析

第一，采用面板计量模型实证检验发现：贸易、环境与城市化两两之间存在显著的双向 Granger 因果关系，其传导机制遵循"贸易－环境－城市化"、"贸易－城市化－环境"、"城市化－贸易－环境"、"城市化－环境－贸易"、"环境－贸易－城市化"和"环境－城市化－贸易"多重途径。这一结果不仅反映已有的"三效应"及"资源诅咒"等一些理论，而且还印证了最初设定的传导模型中虚线的部分。这一结论验证了贸易、环境与城市化的传导机制假说，我们认为贸易、环境与城市化之间确实存在双向的传导机制：一个地区的城市化水平和质量会对环境造成污染或者带来改良，而环境作为贸易的一个硬件基础，它的恶化或改良会阻碍或推动贸易的发展，三者之间通过经济增长这个纽带和技术进步这个关键环节进行关联，进而形成反馈回路，进一步可以将这个传导机制概括为图7-1。

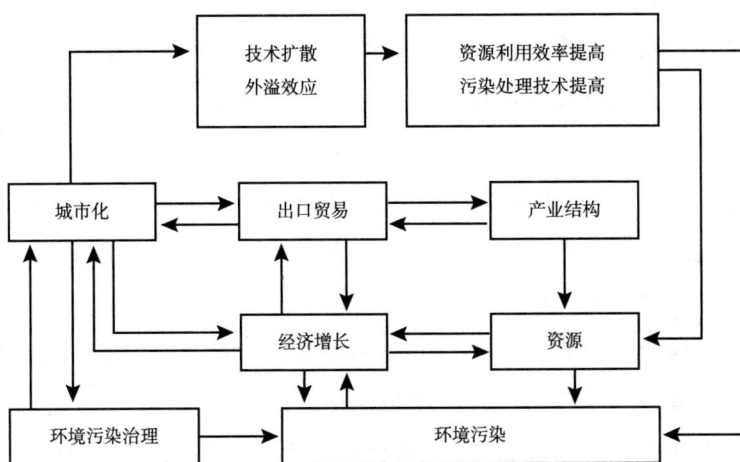

图7-1 长三角（16个城市）贸易、环境与城市化传导机制流程

第二，通过面板联立方程组估计发现：①在环境方程中，结果显示城市化每升高1%，环境污染会增加0.0143923%。长三角城市群是我国经济最发达的地区之一，但城市化的过度发展，也使很多城市水土资源利用接近临界点。长三角城市化过度发展，使很多城市的人均耕地面积由20年前的1.25亩锐减至目前的0.4~0.56亩。耕地锐减的原因主要是开发区过度发展，占地过多，许多良田征而不用、征而迟用。除了耕地面积锐减，长三角城市化过度发展还带来了水资源的严重破坏。长三角地区不少地方的地表水被工业废水、生活污水、农药所污染，淡水资源供需矛盾日益尖锐，甚至已经严重制约了地方经济的发展，也严重影响了当地人民的生活。城市化的过度发展使得污染问题在长三角地区显得尤为突出。（2）在贸易方程中，环境污染的严重也伴随着对外贸易水平的升高，环境污染每增加1%，对外贸易增长0.3030948%。很多情况下的环境污染是伴随着工业的发展及资源的大量投入而产生的，足够的资源是对外贸易的基础，土地资源为贸易提供场所，例如开建厂房、建设码头等；水资源作为生产过程的重要因子，是很多产品生产中不可缺少的；矿产资源也是工业生产的核心要素；等等。长三角地区作为我国目前经济发展速度最快、经济总量规模最大、最具有发展潜力的经济板块，其经济发展过程中所需要的资源投入量是惊人的。这种资源的投入为贸易创造了物质条件，但受资源开采技术条件及污染处理手段的限制，会产生大量的污染。因而，长三角地区贸易的发展常常以当地污染水平的上升为代价。（3）在城市化方程中，城市化水平每上升1%，贸易水平上升0.0043622%。这种由城市化水平上升引起的贸易水平上升有可能是直接的（城市化的快速发展为扩大贸易种类和范围创造了条件），但在本章中，我们将这一现象解释为是以环境为中介间接传导形成的。也就是说，城市化水平每上升1%，城市化的快速甚至过度发展会造成水、土地资源的利用接近警戒值，环境污染日趋严重（增加0.0143923%）；另外，环境污染尽管警示人们利用资源的技术水平和污染处理水平有待提高，但也意味着资源投入的增加，保障了对外贸易的物质基础。因此，当环境污染程度上升0.0143923%，对外贸易增长0.3030948%。

总体来说，长三角地区贸易、环境与城市化三者的传导机制可以表示为：城市化的快速发展带来了许多环境问题（耕地减少、水资源破坏、垃圾增加、空气污染等），同时也增加了对资源的需求；尽管资源利用率水平不高，但随着资源投入的增加，该区域对外贸易发展的物质基础得到了保证，推动了对外贸易的发展。

（四）政策启示

（1）合理布局，走可持续发展的城市化道路。长三角地区经济发展迅速，是我国人口较为稠密的地区之一。在人多地少、资源紧缺的形势下，更应当强调构建紧凑型城市和开敞型区域共生的空间形态。长三角地区各城市应根据各地经济社会发展水平、区位特点、资源禀赋和环境基础，合理确定城市化的目标，引导城市化的规模、速度和节奏，因地制宜地制定城市化战略及相关政策措施，使城市功能得到最大限度的发挥。

可持续城市化要求城市化速度与资源环境承载力相结合，城市化进程中要加大环境保护力度。一是依据城市的地形充分挖掘现有城市土地的潜力，特别是制定工业节约用地的政策；二是大力推行低碳建筑方式，根据城市的地形结构合理规划城市功能区，在建筑中推广利用太阳能等清洁、节能型能源；三是构建合理的交通运输方式。长三角地区要发挥水运、铁路、城市公共交通的比较优势，加强多种交通运输方式的衔接，建立起城市内智能、高效交通系统源，减轻交通运输对环境的污染。

（2）技术革新，环境治理与提升经济水平并行。长三角地区作为中国经济相对巨大的综合体，其发展已初具规模，但也涌现出不少问题，对长三角地区的污染治理已经刻不容缓。企业理应成为环境整治过程中的治理者主体。企业应该将降低污染排放纳入生产目标，成立专门的污染治理部门、研究最新解污技术、拨付专项治理经费用于生产后的污染监控和污染治理；按照技术可行、经济合理的原则，促进高能效、低排放的技术研发和推广应用，逐步建立洁净煤和清洁能源、节能和能效、新能源和可再生能源以及碳汇等多元化的低碳技术体系，优化企业产出，达到降低污染排放和提高经济效益的双重目的。

政府在环境治理中应当充当辅助者的角色，在相关的政策法规框架内，对企业的污染治理过程进行引导、监督和给予必要的财政补助。其一，要因地制宜，对长三角地区的环境污染情况进行综合评估，某些指标不符合要求的企业应停产整顿，以保证经济发展的质量，这是城市化可持续发展的基础。其二，多渠道筹集环保资金用于改良企业的生产技术，治理已有的污染，奖励在节能减排方面有突出贡献的集体和个人。

（3）整合优势，发展环境友好资源对口型贸易。长三角地区处于我国东部沿海，是我国较早开展对外贸易的地区，有一些传统优势，例如有航运便利，水资源丰富，同时是我国重要的粮食产地。这些地区的对外贸易应该利用好原有的资源基础，发展海上传统贸易。同时，长三角地区的人力资源极为丰富，技术水平也居全国前列，新时期、新形势下的贸易应该整合人力资本和技术资本，发展对口贸易。贸易类型应向服务业、高新技术产业方向调整，通过优化产业结构，构建合理的贸易层次，提高贸易的质量。

长三角地区工业基础雄厚，工业生产污染较为严重。这种以牺牲环境为代价的经济增长无法持久，贸易会随着资源枯竭和生态恶化逐渐萎缩。因此，贸易的发展要与环境保护同步进行，切不可走"先污染，后治理"的老路。

（4）政策激励，形成贸易、环境与城市化长效发展机制。政府要在规范制度、法律法规、市场准入、营业许可、监督审查等方面发挥积极作用，引导企业发展绿色、循环和低碳经济，为贸易、环境与城市化长效发展保驾护航。

五 贸易、环境与城市化的内生增长：基于面板数据的实证检验与估计

（一）数据、变量与模型

1. 资料来源

本节采用的数据为年度数据，样本期为 2000 ~ 2009 年，所有数据均来自 2001 ~ 2010 年的《浙江统计年鉴》、《江苏统计年鉴》、《上海统计年鉴》、《常州统计年鉴》、《南京统计年鉴》、《南通统计年鉴》、《苏州统计年鉴》、《泰州统计年鉴》、《无锡统计年鉴》、《扬州统计年鉴》、《镇江统计年鉴》、《杭州统计年鉴》、《湖州统计年鉴》、《嘉兴统计年鉴》、《宁波统计年鉴》、《绍兴统计年鉴》、《台州统计年鉴》及《舟山统计年鉴》。

2. 变量选择

各变量的具体说明如下：

（1）城市化水平 u：我们选用非农业人口占总人口的比重来代替城市化

水平，这种方法在诸多文献中被采用，得到了一定的肯定。

（2）人均物质资本存量 k：目前最典型的估算法是张军教授采用的永续存盘法（张军等，2004），但是该方法需要有初始年份的物质资本存量，而且公式中所涉及的数据收集起来具有一定的难度，因此我们用固定资本形成额代表物质资本存量，然后除以各个市的总人口得到人均物质资本存量 k，单位为万元/人。

（3）人力资本 h：度量人力资本的方法有很多种，到目前为止，还没有一个大家公认的有效可行的计算人力资本的方法。在现有条件下，我们采用"教育年限法"，将在很大程度上保证模型分析的客观性和一致性。计算方法是受教育年限以各地区人口各级教育水平所占比例为权数加权求和，计算公式为：

$$h = u \times a + h \times b + m \times c \qquad (7.23)$$

其中：a、b、c 分别代表具有大专及以上学历、中学、小学平均接受教育的年数，u、h、m 分别代表具有大专以上高学历、中学、小学人口占总人口比重。根据我国历史和现行教育制度并兼顾地区差异，这里，小学的教育年限为 6 年制，中学的教育年限为 12 年制，大专及以上高等教育为 16 年。

（4）人均进出口额 t：本书选用了在对外贸易中最有代表性的进出口额，为了和其他指标的单位统一口径，将在统计年鉴里找到的进出口额数据，根据当年的外汇汇率将数据的亿美元单位换算成人民币万元单位，再除以各个市的总人口得到人均进出口额 t，单位为万元/人。

（5）人均环境污染 p：考虑到数据的可获取性，本书以工业二氧化硫的排放量作为环境污染量 p 的数据，这种方法也被很多学者应用，具有易操作性的优点，也有代表性。将各个市的二氧化硫排放量 p 除以总人口得到人均二氧化硫排放量 p，单位为吨/万人。

为消除变量之间可能存在的异方差，将所有变量都进行对数化处理。

3. 实证模型

研究开放经济下的贸易、环境与城市化之间内生增长关系，可以通过

"自然资源－经济增长－城市化"的思路而展开。具体而言，考虑开放经济下的内生经济增长理论，将资源纳入增长方程的同时，引入城市化与经济增长的规律性关系方程，得到动态的含有资源变量的城市化模型，来研究三者之间的内在增长关系：

$$\begin{cases} y_{it} = AK_{it}^{\alpha}(uh)_{it}^{\beta}t_{it}^{\gamma}p_{it}^{-\eta} + \varepsilon_{it} \\ U_{it} = a_{it} + b\ln y_{it} + \xi_{it} \end{cases} \tag{7.24}$$

其中：A 为技术参数，K 是人均物质资本，h 为人力资本，t 为人均贸易投入，p 为人均污染物，且 $0 < \alpha, \beta, \gamma, \eta < 1$，这里的环境污染对人均产出是负效应的，所以在其弹性系数 η 前面要加上负号；U 为城市化水平，a 和 b 为参数，$a < 0, b > 0$。

（二）面板数据模型检验

1. 面板数据模型概述

面板数据（panel data）也称作时间序列与截面混合数据。面板数据是截面上个体在不同时点的重复观测数据。面板数据有两种类型：（1）个体数少，时间长。（2）个体数多，时间短。面板数据主要指后一种情形，其数据用双下标变量表示，即 Y_{it}，$i = 1, 2, \cdots, N$；$t = 1, 2, \cdots, T$。其中：i 对应面板数据中的不同个体；N 表示面板数据中含有 N 个个体；t 对应面板数据中的不同时点；T 表示时间序列的最大长度。

利用面板数据建立模型的好处是：（1）观测值的增多，可以提高估计量的抽样精度；（2）对于固定效应回归模型能得到参数的一致估计量，甚至有效估计量；（3）面板数据建模可以获得比单截面数据建模更多的动态信息（李子奈等，2000）。

2. 面板数据应用条件检验

（1）面板单位根检验

面板单位根检验是指将面板数据中的变量各横截面序列作为一个整体进行单位根检验。由于面板数据的单位根检验到目前为止还没有完全统一，为了检验的稳健性，本书采用三种单位根检验方法，主要有 LLC 检验（Levin、Lin & Chu t，2002）、IPS 检验（Im、Pesaran & Shin，2003）、Fisher 检验（Maddala et al.，1999）（包括 ADF 和 PP 检验），结果见表 7 - 26 所示。表 7 - 26 的结果表明，在各种检验方法中，并非所有的变量都拒绝原假设，即拒绝存在面板单位根，部分变量是存在较明显的单位根的，这表明该面板数据是非平稳的，因此对变量进行一阶差分值的单位根检验是有必要的，检验结果如表 7 - 27 所示。表 7 - 27 的结果表明，在各种检验方法中，各变量的一阶差分值的单位根检验结果基本上是一致的，均在 5% 的显著水平下拒绝原假设，即拒绝存在面板单位根均为稳定的。长三角地区各市城市化水平以及各种影响因素的对数值都是一阶单整变量，因此做面板回归之前需要对各变量进行协整检验，避免出现面板伪回归。

表 7 - 26　长三角地区贸易、环境与城市化数据的面板检验结果

变量水平值	面板单位根检验方法			
	LLC 检验统计量(P)	IPS 检验统计量(P)	Fisher-PP 检验统计量(P)	Fisher-ADF 检验统计量(P)
ln$u$	- 11. 1003 (0. 0000)*	- 3. 46338 (0. 0003)*	87. 982 (0. 0000)*	70. 5476 (0. 0001)*
ln$h$	- 12. 7910 (0. 0000)*	- 6. 35141 (0. 0000)*	139. 296 (0. 0000)*	103. 321 (0. 0000)*
ln$k$	- 9. 09288 (0. 0000)*	- 4. 12985 (0. 0000)*	45. 8364 (0. 0537)***	79. 7771 (0. 0000)*
ln$t$	- 10. 7594 (0. 0000)*	- 2. 73604 (0. 0031)*	54. 9918 (0. 0070)*	62. 6424 (0. 0010)*
ln$p$	- 5. 96797 (0. 0000)*	- 2. 06356 (0. 0195)**	39. 5288 (0. 1690)***	51. 6265 (0. 0154)**
lnps	- 6. 37753 (0. 0000)*	- 2. 56580 (0. 0051)*	44. 0890 (0. 0756)***	54. 3955 (0. 0080)*

注：括号内为伴随概率。"*"、"**"、"***"分别表示在 1%、5%、10% 的水平下显著。

表 7 – 27　变量 – 阶差分值面板单位根检验结果

变量水平值	面板单位根检验方法			
	LLC 检验统计量(P)	IPS 检验统计量(P)	Fisher-PP 检验统计量(P)	Fisher-ADF 检验统计量(P)
△ln$u$	– 9.73068 (0.0000)*	– 4.78131 (0.0000)*	110.550 (0.0000)*	86.4924 (0.0000)*
△ln$h$	– 5.45696 (0.0000)*	– 3.69473 (0.0001)*	117.535 (0.0000)*	75.1457 (0.0000)*
△ln$k$	– 13.8629 (0.0000)*	– 5.51618 (0.0000)*	96.5815 (0.0000)*	93.1821 (0.0000)*
△ln$t$	– 0.47770 (0.0000)*	0.61529 (0.0000)*	30.3694 (0.0002)*	39.6507 (0.0001)*
△ln$p$	– 5.29760 (0.0000)*	– 1.77020 (0.0383)**	52.0541 (0.0076)*	54.6546 (0.0140)**
△lnps	– 7.82409 (0.0000)*	– 3.05601 (0.0011)*	64.8782 (0.0004)*	65.9382 (0.0005)*

注：括号内为伴随概率。"＊"、"＊＊"分别表示在1%、5%的水平下显著。

（2）面板协整检验

面板协整检验，依据面板主体之间关系的不同，可分为部门独立协整检验和部门依赖协整检验。前者主要包括同质面板协整检验 Kao（1999），异质面板协整检验 Pedroni（2004）、McCoskey & Kao（1999）；后者是 Matei Demetrescu 等（2005）。长三角地区贸易、环境与城市化内生增长模型的测度，侧重于部门独立的分析，选择部门独立协整检验中的 Pedroni 检验方法，协整检验结果如表 7 – 28 所示。表 7 – 28 的结果表明，长三角地区 16 个城市三个统计量在 1% 的显著性水平下拒绝"不存在协整关系"的原假设。由此可知，长三角地区贸易、环境与城市化内生增长模型满足面板通用模型的要求，长三角地区城市化水平与经济要素之间存在长期均衡关系，即非平稳时间序列 ln$u$ 与 ln$h$、ln$k$、ln$t$、ln$p$、lnps 之间存在协整关系。

表 7 - 28　长三角（16 个城市）城市化水平与经济要素之间的人均对数协整结果

组内统计量		组间统计量	
Panel v-stat	6. 35769 *		
Panel rho-stat	− 5. 45674 *	Group rho-stat	3. 463098 *
Panel PP-stat	− 12. 54673 *	Group PP-stat	− 10. 31025 *
Panel ADF-stat	− 24. 45431 *	Group ADF-stat	− 14. 37446 *

注："＊"表示在 1% 的显著性水平下拒绝不存在协整关系的原假设。

（3）Hausman 检验

Hausman 检验用来在固定效应模型和随机效应模型中做出选择。Hausman 检验的原假设是随机效应模型的系数，与固定效应模型的系数没有差别，如果接受原假设，表明应选择随机效应模型，否则就应该选择固定效应模型（王立平等，2010）。

检验结果 Hausman Chi-Sq. Statistic = 13. 94，其伴随概率为 0. 0000，因此拒绝随机效应模型的系数与固定效应模型的系数没有差别的原假设，应选择固定效应模型。

3. 面板模型选取

经常使用的检验是协方差分析检验，主要检验如下两个假设：

$$H_1 : \beta_i = \beta_j$$
$$H_2 : a_i = a_j , \beta_i = \beta_j \quad (7.25)$$

如果接受假设 H_2，则认为样本数据符合固定效应类型Ⅲ，即模型为不变参数模型，无须进行进一步检验。

如果拒绝假设 H_2，则需检验假设 H_1。如果接受 H_1，则认为样本数据符合固定效应类型Ⅱ，即模型为变截距模型，反之拒绝 H_1，则认为样本数据符合随机效应类型Ⅰ，即模型为变参数模型。

F 统计量的构造：

$$F_2 = \frac{(S_3 - S_1) / [(N-1)(k+1)]}{S_1 / [NT - N(k+1)]} \sim F[(N-1)(k+1), N(T-k-1)] \quad (7.26)$$

其中：S_1 为变参数模型的残差平方和，S_3 为不变参数模型的残差平方和；在假设 H_2 下，检验统计量 F_2 服从相应自由度下的 F 分布；若 F_2 统计量不小于给定置信度下的相应临界值，则拒绝假设 H_2，继续检验假设 H_1；反之，接受 H_2，取不变参数模型。

同理可得，假设 H_1 下检验统计量 F_1 也服从相应自由度下的 F 分布，即：

$$F_1 = \frac{(S_2 - S_1)/[(N-1)k]}{S_1/[NT - N(k+1)]} \sim F[(N-1)k, N(T-k-1)] \qquad (7.27)$$

其中：S_2 为变截距模型的残差平方和，在假设 H_1 下，检验统计量 F_1 服从相应自由度下的 F 分布；若 F_1 统计量不小于给定置信度下的相应临界值，则拒绝假设 H_1，模型为变参数模型；反之，接受 H_2，取变截距模型（高铁梅，2009）。

在长三角地区 16 个城市面板数据分析中，$N = 16$，$T = 10$，$k = 4$，$S_1 = 0.148753$，$S_2 = 0.301291$，$S_3 = 10.91545$，统计量 F_2 和 F_1：

$$F_2 = \frac{(10.91545 - 0.148753)/[(16-1)(4+1)]}{0.148753/[16 \times 10 - 16 \times (4+1)]} = 77.2050 > F(75, 80) = 1.454798$$

$$F_1 = \frac{(0.301291 - 0.148753)/[(16-1) \times 4]}{0.148753/[16 \times 10 - 16 \times (4+1)]} = 1.36726 < F(60, 80) = 1.482111$$

由于 F_2 大于 1.454798，所以拒绝 H_2；由于 F_1 小于 1.482111，所以接受 H_1。故面板模型采取变截距模型。

（三）面板模型估计

1. 面板 OLS 估计结果

选择固定效应的变截距模型，利用 Eviews 6.0 进行回归分析，回归系数汇总如表 7 - 29 所示。Adjusted R-squared 为 0.960167，F 检验统计量为 160.5599，Prob（F-statistic）为 0.0000，DW 检验统计量为 1.910459，通过了检验。由表 7 - 29 可以得知，人力资本、物质资本以及贸易投入的回归系数都为正，符合理论预期，但是环境因素的回归系数为正，这与构建的理论模型的推导结果是不相符的，因此我们有必要采用新的估计方法进行进一步研究。

表 7 - 29　各内生要素对长三角地区城市化水平贡献 OLS 估计结果

变量	回归系数	t - 值	p 值
$\ln h$	0.179822	5.536465	0.0000
$\ln k$	0.124598	3.270134	0.0000
$\ln t$	0.327624	2.01768	0.0012
$\ln p$	0.061993	1.96743	0.0043

2. 面板 FMOLS 和 DOLS 估计结果

为了进一步佐证开放经济下的长三角（16 个城市）贸易、环境与城市化三者之间的内生增长过程，我们引入了面板 FMOLS 和 DOLS 两种方法分别进行估计。Kao 和 Qiang（2000）提出解决非平稳面板数据 OLS 估计参数的有偏性的主要有两种途径：全修正模型（FMOLS）和动态最小二乘（DOLS），其主要过程如下：

$$y_{it} = \alpha_i + x_{it}\beta + \mu_{it}(i = 1, 2, \cdots N; t = 1, 2, \cdots, T) \tag{7.28}$$

其中：$\{y_{it}\}$ 是 $l \times 1$ 向量，β 是斜率参数的 $k \times 1$ 向量，$\{x_{it}\}$ 是 $l \times k$ 矩阵，$\{\alpha_i\}$ 是截距项，$\{\mu_{it}\}$ 是平稳的干扰项。x_{it-1} 为一阶差分平稳时间序列，假设 $x_{it} = x_{it-1} + \varepsilon_{it}$。在这些假设下，可知 y_{it} 与 x_{it} 是一阶协整的，即 y_{it} 与 x_{it} 在横截面单位相互独立以及 $w_{it} = (u_{it}, \varepsilon_{it})$ 为线性过程的假设下，y_{it} 与 x_{it} 是协整的。w_{it} 的长期协方差矩阵为：

$$\Omega = \sum_{j=-\infty}^{\infty} E(w_{ij}w'_{i0}) = \Sigma + \Gamma + \Gamma' = \begin{bmatrix} \Omega_u & \Omega_{u\varepsilon} \\ \Omega_{\varepsilon u} & \Omega_{\varepsilon} \end{bmatrix} \tag{7.29}$$

其中：$\Gamma = \sum_{j=1}^{\infty} E(w_{ij}w'_{i0}) = \begin{bmatrix} \Gamma_u & \Gamma_{u\varepsilon} \\ \Gamma_{\varepsilon u} & \Gamma_{\varepsilon} \end{bmatrix}$，$\Gamma = \sum_{j=1}^{\infty} E(w_{ij}w'_{i0}) = \begin{bmatrix} \sum_u & \sum_{u\varepsilon} \\ \sum_{\varepsilon u} & \sum_{\varepsilon} \end{bmatrix}$。

接着定义长期协方差矩阵：$\Delta = \Sigma + \Gamma = \sum_{j=0}^{\infty} E(w_{ij}w'_{i0})$，$\Delta = \begin{bmatrix} \Omega_u & \Omega_{u\varepsilon} \\ \Omega_{\varepsilon u} & \Omega_\varepsilon \end{bmatrix}$。

Kao 和 Chiang（2000）推导出在协整回归式中的 OLS 与 FMOLS 估计式的极限分配，其 OLS 估计式的 β 为：

$$\hat{\beta}_{OLS} = \left[\sum_{i=1}^{N} \sum_{t=1}^{T} (x_{it} - \bar{x}_i)(x_{it} - \bar{x}_i)' \right]^{-1} \left[\sum_{i=1}^{N} \sum_{t=1}^{T} (x_{it} - \bar{x}_i)(y_{it} - \bar{y}_i)' \right] \quad (7.30)$$

其中：$\bar{x}_i = \dfrac{1}{T} \sum_{t=1}^{T} x_{it}$，$\bar{y}_i = \dfrac{1}{T} \sum_{t=1}^{T} y_{it}$。

为了改善 OLS 估计式 $\hat{\beta}_{OLS}$ 中的内生性和序列相关性问题，Kao & Qiang 提出 FMOLS 估计式。令 $\hat{\Omega}_{\varepsilon\mu}$ 和 $\hat{\Omega}_\varepsilon$ 为 $\Omega_{\varepsilon\mu}$ 和 Ω_ε 的一致性估计值。修正内生性问题，先对 y_{it} 做变换：

$$\hat{y}_{it}^+ = y_{it} - \hat{\Omega}_{u\varepsilon} \hat{\Omega}_\varepsilon^{-1} \varepsilon_{it} = \alpha_i + x'_{it}\beta + u_{it} - \hat{\Omega}_{u\varepsilon} \hat{\Omega}_\varepsilon^{-1} \quad (7.31)$$

而序列相关的修正形式为：

$$\hat{\Delta}_{\varepsilon u}^+ = (\hat{\Delta}_{\varepsilon u} \quad \hat{\Delta}_\varepsilon) \begin{pmatrix} 1 \\ -\Omega_\varepsilon^{-1} \hat{\Omega}_{\varepsilon u} \end{pmatrix} = \hat{\Delta}_{\varepsilon u} - \hat{\Delta}_\varepsilon \hat{\Omega}_\varepsilon^{-1} \hat{\Omega}_{\varepsilon u} \quad (7.32)$$

其中：$\hat{\Delta}_{\varepsilon u}$ 和 $\hat{\Delta}_\varepsilon$ 为 $\Delta_{\varepsilon u}$ 和 Δ_ε 的 Kernel 估计值，因此 FMOLS 估计式可改写为：

$$\hat{\beta}_{FM} = \left[\sum_{i=1}^{N} \sum_{t=1}^{T} (x_{it} - \bar{x}_i)(x_{it} - \bar{x}_i)' \right]^{-1} \left[\sum_{i=1}^{N} \sum_{t=1}^{T} (x_{it} - \bar{x}_i)(\hat{y}_{it}^+ - T\hat{\Delta}_{\varepsilon u}^+)' \right] \quad (7.33)$$

动态最小二乘法由以下方程得出：

$$y_{it} = \alpha_i + x_{it}\beta + \sum_{j=q_1}^{q_2} c_{ij}\Delta x_{i,t+j} + v_{it} \quad (7.34)$$

式（7.34）中，c_{ij} 是向前或向后解释变量差分的系数项，DOLS 的估计系数如下：

$$\hat{\beta}_{DOLS} = \left[\sum_{i=1}^{N} \left(\sum_{t=1}^{T} z_{it} z_{it}' \right) \right]^{-1} \left[\sum_{i=1}^{N} \sum_{t=1}^{T} z_{it} \hat{y}_{it}^+ \right] \quad (7.35)$$

式中：$z_{it} = [x_{it} - \bar{x}_i, \Delta x_{i,t-q}, \cdots, \Delta x_{i,t+q}]$ 是 $2(q+1) \times 1$ 向量。

我们运用 Kao 和 Chiang（2000）的 Gauss 程序计算出的面板 FMOLS 和 DOLS 对整个长三角（16 个城市）的贸易、环境与城市化三者的内生增长关系进行了重新估计（见表 7 - 30）。从表 7 - 30 可以看出，FMOLS 与 DOLS 相比 OLS 具有更好的估计效果，FMOLS 与 DOLS 对环境因素的估计为负，克服了理论模型推导结果与实证结果不相符合的悖论问题。鉴于 DOLS 结果的优良性，我们以 DOLS 的结果来解释整个长三角（16 个城市）城市化与物质资本、人力资本、贸易投入和环境污染之间的具体关系。资本投入对于整个长三角（16 个城市）的城市化进程也有正效应，资本投入每增加 1%，城市化进程会加速 11.16%；人力资本投入对于长三角地区城市化进程有一定的推动作用，人力资本投入每增长 1%，城市化水平会提高 18.36%；贸易投入的波动也会影响城市化水平，贸易投入每提高 1%，城市化水平会提高 24.55%；环境污染水平将约束城市化进程的变化，环境污染水平每提高 1%，城市化水平会下降 0.01%。总体而言，在整个长三角（16 个城市）区域内，贸易开放对城市化进程的贡献是三要素中最大的，其次是人力资本的投入，这说明长三角地区作为我国改革开放的最前沿地区和国家科技创新能力核心地区，贸易开放和人力资本积累对其城市化具有显著的推动作用。

表 7 - 30　各内生要素对长三角（16 个城市）城市化水平
贡献的 FMOLS 和 DOLS 估计结果

变量	FMOLS 估计			DOLS 估计		
	回归系数	t - 值	p 值	回归系数	t - 值	p 值
$\ln h$	0.183521	4.45672	0.0000	0.183552	4.536465	0.0000
$\ln k$	0.106876	3.213697	0.0000	0.111580	2.970197	0.0000
$\ln t$	0.261435	1.113454	0.0011	0.245453	1.138155	0.0012
$\ln p$	- 0.051993	2.904344	0.0043	- 0.010182	1.308830	0.0032

著名新古典经济学家皮尔斯根据城市发展的不同阶段，如起飞、膨胀、顶峰、下降、低谷等，分析了所出现的主要资源环境问题（Pearce，1990）。1992 年美国经济学家格鲁斯曼和克鲁格首次提出了"环境库兹涅茨倒 U 型曲线 EKC"的假设，他们研究发现一部分发达国家在经济发展过程中，普遍经历了初期的高增长、高污染，后期的环境质量随经济增长有所改善（Grossman et al.，1995）。刘耀彬等（2005）也对城市化与生态环境的协调进行了探索，他们提出了不同时期的城市化的发展趋势和生态环境演变有九种组合存在，并不是所有的城市化进程都与环境污染成反比例关系（刘耀彬等，2005）。以上研究结论表明不同阶段的城市化进程水平与环境污染的关系是不同的，应该具体问题具体分析。由此，我们进一步使用面板 DOLS 估计长三角 16 个城市的贸易、环境与城市化三者之间的内生增长关系（见表 7-31）。从表 7-31 可见，长三角 16 个城市的人力资本、物质资本、贸易回归系数都为正，即对城市化进程有正向的推动作用，进一步强化了理论预期的结论，证实了理论模型的推导结论。而在环境因素方面，南通、泰州、湖州、嘉兴、台州、舟山这 6 个城市的环境因素与城市化进程是成正比的关系，表明这些城市的城市化水平的提高是以更多地牺牲环境为代价的，即环境污染越多，表明其城市化水平越高；而上海、常州、南京、苏州、无锡、杭州、宁波、镇江、绍兴、扬州这 10 个城市的环境因素和城市化进程之间存在非线性关系，即当经济增长到一定程度后，经济发展和城市化水平的提高会逐步降低其环境代价。

表 7-31　长三角地区 16 个城市的内生要素对城市化水平
贡献的 FMOLS 和 DOLS 估计结果

变量	上海		常州		南京	
	回归系数	t-值	回归系数	t-值	回归系数	t-值
$\ln h$	0.060421	0.055764*	0.273222	1.047246*	0.058197	0.063604*
$\ln k$	0.167182	0.488445*	0.118082	0.297232*	0.233911	1.493217*
$\ln t$	0.103313	0.015776**	0.127516	0.269837*	0.023177	0.163347*
$\ln p$	-0.259302	-0.063738*	-0.56623	-0.909264*	-8.556368	-0.654777**

续表

变量	南通		苏州		泰州	
	回归系数	t - 值	回归系数	t - 值	回归系数	t - 值
$\ln h$	0.87166	0.663088 *	0.962343	5.797547 **	0.471718	5.006989 *
$\ln k$	0.376775	0.573739 *	0.217716	1.105754 *	0.988529	4.142168 **
$\ln t$	0.271734	0.389308 *	0.057024	0.411651 *	0.633375	3.190317 *
$\ln p$	0.324753	1.581475 *	- 0.062006	- 1.290065 *	0.197413	1.276955 *

变量	无锡		扬州		镇江	
	回归系数	t - 值	回归系数	t - 值	回归系数	t - 值
$\ln h$	0.383527	2.792592 *	0.270387	0.183689 *	0.354767	0.187795 *
$\ln k$	0.2588	1.937766 **	0.238785	0.617556 *	0.108338	0.83881 *
$\ln t$	0.106109	0.825963 *	0.037244	0.07276 **	0.016192	0.109636 *
$\ln p$	- 0.002466	- 0.033006 *	- 0.166775	- 0.730668 *	- 1.068971	- 0.309079 **

变量	杭州		湖州		嘉兴	
	回归系数	t - 值	回归系数	t - 值	回归系数	t - 值
$\ln h$	0.294397	1.442753 *	0.293358	0.284747 *	1.03914	1.254126 *
$\ln k$	0.123058	0.786008 *	0.085449	0.567396 **	0.21145	1.191907 *
$\ln t$	0.132631	1.2488 *	0.014964	0.137239 **	0.364335	1.471852 *
$\ln p$	- 0.400599	- 0.60879 *	1.061264	0.156699 *	0.179229	0.373578 *

变量	宁波		台州		舟山	
	回归系数	t - 值	回归系数	t - 值	回归系数	t - 值
$\ln h$	0.703874	0.564132 **	0.003465	0.002415 ***	0.036611	0.116433 *
$\ln k$	0.042868	0.252929 *	0.007107	0.072583 *	0.183333	0.780283 **
$\ln t$	0.012427	0.015193 *	0.025714	0.342326 *	0.085012	0.565132 *
$\ln p$	- 0.309693	- 0.15997 *	0.02015	0.158325 *	0.047433	0.130993 *

变量	绍兴	
	回归系数	t - 值
$\ln h$	0.233693	0.134878 *
$\ln k$	0.011363	0.11934 *
$\ln t$	0.254217	1.666941 *
$\ln p$	- 0.476225	- 0.689693 *

注："＊"、"＊＊"、"＊＊＊"分别表示在1%、5%和10%水平下显著。

（四）实证结果分析

（1）通过面板检验和估计发现，人力资本的投入增加、物质资本的投入增加、贸易进出口额的增加都会使得整个长三角（16 个城市）的城市化进程水平提高，而环境污染程度的增加则使城市化水平下降，这些要素的影响程度排名分别为贸易进出口额、人力资本投入、物质资本投入和环境污染，其数值分别为 0.245453、0.183552、0.111580 和 -0.010182。因此，可以得出长三角地区由于其地理优势、国家政策扶持等，对外贸易发展迅速，是其城市化进程水平提高的一个重要动力。另外，人力资本和物质资本的投入也是不可忽略的重要因素，而环境则起着制约作用。

（2）通过进一步进行面板估计发现，因为城市化所处的阶段不同，长三角的 16 个城市的贸易、环境与城市化三者之间的内生增长关系也不同，具体表现在不同的环境质量与城市化的关系上。其中南通、泰州、湖州、嘉兴、台州、舟山这 6 个城市的环境因素与城市化进程是成正比的关系，表明这些城市的城市化水平的提高是以更多地牺牲环境为代价的，即环境污染越多，其城市化水平越高。而上海、常州、南京、苏州、无锡、杭州、宁波、镇江、绍兴、扬州这 10 个城市的环境因素和城市化进程之间存在 EKC 描述的倒 U 型关系，即当经济增长到一定程度后，经济发展和城市化水平的提高会逐步降低其环境代价。

（五）政策启示

（1）与封闭条件下相比，开放条件下的城市化具有更广阔的发展空间。国际贸易，实现了与世界资源的共享，也实现了国内市场的国际化。国际贸易拓展了城市化的资源和市场边界，为城市化的快速发展提供了非农化的域外需求。在经济全球化条件下，中国城市化快速发展将更加依赖于国际贸易。从短期动态关系来看，扩大出口仍然是最有效的途径。从中长期来看，为了进一步发挥对外贸易在经济增长和城市化发展中的作用，应该在长三角地区推进高新技术产业的发展，进一步提高技术进步对增长的贡献，加强附加值高的产品的出口，使贸易出口尽快实现从以劳动力和资源为主的粗放型向以质量和技术为主的集约型的出口方式的转变，努力提高出口产品的国际竞争力。

（2）人力资本存量和人力资本积累都对经济增长和城市化发展产生重要影响，人力资本积累的效应要比物质资本大，说明应该充分重视人力资本投资的重要性。随着中国经济增长方式的转变，发达国家的技术转移，高等教育的普及，通信基础设施的改善，网络学习资源的丰富，都可以提高人力资本。政府还可以制定更多的引进高科技人才的政策，为高素质人才落户长三角地区提供更多更好的物质保障，从而吸引和留住更多的人才，这些都可以看成是提高了人力资本参数 β 的值，最终提高城市化水平。

（3）在转变经济发展模式的同时，制定有益于环境保护的外资政策。在开放经济下，长三角地区除了需要主动改善自身的经济发展模式外，还应关注外贸、外资企业对环境的影响。比如通过对外资的产业限制和导向，防止外商借投资之名，向国内转移污染产业，加剧该地区环境的恶化。在引进外资合作项目的过程中，应该努力吸引一些高科技、高效益、少污染的外商合资项目，避免成为发达国家转移污染密集型企业的环境污染避难所。

（4）区域环境合作是关键。鉴于长三角地区各市交通便利，网络、通信等科技和基础设备较完善，区域内各市的环境合作治理将成为今后的主要趋势。借鉴国际环境合作的经验、以经济合作为依托，在现有的环境保护合作的基础上逐步扩大范围、层层深入是长三角区域环境合作的基本路径。寻找共同的利益基础是合作的突破口。解决水域污染以及二氧化硫排放可以作为突破口，这些是各市共同面临的问题，问题的解决符合各方利益。

（5）改善法制环境，提升长三角区域法律地位，要增强政府、企业和个人的法制保障意识，大幅提高合同的履约率和违约合同的执行率。要加强区域法律协调，各行政执法部门要对现有的地方性政策和法规进行梳理，尽快建立政府、企业、社会共同运作的诚信体系，建立健全责任追究制度。

六　贸易、环境与城市化协调发展的政策评价：基于协调度模型和情景分析方法的实证分析

（一）贸易、环境与城市化协调发展的评价：基于协调度模型的实证

1. 资料来源与处理

本书选取的城市化、环境与贸易的相关指标数据均来源于政府统计部门

公开发布的权威统计数据。其中，大部分资料来源于《上海统计年鉴2010》、《南京统计年鉴2008》、《常州统计年鉴2010》、《苏州统计年鉴2010》、《镇江统计年鉴2010》、《无锡统计年鉴2010》、《南通统计年鉴2010》、《扬州统计年鉴2009》、《杭州统计年鉴2010》、《湖州统计年鉴2010》、《嘉兴统计年鉴2010》、《宁波统计年鉴2010》、《绍兴统计年鉴2010》、《台州统计年鉴2010》、《舟山统计年鉴2009》，同时结合《中国城市统计年鉴2009》、《中国环境统计年鉴2010》、《江苏统计年鉴2010》、《浙江统计年鉴2010》及《长三角年鉴2009》；除此之外还参考了各个城市2010年国民经济和社会发展统计公报的相关数据，从而保证了数据的可靠性与权威性。

由于城市化、环境与贸易三个系统内及系统间指标间的量纲以及它们对系统的指向不同，为了消除数据间的量纲差异，在进行城市化、环境与贸易发展水平测算之前，我们先对指标进行标准化处理，因为环境存在负向指标，因此我们采用极差标准化的方法对原始数据进行标准化，具体如下：

对于正向指标：

$$
\begin{cases}
x'_i = (x - \min x_i)/(\max x_i - \min x_i) \\
y'_i = (y - \min y_i)/(\max y_i - \min y_i) \\
z'_i = (z - \min z_i)/(\max z_i - \min z_i)
\end{cases}
\tag{7.36}
$$

对于负向指标：

$$
\begin{cases}
x'_i = (\max x_i - x)/(\max x_i - \min x_i) \\
y'_i = (\max y_i - y)/(\max y_i - \min y_i) \\
z'_i = (\max z_i - z)/(\max z_i - \min z_i)
\end{cases}
\tag{7.37}
$$

其中：x'_i，y'_i，z'_i 分别表示城市化、环境与贸易原始指标的标准值；x_i，y_i，z_i 是指标原始值；min 和 max 分别表示对原始指标取最小值和最大值。

2. 贸易、环境与城市化的综合水平计算

（1）指标权重的确定

利用层次分析法（AHP），经过专家反馈意见后确定城市化与生态环境的指标体系权重，具体权重的指标见表 7 – 32 所示。

表 7-32 长三角贸易、环境与城市化协调发展评价指标体系及权重

目标层 A	准则层 B	指标层 P	层次分析法确定的权重
贸易、环境与城市化协调发展研究	城市化子系统 U	人口城市化 U_1 0.1481	第三产业人员从业比重 U_{11}	0.0338
		城镇登记失业率 U_{12}	0.0116
		非农人口占总人口比重 U_{13}	0.0827
		高等学校在校生人数 U_{14}	0.0201
		经济城市化 U_2 0.4981	人均 GDP	0.1948
		工业总产值 U_{22}	0.0361
		全社会固定资产投资 U_{23}	0.0560
		地方财政收入 U_{24}	0.1056
		第三产业产值占 GDP 比重 U_{25}	0.1056
		社会城市化 U_3 0.2491	社会消费品零售总额 U_{31}	0.1107
		本地电话用户数 U_{32}	0.0553
		每万人拥有公共汽车数 U_{33}	0.0277
		医生数 U_{34}	0.0553
		空间城市化 U_4 0.1047	建成区面积 U_{41}	0.0576
		城市道路面积 U_{42}	0.0252
		城市人口密度 U_{43}	0.0220
	环境子系统 E	环境水平 E_1 0.5396	土地面积 E_{11}	0.0865
		人均绿地面积 E_{12}	0.1498
		建成区绿化覆盖率 E_{13}	0.2519
		人均家庭生活用水量 E_{14}	0.0514
		环境压力 E_2 0.2970	工业废水排放量 E_{21}	0.0581
		工业二氧化碳排放量 E_{22}	0.0923
		工业固体废弃物产生量 E_{23}	0.1465
		环境保护 E_3 0.1634	工业固体废弃物综合利用率 E_{31}	0.0817
		工业废水排放达标率 E_{32}	0.0817
	贸易子系统 T	对外贸易水平 T_1 0.0667	对外贸易出口额 T_{11}	0.0952
		对外贸易进出口总额 T_{12}	0.1905
		外商直接投资额 T_{13}	0.3810
		对外贸易速度 T_2 0.0333	出口额增长率 T_{21}	0.0476
		进出口额增长率 T_{22}	0.0952
		外商直接投资额增长率 T_{23}	0.1905

（2）综合水平的计算

根据综合水平合成公式，分别计算得出 2010 年长三角贸易、环境与城市化三个子系统的综合水平（见表 7－33）。

表 7－33　2010 年长三角贸易、环境与城市化发展水平

城市	城市化子系统				环境子系统			贸易子系统		综合水平		
	人口城市化	经济城市化	社会城市化	空间城市化	环境水平	环境压力	环境保护	贸易水平	贸易速度	城市化	环境	贸易
上海	0.0109	0.0961	0.0267	0.0064	0.068	0.0483	0.0154	0.1642	0.0334	0.137	0.1318	0.198
南京	0.0103	0.0835	0.0274	0.0041	0.1454	0.0479	0.0123	0.172	0.0212	0.1254	0.2055	0.1932
无锡	0.011	0.0883	0.0249	0.005	0.1183	0.0586	0.0148	1.2276	0.0366	0.1292	0.1918	1.2642
常州	0.0858	0.1956	0.0878	0.0478	0.1765	0.1983	0.0908	0.1208	0.0333	0.137	0.169	0.1542
苏州	0.0109	0.0711	0.021	0.0036	0.1175	0.0458	0.017	0.1651	0.0208	0.1066	0.1803	0.186
南通	0.0083	0.0789	0.023	0.0042	0.1198	0.0575	0.0207	0.1223	0.0476	0.1143	0.1981	0.17
扬州	0.0094	0.0816	0.0246	0.0057	0.1456	0.0682	0.0158	0.0989	0.0499	0.1213	0.2297	0.1488
镇江	0.0101	0.0926	0.024	0.0061	0.1327	0.0525	0.0131	0.1437	0.0363	0.1328	0.1983	0.1799
泰州	0.0116	0.0769	0.0245	0.0053	0.1145	0.0696	0.016	0.1069	0.0258	0.1184	0.2	0.1328
杭州	0.0091	0.0826	0.0196	0.0036	0.1155	0.0558	0.0146	0.1287	0.0168	0.1148	0.186	0.1455
宁波	0.0096	0.087	0.0238	0.0043	0.1204	0.0565	0.0128	0.1561	0.0208	0.1248	0.1896	0.1769
嘉兴	0.0104	0.0784	0.021	0.0053	0.0986	0.0534	0.0178	0.1396	0.0285	0.115	0.1699	0.1681
湖州	0.0108	0.0883	0.0227	0.0054	0.1669	0.0529	0.0141	0.1319	0.0346	0.1272	0.2338	0.1665
绍兴	0.0073	0.0853	0.0231	0.0053	0.1672	0.0503	0.0121	0.1358	0.0356	0.1209	0.2295	0.1714
舟山	0.0096	0.0848	0.0255	0.0064	0.188	0.0597	0.0152	0.0854	0.0306	0.1216	0.263	0.116
台州	0.0086	0.0944	0.0231	0.0062	0.0512	0.0526	0.0175	0.138	0.02	0.1322	0.1213	0.1581

3. 贸易、环境与城市化协调发展的评价

（1）协调度计算

根据贸易、环境与城市化综合水平的计算公式，以及前面所述的协调度模型，计算得出 2010 年长三角贸易、环境以及城市化三者的协调度，计算结果如表 7－34 所示。

表 7 - 34   2010 年长三角贸易、环境与城市化协调发展情况

城市	u(x)	e(y)	t(z)	C	T	D	第一层次 u(x)、e(y) 与 t(z) 的关系	第二层次 基本类型
上海	0.137	0.1318	0.198	0.9495	0.1555	0.3842	$t(z)>u(x)>e(y)$	勉强协调环境滞后
南京	0.1254	0.2055	0.1932	0.9337	0.1747	0.4039	$e(y)>t(z)>u(x)$	中度协调城市化滞后
无锡	0.1292	0.1918	1.2642	0.2124	0.5284	0.3350	$t(z)>e(y)>u(x)$	勉强协调城市化滞后
常州	0.137	0.169	0.1542	0.9890	0.1534	0.3895	$e(y)>t(z)>u(x)$	勉强协调城市化滞后
苏州	0.1066	0.1803	0.186	0.9127	0.1576	0.3793	$t(z)>e(y)>u(x)$	勉强协调城市化滞后
南通	0.1143	0.1981	0.17	0.9259	0.1608	0.3858	$e(y)>t(z)>u(x)$	勉强协调城市化滞后
扬州	0.1213	0.2297	0.1488	0.8967	0.1666	0.3865	$e(y)>t(z)>u(x)$	勉强协调城市化滞后
镇江	0.1328	0.1983	0.1799	0.9586	0.1703	0.4040	$e(y)>t(z)>u(x)$	中度协调城市化滞后
泰州	0.1184	0.2	0.1328	0.9242	0.1504	0.3728	$e(y)>t(z)>u(x)$	勉强协调城市化滞后
杭州	0.1148	0.186	0.1455	0.9437	0.1488	0.3747	$e(y)>t(z)>u(x)$	勉强协调城市化滞后
宁波	0.1248	0.1896	0.1769	0.9530	0.1638	0.3951	$e(y)>t(z)>u(x)$	勉强协调城市化滞后
嘉兴	0.115	0.1699	0.1681	0.9540	0.1510	0.3795	$e(y)>t(z)>u(x)$	勉强协调城市化滞后
湖州	0.1272	0.2338	0.1665	0.9108	0.1759	0.4002	$e(y)>t(z)>u(x)$	中度协调城市化滞后
绍兴	0.1209	0.2295	0.1714	0.9038	0.1739	0.3965	$e(y)>t(z)>u(x)$	勉强协调城市化滞后
舟山	0.12163	0.263	0.116	0.8063	0.1684	0.3685	$e(y)>u(x)>t(z)$	勉强协调贸易滞后
台州	0.1322	0.1213	0.1581	0.9817	0.1372	0.3670	$t(z)>u(x)>e(y)$	勉强协调环境滞后

（2）协调发展度评价

根据贸易、环境与城市化综合水平的计算公式，以及前面所述的协调发展度模型，计算得出 2010 年长三角贸易、环境以及城市化三者的协调发展度，计算结果如表 7 - 34 所示。从表 7 - 34 可以看出，长三角（16 个城市）的城市化、环境与贸易协调发展可以分为 4 个类型，具体如下所述。

①城市化、环境与贸易勉强协调发展类：贸易滞后型。舟山属于勉强协调发展类，不管是协调度还是协调发展度都低于其他 15 个城市。从三个系统的综合水平来看，其城市化水平低于环境水平，高于贸易水平，表示目前舟山的环境水平还是不错的，而城市化水平和贸易水平都低于 16 个城市的平均水平。所以舟山可以在现有的城市化水平上稳步提升，同时带动贸易水平的提高。

②城市化、环境与贸易中度协调发展类：城市化滞后型。包括南京、湖州、镇江这 3 个城市。这 3 个城市的贸易水平都低于环境水平，同时又都高

于城市化水平。表明目前这 3 个城市生态环境的建设工作比较超前，而城市化水平并没有满足生态环境的需要。在未来的发展中，作为江苏省会城市的南京应该发挥区域性中心城市的作用，在不断提高自身城市化水平的同时带动湖州、镇江 2 个城市的城市化水平发展。这 3 个城市在进行城市化建设的同时，都要注意贸易水平的提高，首先是贸易达到 16 个城市的平均发展水平，然后是根据各市的城市化进程提出提升阶段的建设，保障贸易、环境与城市化的和谐关系。

③城市化、环境与贸易勉强协调发展类：城市化滞后型。包括杭州、宁波、常州、苏州、南通、扬州、泰州、无锡、绍兴、嘉兴这 10 个城市。这 10 个城市除了无锡和苏州贸易水平高于环境水平及城市化水平以外，其他 8 个城市都是环境水平最高，然后是贸易水平，城市化水平最低。城市化水平落后的原因是大部分城市指标比较落后。在未来的发展中，每一个城市都应该以目前的城市化发展方向为依托，在城市化发展方向的基础上扩展提高其他方面的城市化水平。在各城市大力推进城市化的阶段中，不能忽略生态环境的建设与保护，应该以更高的目标来满足城市化的需要。对于贸易水平，应该通过推动经济的发展吸引更多的外商直接投资，同时注意带来的环境影响，不能忽视贸易、环境与城市化三者的协调发展。

④城市化、环境与贸易勉强协调发展类：环境滞后型。包括上海和台州这两个城市。上海的城市化和贸易水平都高于其他大部分城市，但是环境水平仅高于台州，也就是说上海在经济快速发展、成为国际化大都市的同时，伴随着很严重的环境问题；台州城市化水平略高于 16 个城市的平均水平，贸易水平高于环境水平，环境水平是 16 个城市中最低的，所以台州的环境保护尤为重要。在以后的城市化发展的政策中，上海和台州都应该增加环境保护投资，使环境水平提升到平均水平，促进贸易、环境与城市化的协调发展。

比较以上结果可见：长三角（16 个城市）贸易、环境与城市化协调发展水平差距较大，其中协调程度最高的常州为 0.9890，而最低的无锡只有 0.2124。长三角（16 个城市）各城市的综合城市化水平有差距，但不是非常明显，常州城市化综合水平最高，上海作为中国的大都市，城市化综合水平高于其他 14 个城市，其余城市的城市化水平相差都不是很大，苏州和南通的城市化综合水平偏低。对于环境污染水平，除了上海和台州，其他各城市环境污染普遍比较严重。而贸易水平，除了无锡贸易水平高外，其他 15 个城市的贸易水平都处于平均水平。总的来说，长三角城市的城市化和贸易造成了比较严重的环境污染，这也是贸易、环境与城市化不和谐的直接原因，所以长三角 16 个城市大部分属于勉强协调型。

（二）贸易、环境、城市化协调发展的情景模拟：基于情景分析法的应用

1. 情景模拟方案的确定

长三角（16 个城市）贸易、环境与城市化之间的关系经过调整会得到改善，在考虑政策的时候可能有几种不同情景。城市化是复杂的，采用不同的情景模拟方案得到的协调度是不一样的。通过上一节对长三角（16 个城市）的贸易、环境与城市化协调发展的评价以及基本类型的确定，同时对贸易、环境与城市化两两的相互作用分析，可知城市化和贸易是同向发展的，所以我们在进行情景模拟时，设计了 3 大类 9 种模拟方案（见表 7 - 35）。

表 7 - 35　情景模拟方案

情景模拟大类	情景模拟方案	情景模拟方案说明
适度发展类	情景模拟方案 1	城市化、贸易水平适度发展，环境质量适度改善
	情景模拟方案 2	城市化、贸易水平适度发展，环境质量稳定改善
	情景模拟方案 3	城市化、贸易水平适度发展，环境质量快速改善
	情景模拟方案 4	城市化、贸易水平稳定发展，环境质量适度改善
稳定发展类	自然演变方案	城市化、贸易水平稳定发展，环境质量稳定改善
快速发展类	情景模拟方案 5	城市化、贸易水平稳定发展，环境质量快速改善
	情景模拟方案 6	城市化、贸易水平快速发展，环境质量适度改善
	情景模拟方案 7	城市化、贸易水平快速发展，环境质量稳定改善
	情景模拟方案 8	城市化、贸易水平快速发展，环境质量快速改善

根据前面的理论和实证分析发现，长三角（16个城市）的环境污染越小，环境质量越能得到改善；同时，贸易水平是一个正向概念，贸易水平越高，说明开放度越高。并且，在确定各指标权重时，我们发现在城市化层次下人均GDP权重最大，在环境层次下建成区绿化覆盖率的权重最大，而在贸易层次下外商直接投资额的权重最大，说明人均GDP、建成区绿化覆盖率和外商直接投资额三个指标对城市化、环境和贸易影响显著，所以，我们以这三个指标的增长速度作为城市化、环境和贸易综合水平的自然演变速度，根据1990~2009年的数据，计算出这3个指标的平均增长速度是20%、10%和40%，所以我们令城市化、环境和贸易这三个系统的基准增长速度为20%、10%和40%，也就是表7-35中城市化、贸易与城市化稳定发展的速度，相对应的，我们设置城市化、贸易与环境适度发展的速度分别为15%、35%和5%，高速发展的速度分别是25%、45%和15%，对这几种变化组合成表7-35的9种情景，并且选取5年和10年这两个时点来进行情景模拟。

2. 情景模拟方案优选

将5年和10年时点相应的参数按情景模拟方案修改后，代入前文的协调度模型，进行仿真模型模拟。在进行结果处理时，为了便于比较各方案的差异和变化，我们先将自然演变型的贸易、环境与城市化的协调值列入表7-36，然后以该协调度为基准值，计算相对协调值，即协调度相对值=其他方案协调度/自然演变方案协调度，从而得出其他方案的相对值，相对值越大，方案越优，2015年的相对协调度见表7-37所示，2020年的相对协调度见表7-38所示。

表7-36 2015年和2020年16个城市的自然演变的协调度计算结果

城市	上海	南京	无锡	常州	苏州	南通	扬州	镇江
2015年	0.5658	0.7001	0.0511	0.7964	0.6355	0.7369	0.8697	0.7492
2020年	0.2761	0.3806	0.0144	0.4722	0.3256	0.4176	0.5762	0.4246

城市	泰州	杭州	宁波	嘉兴	湖州	绍兴	舟山	台州
2015年	0.8929	0.8126	0.7275	0.7007	0.8267	0.7886	0.9457	0.6534
2020年	0.5974	0.4944	0.404	0.3786	0.5188	0.477	0.7282	0.3424

表 7 - 37 2015 年各方案下的长三角 16 个城市的贸易、
环境与城市化协调度相对值比较

城市	I	II	III	IV	V	VI	VII	VIII
上海	0.9583	1.0965	1.223	0.861	1.1339	0.7683	0.9035	1.0392
南京	0.9653	1.0531	1.1142	0.898	1.082	0.8252	0.9353	1.0317
无锡	0.9303	1.1371	1.3708	0.8135	1.209	0.7101	0.8764	1.0674
常州	0.9688	1.0628	1.1314	0.8934	1.0882	0.8144	0.9274	1.0286
苏州	0.9625	1.0577	1.1281	0.8921	1.0898	0.8176	0.9318	1.0346
南通	0.9675	1.0453	1.0943	0.9059	1.0718	0.8371	0.9413	1.0298
扬州	0.9751	1.0223	1.0369	0.9306	1.0411	0.8736	0.9593	1.0222
镇江	0.9672	1.0545	1.115	0.8984	1.0815	0.8244	0.934	1.0301
泰州	0.9753	1.0291	1.051	0.9249	1.0478	0.8636	0.9535	1.022
杭州	0.9708	1.0419	1.0832	0.9111	1.0651	0.8433	0.9437	1.0266
宁波	0.9663	1.0555	1.1184	0.8969	1.0836	0.8226	0.9333	1.031
嘉兴	0.9649	1.0601	1.1303	0.8923	1.0896	0.8159	0.9299	1.0323
湖州	0.9726	1.0302	1.0563	0.922	1.0516	0.8608	0.953	1.0248
绍兴	0.971	1.0322	1.0624	0.9191	1.0553	0.8571	0.9516	1.0264
舟山	0.9864	0.9903	1.0053	0.9681	0.9985	0.9309	0.9862	1.0114
台州	0.9623	1.0924	1.2075	0.8669	1.1251	0.7751	0.906	1.035

表 7 - 38 2020 年各方案下的长三角 16 个城市的贸易、
环境与城市化协调度相对值比较

城市	I	II	III	IV	V	VI	VII	VIII
上海	0.8814	1.296	1.8012	0.6642	1.4374	0.4985	0.7629	1.1222
南京	0.8865	1.2475	1.6311	0.6852	1.3736	0.5234	0.783	1.1146
无锡	0.8611	1.3472	2.0278	0.6389	1.5278	0.4861	0.75	1.1667
常州	0.8916	1.2567	1.6463	0.6845	1.3757	0.5193	0.7772	1.108
苏州	0.8833	1.2543	1.6591	0.6812	1.3857	0.5197	0.7813	1.1186
南通	0.8884	1.238	1.5967	0.6906	1.3592	0.5287	0.7869	1.1116
扬州	0.8973	1.2083	1.4887	0.7081	1.3134	0.5477	0.8004	1.1017
镇江	0.8888	1.2487	1.6274	0.6863	1.3707	0.5233	0.7824	1.1116
泰州	0.8982	1.2159	1.5089	0.7051	1.3207	0.5434	0.7961	1.1008
杭州	0.8928	1.233	1.5712	0.695	1.3475	0.5328	0.7888	1.1072
宁波	0.8876	1.25	1.6351	0.6851	1.3743	0.5223	0.7817	1.1129
嘉兴	0.8864	1.2557	1.6556	0.682	1.3825	0.5193	0.7792	1.1146
湖州	0.894	1.2186	1.5262	0.7016	1.3296	0.5409	0.7957	1.1052
绍兴	0.8918	1.2218	1.5405	0.6988	1.3363	0.5388	0.7945	1.1078
舟山	0.9117	1.1605	1.3294	0.7387	1.2409	0.581	0.8228	1.0848
台州	0.8861	1.2915	1.771	0.6682	1.4241	0.5012	0.7634	1.1162

如果其他方案与它的相对值大于 1，说明其他方案优于自然演变方案；如果相对值小于 1，则说明该方案不如自然演变方案。

（1）自然演变方案

假设预测期内城市化水平和贸易水平都以自然稳定的速度增长，环境质量稳定改善，它们的综合水平分别以 20%、40% 和 10% 的增长率发展；该方案是自然演变下的协调度，为了方便和其他方案比较，我们令其协调度值为 1。

（2）情景模拟方案 I

假设预测期内城市化水平和贸易水平适度增长，环境质量适度改善，它们的综合水平分别以 15%、35% 和 5% 的增长率发展；代入协调度模型，计算得出的协调度低于自然演变下的协调度，即相对协调度小于 1，说明这个方案还不如自然演变方案。

（3）情景模拟方案 II

假设预测期内城市化水平和贸易水平适度发展，而环境质量得到稳定改善，它们的综合水平分别以 15%、35% 和 10% 的增长率发展；代入协调度模型，预测结果显示，除了舟山 2015 年的相对协调度小于 1，其他城市采取这种方案的相对协调度都大于 1，较自然演变型方案要好，是一个备选方案。

（4）情景模拟方案 III

假设预测期内城市化水平和贸易水平适度增长，而环境质量得到快速改善，它们的综合水平分别以 15%、35% 和 15% 的增长率发展。代入协调度模型，根据预测结果，我们发现这种方案下的协调度非常好，不仅相对度大于 1，而且大很多，远远优于自然演变发展下的协调度水平。

（5）情景模拟方案 IV

假设预测期内城市化水平和贸易水平以自然稳定的速度增长，环境质量适度改善，它们的综合水平分别以 20%、40% 和 5% 的增长率发展。代入协调度模型，计算得出的相对协调度小于 1，说明这个方案和方案 I 一样是不可取的。

（6）情景模拟方案 V

假设预测期内城市化水平和贸易水平以自然稳定的速度增长，环境质量得到快速改善，它们的综合水平分别以 20%、40% 和 15% 的增长率发展。代入协调度模型，预测结果显示，同方案 II 一样，除了舟山 2015 年的相对协调度小于 1，其他城市采取这种方案的相对协调度都大于 1，较自然演变方案要好，同时这一方案优于情景模拟方案 II。

（7）情景模拟方案 VI

假设预测期内城市化水平和贸易水平得到了高速发展，环境质量得到适度改善，它们的综合水平分别以 25%、45% 和 5% 的增长率发展。代入协调度模型，计算得出的相对协调度小于 1，说明这个方案和方案 I、方案 IV 一样是不可取的。

（8）情景模拟方案 VII

假设预测期内城市化水平和贸易水平快速发展，环境质量稳定改善，它们的综合水平分别以 25%、45% 和 10% 的增长率发展。代入协调度模型，计算得出的相对协调度小于 1，说明这个方案和方案 I、方案 IV、方案 VI 一样是不可取的。

（9）情景模拟方案 VIII

假设预测期内城市化水平和贸易水平都得到了高速发展，环境质量也得到了快速改善，它们的综合水平分别以 25%、45% 和 15% 的增长率发展。代入协调度模型，预测结果显示，采取这种方案的相对协调度都大于 1，较自然演变方案要好，是一个备选方案。

通过以上分析，我们发现方案 I、方案 IV、方案 VI、方案 VII 的相对协调度都小于 1，不利于贸易、环境与城市化的协调发展。可以促进贸易、环境与城市化协调发展的方案有方案 II、方案 III、方案 V、方案 VIII，通过对这 4 个方案的比较，我们发现方案 III 优于方案 V，方案 V 优于方案 II，而方案 II 又优于方案 VIII，也就是说，不管是在 5 年的预测点还是在 10 年的预测点，长三角（16 个城市）的最优方案都是方案 III，即在未来的 5 年和 10 年内，保持城市化水平和贸易水平的适度增长，同时加大环保力度，快速减少环境污染，保持环境质量处在较高的水平是促进贸易、环境与城市化协调发展的最优路径。

（三）政策启示

加快资源节约型和环境友好型社会的建设，全面提高城市化的可持续发展能力，具体而言可以从以下几个方面着手。

（1）转变城市经济增长速度与增长方式。经济增长速度越快，规模效应越显著，环境压力越大。上海自1992年以来，经济增长速度连续16年保持在10%以上，江苏和浙江自改革开放以来除个别年份外，城市经济增长速度均保持两位数。长三角地区这种以超高速为特点的增长方式导致其承受着日益沉重的资源、能源和环境压力，而这显然已经不适合长三角未来的长期增长。城市经济增长方式必须实现由粗放型向集约型的转变。城市经济增长方式的转变需要考虑超高速增长和集约增长方式之间的关系。走以技术进步、自主创新为核心的集约增长方式的道路，必须将经济增长速度降至合理的范围内。2007年上海市人均GDP接近7500美元，工业化已经进入第三阶段的后期，经济增长速度继续维持超高增长已经不合时宜，江苏和浙江的人均GDP已经超过3500美元，正是环境压力最集中的阶段（吴慧英，2009）。因此，将今后的城市经济增长速度控制在合理范围内对环境质量的改善具有重要意义。

（2）落实科学发展观，坚持环境优先理念。一直以来，世界各国都采用GDP作为衡量经济增长的指标。尽管GDP及其增长率能基本反映总体经济增长水平和发展趋势，但由于没有把资源成本和环境成本计算在内，GDP本身只能反映一个国家（或地区）的经济增长与否，而不能说明一个国家（或地区）资源消耗的状况和环境质量的变化。目前一些地方政府还没有真正树立和落实科学的发展观和政绩观，将"发展是硬道理"简单地理解为"GDP增长是硬道理"，只考虑短期和眼前的政绩、业绩，追求一时一地的经济增长，牺牲了全局利益和长远利益。因此，要实现长三角（16个城市）的可持续发展，重要的一点就是要改变各级领导干部的发展观，树立和落实全面、协调、可持续的发展观，树立正确的政绩观，改变过去注重经济目标、忽视环境效益的评价方法，树立环境优先的理念，加大力度改善环境质量，重点开展环境污染及环境保护效益计量方法和技术的研究工作，将空气质量变化、森林覆盖增长率等指标纳入政府官员考核标准，建立健全环境保护责任追究制度，通过制度建设来强化各级领导干部的可持续发展意识。

长三角作为经济发达地区，其城市的人均 GDP 接近 3 万元或超过 3 万元，已进入工业化中后期。根据国际经验，人均收入达到 1000 美元后，一个国家的经济和社会发展将面临新的选择，如果继续依靠过去的低成本、低价格来发展经济的话，优势将逐渐减弱。如果不进行经济转型，发展后劲就会不足，就可能长期在同样的人均收入水平上徘徊。而环境保护是转型的切入点，通过实行环境优先原则，可以促使企业改变产业结构，转向更高级和更清洁的发展阶段。转型不仅仅是环境保护的需要，同时也是经济发展"升级"的需要。

（3）发展循环经济，建设节约型社会。长三角地区目前的生态环境出现问题的主要原因之一是采用粗放型经济增长方式。该地区的经济增长过度依赖能源资源消耗，造成能耗、物耗高，污染排放强度大。"十五"期间三省市的单位 GDP 能耗指标优于全国平均水平，其中 2005 年指标仅次于广东和北京。但与国际先进水平相比，还有不小的差距，如 2004 年长三角地区单位 GDP 能耗最低的浙江省指标值是世界平均水平的 2 倍多。因此，要实现长三角地区全面协调可持续发展，关键要大力发展循环经济，建设节约型社会。长三角未来应选择发展科技含量高、资源消耗低、环境污染少的新型产业；应不断优化能源结构，大力推进能源、资源的节约和综合利用。

（4）加强长三角经济与环境综合决策，协调区域内的环境管理。长三角环境与经济协调发展的关键问题之一是改善宏观决策系统，实现经济与环境的综合决策，使经济发展与环境保护在较高的层次上统一起来。为此，要制定经济与环境综合决策的具体实施制度，并建立综合决策的组织形式和支持能力。例如，实质性措施之一是从省一级调整现有激励体系，真正使"可持续发展"指标成为考核各级官员的标准，只有实行统一和一贯的可持续发展政绩考核制度，才能真正改变地方决策者的行为。

此外，长三角城镇密集，各城市之间的环境影响大，各城市一方面由于水污染和大气污染发生矛盾，另一方面互不沟通也使各地治理污染的积极性受到制约。为此，要建立长三角可持续发展协调机制，探索具体的跨区域环境管理措施。作为国家重点建设跨省区经济区域，长三角地区实际上是一个有机的整体，各级政府应该立足于这一认识，在遵守国家现行法律制度的前提下，在建立跨行政区的区域经济管理体制上做更多的探索，突破行政区域的界限，联手治理环境资源问题。在涉及地方利益时，区域内各级政府要克服传统的行政区划分割所造成的地方保护主义思想，树立长三角的全局与整体意识，以整体利益为重，按照比较利益原则实现生产要素在区域内的自由流动，实现区域内的合理分工与协作。

长三角地区应以共建"绿色长三角"为着力点，多渠道筹集环保资金，并制定鼓励发展环保产业的相关政策，加快推进生态环境保护一体化，实施环境治理与保护的区域联动。三省市各级政府应尽快统一标准、统一政策、统一执法，联手治理突出的区域性、流域性环境污染问题。长三角只有建立健全区域互动合作机制，才能突破能源、环保、土地等发展"瓶颈"，实现又好又快的可持续发展。

第八章
国外处理贸易、环境与城市化
关系的经验及对中国的启示

一 国外处理贸易与环境关系的经验及对中国的启示

(一)美国处理贸易与环境关系的经验

1. 使用绿色壁垒

随着人们环保意识的加强,用经济手段直接或者间接地限制乃至禁止污染环境的贸易的做法已成为保护环境的发展趋向和必然措施。绿色壁垒所具有的名义合理性、涵盖内容广泛性、保护方式隐蔽性,使它成为美国主要的贸易壁垒的新形式。绿色壁垒主要包括以下几个方面:

(1) 制定绿色市场准入制度

美国主要通过对商品中有害物质含量设定较高的标准,及借助强制性的立法措施来保证制度的顺利执行,将许多不符合标准的国外产品拒之门外,减少了潜在污染物的进入,也为美国环境保护及治理减少了风险。

(2) 采用绿色检疫制度

绿色检疫制度主要是通过强制性的法定检验来禁止不合格的物品出口、进口和使用。这项政策的出发点虽然是保护环境,也在一定程度上促进了产品生产结构和技术的改善，但是有的政策超过了环保需要的标准，因此成为限制发展中国家对外贸易的屏障。

（3）施行绿色标志制度

美国的绿色标志制度体现在重视再生产业和服务业上，这个制度主要由产品类别和标准的选择、产品认证的程序和美国绿色标签制度的产品类别四个部分组成。绿色标志制度使环保意识在美国公众中更加深入人心，有利于推广环保产品的使用，既能保护环境也会提高美国绿色产品在国际上的竞争力，有利于协调贸易发展和环境保护之间的关系，但是对于发展中国家来说，在很大程度上制约了其出口能力。

（4）运用绿色包装制度

为了推动"绿色包装"的进一步发展，美国陆续制定了有关法规。通过加强公众的环境意识，明确环境主体的责任，营造有利于绿色经济发展的市场环境。

（5）禁止绿色补贴

美国将严重污染环境的产业转移到其他国家，以降低本国的环境成本。对于发展中国家而言，绝大部分企业本身是无力承担治理环境污染的费用的。因此，政府有时会为此给予一定的环境补贴。可是，美国会以此认为发展中国家的"补贴"违反关贸总协定和世界贸易组织的规定，限制其产品进口（王艳秀，2011）。

（6）实施 PPM（Processing & Product Method）标准

PPM 是生产过程和生产方法标准，包括生产方法标准和加工方法标准。为了达到保护环境与限制发展中国家发展的目的，美国通常采用贸易禁令或限制、贸易制裁、关税、出入境税调整、反补贴税和强制性生态标志等多种贸易工具，来解决各种环境破坏问题（王艳秀，2011）。

（7）征收碳关税

美国众议院 2009 年 6 月底通过了《美国清洁能源安全法案》，规定从2020 年开始，美国有权对包括中国在内的不实施减排义务的国家征收进口商品的碳关税，即对进口的高耗能产品征收二氧化碳排放税（张曙霄，

2010）。虽然本措施是出于环境保护的目的，但是其中的贸易保护主义色彩
违背了 WTO 的有关规定，是对发展中国家不公平的表现之一。

2. 向国外转移污染企业

根据比较优势理论，可以知道美国污染密集型产品环境内在化的成本更
高，也就是机会成本更高，因为美国的环保意识较强，重视环境质量，其环
境政策和标准比较严格；而发展中国家污染密集型商品的机会成本更低，具
有比较优势。由于污染产业的成本提高，20 世纪 60 年代以来，美国将 40%
以上的污染密集型产业转移到其他的发展中国家（对外贸易经济合作部经
贸政策和发展司，1995）。

3. 颁布环境法律

美国是较早实行环境立法的国家之一，其环保法律体系也是目前世界上
比较完善和有效的法律体系之一，其涵盖范围广、制度条款严格，例如与
FDA 有关的法律包括《食品、药品、化妆品法》《婴儿食品法》等；对进口
食品的管理包括市场抽样、口岸检验等；电子产品进口方面有《控制放射
性的健康与安全法》等；植物检疫联邦法律有《植物检疫法》等。美国还
利用推行国内生产加工方法及其他标准的机会设置技术壁垒。例如，美国在
《空气净化法》和《防污染法》中明确规定苛刻的技术标准，将许多不符合
标准的汽车产品排除在外（中国食品科技网，2005）。

4. 构建促进环境产业发展的投融资机制

美国政府主要是通过政府资金支持和市场融资两种方式来实现环境
产业的专项投融资。政府的资金来源是联邦政府的"超级基金"和转移
支付环境产业项目，以污水处理为例，美国建立了"清洁水州立滚动基
金"，这项基金在 1987~2001 年总共 14 年的时间里向 10900 个清洁水项
目提供了 343 亿美元的低息贷款，该基金为了扩大其规模，不但在 50 个
州设立了该基金，而且在其中的 34 个州中还发行了"平衡债券"（王
莉，2010）。美国环境产业利用政府筹措的资金成为经济增长点和最有
潜力的产业之一。

(二) 美国处理贸易与环境关系的经验对中国的启示

1. 创新应对绿色壁垒的技术

积极从国外直接投资的技术外溢中学习，借助绿色壁垒相关技术增强企业竞争力，实现创新资源利用最大化，尽快将技术转化为现实应用工具。除了向国外借鉴和学习之外，自主创新也很重要，结合我国国情建立和完善我国绿色壁垒技术的创新系统，并营造鼓励创新的氛围，发挥各级创新主体的主观能动性，加大绿色壁垒技术创新的投入规模，并且调整绿色贸易壁垒技术创新的投入结构。

2. 实践企业绿色战略

这需要从构建和培育公司绿色企业文化、推广绿色管理制度、产品设计绿色化、实施与国际接轨的绿色产品策略、实现绿色销售、拓宽国际绿色销售渠道和网络以及制定绿色价格策略入手，以环境保护促进竞争，提高产品竞争力（朱永安，2003）。通过明确微观主体的责任多角度、宽范围地培养企业面对绿色壁垒的能力，为环境保护和资源、社会协调做出贡献。

3. 创造有利于环境保护的绿色市场氛围

改革绿色税、组建绿色专项风险基金、拓宽绿色企业上市直接融资的渠道和完善环境产业的投融资制度可以构建有利于环境保护的绿色市场氛围。将绿色税纳入现行国家税收体系，指导绿色税制改革，将环境污染的社会成本内在化，充分发挥市场经济的作用，循序渐进地推进税制改革。我国目前在治理环境污染方面的投资严重不足，政府项目效率低下且收益率低、融资能力亟待提高，要解决投资不足的困境需要增加对环境产业的投入、创新财政投入方式，加大民间资本对污染治理的参与度，同时要确定合理的投资边界、选择科学有效的投融资模式及正确的运作方式，实现理论到现实的过渡，以实现完善我国环境产业投融资制度的目标。

4. 推进标准化工作

技术标准是占领国内市场和抢占国际市场的重要武器，但是我国技术标准体系与国际相比仍然有很大差距，极大地削弱了我国出口商品的能力。所以推进我国技术标准体系与国际接轨显得愈加急迫。美国与很多国家的政府标准化机构和标准化团体建立联盟来捍卫自己的利益，我国也应该鼓励有能力和有条件的专业检验机构通过国际认证并与国际标准化机构和团体加强交流，提高检验检测的水平。在进口方面要加强环境、安全卫生认证机构的建设，禁止严重污染环境的产品进入，加强商品检验力度，保证机构的权威性。

5. 加快建设绿色壁垒预警机制

在面对发达国家层出不穷的绿色壁垒时，企业独自收集目标市场的信息成本巨大，收集到的信息不完全、不充分甚至不准确，这将对企业的正常经营造成阻碍，因此政府必须发挥宏观调控的职能，构建对外信息传递和沟通渠道，做到内部数据实时监控，评估风险等级并实时共享信息，预备应急方案，将绿色壁垒的危害降到最小。

6. 完善环境法律

要达到合理有效解决贸易带来的环境问题的目的，不仅需要经济手段和行政手段，还需要立法机关完善与之相关的法律。并且，司法机关严格执法，做到有法可依、有法必依和违法必究，构建严格的法律环境，规范企业的行为，实现可持续发展。

（三）欧盟处理贸易与环境关系的经验借鉴

1. 构建与贸易有关的环境政策法律体系框架

（1）与贸易有关的环境政策基础性条约

《罗马条约》第 100 条和第 235 条共同组成了欧盟环境立法的基础，而《单一欧洲法》则明确了欧盟环境立法的基本框架，《欧洲联盟条约》和《阿姆斯特丹条约》则逐步确定了可持续发展的目标。

（2）欧盟机构制定的与贸易有关的环境法规

主要包括环境条例、明确的指令和决定，也被表述为二次立法，这是欧盟法律体系的重要组成部分，并以指令为主（马娜，2005），例如欧盟 1991年制定的《关于包装、包装废弃物的指令》《欧洲野生生物和自然环境公约》等，这对贸易的健康发展、环境的保护都具有重大的意义。

（3）欧盟签署或参加的国际环境条约

在贸易与环境方面，欧盟是 30 多个公约和国际条约的缔约方。《建立欧洲共同体条约》第 238 条规定，"共同体可以与一个或多个国家或国际组织缔结协定，建立涉及相互权利与义务、共同行动及特别程序的盟约"，如《联合国气候变化框架公约》《联合国生物多样性公约》等（谭伟，2010）。欧盟是国际环保条约最大的执行者和推动者，为世界其他地区树立了良好的榜样。新华社 2007 年报道，欧盟将单方面承诺到 2020 年将二氧化碳排放量在 1999 年的基础上至少减少 20%，并且欧盟愿意和其他主要排放国一道将减排目标提高为 30%。

（4）其他具有法律约束力的文件

①出台欧盟环境行动规划。欧共体分别在 1973 年、1977 年、1983 年、1988 年、1993 年和 2001 年颁布了六个环境行动规划。2001 年 3 月欧盟《第六个环境行动规划》提出优先关注以下四个领域：气候变化、自然和物种的多样化、环境与健康、自然资源和废弃物。欧盟环境规划的演变历程体现了欧盟环境法律体系范围的不断扩大、手段的增加和有效性的增强。在环境标准方面，欧盟通过提高环境标准来促进绿色创新。

②确立环境标准。在多年的实践中，欧盟已经形成包括水环境标准体系、大气环境标准体系、环境噪音标准体系、固体废弃物标准体系、化学品管理和转基因制品管理标准体系、核安全与放射性废弃物管理标准体系、野生动植物标准体系和基本标准体系八大体系在内的环境标准体系（胡必彬，2005）。欧盟的环境标准体系体现了以人为本的理念，有利于环境事业的健康发展，缓和了环境与贸易的矛盾，平衡了贸易发展和环境保护之间的关系。

2. 使用绿色贸易壁垒

（1）绿色生产

绿色生产方式是指绿色的生产过程、绿色的能源使用和绿色的产品，以促进可持续发展，实现消费者利益、生产者利益和生态环境利益的统一的环境友好型生产方式。欧盟要求进口商品的企业严格执行其所制定的标准，否则就会被拒之门外，因此这成为发展中国家商品准入的限制。

（2）规定绿色技术标准

欧盟启动的 ISO 14000 环境管理系统，要求欧盟国家的产品从生产前到制造、销售、使用以及最后的处理阶段都要达到某些技术标准（易晓娟，2001）。这一系统在一定程度上预防、减少或消除了环境污染。

（3）实行生态标签标志

欧共体从 1992 年 7 月正式推出生态标签制度，到 1996 年对电磁污染做出特别规定，使之成为欧盟极少数强制性标志之一。随之又于 2000 年通过欧盟 1980/2000 号条例进一步修改补充，2005 年欧盟委员会又对欧盟生态标签体系进行了评估和完善，2010 年初，欧盟委员会拓展了生态标签的范围，延伸到了食品和饮料上。同时在保持生态标签体系框架一致的前提下还保留成员国一定的自主权，对企业实行政策性引导和取消申请生态标签费用，提倡绿色生产，培养消费者的绿色消费意识，有助于实现贸易、环境和社会的协调发展。

（4）推广绿色包装制度

欧盟对商品包装材料的易处理性和可回收率有较高的要求，特别是对有害于人体健康和环境的产品进行了限制。早在 1985 年 7 月，欧共体就通过了关于绿色包装的《饮料容器包装法令》，1994 年又正式颁布了《包装盒包装废弃物指南》，加强了对包装物的回收利用（张燕文，2004）。

（5）执行绿色卫生检疫制度

从 2006 年 1 月 1 日起，欧盟实施了三部有关食品卫生的新法规，主要对欧盟对各成员国以及从第三国进口的水产品、肉类食品、肠衣、奶制品以及部分植物食品进行了规定。根据欧盟食品法规，所有食品企业经营者必须全面推行危险分析和关键控制点体系，确保食品生产、加工和分销的整体安全（宫芳丽，2008）。

3. 实施新绿色贸易壁垒

（1）制定 REACH 法规

REACH 法规于 2007 年 6 月 1 日正式实施，作用对象是含化学成分的材料及产品。同时这个体系也包括注册、评估、限制和授权四个方面，在全球化的今天，这样一个针对化学品的庞大管理体系不单单涉及化学品，也将会对它的上游、下游产业产生极大影响。REACH 法规不同于以往的关税壁垒以及配额、许可证等一般的非关税壁垒，它是欧盟利用技术标准、安全标准和环保标准而设置的新型技术性贸易壁垒（刘欣，2008）。

（2）出台 EuP

为强化环境保护，降低气候变化带来的负面影响，欧盟继《关于在电子电气设备中限制使用某些有害物质指令》《关于报废电子电气设备指令》和 REACH 之后，又出台了 EuP（《用能产品生态设计框架指令》），使机电产品的准入门槛不断抬高。它对产品设计、生产、维护、淘汰、回收和处理的所有阶段都做出严格的环保要求，而欧盟进口机电产品的80% 由中国提供，这一指令使中国的相关企业面临全面挑战（戴宏民等，2013）。

（3）执行 WEEE 指令

WEEE 规定，生产商包括其进口商和经销商在指令生效以后，负责回收、处理进入欧盟市场的废弃的电器和电子产品，并在此后投放于市场的电器和电子产品上加贴回收标识（戴春丽，2007）。WEEE 指令的出台减少了有害物质排放到环境中的生态和健康威胁，但是也导致了向非欧盟国家转移电子废弃物的非法贸易规模的不断扩大。

（4）运用 ROHS 指令

ROHS 指令适用于 WEEE 指令所管辖的 10 类产品中除医用设备和监视控制设备以外的设备（Brannen，2007）。该指令规定，自 ROHS 指令正式实施后，要想使产品进入欧盟市场，必须保证欧盟市场的这些电子、电器产品不含有 6 种有害物质，即铅、汞、镉、六价铬、用作阻燃剂的多溴联苯（PBB）和多溴联苯基醚（PBDE）（Anderson，2007）。借助这个指令，欧盟减少了电子废弃物给社会发展、人体健康和环境保护带来的问题，减少了二次污染。

（四）欧盟处理贸易与环境关系的经验对中国的启示

1. 加强对国外绿色贸易壁垒的学习和了解

只有充分认识国外绿色贸易壁垒的基本情况、特征、表现形式和发展趋势，并仔细研究各类绿色贸易壁垒案例，才能统帅全局提出科学的应对方法和预防方式。因此，应学习总结应对绿色贸易壁垒的经验，使企业明白面对绿色壁垒的紧迫性和严峻性，提高应对能力。面对绿色贸易壁垒的条款和要求，应制定灵活的生产和销售策略，减少为达到目标而要付出的高昂经济代价。

2. 推进环保立法工作

开放经济下的贸易与环境是相互作用与相互影响的，我国应该遵循国际环境法，加大法规制定力度，制定合乎实际的环境法规，明确多元化的环境保护法律主体，弥补环境法规的漏洞，努力创造一个绿色的、全面的法律环境，实现可持续发展。但是由于各国的环境污染程度和经济发展水平参差不齐，对污染的消化、吸收能力和处理污染物的水平各不相同，所以应该整体考虑贸易和环境之间的关系以及影响，结合我国国情制定相关法规。为了与国际接轨、应对欧盟新绿色贸易壁垒，我国需要积极向国外先进经验学习，不断制定并完善与环境有关的立法，促进环保与外贸的协调和健康发展。

3. 制定与国际接轨的检测标准

我国缺乏权威的检测机构，检测水平没有达到国际认证标准，缺乏权威性和实用性，出具的检测结果很难得到其他国家的认可，这容易给其他国家的低质量、高污染的直接投资以可乘之机。所以我国应当尽快建立符合国际标准的实验室，加快技术标准与法规的标准化过程，提高企业的环保意识，尽量按照国际质量标准和技术规范生产产品，增强我国产品的竞争力。

4. 加强与欧盟的环境外交

当中国与欧盟出现贸易冲突时，政府部门应加强与欧盟相关部门的贸易谈判，并按照国际惯例，解决进出口贸易中存在的问题。政府部门也应加强与欧盟相关部门的沟通与联系，解决相关的技术问题，尽量减少由贸易壁垒带来的贸易问题，通过加强贸易谈判来捍卫己方正当的贸易利益。我国要坚持发展中国家的立场，尊重和维护发展中国家的利益。

5. 推进绿色壁垒预警机制的建立

由于企业掌握的信息资源有限，容易出现信息不对称的状况。而掌握充分资源的政府和相关机构应该勇于承担责任，充分认识建立绿色贸易壁垒预警机制的重要性，及时充分地掌握国外绿色贸易壁垒信息，了解其明细条款和具体要求，预测绿色贸易壁垒的变化动态和对我国主要出口产品的影响，掌握主动权，先发于人，并提出相应的建议，为出口企业创造一个良好的出口环境。

6. 调整产业结构

绿色壁垒的出现给我国的产业升级和产业结构调整带来了不小的挑战，要将绿色壁垒的损失最小化，就要从根本上解决这一问题。政府应大力支持高新技术企业的创新，形成自主品牌，带动企业的产业结构调整和升级，而企业也要充分发挥主观能动性，参与到这一改革中来，实现利益最大化。

二 国外处理贸易与城市化关系的经验及其对中国的启示

（一）美国处理贸易和城市化关系的经验

1. 充分发挥港口优势

纽约、迈阿密和休斯敦是美国著名的港口城市。纽约是美国最大的城市及第一大港口城市，通过海港、国际航空港与其他地区或国家发生密切贸易联系，港口优势给纽约参与国际分工和国际竞争带来了极大的便利。在纽约都市圈与外部区域经济利益的共享以及信息交流中，高效率的海陆空一体化的运输网络至关重要，它通过降低人、物、信息流的流通运行成本，提升了区域整体形象和运营效率，使纽约城市集聚和辐射能力增强，吸引了周边地区乃至世界各地的资源和人才（唐艺彬，2011）。迈阿密是美国东南部南佛罗里达州都市圈中最大的城市，这个都市圈也是全美第四大都市圈，拥有"美洲的首都"之称，借助港口的优越地理区位，迈阿密日渐成为美国与中美、加勒比以及南美之间联系的纽带，对外贸易成为迈阿密城市经济的重要组成部分，外贸对迈阿密城市化的促进作用功不可没。休斯敦也是美国南方第一大城，全国最大的石油工业中心和第三大港口城市，借助资金集聚、贸易渠道拓宽和商业组织交织促进了区域和对外贸易繁荣，贸易所带来的城市化联动效应，也让城市受益极大，在美国的众多城市中大放异彩。

2. 注重科技创新作用，大力发展高新技术产业

从 20 世纪 60 年代到 20 世纪末，美国北部和中西部的传统工业中心衰退，"阳光地带"逐渐繁荣起来。美国的巨额拨款，既促进了该区的工业发展，又带动了消费，扩大了该区的市场容量。以宇航、原子能、电子、生物为代表的高科技产业迅速发展，相关制造业和服务业也随之完善，科技创新也给衰弱的工业中心带来了新的经济增长活力，促使"阳光地带"产业结构升级换代的步伐加快，推动了"阳光地带"城市化的步伐。如美国现在有四个著名的高科技工业科研生产基地，其中有三个在"阳光地带"，它们是加州的"硅谷"、北卡罗来纳州的"三角研究区"和佛罗里达州的"硅滩"（杭海等，2011）。而美国的科技创新组织体系主要有以下几个特点。

（1）构建有利于科技创新的一体化组织体系

主要包括以政府和国会为代表的科学创新体系和以国家科学院为代表的科学创新体系。政府和国会所领导的官方组织包括国家科学技术委员会（NSTC）、总统科技顾问委员会（PCAST）、白宫科技政策办公室（OSTP）、预算管理局（OMB）、国家科学基金会（NSF）、参与制定创新计划的国会科技机构和政府部门设立的科研机构 7 个单位。美国国家科学院领导的半官方系统包括美国国家科学院、美国国家工程院、美国国家医学院和美国国家理事会（章亮等，2010）。它们在美国灵活有序的创新体系中各自扮演着举足轻重的角色，对美国的科技进步做出了巨大贡献，其中美国计算机、通信、信息服务业，生物制药产业，新材料产业，新能源产业，航空航天产业和海洋产业六大产业在国际上声名远扬，形成了新的经济增长点，激发了经济活力，也让美国成为世界上城市化水平最高的国家之一。

（2）完善创新人才培养机制

美国拥有世界上最多的国际一流大学，从 20 世纪 60 年代起就开始关注创新并对教育实施改革，用多种形式培养人才，通过理论联系实际，使高校成为科技创新的坚实后盾。政府通过大量资金投入对高校科技创新项目予以支持，也培养了大量的科技创新人才，将科技优势转化成经济优势。在人力资本的积累中，美国也逐渐实现了城市化质量的飞跃。

（3）构建多维度的法律体系鼓励科技发展

在美国的法律体系中，多维度鼓励科技创新包括对国家创新能力的促进、规范政府 R&D 投入、扶持中小企业、激励创新主体和引进创新人才五个维度（费艳颖等，2013）。通过机关的法律体系，美国运用多元化的投融资制度为美国科技发展创造优越的条件，制定法律法规给中小企业提供了充足的成长空间，通过税收优惠和减免减少了科技创新的成本，充分调动了各层级创新主体的积极性，为科技创新创造了一个良好的环境，加速推进了美国的城市化之路。

3. 创意产业的兴起

当下世界城市的发展呈现一种新的模式——城市再生阶段。新时期的城市更需要符合时代赋予新的内涵，城市再生是 21 世纪内涵式、质量型城市化政策的必然选择（王伟年等，2006）。作为崇尚"无为而治"的政府，纽约虽然没有明确提出"创意城市"的口号，但在实践着"创意城市"的各种构想，通过集聚资本和知识，促进相关产业的技术溢出（王琪，2007），而产业的集聚与技术溢出会提高贸易规模与质量，贸易发展又会加快要素的积累、人员的集聚，从而促进城市化水平的提高。同样的，美国达奥斯汀城市群的创意产业发达，就业机会吸引着人才的集聚，使这个城市群成为美国城市化的"金三角"，经济蒸蒸日上（秦尊文，2008）。美国在创意产业的多元化发展过程中，计算机设计及软件开发产业是发展最快的部门，Google、Overture 等互联网搜索供应商在美国炙手可热。基于美国文化与现代意识创造的服装品牌如阿玛尼、巴宝莉等带动了美国创意产业的需求，而举世闻名的奥斯卡奖带动了美国餐饮、旅游、时尚、电影等产业链的繁荣，每年都能给举办方带来 6 亿多美元的直接和间接商业利益（管晨，2007）。美国发展创意产业主要通过以下几个方面来进行。

（1）保护知识产权

美国主要通过对版权法、专利法和商标法等知识产权法律体系、知识产权司法体制和知识产权行政体系来实现对知识产权的保护，这也使美国在产学研结合与发挥企业自主创造主动性方面取得了一定的成就。

（2）增加投资力度

政策和资本是美国娱乐创意产业的两个重要引擎。在政策和资本的驱动下，兼并、联合、重组、走集团化道路是其创意产业发展壮大的主要途径。2000 年美国在线并购时代华纳，美国高度发达的资本市场为这一并购提供了重组的资本支持（陈晖，2010）。

（3）加大人力资本投资

美国凭借世界一流的学术水平和教育条件培养了许多创意产业方面的人才，奠定了扎实的创意教育基础，所以美国创意人才素质、结构和总量都远远领先于别的国家。在人才管理和激励方面，美国通过浮动的高薪酬和员工持股来激发员工的工作积极性，从而有效地刺激了创意产业的发展与进步。

（4）建设创意产业园区

纽约 SoHo 是美国最为典型的创意产业园区。19 世纪 70 ~ 80 年代纽约制造中心地位的丧失，使这一块片区开始走下坡路，但由于创意产业的兴起，SoHo 区再次成为美国的金融、艺术中心。创意产业利用纽约原有的社会空间和创意人才实现了城市的再造，提高了城市空间的使用效率，也丰富了城市职能，塑造了全新的城市景观和形象。

4. 实施贸易保护主义

美国出于霸权的衰弱、世界经济多极化、产品竞争力相对削弱和压制发展中国家发展等多方面的原因，贸易保护主义愈演愈烈。绿色壁垒、技术壁垒、反倾销和知识产权保护等是美国实施贸易保护的主要方式。虽然贸易保护主义在一定程度上刺激了企业创新技术并形成新的竞争优势带动产业结构的调整，但是这种被动的促进也给发展中国家带来了不小的伤害，对抵抗力较弱的发展中国家造成沉重的打击。

5. 向发展中国家转移污染企业

美国城市化处于一个较高的水平，已经过了牺牲环境追求经济发展速度的阶段。但是环境标准的差异使得美国环境成本较高，因此美国可以将高污染产业转移到发展中国家来满足国内需求。虽然通过向国外转移污染企业可以满足美国经济发展过程中的产品需求，消除美国国境内影响城市环境质量的威胁因素，但是这种做法从全球层面来看是损人不利己的。发展中国家有技术、资金等各方面的限制，美国对发展中国家的污染转移在短时间内难以独自解决。从目前来看，欧美等发达国家城市化发展速度减缓，而发展中国家成为推进世界城市化水平的主力军，面临发展经济或是保护环境的两难选择。

6. 建立北美自由贸易区

北美自由贸易区1994年正式成立，通过商品贸易、劳务合作、知识产权保护、环境保护及涉及服务业的贸易自由和投资（包括金融）的合作（崔同宜，2008），在促进美、加、墨三国的贸易发展、激发经济活力、改善投资环境、提高国际竞争力方面做出了巨大贡献。美国的夕阳产业，如劳动密集型产业和重污染企业向墨西哥转移，减小了美国城市化过程中的威胁，使它将资源更多地放在高新技术产业的发展上，有利于美国产业结构的升级和优化，尤其是北美自由贸易区建立以后所带来的美国西部投资增加也极大地促进了美国西部城市化的发展。

（二）美国处理贸易和城市化关系的经验对中国的启示

1. 利用先天优势，大力发展港口贸易

发挥国内港口城市的先天优势，利用其得天独厚的条件推动沿海地区经济发展。港口城市通常被定义为外向型集聚经济的体现，通过在世界范围内吸纳人流、物流、资金流、技术流、商流和信息流等各种生产力要素并使各种资源不断得到优化配置，参与世界分工，也成为国际贸易的核心区域。中国十大港口城市分别为上海、宁波、天津、广州、青岛、秦皇岛、大连、深

圳、舟山和营口，应该因地制宜，发挥各港口城市的特色，努力将它们培养成具有经济中心、贸易中心、金融中心和国际航运中心等功能的国际著名港口城市。

2. 大力发展高新技术产业

以创新为核心的高新技术产业不断推陈出新，提升区域竞争力，逐渐壮大的高新技术产业链会吸引大量的资金、资源和人才，向经济中心、人才中心和科技中心发展，促使城市职能多样化。在城市实现集聚的过程中，集聚区表现出很高的经济增长性，这种增长性还会辐射到周边地区，促进周边区域经济增长，从而带动城市化发展。中国应该通过发展高新技术产业响应知识经济时代和社会转型的需求，实现产业结构的优化升级，提高城市化质量与水平；通过整合资源、集中精力形成以科技创新为动力、以文化创新为基础、以增强自主创新能力为主导、以转变经济增长方式为中心，以提高城市竞争能力；通过集聚创新资源，发挥创新作用，创造创新成果，把创新作为基本驱动力推动城市的发展，高端辐射或引领其所在城市群以及更大范围的其他区域（中国城市竞争力研究会，2010）。尽管我国高新技术产业有了一定的发展，但是还存在对外辐射技术能力差、创新能力弱和投资体系不健全等缺陷，所以应该从完善高新技术产业政策和创新能力体系、加快园区建设、健全风险投资体系和培养高新产业人才着手，实现创新能力的飞跃。

3. 促进创意产业的发展

创意产业是产业在创造与生产过程中表现出创新与创意的产业，以文化创意产业最为典型，核心是知识产权和文化创意（张晓明等，2005）。创意产业凭借其高智力性、高科技性、高辐射性、高收益性以及深厚的文化内涵，已经成为衡量一个国家或地区综合竞争力的重要标志（刘利永等，2008）。发展创意产业，可促进产业结构的升级与优化，能够保证城市区域的经济、政治、社会与文化的可持续与高效发展，使城市焕发经济活力。同时在节约城市空间的前提下，创意产业可以满足现在城市发展的需要，对旧城的改造也有极大的意义。它不仅能够实现传统文化与时代精神的良好统一，还能够增加城市就业机会，为城市发展开拓新的产业渠道。这种城市再生的形式也呼应了可持续发展的城市化的发展趋势。但是目前我国创意人才素质、结构和数量不能适应当下转变经济发展方式、城市化健康发展的要求，也与知识产权相关的法律体系建设要求不相适应。因此，要实现中国创意产业的发展，必须完善与之相关的知识产权法律体系，促进行业的良性竞争，培养和拓宽创意产业投资的渠道，培养创意产业人才，为创意产业的发展储备人才，从而促进中国创意产业的发展。

4. 弱化贸易保护主义的影响

中国应该从建立与国际接轨的技术法规和标准体系、建立预警指标体系、完善中国的法律制度和加强技术创新几方面着手来应对贸易保护主义，弱化贸易保护主义对我国经济持续发展的冲击。在经济一体化的基础上，促进国家之间的技术交流，合理应用 WTO 贸易规则捍卫自身利益，将贸易保护主义对我国的伤害减到最小。

5. 扩大区域经济合作

中国应该抓住中国－东盟自由贸易区的机遇，加强区域经济合作，通过加强与东盟交界的中国省区市如云南、广西的投资，促进边境贸易繁荣，而扩大的贸易额随之会对城市的基础设施提出高要求，促进城市职能多元化。

（三）欧盟处理贸易和城市化关系的经验

1. 内部贸易一体化

欧盟内部贸易政策的导向是"一体化"，对外贸易政策的导向则是"自由化"，本质上都是倾向于打破贸易和投资壁垒，实现资源的优化配置（李计广，2005）。

（1）实施欧盟单一市场计划

这一计划在一定程度上促进了欧盟成员国之间的收入趋同，通过加剧竞争和提高效率，充分地利用了规模经济，使得欧盟内部贸易的流量和结构以及直接投资更利于产业合理分布，以降低成本、提高效率，而不是单向地朝发达地区集中，这表现为欧盟内部国家之间的贸易发展加快要素的积累、人员的集聚以及实现资源的合理配置来促进城市化水平的提高（尹翔硕，2001）。随着欧洲一体化的不断加深，欧洲国家之间的贸易额增加很快，其中大部分是产业内贸易。欧洲国家产业内贸易的增加使劳动力更多地在产业内流动（苑涛，2003），低成本诱使资源集聚，在减少了交易成本的同时又通过规模经济推动生产效率提高、人力资本和技术创新，最终实现经济的增长，成为城市化坚实的基础。

（2）安排合理的贸易制度

欧盟内部一体化的贸易政策通过制度和法律上的安排为欧盟城市发展过程中的贸易有序进行和发展壮大提供了保障，欧盟区域内贸易的繁荣促进了社会分工的细化，而这个过程吸引的人才、资金和资源大大地促进了产业的发展、集聚和结构转型，时间上产业动态的发展带来经济的非农化和工业化，而空间上产业动态的发展则带来人口集聚和规模化。内部一体化拉动了欧盟经济实力较弱成员国的城市化发展。这主要包括确立四大基本自由政策、实现金融服务、完善公司法和保护知识产权。四大基本自由政策可以表述为自由的货物贸易、自由的人员流动、自由的服务贸易、自由的资本流动，同时该政策也包括三项原则：非歧视原则、相互认可和共同体立法。在金融服务方面，欧洲单一金融市场是欧洲单一市场必不可少的组成部分，其目标不仅包括欧共体各成员国公民、货币与资本的自由流动，也包括各成员国金融企业、保险企业以及经纪人的设立自由和提供服务自由（米健，1994）。为了确保共同体立法，欧洲法院通过行使其司法独立权，在欧盟法律与成员国法律协调的基础上，保障基本自由的实现和共同市场的运行，从而促进欧洲一体化的进程（张学哲，2008）。知识产权的保护在吸引人才的同时也有利于实现自主创新，提高欧盟的核心竞争力，掌握国际贸易中的主动权，也可以拓宽城市化的发展空间。

（3）兼顾效率与公平的区域政策

随着成员国的不断增加，欧盟内部区域发展不平衡的问题不断凸显。成员之间的差距日益扩大。在欧盟中心区和边缘区之间，发展不平衡的问题更加突出。中心区占欧盟土地面积的1/7，欧盟人口的1/3，而欧盟总收入有将近一半产生于此地。据统计，欧盟生活在最繁荣区域 10% 的人口，与生活在最贫困区域 10% 的人口相比较，前者的人均 GDP 是后者的 2.6 倍（任保平，2007）。即使在成员国内部，区域经济发展也不平衡。如意大利南部地区占全国近一半的土地面积，全国人口的 40%，但工、农业产值分别只相当于北部的 18.4% 和 47%（黄利春，2010）。欧盟从 20 世纪 70 年代开始，通过结构基金、聚合基金和入盟前援助基金等多种政策工具，实行效率和公平协调的区域政策，显著地缩小了欧盟成员国之间的经济差距（卢晨阳，2009）。随之而来的经济增长必将导致城市人口增多，并由此拉开城市框架，有利于提高成员国的城市化水平及质量，这是欧洲一体化过程中调节欧盟与成员国以及成员国之间利益的有效工具。

（4）技术创新引导产业升级

在区域产业政策方面，欧盟经过长时间的磨合与调整已经形成统一的垂直产业政策、特殊产业或部门政策，并且欧盟产业政策响应了知识经济时代和经济全球化的趋势，表现为欧盟产业政策体系是以提升国际竞争力为焦点、以创新政策为核心、以加强教育和培训为中心、以提高人力资本投入为着力点。这些政策促进了国家间特殊产业的协调，有助于解决成员国关于能源和产业保护等关键贸易领域的问题，有效地促进了区域经济一体化。同时资源的双向流动也促进了欠发达地区的产业结构调整和发达地区的产业结构升级，提升经济层次，增强了欧盟的经济活力，推动了欧盟创新能力的提高，从而有力地促进了欧盟城市经济实力、带动力和向心力的提高。

2. 贸易自由化

在国际贸易中欧盟通过多边、双边、单边等多维度贸易政策在 WTO 中发挥了巨大的驱动作用。欧盟在多边贸易自由化中扮演着领导者和推动者的角色，在双边贸易自由化中欧盟拥有世界上最大的贸易联系网，在单边贸易自由化中欧盟则是通过普惠制实现的（李计广，2005）。贸易自由化通过国际分工最大限度地发挥了资本、技术和管理经验的优势，弥补了欧盟稀缺的廉价劳动力资源，贸易自由化带来的经济高速增长拉动了国内需求，促进了乡村剩余劳动力向城市转移，而出口贸易部门的扩张进一步促使出口相关产业生产要素的集聚，凝聚成巨大的资本、劳动力和资源的向心力，从而推动城市化发展。

（1）发展货物贸易

关税制度、进口制度和出口制度构成了欧盟货物贸易的政策框架。关税制度和进出口制度通过调整产业结构和产品结构，拉动技术结构升级来促进资源的自由流动以及人口的集聚，从而间接地调控其国际贸易伙伴的城市化水平和结构。

（2）促进服务贸易

欧盟通过大力支持相关产业发展，建立高效的政府核心管理体制、健全的法律法规体系以及培育发达的行业协会为欧盟服务贸易的拓展奠定了坚实的基础。在欧盟服务贸易行业中又以金融、保险行业最为突出，并成为欧盟城市化的强大动力源，金融集聚带来的规模报酬递增和外部经济优化了产业结构，带动了中介机构和传统服务业的变革。欧盟对全球的服务贸易还给发展中国家和地区带来了新技术、管理经验和大量资本，通过技术外溢促进了发展中国家和地区的产业升级，促进了欧盟工业化发展，奠定其城市化物质基础。贸易也加速了通商区城市化，推动农村商品经济发展和人口城市化，从而加速城市现代化因素的积累，对发展中国家和地区的城市化推进也起到了不可估量的作用。

（3）扩大直接投资

国际直接投资加剧了市场竞争，促使东道国同行业企业的技术水平与生产效率提高，还通过促进内外资企业交流获得与行业关联的上下游技术溢出效应。在经济全球化进程中国际直接投资已成为参与方促进经济增长、扩大国际贸易、提升技术水平等的重要途径，同时也是推动参与国城市化的强大外力。例如欧盟对华直接投资会带动中国产业结构调整和升级，缓解中国就业压力和优化人力资源结构，提升中国研发能力，从而提高中国城市化的能力和潜力。但是不可忽视的是，低质量的国际直接投资不利于经济的增长（王岩，2011）。

3. 技术贸易壁垒的伤害

（1）发展中国家贸易受阻

欧盟技术贸易壁垒的实施所带来的生产成本的提高，削弱了发展中国家出口企业的竞争能力，尤其对发展中国家初级产品出口构成很大的威胁。目前技术贸易壁垒的范围、领域和形式逐步制度化、广泛化、频繁化和复杂化已是大势所趋，极大地限制了发展中国家的出口产业发展，对发展中国家经济增长提出了挑战。欧盟在国际上具有举足轻重的地位，这也使技术贸易壁垒的实行具有示范效应，其他地区的效仿对发展中国家的出口将带来叠加打击。出口贸易受阻会造成国内失业率上升，阻碍相关产业人口和经济活动的集中，使城市人口的集聚效应减弱，城市化成本上升。

（2）发展中国家投资受挫

技术贸易壁垒提高了发展中国家对发达国家的直接投资的门槛。发展中国家的传统优势产业较发达国家来说显得更为粗放，具有高投入、高消耗、高污染、低产出、低效益等特点，因此面对发达国家层出不穷的绿色贸易壁垒显得无能为力。并且，由于发展中国家对发达国家的技术依赖会长期存在，突破这层障碍越过发达国家设置的投资门槛会成为困扰发展中国家的一个长期问题，这也给发展中国家的城市化带来了重重障碍。

（3）发展中国家环境恶化

发达国家与发展中国家对环境保护制定的法律、法规和标准有很大的差异，欧盟的环境保护政策体系远比发展中国家完善和严格。发展中国家政策体系上的漏洞会给发达国家以可乘之机，从而导致欧盟将夕阳产业或者是严重污染的企业向发展中国家转移，这种转移行为不仅使发展中国家利益受损，更重要的是发展中国家的环境因此受污染，成为发展中国家解决城市环境问题的隐患。

（四）欧盟处理贸易和城市化关系的经验对中国的启示

1. 创新拉动高新技术产业发展

通过创新提高科学技术水平可以增强经济发展的活力，为城市化提供动力，从而缓解中国城市化水平低、城市规模结构不合理、城市化水平区域差异较大和"城市病"等一系列问题。当然，这需要鼓励创新并掌握核心技术，利用现有技术改造传统产业，形成新的经济增长点，使之焕发活力，同时也促进高新技术产业的集聚，形成外部经济和规模效益，推动城市产业由欠缺关联、无序竞争的状态向关联、有序竞争的状态发展。这也是从城市发展动力机制上进行创新，从制度层面推动城市化的有效做法。

2. 扩大对外开放并寻求贸易合作

中国作为世界上最大的发展中国家，应该积极投身于世界市场，与发达国家实现优势互补，通过贸易往来和招商引资等行为加强与各大自由贸易区和发达国家的合作，利用发达国家的技术、资本和人才优势，借助技术外溢实现提高技术水平的目的，为承接发达国家技术和产业扩散而进行各类外向型城市开发区的建设，增强产品竞争力并拉动国内的产业结构升级，实现城市职能国际化，建设促进贸易增长的开发区。如以促进外资、技术空间集聚为目标的高新技术开发区、经济技术开发区，以关税优惠为重点的保税区，围绕对外口岸开辟的临空型产业开发区、港口出口加工区等（李诚固等，2004）。

3. 采取积极有效的应对措施

通过建立实时高效的技术性贸易壁垒的预警和快速反应机制，建立或采用与国际接轨的技术标准，以化劣势为动力提高产品质量，构建我国的技术性贸易措施体系，防止国外高污染产业的转移，实现产业结构调整和宏观经济调控，并充分利用 WTO 的特殊条款和非歧视性原则捍卫我国出口产业的生存权，从制度上实现产业结构的优化和技术水平的提高，提高资源利用效率，减小城市化过程中的阻力。

三 国外处理城市化与环境的经验及对中国的启示

（一）美国城市化发展处理环境问题的经验

1. 蒸汽机和铁路时代 （1830~1870 年）

工业革命迅速带动了美国东部和五大湖地区的繁荣，同时使得承担着大量贸易服务职能的城市在中西部地区产生。伴随着工业化和城市化进程的加快，污染问题也随之产生（宋金平等，2006）。19 世纪后期开始，工业城市普遍进行环境污染治理，体现出美国人开始有了初步的环保意识，主要是环境改善的城市基础设施建设有了一定规模；城市环境卫生管理体系向制度化、规范化方向转变；一些针对部分产业和地区严重污染问题的管理规定出台。在这一阶段，虽然生活污染得到了一定控制，但是工业污染仍然困扰着居民生活。此时美国对于污染的处理力度相对于其城市化水准来说是远远不足的，美国人的环境保护意识还没有上升到生态观的高度。

2. 蒸汽机和钢铁时代（1871～1920 年）

工业资本的集聚、交通与通信网络效率的提高使城市之间的分工合作加强，城市经济专门化程度提高，形成联系更加紧密的整体。人口稳定增长和外来移民增加使得美国城市化达到了一个新高度，并具有多中心发展、交通线向外延伸的特点（宋金平等，2006）。在这一时期，美国的环境保护运动有了一定的发展，其中以约翰·缪尔主张的环境保护主义和西奥多·罗斯福政府时期的森林部长吉福德·平肖所倡导的"聪明的利用和科学的管理"为代表。在后者的影响下，西奥多·罗斯福在他的任期内掀起了一场自然资源保护运动，收回了 6 亿多亩土地并建立了 118 个森林保护区，国有森林的数量则增加到 159 个，面积达 9 亿多亩（约瑟夫·M. 贝图拉，1977）。尽管这一时期的资源保护运动带有很强的功利主义色彩，但使得资源保护成为以后历届美国政府所坚持的方针。这一阶段的环境政策制定还很少关注环境破坏对人体健康的影响。以空气健康为例，1880～1920 年，全美大约有 40 个城市制定了治理或控制空气污染的法律，但没有一项法律能坚持到 1952 年（李友梅，2004）。

3. 汽车和飞机时代（1921～1970 年）

在此阶段，美国的城市出现以下特点：一是郊区化；二是超级大都市区与都市连绵区的出现；三是城市周围地区的扩张超过了老城市中心的扩张（宋金平等，2006）。交通的发达促使城市空间拓展和职能增加，反过来城市的迅速扩张又增加了资源需求量。环境保护与经济发展的矛盾日趋尖锐，美国大众环境意识迅速萌发，政府和群众都采取了一定的措施来推进环保，但是在 1970 年以前，联邦政府在环保政策的制定和执行中所承担的责任相当有限，并具有以下几个特点。

（1）致力于公共土地的经营和管理

美国政府将土地分门别类，有效防止了土地的过度开发。主导理念是"明智的利用和持久的使用"的功利主义保护观念，这一时期比较重要的联邦法律有 1964 年的《荒野法案》和《土地和水资源保护基金法案》。

（2）前期在工业污染和废弃物处理方面建树不多，后期逐步由国家出面控制污染

1960 年以前，空气和水污染等的治理被视为地方性事务，与此相关的政策耗资较大且可操作性不强，不能被提上国家议事日程。直到 1961 年美国政府建立了一项每年 1 亿美元的计划来补贴污水处理，促使联邦政府真正承担起提高空气质量和控制水污染的责任。从 1963 年的《清洁空气法案》、1964 年的《民权法案》、1965 年的《水质法案》和《机动车空气污染控制法案》、1967 年的《空气质量法案》到 1970 年的《清洁空气法》可以看出，联邦政府在全国范围的污染控制中的责任逐渐加强。

（3）改革环境管理机构

20 世纪 40 年代末和 50 年代，美国政府通过加强国会权力、规范管理制度、使决策程序透明化和司法公正化，拓宽公众介入诉讼的渠道来实现这一环境管理目标。1946 年的《行政程序法案》和公民权利法的相关案例是一个很好的佐证，同时也为日后美国政府环境政策的制定打下了基础。

4. 疏散时代 （1971 年至今）

大都市区人口增加减慢和逆城市化现象加剧是美国这一阶段城市化的主要特点（宋金平等，2006）。1970 年美国郊区人口首次超过城市人口，城市郊区化的发展趋势越来越明显，同时大都市区人口增长速度放慢，许多中小城镇和农村地区人口增长速度明显加快，导致这种现象产生的很重要的原因之一就是大城市的环境问题加剧。到了 20 世纪 60 年代，美国人对环境保护的关注度持续加强，在 1970 年达到了顶峰。相关数据显示，1965～1970 年，关注

环境污染问题的美国人增加了41%。可以说在美国城市化的过程中，环境政策是在疏散时代成熟起来的，这一时期的环境政策主要表现在以下几方面。

（1）加强环境管理，确定战略目标

确定战略原则。美国环境保护局的七项原则是：生态系统保护原则、环境公平原则、污染预防原则、依靠科学技术原则、合作原则、管理原则和环境责任原则（周玉梅，2004）。建立环境保护战略目标。美国环保局所规划的十大目标是：一是清洁的空气；二是清洁的水体和安全的饮用水；三是安全的食品；四是预防污染和减少风险；五是更好的废弃物管理、污染场地恢复和应急反应；六是减少全球以及跨边界的环境风险；七是扩大美国公民了解环境状况信息的权利；八是开展良好的科学研究，改进对环境危害的认识和用政策创新解决环境问题；九是进一步强化执行，遏制污染；十是有效的内部管理。围绕这十大战略目标提出了各项战略措施（曹凤中等，2002）。

（2）建立三位一体的环境管理体系

自20世纪70年代开始，美国相继制定了一系列环境政策，并逐步完善其环境体系。该体系包括三个部分：一是全面而完善的环境法律体系，它为美国环境保护提供了强大的法律武器；二是基于《国家环境政策法》设立环境法执行机构，它为美国环境保护构建了强有力的法律实施主体；三是预防与惩罚相结合的法律运行机制，它保证了美国环境法的实施效果（沈文辉，2010）。

（3）实施环境保护政策

美国环境保护政策是指在可持续发展战略的指导下，由政府制定和颁布执行的、旨在整治一定历史阶段的主要环境问题、实现其环境目标，用以引导、约束、协调经济－社会行为主体的行为准则和调控手段之一（尹改，1994）。美国的环境产业从20世纪60~70年代开始起步，90年代飞速发展，主要分为环境服务、环境设备和环境资源三类。美国的环境保护政策表现在以下几个方面。

①注重公众参与。早在1970年，美国就制定了环境教育法，借助新闻媒体宣传和学校教育提高公众的环境意识。1987年国家"毒物释放总览"

（TRI），第一次向公众提供了进入空气、水、填埋场以及运到企业外地点的300 多种危险物质的排放处理信息，为公众参与环境监督提供了基础（陈燕等，2010）。

②制定并完善环境经济政策。美国政府通过征收环境资源税费、进行排污权交易、财政性援助和激励性补贴、公共投资和绿色采购政策来刺激环境市场，促使企业将环境决策和经济决策有机地结合，培养环保观念，进行绿色生产。美国采用"污染者付费"原则，制定出生态环境税费制度对排污企业按照排污浓度征税，并将征收的资金用于环境污染的治理。而美国环境税收包括以污染控制为主的税收、消费税、开采税和环境收入税。

③推进环境技术创新。1990 年以来，政府将更多的公共科研经费投入与环境有关的技术开发领域，并加强与私人企业之间的合作。美国政府依靠创新绿色技术和发展循环经济，提高资源利用效率和经济效益，实现了资源和环境的良好统一。1994 年建立了以 EPA 为首的加强各部门环境信息共享的合作计划，促进了环境科技在各个行业的应用；1995 年又公布了国家环境技术战略，用于指导、协调和推动环境技术开发、应用和商品化（张祯等，2006），通过环境产业相关技术的创新实现了经济发展方式的转变。

表 8 - 1　美国城市化发展对环境处理的经验借鉴

时间	城市化特点	环境处理措施	环境保护意识
蒸汽机和铁路时代（1830～1870 年）	东部和五大湖地区的繁荣、工业城市兴起	建设基础设施、完善卫生管理体系、出台环境管理规定	初步的，没有上升到生态观
蒸汽机和钢铁时代（1871～1920 年）	多中心发展、交通线外延	确立自然资源保护的方针	缺少对人健康的关注，带有功利主义色彩
汽车和飞机时代（1921～1970 年）	郊区化、大都市区、都市连绵区	致力于公共土地管理、改革环境管理机构、污染控制国有化	环境保护意识迅速萌发
疏散时代（1971 年至今）	大都市区人口增长率下降、逆城市化现象加剧	完善环境管理体系、实施多维度的环境保护政策	环境保护意识成熟

资料来源：宋金平、李香芹：《美国的城市化历程及对我国的启示》，《城市问题》2006 年第 1 期，第 88～93 页。

（二）美国处理城市化与环境问题的经验对中国的启示

当代中国城市化率不断上升，截至 2012 年，中国城市化率已达 52.52%，但是在中国城市化取得成就的同时，也伴随着一系列社会环境问题及矛盾，环境污染也成为威胁中国城市化质量提高的重要因素之一。环境污染严重是城市过度膨胀的后果之一。据统计，在中国 660 多座城市中，约 2/3 的地下水遭到严重污染，流经城市的河流中有 95% 以上受到严重污染（张忠华等，2012）。此外，交通对环境的污染也在不断增加，机动车尾气排放为大中城市大气污染的主要来源。据环境保护部公布的数据，2012 年上半年，在中国 113 个环保重点城市中，仍有 33 个城市空气质量不达标。巨大的资源环境压力，阻滞了中国城市化的进程，而中国当前城市化发展现状与美国在疏散时代的城市化发展特点有一定的相似之处，所以可以借鉴美国的经验，结合我国国情，有效地处理环境问题。

1. 确立明确的战略目标体系

中国目前在经济可持续发展方面虽然已经取得了一定的成效，但是由于人力资源禀赋、经济发展水平和社会转型中存在的各种复杂因素，实现可持续发展仍然还有一条很长的路要走。同时，我国目前也初步形成了"预防为主，防治结合""谁污染谁治理""强化环境管理"三项政策和"环境影响评价""三同时""排污收费""限期治理""集中控制""排污登记许可证""目标责任制""城市环境综合整治"八项制度（中国环境与发展国际合作委员会等，2007）。但是，对于实现环境保护与城市化协调发展的目标来说，我国应该进一步完善环境战略体系、明确和细化环境机构的职能，优化区域投资环境，增强招商引资的对外竞争力，推进环境管理工作，提高公众环境保护意识，为经济发展提供强有力的后盾，将粗放型经济增长方式转变为资源节约型增长方式，实现经济发展和环境保护的双赢，这也是落实科学发展观，构建资源节约型社会和环境友好型社会的第一步。

2. 完善具有可操作性的环境法律体系

通过完备的法律体系约束道德无法触及的部分。美国的环境法经过长时间的修改与订正，其操作性通过严谨的科学研究和各种利益集团在立法和执法过程中的博弈来实现。而我国的环境法依然有不少漏洞，有的立法为"软法"，缺乏可操作性（沈文辉，2010），所以我国的立法机构要对我国国情有一个清晰而明确的认识，从实际出发总结城市化过程中实现环境协调的经验，加强环境法的研究，制定具有可操作性的硬性环境法律体系。同时制定与国际接轨的环境标准，各国不同的环境标准产生了环境比较优势，而发达国家利用其来进行大规模的污染转移，加剧了发展中国家环境的恶化，也对城市化质量的提高造成了极大的阻力。制定与国际相统一的环境标准对于我国实现高质量的城市化发展至关重要。

3. 构建完善的环境法执法机构体系和有效的执法机制

在没有有效的法律执行机构和机制的情况下，法律只能成为空谈。在美国，环境执法不仅仅是一个部门的任务，而且需要各部门的参与配合，其执法机制重在预防。而中国的政府机构职权不够明确、执法机制不够完善，导致环境问题不仅不能得到很好的预防，而且环境问题只有到了严重危害人民身体健康的时候才能引起相关机构的重视。出现环境问题后，部门之间往往互相推诿，导致执法效率低下，环境问题长时间得不到有效解决，甚至还出现地方顾及自身利益影响环境执法的情况，因此环境破坏成为中国城市化健康发展的一个瓶颈。要使环境法落到实处，保障广大人民的环境知情权和参与权，完善中国的环境法执法机构体系和建立高效率的执法体制成为必然要求，也可为中国城市化的环境保护提供强有力的法律依据。

4. 加强环境道德培养和环境技术开发

（1）加强环境道德的培养

为实现环境保护的目标，中国首先需要培养公众的环境道德意识，在美国，"人人享有享受优美环境的权利，但人人都有保护环境的义务""我们只是子孙后代生活环境的托管者""构建人与环境的和谐"等环保理念深入人心。社会公众应把环保作为日常行为准则，政府政策制定也需要从环保层面出发（沈文辉，2010）。相反的，我国公众的环境意识还比较薄弱，公众主动参与环保活动的积极性依然不高，公众个人的环保素质不高依然是环保活动中的最大问题，并成为制约我国环保水平提高的最大障碍。所以，形成与之相匹配的教育体系是确立正确的环境道德观的基础。增强公众的环境意识是环境产业发展壮大的直接动力。环境产业的发展能够给城市的经济发展带来新的动力，解放农村劳动力，使城市需求结构和生活方式实现从单一到复合的转换和重组（朱烨等，2009），利用环境产业发展实现联动效应。

（2）提高环境技术水平

技术创新是环境产业发展的生命，技术基础薄弱的环境产业是不具有市场竞争力的。我国的环境产业目前存在融资难的问题，阻滞了环境产业的发展，要激励环境技术产业的发展，就要从市场需求、增加投入入手。因此，在大力开拓市场需求的同时，应利用市场机制促进环境技术引进，抓紧技术选型、技术消化、技术后续开发三个环节，力避因盲目、无序而使引进的技术低效、无效和失败（徐嵩龄，1999）。同时，环境产业具有投入大、风险高和收益不确定的特点，要想使环境产业发展壮大，光靠企业自发的行为是不现实的，所以政府就要发挥作用，加大对环境产业的扶持力度，提高对环境产业的投入；政府要加强同企业及其他科研机构的合作，建立环境产业专项投融资制度；对致力于R&D的环境企业给予税收和信贷上的优惠，培养自主品牌；通过增加人力资本投入加强高新技术的研究与开发，提高人力资本效率，促进环境保护相关科技的进步；完善环境管理工作，提高我国环境产业的国际竞争力，从而改善我国环境产业的产品结构、产业结构和地区分布不合理的现状，实现环境产业的优化升级，促进我国经济的非农化和工业化，通过解决环境产业地区分布不合理的现状实现集聚化和规模化，带动城市化发展。

5. 改革和完善现行环境税收制度

目前新税的开征应当从污染税入手。我国现行污染税的征收因为标准低、收费力度不大，有时甚至助长了企业的污染之风，不能从根本上解决环境污染的问题。所以相关机构应该针对我国国情制定合乎实际的环境税收制度，开发新的税种，运用财政手段对城市化发展过程中的污染问题进行宏观调控，这有利于减少能源消耗和减轻环境污染，也是转变经济发展观念和发展方式的必然选择。

6. 促使排污权交易制度化

中国关于排污权交易的实践主要集中在大气污染防治和水污染防治领域，中国的排污权制度存在以下不足：排污权交易制度缺乏国家层面上的统一法律规定，排污权初始分配不公平和不透明，缺乏高技术的全国统一的监测体制，存在排污权"零供给"现象（胡晓舒，2011）。我国可以通过加强排污权交易立法，健全排污权管理的监督机制，设立排污权交易中心，鼓励企业参与交易，规范排污权交易市场机制，合理分配排污权，通过严格监督管理和完善市场机制来进行改革，实现城市化发展过程与环境保护的和谐统一。

（三）欧盟处理城市化发展与环境问题的经验

1. 1951～1972 年环境政策的萌芽阶段

在该时段，欧洲的环境问题主要表现为工业污染，西欧最早完成工业化，在工业化快速推进城市化的过程中也遇到了环境污染问题。这一时期私人汽车逐渐普及，欧洲交通网络也逐步完善，显著降低了交通成本且提高了服务质量，城市居民的工作地和居住地分离促进了城市规模的迅速扩大和发展，相伴而生的是石油、煤炭等燃料的消费量大幅度提升，由此导致的光化学污染、大气污染、水污染和固体废弃物污染严重困扰着居民的生活。1951 年的《巴黎条约》明确提出了对环境和资源的保护，这是从共同体层面首次制定的关于环保的条款（蒋尉，2011）。该条约给欧盟环境法律政策和框架提供了一个基本的价值取向。这一时期的环境政策还只是停留在环保意识层面，人们采取的环保措施往往是被动的，主要借助以下几个手段来实现：

（1）各成员国制定的环境法规（见表 8 - 2）

表 8 - 2　欧共体部分成员国 1951～1972 年环境法规的颁布、实施情况

年份	国家	法规
1956	英国	《清洁大气法》《清洁河流法》
1960		《噪声控制法》
1967		《生活环境舒适法》
1962	荷兰	《公害法》
1969		《地表水污染法》
1972		《大气污染法》
1966	意大利	《大气清洁法》
1964	法国	《水法》
1960～1970	联邦德国	《空气污染控制法》《联邦河流净化法》《废弃物管理法》等三十多部法律和法规

资料来源：蒋尉：《欧盟环境政策的有效性分析：目标演进与制度因素》，《欧洲研究》2011 年第 5 期，第 73～87 页。

（2）欧共体颁布的法令（见表 8 - 3）

表 8 - 3　欧共体 1951～1972 年环境法令的颁布、实施情况

年份	名称	内容
1967	67/548 号指令	制定各国有关危险物品的分类、包装和标签的规则
1970	70/157 号指令	制定机动车辆的噪声和排气系统标准
	70/220 号指令	制定汽车尾气排放标准
1972	72/306 号指令	制定柴油机车排放标准

资料来源：技术壁垒资源网，http：//www.tbtmap.cn/portal/，整理后得到。

2. 1973～1987 年环境政策的初步制定

在这一阶段，环保意识的提高和卫星城的涌现使得欧洲的城市体系日趋平衡。欧共体分别在 1973 年、1977 年和 1983 年颁布了三个环境行动规划：第一个环境行动规划奠定了欧盟环境政策的基础，与欧共体在第一阶段被动地颁布法令和制定法规相比，这一阶段欧共体显得更为主动。欧共体不仅投放了更多精力在污染控制上，同时也制定了涉及人体健康和环境保护方面的规

定。在制定第二个环境行动规划时欧共体将主动权牢牢掌握在自己手中，预防环境污染的政策更加完善和严格，同时新增了动植物保护、环境影响评价和环境标签等方面的内容。第三个环境行动规划则首次提出"综合污染控制"的概念，重视生态系统的平衡和再生能力，强调环境政策的经济、社会影响，指出将环境政策纳入共同体的各部门政策的必要性（蒋尉，2011）。

3. 1988～2000年环境政策的发展阶段

1973～1993年，欧盟环境政策已取得了较显著的成就，但环境状况总体上还是在不断恶化（柯坚，2001）。1988～2000年，环境污染也对其城市化健康发展构成了极大的挑战，因此自然资源的可持续利用逐渐被提上议事日程，相关机构也更加重视城市规划、交通管理、城市环境质量和公共卫生等与城市发展密切相关的方面。在1987年《单一欧洲法》实施的时候，欧共体不只把视角局限在成员国内，更是表现出了对欧共体环境保护与区域协调乃至世界性环境问题的关注。随着第四个和第五个环境行动规划的实施，建立了资源可持续利用、废弃物控制与循环、气候变化、化学品、噪声、自然与生物多样性等领域众多的完备的政策体系，尤其是第五个环境行动规划提出的环境标准问题使欧盟的环境政策影响力和渗透力达到了一个新的高度（蒋尉，2011）。同时，这一时期的环境经济手段对环境保护的作用也尤为突出，在1989年起草的关于1992年环境问题的报告中，委员会任命的特别工作小组强调："经济手段或市场手段——特许费、可转让许可证和其他措施，如政府和工业企业之间的协议，是为确保统一市场的经济增长同时照顾环境利益的一种合适的手段"（弗兰西斯·斯奈德，1996）。此时的环境经济手段主要包括环境税的实施和环境协议的签订。

4. 低碳时代（2001年至今）

这一时期欧盟的环境政策显得更为完善，主要包括以下几个部分。

（1）欧盟环境政策的战略体系

可持续发展是《里斯本条约》的重要组成部分，虽然最初的里斯本战略只包括经济和社会两方面的内容，但是在2001年6月欧盟理事会将里斯本战略中有关环境问题的阐述纳入了战略框架体系，由此构成了以经济、社会和环境为三个支柱的里斯本战略。其中环境改革对欧盟的可持续发展目标的推动作用不小，尽管《里斯本条约》因为战略治理结构过于软弱，由此产生的"实施缺口"没有完全成功（郑春荣，2011），但是在推动国际社会共同应对世界环境恶化的严峻挑战方面取得了一定的成就，缓解了环境压力。2003 年 7 月，欧盟城市环境研究院（EAUE）提出了欧盟 12 个候选国的可持续城市发展综合报告，内容涵盖可持续城市管理、城市交通、城市规划与建设战略。城市环境发展战略作为第六个欧洲环境行动计划的关键内容之一，已于 2005 年提交欧洲议会进行审议（姚淑梅，2004）。2003 年 10 月 1 日，欧洲委员会提出了可持续自然资源使用主题战略并于 18 个月后把该战略最后作为定案。该战略旨在协调资源的有效利用和环境保护之间的关系。欧盟于 2010 年制定了《欧洲 2020 战略》，以推动欧洲实现智能、可持续和包容发展。其中，可持续发展意味着建立绿色生态经济系统，在欧盟层面的主要措施体现在效仿欧洲和全球化产业政策两个方面，欧盟通过发展绿色生态和低碳经济防止环境污染，通过保护生物多样性来提高城市生态环境质量，保障城市环境安全，促进经济可持续发展。

（2）建立欧盟可持续城市发展行动政策框架

欧盟的可持续城市发展行动框架主要在于协调和定位与城市问题有关的社区行动，在与治理环境污染有关的方面，欧盟主要对能源、交通、废弃物、空气质量、水、噪声和放射性污染进行管理和整治，同时利用集成环境管理方法和结构基金来改造可持续城市环境，通过扩展生态标志、生态管理、监督计划和税收计划，促进公共和私人的环境绩效（纪纲，2007）。与此同时，欧盟也注重政府部门之间的合作并充分调动广大公众的环境保护积极性，利用信息技术进行城市发展与环境保护的政策整合和交流。在旧城改造方面，欧盟充分利用区域计划对市政基础设施和城市居住环境进行提升，注重生态平衡和环境保护，提升和丰富了城市功能，满足了人们对城市的生活多样化需要，从而提升了城市的形象。

（3）加强与区域联盟并注重与世界对接

在欧盟环境政策实施的第三个阶段里，欧盟已经初步体现了区域化和全球化的环境意识。欧盟是环境保护方面积极的推动者和实践者，成员国之间发展绿色技术和生态经济的合作在欧盟的总协调下愈加密切。欧盟通过鼓励欧洲投资银行加大贷款力度积极参与绿色新技术的研发和创新工作，通过人才、技术和资金的输送大力扶持经济和科研实力较弱的成员国，保障其实施可持续发展的物质条件，将一些国家的环境恶化状况控制在一定水平内，促进全欧绿色技术的均衡发展；强调基础设施投资在新成员国的凝聚地区投资的重要性，并与环境法规中关于水、空气、自然和物种保护的有关规定保持一致（张广翠，2006）；通过创新公共管理政策，采取环境污染风险防范措施，改善自然资源管理。通过上述措施，欧盟增强了社会和地区的凝聚力。

在欧盟环境政策的全球规制上，欧盟通过促进国际环境协议以及对发展中国家进行多种形式的环境保护的援助。例如 2002 年 9 月 1 日欧盟 "能源伙伴计划"，南非、刚果（金）、马拉维、肯尼亚、玻利维亚等 17 个发展中国家和两个地区组织要求加入该项目，欧盟参加该项目的有意大利、奥地利、丹麦、法国和德国。在这个 "能源伙伴计划" 中，欧盟承诺此后每年向发展中国家提供 7 亿欧元的援助，鼓励投资能源领域和提供技术支持，并积极欢迎私营部门和民间团体参与这项能源计划以实现可持续发展（国家发改委地区司与外经所课题组，2004）。通过以资金和技术援助的环境外交，欧盟也帮助了发展中国家维护环境安全、促进全球环境问题的解决和环境质量的改善，为世界城市化水平的提高贡献了力量。

（4）加快环境科研的步伐

2003 年 6 月，欧盟《氢燃料经济——通向可持续能源的桥梁》的报告具体分析了氢燃料良好的经济和社会前景，想通过交通、能源、环境和企业政策和更便捷的融资渠道支持氢燃料和燃料电池的开发。在欧盟第六框架研发计划中，环境已成为该计划的重中之重。中华人民共和国科学技术部相关资料显示，欧盟在此计划中关于环境保护方面的投入主要包括能源、陆面交通、全球变化及生态系统三个方面。主要涉及大气污染的影响、水循环、欧洲和第三国的河床的双生、生物多样性和生态系统、沙漠化、可持续发展的林木链、为汽车和海上交通所设计的清洁引擎、建筑物节能、交通系统中的替代动力燃料、二氧化碳捕获技术、能源预测方法等方面。欧盟借助于绿色技术的创新，集聚创新资源，培育创新集群，可以不断增强城市的开放型创新体系，实现城市经济可持续的跨越性发展。

（四）欧洲处理城市化与环境关系对中国的启示

1. 实现可持续的城市化发展

欧洲城市发展较早，经历了很长一段时间的城市发展，在城市环境保护方面取得了一系列的成绩，这对正在快速发展的中国城市化而言具有很好的启示价值。

（1）建立新的可持续性生产和消费方式

要实现可持续的城市化发展，首先就要从根本上改变传统的生产和消费方式、减少资源的浪费、转换能源结构、完善垃圾处理体系，治理环境污染，由此实现城市化可持续、跨越式的健康发展。因此在实践层面需要从资源利用的价格政策、设备和工艺的技术更新、生产与消费管理体制的创新以及人们观念的改变和社会宣传导向等各个方面着手创造最佳物质、技术条件，遏制城市环境恶化趋势，最大限度地降低城市边际环境成本。

（2）实行资源开发与生态环境的补偿制度

只有合理开发资源，使资源优势真正转化为经济优势，在使资源环境为经济发展服务的同时，经济的发展也为生态环境改善做保证，才能提高城市化过程中集聚和吸引的各种资源的使用效率。

（3）追求经济产业分布和生活居住机能的集约化

重视公共交通网络建设，严格控制城市用地及防止开发的无序性，实现资源的有效利用。在欧盟环境可持续发展的行动框架体系中，欧盟通过城市管理、城市交通、城市规划与建设战略等实现其城市化与环境保护的协调发展。中国城市化模式效率低下，基础设施建设还稍显不足，单纯依赖扩张规模的摊大饼式的城市化模式不适应目前经济发展的要求，因此，在城市规划时要合理地估计其成长潜力，避免扭曲城市规划和基础设施规模，造成土地、资金的浪费，充分发挥城市功能。同时也要遵循以下几个原则：坚持突出重点城市环境保护和资源合理配置、坚持防治污染和保护生态并重、坚持城乡经济与环境协调发展、推行清洁生产或全过程控制与尾端治理相结合、实行城市环境基础设施建设优先（蔡竞，2002）。

（4）完善可持续城市化相匹配的环境制度框架

欧盟作为世界上最发达的区域之一，已经在多年的实践与摸索中形成了较为科学和完善的环境制度框架体系，通过合理的制度安排来实现欧盟可持续城市化的各个目标。中国目前的制度安排层面还有所欠缺，要想推动中国城市化的可持续发展，需要市场机制和工业化两个层面的动力机制互相作用。市场机制主要是通过户籍制度、就业制度、土地制度、社会保障制度、行政管理制度、城镇建设的投融资体制以及市镇设置的有关法律制度来实现；通过工业化而间接地作用于城市化的制度包括民间资本积累与投资的激励机制、企业制度、投融资体制和财税制度（叶裕民，2001）。在欧盟环境政策制定的过程中，主要靠征收环境税、完善投融资机制、鼓励绿色投资的激励机制和营造绿色友好的社会环境来减少环境污染，促进城市化可持续发展，所以我国应该结合自身国情，通过鼓励固定投资、深化土地管理改革、完善市场机制、实行税制改革等制度创新层面的措施来树立现代城市新形象，实现城市化内涵和外延式的增长。

2. 制定推动我国城市可持续发展的法律框架体系

发展城市化需要严格的法律体系作为保障，必须明确每个环境主体的法律责任，明确具体的法律责任和相关的奖惩措施，做到有法可依、有法必依、违法必究，同时保证法律公平、公正、完备和统一以及管理程序的透明，并保证决策民主与多层治理的高效率。通过完善法律体系来达到有效引导和规制城市化过程中产生的一系列问题，从而推进中国城市化健康有序的发展。

3. 关注环境正义，创新可持续发展合作机制

在环境正义方面，我国既要避免国外污染的入侵、加强自身防范能力；又要积极地应对环境气候的变化，在经济发展的同时承担与本国经济发展相适应的环境责任。推进环境正义的一个有效的措施便是加强合作，创新可持

续发展合作机制。合作机制包括发达国家和发展中国家、政府和企业等之间的伙伴合作关系。发达国家在城市环境治理方面的经验丰富，并且有充足的资金可以帮助发展中国家，同时对技术落后的发展中国家可以提供技术支持，通过加强与发达国家的国际合作汲取城市化经验，解决城市化发展中的不利因素；政府可以和企业达成合作伙伴关系，积极完善政策，及时落实计划，提高企业的积极性，为企业采取环保措施提供动力，同时政府还可以积极引进外资，为环境改善提供丰富的资金和技术支持，促进人口集聚、土地集约和产业集群。

4. 明确环境责任，运用市场机制激发企业的环保积极性

通过拓宽信息渠道，实现信息的共享。搭建政府、民间组织、私营部门以及个人之间的交流与合作平台，充分发挥各责任主体的主观能动性，保证公民知情权，鼓励公民履行参与，促进城市可持续发展；建立较完善的环境标准体系，保证企业在市场机制和各种政策的共同作用下积极参与；构建政府、企业、社会多元投入机制和环境治理市场化运营机制，明确环境监管机构职责，营造环境友好的大环境，倡导生态环境友好的绿色城市化战略。

5. 增加人力资本投入

人力资本作为可持续发展的创新源泉，能够提高经济发展的质量，从而为城市化的发展打下坚实的基础。在欧盟环境政策的完善过程中，欧盟通过政府大量的资金投入和建立相关的人力资本吸纳机制来实现人力资本的增值，而我国也应该学习其成功经验，以开放和包容的态度积极与外国环保文化融合，通过面向世界、面向未来的教育培养国民的环境忧患意识；通过品牌效应吸纳人才，建立与市场经济相适应的环境产业人才发现、培养、任用、激励和约束机制；政府也应该积极承担责任，形成以政策为导向的人才吸引力和向心力，改变目前我国高层次环境产业人力资本不足的现状，同时也通过人力资本的投入提高城市资本劳动比，提高城市工业部门的劳动工资，完成空间上劳动力的集聚和时间上劳动力的非农化，促进转变城市化推进的模式。

第九章

研究结论与讨论

一 研究结论

本书在对相关理论进行回顾和对国内外文献进行系统梳理的基础上，第一，从开放经济下的贸易、环境与城市化之间互动效应现象入手；第二，在理论上深入揭示出开放经济条件下贸易、环境与城市化之间的内在传导机制，建立包含贸易和环境要素的开放经济下的城市化二元经济模型，并分析城市化内生决定机制与均衡条件及性质；第三，通过城市化与经济增长关系模型，构建开放经济下的贸易、环境与城市化的内生增长模型和协调发展的政策评价模型；第四，从这些理论和模型出发，以长三角（16个城市）为例，进行实证检验和政策分析，并提出了研究贸易、环境与城市化协调发展的政策建议；第五，选取美国和欧盟为参考对象，在总结其处理贸易与环境关系、贸易与城市化关系以及城市化与环境关系的经验基础上，提出对中国的启示，以期为中国开放下的贸易、环境和城市化协调发展提供政策建议。主要研究结论如下。

（1）基于常用的 PSR 模型，建立了贸易、环境与城市化互动的分析框架，涵盖贸易、环境与城市化之间的"作用－反馈"关系和"前因后果"关系，可以作为贸易、环境与城市化的互动关系分析的基本框架。结果表明，贸易、环境与城市化之间存在着两两相互作用的关系：贸易通过规模效应、结构效应和技术效应对环境产生影响，环境为贸易提供一定的硬件基础，推动或阻碍贸易的发展；贸易是城市化不断前进的动力，通过经济的发展、产业结构优化和软实力的提升催生了城市，而城市化的快速发展又为扩大贸易种类和范围创造条件；环境通过提供资源环境因素促进城市化发展，同时又通过对城市化的硬约束产生"资源尾效"效应和软约束产生"资源诅咒"效应，而城市化进程又可能对环境造成污染或者促进环境的改善。可见，要达到贸易、城市化与环境保护的协调发展，必须逐步形成经济效益、社会效益和生态效益相统一的产业与工业布局，以实现贸易合理增长、环境可持续发展与城市化健康推进的良性互动机制。

（2）在对贸易、环境与城市化传导机制的概念内涵界定及相关假设设定的基础上，通过经济学的比较静态均衡分析得到不同目标状况下的贸易、环境与城市化传导和理论模型。结果表明：①以贸易为工具目标、环境为中间目标、城市化为最终目标，可得出 7 种传导过程：Ⅰ. 贸易水平↑（经济规模）→环境质量↓（在规模效应作用下）→城市化速度↓（资源尾效）；Ⅱ. 贸易水平↑（专业化分工，比较优势理论）→环境质量↑（规模扩张的出口部门平均污染程度低于规模缩小的进口竞争部门）→城市化水平↑（资源环境的基础作用）；Ⅲ. 贸易水平↑（专业化分工）→环境质量↑（规模扩张的出口部门平均污染程度低于规模缩小的进口竞争部门）→城市化速度↓（资源诅咒）；Ⅳ. 贸易水平↑（专业化分工）→环境质量↓（规模扩张的出口部门平均污染程度高于规模缩小的进口竞争部门）→城市化速度↓（资源尾效）；Ⅴ. 贸易水平↑（收入增加）→环境质量↑（技术进步）→城市化水平↑；Ⅵ. 贸易水平↑（收入增加）→环境质量↑（技术进步）→城市化速度↓（资源诅咒）；Ⅶ. 贸易水平↑（收入增加）→环境质量↓（有害环境技术取代环境友好技术）→城市化速度↓（资源尾效）。②以贸易为工具目标、城市化为中间目标、环境为最终目标，其传导过程为贸易水平↑（收入增加）→城市化水平↑（积累现代化因素）→环境质量↓（技术不变）。③以环境为工具目标、贸易为中间目标、城市化为最终目标，传导过程为环境水平↑（地理优越，资源充足）→贸易水平↑→城市化水平↑（奠定物质基础）。④以环境为工具目标、城市化为中间目标、贸易为最终目标，存在 2 种传导过程：Ⅰ. 环境水平↑→城市化水平↑（奠定物质基础）→贸易水平↑；Ⅱ. 环境水平↑→城市化水平↓（资源诅咒）→贸易水平↓。⑤以城市化为工具目标、贸易为中间目标、环境为最终目标，存在 5 种传导过程：Ⅰ. 城市化水平↑→贸易水平↑→环境质量↓（在规模效应作用下）；Ⅱ. 城市化水平↑→贸易水平↑→环境质量↑（结构效应下，规模扩张的出口部门平均污染程度低于规模缩小的进口竞争部门）；Ⅲ. 城市化水平↑→贸易水平↑→环境质量↓（结构效应下，规模扩张的出口部门平均污染程度高于规模缩小的进口竞争部门）；Ⅳ. 城市化水平↑→贸易水平↑→环境质量↓（有害环境技术取代环境友好技术）；Ⅴ. 城市化水平↑→贸易水平↑→环境质量↑（技术进步）。⑥以城市化为工具目标、环境为中间目标、贸易为最终目标，其传导过程为城市化水平↑→资源投入↑→贸易水平↑。根据以上比较静态均衡分析结果，选择联立方程构建出开放经济下的贸易、环境与城市化传导机制模型，以此反映三者之间的传导和反馈关系。可见，城市化速度要与资源环境承载力相结合，环境治理技术革新要与提升经济水平并行。

（3）利用市场均衡分析、优化分析和差分求解方法，通过推导建立包含环境要素的开放经济内生增长模型、开放经济下的城市化模型以及城市化与经济增长关系模型，构建出开放经济下的贸易、环境与城市化三者之间的内生增长关系模型。首先，基于 Grossman 和 Helpman（1991）、Rivera-Batiz and Romer（1991）的模型框架，导入了一个包含环境因素的小国开放的多部门内生增长模型，较为完整地刻画了开放经济条件下的对外贸易、环境质量、内生技术进步与长期经济增长之间的内在关系。其次，借鉴刘易斯（1954）的二元经济结构理论模型，将外商投资引入农业部门的生产函数，以农业部门的劳动力转出速度作为衡量城市化水平的标志，建立起差分模型来讨论和分析开放经济下的城市化二元经济模型与均衡过程。最后，根据开放经济下的贸易、环境与经济内生增长关系和开放经济下的城市化二元经济模型以及城市化与经济增长之间的关系方程，构建出开放经济下的贸易、环境与城市化的内生增长关系模型。通过对模型的系统分析，得出开放经济下的城市化发展水平与物质资本投入、贸易投入、人力资本积累成正比，与环境污染成反比。因此，为了提高城市化发展水平，要尽可能地采取能够增加物质资本、人力资本以及贸易的投入和降低环境污染水平的措施。

（4）基于协同学技术构建开放经济条件下的贸易、环境与城市化的协调发展评价模型，并基于情景分析方法建立情景模拟模型。首先，借助系统论和协同论的思想，将贸易、环境与城市化三个系统通过各自元素相互彼此影响、彼此协同发展的程度定义为贸易－环境－城市化协调度，并建立了协调发展评价模型，它由四部分组成，即协调度、协调发展度、协调评价等级体系和指标体系。其次，通过协调度和协调发展度模型可将开放经济下的贸易、环境与城市化协调发展类型划分为共 7 大类 28 种基本类型。在协调发展评价方面，考虑到开放经济下的贸易、环境与城市化的相互作用和相互制约，选取贸易子系统指标、环境子系统指标和城市化子系统指标作为一级指标来构建评价指标体系，进而通过合成评价方法构建综合评价水平，为贸易、环境与城市化协调发展评价及基本类型的确定提供依据。最后，基于情景分析方法通过明确关键、关注未来的建模思路，构建开放经济下的贸易、环境与城市化的情景模拟模型。可见，一个地区的协调统一发展必须兼顾贸易子系统、环境子系统和城市化子系统。通过协调发展评价，确定基本类型并进行情景模拟可以找出该地区的薄弱环节，有针对性地制定相关政策以促进其协调发展。

（5）基于 VAR 模型的时序系统分析技术，对长三角（16 个城市）的贸易、环境与城市化互动效应进行实证分析，研究发现：对于整个长三角，其对外经贸合作活动的频繁开展始终影响着整个地区的环境质量与污染排放，也影响着整个地区的城市化水平，且城市化过程始终影响着整个地区的环境质量与污染排放，说明贸易与环境、贸易与城市化、环境与城市化之间是相关联的。进一步研究表明，整个长三角（16 个城市）的贸易结构变动、环境污染治理和出口贸易都是导致整个长三角（16 个城市）环境质量变化的重要原因，环境质量的变化也是导致整个长三角（16 个城市）出口贸易变化的原因之一；对外贸易能影响到一个地区的城市化进程。同时，长三角（16 个城市）的城市化进程推进有利于提高外商直接投资规模和效益；城市化会影响一个地区的环境质量，环境质量的变化也是引起整个长三角（16 个城市）的城市化变动的原因。因此，长三角各级政府应尽快建立和完善环境资源的产权制度及价格形成机制，科学确定区域环境控制目标，完善资源使用权的初次分配，规范交易规则及秩序，降低交易费用，在政府管制的保障下充分发挥市场在资源配置中的基础性作用；协调产业结构，发挥地区比较优势，合理布局生产力；实施引进外商直接投资可持续发展战略。

（6）采用面板计量模型实证检验长三角（16 个城市）的贸易、环境与城市化传导机制，研究发现：贸易、环境与城市化两两之间存在显著的双向格兰杰因果关系，其传导机制遵循多重途径，这验证了贸易、环境与城市化的传导机制假说，可认为贸易、环境与城市化之间确实存在双向的传导关系。通过面板联立方程组估计可以发现，城市化水平每上升 1%，贸易水平上升 0.0043622%，环境污染增加 0.0143923%。可见，城市化的快速甚至过度发展会造成水土、资源的利用接近警戒值，环境污染日趋严重（增加 0.0143923%）；环境污染尽管警示人们利用资源的技术水平和污染处理水平有待提高，但也意味着资源投入的增加，保障了对外贸易的物质基础。因此，当环境污染程度上升 0.0143923%，对外贸易增长 0.3030948%。因此必须合理布局，走可持续发展城市化道路，必须将降低污染排放纳入企业生产目标，成立专门的污染治理部门，研究最新解污技术，逐步建立多元化的低碳技术体系；整合优势，发展环境友好资源对口型贸易；政策激励，形成贸易、环境与城市化长效发展机制。

（7）通过面板检验和估计发现，人力资本投入的增加、物质资本投入的增加、贸易进出口额的增加都会使得整个长三角（16 个城市）的城市化水平提高，而环境污染程度的增加则使得城市化水平下降，这些要素的影响程度排名分别为贸易进出额、人力资本投入、物质资本投入和环境污染，其数值分别为 0.245453、0.183552、0.111580 和 -0.010182。进一步比较发现，因为城市化所处的阶段不同，长三角的 16 个城市的贸易、环境与城市化三者之间的内生增长关系也不同，具体表现在不同的环境质量与城市化的关系上。其中南通、泰州、湖州、嘉兴、台州、舟山这 6 个城市的环境因素与城市化进程是呈正比的关系，表明这些城市的城市化水平的提高是以牺牲更多的环境质量为代价的，而上海、常州、南京、苏州、无锡、杭州、宁波、镇江、绍兴、扬州这 10 个城市的环境因素和城市化进程的关系则是存在 EKC 描述的倒 "U" 型关系，即当经济增长到一定程度后，经济发展和城市化水平的提高会逐步降低其环境代价。可见，与封闭条件下相比，开放条件下城市化具有更广阔的发展空间；应该充分重视人力资本投资的重要性；在转变经济发展模式的同时，要制定有益于环境保护的外资政策；要借鉴国际环境合作的经验，以经济合作为依托，在现有的环境保护合作基础上逐步扩大范围、层层深入；须改善法制环境，提升长三角区域法律地位，增强政府、企业和个人的法制保障意识，大幅提高合同的履约率和违约合同的执行率。

（8）基于协调度模型对长三角（16 个城市）贸易、环境与城市化协调发展进行评价，根据贸易、环境与城市化综合水平的计算公式，以及协调发展度模型，计算得出 2009 年长三角 16 个城市的贸易、环境以及城市化三者的协调发展度，可将这 16 个城市的贸易、环境与城市化三者的协调发展分为 4 种类型，即城市化、环境与贸易勉强协调发展类：贸易滞后型（包括舟山），城市化、环境与贸易中度协调发展类：城市化滞后型（包括南京、湖州和镇江），城市化、环境与贸易勉强协调发展类：城市化滞后型（包括杭州、宁波、常州、苏州、南通、扬州、泰州、无锡、绍兴、嘉兴），城市化、环境与贸易勉强协调发展类：环境滞后型（包括上海和台州）。可见，舟山和无锡可以在现有的城市化水平上稳步提升，同时带动贸易水平的提高；南京、湖州和镇江在进行城市化建设的同时，需要注意贸易水平的提高，首先是贸易要达到平均发展水平，然后根据各市的城市化进程进行提升阶段的建设，保障贸易、环境与城市化的和谐发展关系；杭州、宁波、常州、苏州、南通、扬州、泰州、无锡、绍兴、嘉兴应该以目前的城市化发展方向为依托，在提高较高的城市化发展方向的基础上扩展提高其他方面城市化水平，同时兼顾生态环境建设和贸易水平发展；而上海和台州应该增加环境保护的投资，使环境水平提升到平均水平，促进贸易、环境与城市化的协调发展。

（9）采用情景分析方法对长三角（16 个城市）贸易、环境、城市化进行协调发展政策模拟，设计了 3 大类 9 种模拟方案，并选取 5 年和 10 年这两个时点来进行情景模拟。得出结果，不管是在 5 年的预测点还是在 10 年的预测点，长三角 16 个城市的最优方案都是方案Ⅲ，即在未来的 5 年和 10 年内，保持城市化水平和贸易水平的适度增长，同时加大环保力度，快速减少环境污染，保持环境质量处在较高的水平是促进贸易、环境与城市化协调发展的最优路径。因此，必须转变城市经济增长速度与增长方式，走以技术进步、自主创新为核心的集约增长方式的道路，必须将经济增长速度降至合理的范围内；坚持环境优先理念，发展循环经济，建设节约型社会；加强长三角经济与环境综合决策，协调区域内的环境管理，以共建"绿色长三角"为着力点，多渠道筹集环保资金，并制定鼓励发展环保产业的相关政策，加快推进生态环境保护一体化，实施环境治理与保护的区域联动。

（10）以美国和欧盟为参照系，通过分析其协调城市化和环境、贸易和城市化以及贸易与环境的经验总结发现，在协调城市化和环境关系中，中国应该树立明确的环境战略目标体系，完善可操作的法律体系，建立有效的执法机制，优化市场机制大力支持环境产业的发展，加强环境合作来实现健康可持续的城市化发展；要达到开放经济下的贸易增长和城市化质量提升，中国要做到因地制宜，大力发展高新技术产业，改变当前出口贸易结构和粗放型的经济增长方式，扩大对外开放寻求贸易合作并积极应对国外的贸易保护措施，借此实现城市化战略；要缓解贸易发展与环境保护的矛盾，则需要企业创新技术实现绿色生产，政府引导营造环境友好的市场氛围，相关机构推进标准化工作，完善法律机制，加强对绿色壁垒的学习和应对能力，较好地促进开放经济下的中国贸易、环境和城市化的协调关系。

二 研究讨论

本文的研究虽然取得了初步的成功，但尚有许多有待进一步深入进行的研究工作，这里择其要者简要讨论如下：

（1）尽管本书注重理论阐述的逻辑性和理论演绎的递进性，以开放经济为背景，分析贸易、环境与城市化两两互动关系为传导机制的分析提供了理论基础，而三者内在的传导机制又为后面的内生增长模型提供了理论依据，然而，对于贸易、环境与城市化传导机制的分析以及以它为基础的开放经济下的贸易、环境与经济增长的内生模型都有其严格的理论假设条件，而现实中的贸易、环境与城市化往往不满足相关前提条件，并且要复杂得多。显然，本书在实证分析中对现实世界进行了诸多假设和简化，进而得到的相关结论与实际情况可能存在偏误。因此，放宽限制条件，考虑更多因素构建更符合现实的模型对资源环境约束下的适宜城市化进程进行理论与实证研究将是一个有益的探索。

（2）本书采用的研究模型是根据已有理论自行建立起来的，并没有现成的模型可以套用，因此难免存在不足之处。除了模型的形式可以随着理论的深入发掘而完善之外，反映贸易、环境与城市化的指标也可以多样化，而且其他一些对贸易、环境和城市化产生重要影响的经济变量亦应该纳入到这些模型中来。

（3）开放经济下的贸易、环境与城市化协调发展问题的研究涉及面很广、综合性比较强、工作量非常大。本书在实证研究上只是对某一特定区域的贸易、环境与城市化的时间序列上的整体协调发展状况做出评价并提出相应的宏观的发展对策，还有许多问题如区域协调发展的地域差异化研究等，尚有待于今后深入研究。

（4）本书结构基本分为现象分析、理论提炼、模型构建与实证检验四大部分，尽管全书在现象归纳的基础上，对理论部分做了很多演绎推导工作，在实证部分通过以长三角（16个城市）为例进行的理论佐证和计量检验，由于受限于统计数据的可获取性，缺乏系统、细致和一致的数据资源支持，使得实证研究不能完全反映理论涵盖的内容，影响到本书结论的可靠性。因此，扩大资料来源，提高数据并进一步采取区域间的比较研究将能揭示出更具有学术价值和参考意义的成果。

（5）城市化增长与环境恶化、资源有效利用以及污染外部效应之间的关系日益引发人们的担忧，尤其是在经济全球化加速发展的新形势下，贸易自由化、环境保护与我国城市化可持续发展问题是已经摆在经济学家们面前的一个重要课题，而解决这一问题的途径和手段会进一步明朗。随时关注形势的变化，继续进行深入研究，探索切实可行的、能解决在开放经济下贸易、环境与城市化冲突的有效方法会是今后努力的一个主要方向。

（6）研究发现贸易、环境与城市化之间关系通过经济增长与技术进步进行关联，通过政策变化施加影响。其中，经济、技术与政策效应的空间溢出是一个不可或缺的力量，然而，现有理论与实证研究对此关注不够。因此，尝试将空间溢出效应思想引入到开放经济下的贸易、环境与城市化关系之中，通过建立空间面板确证模型来开展理论分析与实证检验工作是一个值得探索的方向。

（7）通过选取欧盟和美国作为参照对象，对其历史发展过程中如何处理贸易与环境关系、贸易与城市化关系以及城市化与环境关系的措施进行归纳总结的基础上，结合中国的实际提出政策启示。然而，两个方面的原因使得本书的政策针对性并不具体：第一，受资料的限制，仅选取美国和欧盟两个发达地区为经验借鉴对象，其经验并不全面；第二，中国区域差异很大，这不仅反映在中、东、西三个地带性差异上，而且还反映在城乡差异上，因此很难直接套用国外的经验为我所用，必须针对不同发展阶段的区域分别展开研究，以期得到更具操作性的政策建议。

参考文献

[1] Aldaba, R. , Cororaton, B. , Trade Liberalization and Pollution: Evidence from the Philippines, PIDS Discussion Paper Series 2001, No. 2001 – 2025.

[2] Alfaro, L. et al. . "FDI and Economic Growth: the Role of Financial Markets," *Journal of International Economics* (S0022 – 1996), 2004, 64 (1): 89 – 112.

[3] Al-Kharabsheh, A. R. T, "Influence of Urbanization on Water Quality Deterioration during Drought Periods at South Jordan," *Journal of Arid Environments*, 2003 (53): 619 – 630.

[4] Anderson, K. , Effects on the Environment and Welfare of Liberalizing World Trade: The Cases of Coal and Food, Anderson, K. , Blackhurst, R. , Eds. The Greening of World Trade Issues, AnnArbor: Uniersity of Michigan Press, 1992.

[5] Antweiler, W. , Copeland, B. T. , Taylor, M. S. , "Is Free Trade Good for the Environment," *American Economic Review*, 2001, 91 (4): 877 – 908.

[6] Armstrong, W. , Megee, T. G. , *Theatres of Accumulation: Studies in Asian and Latin American Urbanization*, New York: Methuen, 1985.

[7] Astrid Kander, Magnus Lindmark, "Foreign Trade and Declining Pollution in Sweden: A Decomposition Analysis of Long-term Structural and

Technological Effects," *Energy Policy*, 2006, 34（13）：1590 –1599.

[8] Atef, A. Al-Kharabsheh, "Influence of Urbanization on Water Quality at Wadi Kufranja Basin（Jordan）," *Journal of Arid Environments*, 1999（43）：79 – 89.

[9] Auty, R. M., *Resource Abundance and Economic Development*, Oxford：Oxford Uniersity Press, 2001.

[10] Auty, R. M, *Sustaining Development in Mineral Economies：The Resource Curse Thesis*, London and New York：Routledge, 1993.

[11] Bairoch, P. , *Cities and Economic Development：From the Dawn of History to the Present*, London：Mansell Publishing, 1988.

[12] Barbier, E. B. , "Endogenous Growth and Natural Resource Scarcity," *Environmental and Resource Economics*, 1999（14）：51 –74.

[13] Barrett, S. , "The Strategy of Trade Sanctions in International Environmental Agreements," *Resource and Energy Economics*, 1997,（19）：345 –361.

[14] Barry, F. , Bradley, J. , "FDI and Trade：The Lrish Host-country Experience," *Economic Journal*（S0013 – 0133）, 1997, 107（445）：1798 –1811.

[15] Baumol, W. and Oates, W. , *The Theory of Environmental Policy*. 2nd Edition, New York：Cambridge Uniersity Press, 1998.

[16] Beghin, J. , Roland-Holst, D. , Van Der Mensbrugghe, D. , *A Survey of the Trade and Environment Nexus：Global Dimensions*. OECD Economic Studies, 1994, 23：167 –192.

[17] Birdshall, H. J. , Nance, H. L. , and Daved, W. "Trade Policy and Industrial Pollution in Latin America：Where Are the Pollution Havens," *Journal of Environment and Development*, 1993,（2）：137 –149.

[18] Black, D. , Henderson, J. V. , "A theory of Urban Growth," *Journal of Political Economy*, 1999, 107（2）：252 –284.

［19］Borensztein, E., De Gregorio, J., Lee, J. W., "How Does Foreign Direct Investment Effect Economic Growth," *Journal of International Economics* (S0022 – 1996), 1998, 45 (1): 115 – 135.

［20］Braat, L., Lieropw, V., "Economic-ecological Modeling: an Introduction to Methods and Applications," *Ecological Modeling*, 1986, 31: 33 – 44.

［21］Bradshaw, Y. W., Noonan, R., Urbanization, Economic Growth, and Women's Labor-Force Participation: A The Oretical and Empirical Reassessment. Josef Gugler. Cities in the Developing World: Issues, Theory, and Policy. New York: Oxford Uniersity Press, 1997.

［22］Busse, M., Trade, Environmental Regulations and the World Trade Organization New Empirical Evidence, World Bank Policy Research Working Paper 3361, 2004.

［23］Button, K. J. et al., *Improving the Urban Environment: How to Adjust National and Local Government Policy for Sustainable Urban Growth*, Oxford: PergaMon Press, 1990.

［24］Castells, M. La., *Question Urbaine*, Paris: Maspero, 1972.

［25］Chichilni, Sky, G., "North-south Trade and the Dynamics of Renewable Resources," *Structural Change and Economic Dynamics*, 1993, 4 (2): 219 – 248.

［26］Chichilnisky, G., "*North-South Trade and the Global Environment*," *American Economic Review*, 1994, 84 (4): 851 – 874.

［27］Christaller, W., *Die Zentralen Orte in Sueddeutsch Land*, Jena: Gustau Fischer, 1933.

［28］Cole, M. A., Rayner, J., "The Uruguay Round and Air Pollution: Estimating the Composition, Scale and Technique Effects of Trade Liberalization," *Journal of International Trade and Economic Development*, 2000, 9 (3): 339 – 354.

［29］Cole, W. E. , and R. D. Sanders, "Internal Migration and Urbanization in the Third World," *American Economic Review*, 1985, 175 (3): 481 – 494.

［30］Cooke, K. , An empirical Examination of the Relationship Between Economic Development and Carbon Dioxide Emissions. Masters Research Essay, National Center for Development Studies, Australian National Uniersity, Canberra, A. C. T. , 1997.

［31］Copeland, B. R. , and Taylor, M. S. , "North-South Trade and the Environment," *Quarterly Journal of Economics*, 1994, 109 (3): 755 – 787.

［32］Copeland, B. R. , and Taylor, M. S. , "Trade and Transboundary Pollution," *American Economic Review*, 1995, 85 (4): 716 – 737.

［33］Cronon, W. , *Nature's Metropolis: Chicago and the Great West*, NewYork: Orton, 1991.

［34］Dae-Sik, K. , Mizuno, K. , Kobayashi, S. , "Analysis of Urbanization Characteristics Causing Farmland Loss in a Rapid Growth Area Using GIS and RS," *Paddy Water Environment*, 2003 (1): 189 – 199.

［35］Dean, J. M. , Lovely, M. E. , Wang, H. , *Are Foreign Investors Attracted to Weak Environmental Regulations?* Evaluating the Evidence from China. World Bank USITC Working Paper 2004 – 01 – B May, 2004.

［36］Dean, J. M. , "*Does Trade Liberalization Harm the Environment? A New Test*," *Canadian Journal of Economics*, 2002, 35 (4): 819 – 842.

［37］Dean, K. , Judith, M. , and Shubhashis, G. , "Export Bans, Environmental Protection, and Unemployment," *Review of Development Economics*, 1997, (1): 324 – 336.

［38］Dixit, A. , Stiglitz, J. E. , "Monopolistic Competition and Optimum Product Diersity," *American Economic Review*, 1977, 67 (3): 252 – 284.

［39］Donald, R. et al. , The Factor Content of Trade. National Bureau of

Economic Research Working Paper Series, 2001, No. 8637pp2 http: // www. nberorg/PaPers/w 8637.

[40] Ducrot, R. et al. , Articulating Land and Water Dynamics With Urbanization: An Attempt to Model Natural Resources Management at the Urban Edge, Computers, Environment and Urban Systems, 2004, 28 (1 – 2): 85 – 106.

[41] Ederington, J. , Levinson, A. , Minier, J. , "Trade Liberalization and Pollution Havens," *The BE Journals in Economic Analysis & Policy*, 2004, 4 (2) Article 6.

[42] Ehrhardt-Martinez, K. , Grenshaw, et al. , "Deforestation and the Environmental Kuzents Curve: A Cross-National Investigation of Intervening Mechanisms," *Social Science Quarterly*, 2002, 83 (1): 226 – 243.

[43] Ehrlich, P. R. , Holdren, J. P. , "Impact of Population Growth," *Science*, 1971, 3977: 12 – 17.

[44] Ekins, P. , "The Kuznets Curve for the Environment and Economic Growth: Examining the Evidence," *Environment and Planning*, 1997, 29 (5) 805 – 830.

[45] Eliste, P. P. , Fredriksson, G. , "Environmental Regulations, Transfers, and Trade: Theory and Evidence," *Journal of Environmental Economics and Management*, 2002, 43 (2): 234 – 250.

[46] Fei, J. C. H, Ranis, G. , "A Theory of Economic Development," *American Economic Review*, 1961 (57): 65 – 70.

[47] Frankel, J. , Rose, A. , Is Trade Good or Bad for the Environment? Sorting out the Causality. NBER Working Paper Number 9021, 2002.

[48] Frankel, J. , Environmental Effects of International Trade. A Report for the Swedish Globalisation Council, Government of Sweden; Jan. 2009, Stockholm.

[49] Friedman, J. , "The World City Hypothesis," *Development and Change*, 1986, 17: 69 – 73.

[50] Fujita, M. , Thisse, J. F. , *Economics of Agglomeration: Cities, Industrial Location, and Regional Growth*, Cambridge: Cambridge Uniersity Press, 2002.

[51] Ghali, M. , Akiyama. M. , Fujiwara, J. , "Factor Mobility and Regional Growth," *Review of Economics and Statistics*, 1978, 60: 78 – 84.

[52] Gilbert, A. , Gugler, J. , *Cities, Poverty, and Development: Urbanization in the Third World*, Oxford Uniersity Press, 1982.

[53] Grossman, G. , Krueger, A. , "Economic Growth and the Environment," *Quarterly Journal of Economics*, 1995, (110): 353 – 377.

[54] Grossman, G. , Helpman, E. , *Innovation and Growth in the Global Economy*, Cambridge, MA, MIT Press, 1991.

[55] Grossman, G. A. , Krueger, A. B. , Environmental Impacts of a North American Free Trade Agreement, NBER Working Papers 3914, National Bureau of Economic Research, Inc, 1991.

[56] Grossman, G. M. and Krueger, A. B. , Environmental Impacts of a North American Free Trade Agreement, National Bureau of Economic Research Working Pager 3914, NBER, Cambridge, M. A. , 1991.

[57] Gylfason, T. , "Natural Resources, Education and Economic Development," *European Economic Review*, 2001, 45 (4 – 6): 847 – 859.

[58] Gylfason, T, Zoega, G. , "Natural Resources and Economic Growth: The Role of Investment," *The World Economy*, 2006, 29 (8): 1091 – 1115.

[59] Harris, J. R. , Todaro, M. , "Migration, Unemployment and Development: A Two Sectors Analysis," *American Economic Review*, 1970, 40: 126 – 142.

［60］ Hein, S. , "Trade Strategy and the Dependency Hypothesis," *Economic Development and Cultural Change*, 1992, 40 (3): 495 – 520.

［61］ Hettige, H. , Lucas, B. , Wheeler, D. , "The Toxic Intensity of Industrial Production: Global Patterns, Trends and Trade Policy," *American Economic Review*, 1992, 82: 478 – 481.

［62］ Hettige, H. , Lucas, R·E·B· and Wheeler, D. , "The Toxic Intensity of Industrial Production: Global Patterns, Trends and Trade Policy," *American Economic Review Papers and Proceedings*, 1992, 82: 473 – 481.

［63］ Hirschman, A. O. , *The Strategy of Economic Development*, New Haven: Yale Uniersity Press, 1958.

［64］ Holtz-Eakin, D. and Selden, T. M. , "Stoking the Fires? CO_2 Emissions and Economic Growth," *Journal of Public Economics*, 1995 (10): 57 – 85.

［65］ Horvath, R. J. , Energy Consumption and the Environmental Kuznets Curved Ebate, Department of Geography, Uniersity of Sydney, Sydney NSW, 1997.

［66］ Hurlin, C. , Venet, B. , Financial Development and Growth: A Re-Examination Using a Panel Granger Causality Test, Working Paper, September, 2004.

［67］ Hurlin, C. , Testing Granger Causality in Heterogenous Panel Data Modelswith Fixed Coefficients, Working Paper, January, 2004.

［68］ Im, K. & Pesaran, M. H. , Shin, Y. , "Testing for UnitRoots in Heterogeneous Panels," *Journal of Econometrics*, 2003, 109: 53 – 74.

［69］ Jeffrey, D. , Alissa, M. R. , "Integrating Urbanization Into Land-scape-level Ecological Assessments," *Ecosystem*, 2001, (4): 3 – 18.

［70］ Jenkins, R. , Industrialization, Trade and Pollution in Latin America: A Review of the Lssues, Paper for Deliery at the 1998 Meeting of the Latin American Studies Association, 1998.

[71] John, A., Pecchenino, R., Schimmelpfennig, D., and Schreft, S., "Short-lied Agents and the Long-lied Environment," *Journal of Public Economics*, 1995, 58: 127 – 141.

[72] Jorgenson, D. W., "The Development of a Dual Economy," *The Economic Journal*, 1961, 171: 309 – 341.

[73] Kao, C., Chiang, M. H., "On the Estimation and the Inference of a Cointegrated Regression in Panel Data," In: Baltagi, B. H. (Ed.), *Advances in Econometrics*, 2000 (15): 179 – 222.

[74] Kao, C., and Chiang, M. H., "On the Estimation and Inference of a Cointegrated Regression in Panel Data," *Advances in Econometrics*, 2000, 15: 179 – 222.

[75] Kao, C., "Spurious Regression and Residual-based Tests for Cointegration in Panel Data," *Journal of Econometrics*, 1999, 105: 1 – 44.

[76] Kao, C., "Spurious Regression and Residual-based Tests for Cointegration in Panel Data," *Journal of Econometrics*, 1999, 105: 1 – 44.

[77] Karen, E. M., Edward, M. C., J., "Craig Jenkins. Deforestation and the Environmental Kuznets Curve: A Cross-National Investigation of Intervening Mechanisms," *Social Science Quarterly*, 2002 (1): 226 – 243.

[78] Kasarda, J. D., Crenshaw, E. M., "Third World Urbanization: Dimensions, Theories, and Determinants," *Annual Review of Sociology*, 1991, (17): 467 – 501.

[79] Kaufman, R. K., Davidsdotfr, B., Grahams S., and Pauly P., "The Date, Minuets of Atmospheric SO_2 Con-centrations: Reconsidering the Environmental Kuznets Curve," *Ecological Economics*, *Special Issue on* EKC, 1997.

[80] Kentor, J., "Structural Determinants of Peripheral Urbanization: The International Dependence," *American Sociological Review*, 1981, 46: 201 – 211.

[81] Krugman, P., "Increasing Returns and Economic Geography," *Journal of Political Economy*, 1991, 99 (3): 483 – 499.

[82] Kuik, O., et al., *In Search of Indicators of Sustainable Development*, Dordrecht: Kluwer Academic Publishes, 1994. 57 – 67.

[83] Lee, H., and David, R. H., "The Environment and Welfare Implications of Trade and Tax Policy," *Journal of Development Economics*, 1997, (52): 65 – 82.

[84] Levin, A, Lin, C., and Chu, C., "Unit Root Tests in Panel Data: Asymptotic and Finite-Sample Properties," *Journal of Econometrics*, 2002, 108: 1 – 24.

[85] Lewis W. A., "Economic Developmentwith Unlimited Supplies of Labor," *Manchester School of Economic and Social Studies*, 1954, 22 (2): 139 – 191.

[86] Liddle, B. T., *Environmental Kuznets Curves and Regional Pollution*, *Paper Presented at the 4th Biennial Conference of the International Society for Ecological Economics*, Boston Uniersity, Boston M. A., 1996.

[87] Lopez, R., "The Environment as a Factor of Production: the Effects of Economic Growth and Trade Liberalization," *Journal of Environmental Economics and Management*, 1994, (27): 163 – 218.

[88] Lucas, R. J., "On the Mechanics of Economic Development," *Journal of Monetary Economics*, 1988 (22): 3 – 42.

[89] Ludema, R. D., and Ian, W., "Cross-Border Externalities and Trade Liberalization: The Strategic Control of Pollution," *Canadian Journal of Economics*, 1994, (27): 950 – 966.

[90] Maclaren, V. W., "Urban Sustainability Reporting," *Journal of the American Planning Association*, 1996, 62 (2): 185 – 202.

[91] Maddala, G. S., Wu, S. A., Comparative Study of Unit Root Tests With Panel Data and a New Simple Test, Oxford Bulletin of Economicsand Statistics, 1999, 61: 631 – 652.

［92］ Markus Pasche， "Technical Progress， Structural Change， and the Environmental Kuznets Curve，" *Ecological Economics*， 2002， (42)： 381 - 389.

［93］ Markusen， J. K. ， James， R. ， Edward， R. Morey， and Nancy Olewiler， "Competition in Reginal Envi-ronmental Policies when Plant Locations are Endogenous，" *Journal of Public Economics*， 1995， (56)： 55 - 77.

［94］ Martinez-Zarzoso I. ， Maruotti A， "The Impact of Urbanization on Co2 Emissions： Evidence From Developing Countries，" *Ecological Economics*， 2011 (7)： 1344 - 1353.

［95］ Matsuyama， K. ， "Agricultural Productivity， Comparative Advantage and Economic Growth，" *Journal of Economic Theory*， 1992， 58： 317 - 334.

［96］ McConnell， K. E. ， "Income and the Demand for Environmental Quality Environment and Development，" *Economics*， 1997， 2 (4)： 383 - 399.

［97］ McCoskey， S， Kao， C. ， "A Residual-based Test of the Null of Cointegration in Panel Data，" *Econometric Reviews*， 1998， 17： 57 - 84.

［98］ McGuire， M. K. ， Martin， C. ， "Regulation， Factor Rewards， and International Trade，" *Journal of Public Economics*， 1982， (17)： 335 - 354.

［99］ Merrifield， J. H. ， John， D. ， "The Impact of Selected Abatement Strategies on Transnational Pollution， the Terms of Trade， and Factor Rewards： A General Equilibrium Approach，" *Journal of Environmental Economics and Management*， 1988， (15)： 259 - 284.

［100］ Mutti， J. H. ， John， H. ， David， J. Richardson， S. ， "International Competitive Displacement from Environmental Control： The Quantitative Gains from Methodological Refinement，" *Journal of Environmental Economics and Management*， 1977， (4)： 135 - 152.

［101］ Myrdal， G. ， *Rich Lands and Poor： the Road to World Prosperity*， New York： Harper & Brothers， 1957.

［102］ Odum， H. T. ， Elizabeth C. ， *Modeling for all Scales： an Introduction to*

　　　　System Simulation, San Diego: Academic Press, 2000.

[103] OECD, "OECD Core Set of Indicators for Environmental Performance Review," Paris: Environmental Monography, 1993.

[104] Paavo Eliste, Per, G., "Fredriksson. Environmental Regulations, Transfers, and Trade: Theory and Evidence," Journal of Environmental Economics and Management, 2002, 43 (2): 234 – 250.

[105] Papyrakis, E, Gerlagh, R., "Resource Abundance and Economic Growth in the United States," European Economic Review, 2006 (4): 253 – 282.

[106] Papyrakis, E., Gerlagh, R., Natural Resources, Innovation, and Growth Working Paper No. 129. 04, http: //www · ifw-kiel · de/ VR Cent/DEGIT/paper/degit_ 10/C010_ 054. pdf, 2004.

[107] Patti, D. M. A., Navarra, P., Globalization, Democratization and Economic Growth, Applied Economics Letters (S1350 – 4851), 2009, 16 (7): 731 – 734.

[108] Pearce, D., et al., Economics of Natural Resources and the Environment (New York: Harvester Wreathes, 1990), pp. 215 – 289.

[109] Pearson, A. K., Charles, J. J., "Environmental Control Costs and Border Adjustments," National Tax Journal, 1974, (27): 599 – 607.

[110] Pedroni, P., "Panel Cointegration: A Syrnptotic and Finite Sample Properties of Pooled Time Series Tests With an Application to the PPP Hypothesis," Economic Theory, 2004, 20: 597 – 625.

[111] Pethig, A., Rüdiger, M. J., "Pollution, Welfare, and Environmental Policy in the Theory of Comparative Advantage," Journal of Economic and Environmental Management, 1976, (2): 160 – 169.

[112] Petrakos, G., Urbanization and International Trade in Developing Countries, World Development, 1989, 17 (8): 1269 – 1277.

[113] Pizarro, R. E., Wei Liang, Banerjee, T., "Agencies of Globalization and Third World Urban Form: A Review," Journal of Planning Literature,

2003, 18 (2): 111.

[114] Porter, M. E. and C. van der Linde, "Green and Competitive," *Harvard Business Review*, 1995, (9 – 10): 120 – 134.

[115] Porter, M. E., "Toward a New Conception of the Environment-Competitiveness Relationship," *Journal of Economic Perspectives*, 1995 (9): 97 – 118.

[116] Portnov, B. A., Safriel, U. N., "Combating Desertication in the Negev: Dry Land Agriculture vs. Dry Land Urbanization," *Journal of Arid Environments*, 2004, (56): 659 – 680.

[117] Ranis, G., Fei, J. C. H., "A Theory of Economic Development," *American Economic Review*, 1961, 51 (4): 533 – 565.

[118] Renard, R., "Rural-to-urban Migration and the Shadow Wage in LDCs," *European Economic Review*, 1984, 24 (3): 401 – 407.

[119] Rivera-Batiz L., Romer P., "Economic Integration and Endogenous Growth," *Quarterly Journal of Economics*, 1991, 106: 531 – 555.

[120] Rivera-Batiz, L., Romer, P., "Economic Integration and Endogenous Growth," *Quarterly Journal of Economics*, 1991, 106: 531 – 555.

[121] Robison, H. David, D., "Industrial Pollution Abatement: The Impact on Balance of Trade," *Canadian Journal of Economics*, 1988, (21): 187 – 199.

[122] Romer, D., *Advanced Macroeconomics, Shanghai: Shanghai Uniersity of Finance & Economies Press*, The McGraw-Hill Companies, 2001: 30 – 38.

[123] Sachs, J. D., Warner, A. M., "Natural Resources and Economic Development: The Curse of Natural Resources," *European Economic Review*, 2001, 45: 827 – 838.

[124] Sachs, J. D., Warner, A. M., *Natural Resource Abundance and Economic Growth, NBER Working Paper Series*, WP 5398, Cambridge: National Bureau of Economic Research, 1995.

[128] Samuelson, P. A. , "The Transfer Problem and Transport Costs: the Terms of Trade When Impediments are Absent," *Economic Journal*, 1952, 64: 264 – 289.

[129] Selden, I. M. and Song, D. , "Neoclassical Growth, the J Curve for Abatement and then Inverted U Curve for Pollution," *Journal of Environmental Economics and Management*, 1995, 29: 162 – 168.

[130] Shafik, N. , Economic Development and Environmental Quality: An Econometric Analysis, *Oxford Economic Papers*, 1994, (46): 757 – 773.

[131] Sinha, D. R. , The Environmental Kuznets Curve Hypothesis and Legacy Pollution: a Geohistorical Analysis of the Evironmental Consequences of Industrialization in Worcester, Massachusetts (USA). The Industrial Geographer, 2010, 7 (1): 1 – 18.

[132] Stevens, R. B. , "Environmental Regulation and International Competitiveness," *Yale Law Journal*, 1993, 102 (8): 2039 – 2139.

[133] Sukopp, H. , W. , "Biotopemapping and Nature Conservation Strategies in Urban area of the Federal Republic of Germany," *Landscape and Urban Planning*, 1988, (15): 39 – 58.

[134] Sun, V. and Hapman, D. C. , "Economic Growth, Trade and Energy: Implications for the Environmental Kuznets Curve," *Ecological Economics*, *Special Issue* on EKC, 1997.

[135] Taylor, M. S. , Copeland, B. R. , "Trade and Tran Boundary Pollution," *American Economic Review*, 1995, 85 (4): 716 – 737.

[136] Terras, M. and Boyce, J. K. , Income, Inequality, and Pollution: a Reassessment of the Environmental Kuznets Curve. Ecological Economics, Special Issue on EKC, 1996.

[137] Tobey, J. A. , "The Effects of Domestic Environmental Policies on Patterns of World Trade: An Empirical Test," *Kyklos*, 1990, 43 (2): 191 – 209.

[138] Todaro, M. P. , "A Model of Labor Migration and Urban

Unemployment in Less Developed Countries," *American Economic Review*, 1969 (59): 138 – 148.

[139] Tsur, Y. , Zemel, A. , "Scarcity, Growth and R&D," *Journal of Environmental Economics and Management*, 2005 (49): 484 – 499.

[140] Waggoner, P. E. , Ausubel, J. H. , *A Framework for Sustainability Science*: *A Renovated IPAT Identity*. Proceedings of the National Academy of Sciences (USA), 2002, 99 (12): 7860 – 7865.

[141] Walter, T. L. , Ingo, W. , "The Pollution Content of American Trade," *Western Economic Journal*, 1973, (1): 61 – 67.

[142] Wang, T. , Watson, J. , *Trade, Climate Change, and Sustainability*. *In State of the World*: *Into a Warming World*. The World Watch Institute, 2009.

[143] Westbrook, T. , An Empirical Examination of the Relation Between Carbon Dioxide Emissions and Economic Development, and Carbon Dioxide Emissions and Economic Structure. M. Sc Dissertation, Department of Environmental Economics and Environmental Management. Uniersity of York, York. U. K. , 1995.

[144] Whalley, J. and Randall, W. , "Cutting CO_2 Emissions: The Effects of Alternative Policy Approaches," *Energy Journal*, 1991, (12): 109 – 124.

[145] Wheeler, D. , "Racing to the Bottom? Foreign Investment and Air Pollution in Developing Countries," *Journal of Environment and Development*, 2001, 10 (3): 224 – 45.

[146] Yasuhiro, S. , "Kazuhiro. Population Concentration, Urbanization and Demographic Transition," *Journal of Urban Economics*, 2005, 58 (1): 45 – 61.

[147] Yele, G. , "Trade Policy and Mega-cities in LDCs: A General Equilibrium Model With Numerical Simulations," In P. David (Eds),

Integrative Modelling of Biophysical, Social, and Economic Systems for Resource Management Solutions. Proceeding of MODSIM 2003 International Congress on Modelling and Simulation, 2003, 4: 1938－1943.

[148] York R. et al., "STIRPAT, IPAT and ImPACT: Analytic Tools for Unpacking the Driving Forces of Environmental Impacts," *Ecological Economics*, 2003 (46): 351－365.

[150] Zilberbrand, M., Rosenthal, E., Shachnai, E., "Impact of Urbanization on Hydrochemical Evolution of Groundwater and on Unsaturated-zone Gas Composition in the Coastal City of Tel Aviv," *Israel Journal of Contaminant Hydrology*, 2001 (50): 175－208.

[151] Brannen, L., "The EU Broadens Its Reach," *Business Finance*, 2007, 13 (6): 28－35.

[152] Anderson, E., "New Rules, New World: Representatives of American Chemical Companies Get a Look at the Future During Conference," Knight Ridder Tribune Business News, 2007.

[153] Anderson. T.:《环境与贸易——生态、经济、体制和政策》，清华大学出版社，1998，第32页。

[154] 阿尔弗雷德·韦伯著：《工业区位论》，李刚剑译，商务印书馆，1997。

[155] 艾尼瓦尔·买买提：《干旱区城市化对城市内河水质的影响研究——以吐曼河为例》，《水土保持研究》2007年第3期，第58~63页。

[156] 奥古斯特·勒施：《经济空间秩序——经济财货与地理间的关系》，王守礼译，商务印书馆，1995。

[157] 包颉、侯建明：《外商直接投资与上海环境问题的实证研究》，《科技与管理》2010年第2期，第15~19页。

[158] 贝蒂尔·俄林：《地区间贸易和国际贸易》，首都经济贸易大学出版社，2001。

[159] 蔡竞：《可持续城市化发展研究——中国四川的实证分析》，西南财

经大学博士学位论文，2002。

[160] 蔡俊豪、陈兴渝：《"城市化"本质含义的再认识》，《城市发展研究》1999 年第 5 期，第 22～23 页。

[161] 曹凤中、田春秀：《美国环境保护发展战略（一）》，《陕西环境》2000 年第 3 期，第 31～35 页。

[162] 曹慧、胡锋、李辉信等：《南京市城市生态系统可持续发展评价研究》，《生态学报》2002 年第 5 期，第 787～792 页。

[163] 陈百助、晏维龙：《国际贸易理论、政策与应用》，高等教育出版社，2006。

[164] 陈崇成：《基于信息空间集成技术的城市环境时空分析研究》，中国科学院地理科学与资源研究所博士论文，2000。

[165] 陈春桥、汤小华：《区域城市化与生态环境协调发展分析——以福建省为例》，《沈阳师范大学学报》（自然科学版）2010 年第 1 期，第 274～278 页。

[166] 陈冬勤、卢新卫：《咸阳市生态环境与城市化协调发展定量评价》，《农业系统科学与综合研究》2008 年第 2 期，第 154～162 页。

[167] 陈红蕾：《自由贸易的环境效应研究——基于中国工业进出口贸易的实证分析》，暨南大学博士学位论文，2009。

[168] 陈红蕾、陈秋峰：《经济增长、对外贸易与环境污染：联立方程的估计》，《产业经济研究》2009 年第 3 期，第 29～34 页。

[169] 陈晖：《从有限到无限美国创意产业的七种武器》，《中国广播电视学刊》2010 年第 3 期，第 66 页。

[170] 陈杰、陈晶中、檀满枝：《城市化对周边土壤资源与环境的影响》，《中国人口·资源与环境》2004 年第 2 期，第 22～26 页。

[171] 陈钧浩：《国际贸易、FDI 与资源环境关系的现实、理论与启示》，《生态经济》2009 年第 5 期，第 60～62，71 页。

[172] 陈六君、王大辉、方福康等：《中国污染变化的主要因素》，《北京师范大学学报》（自然科学版）2004 年第 4 期，第 561～568 页。

[173] 陈晓红、宋玉祥、满强：《城市化与生态环境协调发展机制研究》，
《世界地理研究》2009 年第 2 期，第 153 ~ 160 页。

[174] 陈欣欣：《农业劳动力的就地转移与迁移——理论、实证与政策分
析》，浙江大学博士学位论文，2001。

[175] 陈艳莹：《污染治理的规模收益与环境库兹涅茨曲线——对环境库兹
涅茨曲线成因的一种新解释》，《预测》2002 年第 5 期，第 19，46 ~
49 页。

[176] 陈燕、蓝楠：《美国环境经济政策对我国的启示》，《中国地质大学学
报》（社会科学版）2010 年第 3 期，第 38 ~ 42 页。

[177] 陈予群：《上海城市经济建设与生态环境协调发展模式》，《上海社会
科学院学术季刊》1993 年第 2 期，第 33 ~ 41 页。

[178] 程建伟：《基于异质面板因果检验的债务与盈利关系研究》，《审计与
经济研究》2007 年第 1 期，第 103 ~ 105 页。

[179] 程兰芳、王强：《税制变迁对我国吸引 FDI 影响的实证研究》，《世
界经济研究》2008 年第 1 期，第 15 ~ 20 页。

[180] 崔同宜：《欧盟、北美自由贸易区的发展对中国——东盟自由贸易区
的启示》，《经济问题探索》2008 年第 7 期，第 47 ~ 61 页。

[181] 戴炳源、万安培：《乔根森的二元经济理论》，《经济体制改革》1998
年第 2 期，第 23 ~ 26 页。

[182] 戴春丽：《欧盟 WEEE 指令对我国机电产品出口的影响与对策》，
《黑龙江对外经贸》2007 年第 1 期，第 7 ~ 9 页。[183] 戴宏民、戴
佩燕：《欧盟新绿色壁垒的主要内容、特点及对策》，《包装学报》
2013 年第 1 期，第 43 ~ 47 页。

[184] 党玉婷：《中国对外贸易对环境污染影响的实证研究——全球视角下
投入产出技术矩阵的环境赤字测算》，《财经研究》2010 年第 2 期，
第 26 ~ 35 页。

[185] 杜淑芳、甄江红、魏爱祥：《乌海市城市化与生态环境协调发展的定
量分析》，《内蒙古师范大学学报》（自然科学汉文版）2008 年第 5

期，第 669～673 页。

[186] 杜希饶、刘凌：《贸易、环境污染与经济增长——基于开放经济下的一个内生增长模型》，《财经研究》2006 年第 12 期，第 106～120，129 页。

[187] 对外贸易经济合作部经贸政策和发展司：《世界各国贸易和投资指南——美国分册》，经济管理出版社，1995。

[188] 俄林：《地区间贸易和国际贸易》，哈佛大学出版社，1967。

[189] 樊芷芸、黎松强编《环境学概论》，中国纺织出版社，2004。

[190] 方创琳、黄金川、步伟娜：《西北干旱区水资源约束下城市化过程及生态效应研究的理论探讨》，《干旱区地理》2004 年第 1 期，第 1～7 页。

[191] 方甲：《西方经济发展理论》，中国人民大学出版社，1989。

[192] 方鸣、应瑞瑶、刘美玲：《FDI 和环境污染的关系分析——基于中国省级面板数据的研究》，《科技管理研究》2010 年第 10 期，第 204～207 页。

[193] 费艳颖、王越、刘琳琳：《以法律促进科技创新：美国的经验及启示》，《东北大学学报》（社会科学版）2013 年第 5 期，第 299～303 页。

[194] 冯·杜能著：《孤立国同农业和国民经济的关系》，吴衡康译，商务印书馆，1986。

[195] 冯正强等：《国际贸易：理论、政策与运作》，武汉大学出版社，2005。

[196] 弗兰西斯·斯奈德：《欧洲联盟法概述》，宋英译，北京大学出社，1996。

[197] 高帆：《二元经济结构理论最新研究进展》，《经济学动态》2003 年第 9 期，第 60～63 页。

[198] 高铁梅：《计量经济分析方法与建模：EVIEWS 应用及实例（第二版)》，清华大学出版社，2009。

[199] 官方丽：《绿色卫生检疫制度与食品安全问题分析》，《中国经贸》
2008 年第 24 期，第 6 页。

[200] 管晨：《全球化背景下美国创意文化产业链》，《艺术百家》2007 年
第 7 期，第4～6 页。

[201] 郭红燕、刘民权：《"贸易、城市化与环境——环境与发展"国际研
讨会综述》，《经济科学》2009 年第 6 期，第 5～13 页。

[202] 郭娅琦：《城市化进程对城市生态环境的影响研究》，湖南大学硕士
学位论文，2007。

[203] 国家发改委地区司与外经所课题组：《国外可持续发展新趋势及对我
国的启示》，《经济研究参考》2004 年第 8 期，第 2～13 页。

[204] 韩凤舞：《贸易开放和金融开放的互动机制研究》，浙江大学博士学
位论文，2011。

[205] 杭海、张敏新、王超群：《美、日、德三国区域协调发展的经验分
析》，《世界经济与政治论坛》2011 年第 1 期，第 147～157 页。

[206] 何立华、金江：《论对外贸易对环境的影响——基于中国的实证研
究》，《河南理工大学学报》（社会科学版）2010 年第 1 期，第 32～
37 页。

[207] 贺俊：《基于内生增长理论的可持续发展研究》，中国科学技术大学
博士论文，2007，第 10 页。

[208] 贺文华：《FDI、经济增长与环境污染的实证研究》，《湖南农业大学
学报》（社会科学版）2010 年第 1 期，第 64～71 页。

[209] 贺文华：《FDI 视角的环境库兹涅茨假说检验——基于中国中部八省
的面板数据》，《产经评论》2010 年第 2 期，第 84～96 页。

[210] 洪阳：《环境质量与经济增长的库兹尼茨关系探讨》，《上海环境科
学》1999 年第 3 期，第 112～114 页。

[211] 胡必彬：《欧洲联盟环境标准体系及其分析》，《化工环保》2005 年
第 3 期，第 195～198 页。

[212] 胡彬：《区域城市化的演进机制与组织模式》，上海财经大学出版社，

2008。

[213] 胡滨:《成都市生态环境与城市建设协调发展刍议》,《四川建筑》1997 年第 1 期,第 8 ～ 9 页。

[214] 胡峰:《新兴古典城市化理论评介》,《兰州商学院学报》2001 年第 4 期,第 41 ～ 42 页。

[215] 胡晓舒:《论中国排污权交易制度的构建》,《经济研究》2011 年第 27 期,第 98 ～ 100 页。

[216] 胡援成、肖德勇:《经济发展门槛与自然资源诅咒——基于我国省际层面的面板数据实证研究》,《管理世界》2007 年第 4 期,第 15 ～ 23 页。

[217] 黄河、周春光、袁瑶南:《我国城市化发展与 FDI 的动态关系研究》,《统计教育》2009 年第 8 期,第 13 ～ 17 页。

[218] 黄金川、方创琳:《城市化与生态环境交互耦合机制与规律性分析》,《地理研究》2003 年第 2 期,第 211 ～ 220 页。

[219] 黄利春:《欧盟一体化对珠三角一体化的启示》,《广东经济》2010 年第 7 期,第 35 ～ 39 页。

[220] 纪纲:《城市可持续性:欧洲城市改造的经验与启示》,《环境科学与管理》2007 年第 7 期,第 166 ～ 167 页。

[221] 江小涓、李辉:《服务业与中国经济:相关性和加快增长的潜力》,《经济研究》2004 年第 1 期,第 4 ～ 15 页。

[222] 姜爱林:《中国城镇化理论研究回顾与评述》,《城市规划汇刊》2002 年第 3 期,第 44 ～ 48 页。

[223] 蒋伟、曹荣林:《FDI 与城市化水平的相关性分析——以江苏省地级市为例》,《信阳师范学院学报》(自然科学版)2010 年第 2 期,第 254 ～ 256 页。

[224] 蒋尉:《欧盟环境政策的有效性分析:目标演进与制度因素》,《欧洲研究》2011 年第 5 期,第 73 ～ 87 页。

[225] 柯坚:《欧洲联盟环境与发展综合决策的政策演变与立法发展》,《世

界环境》2001 年第 1 期，第 17~18 页。

[226] 兰天：《贸易与跨国界环境污染》，经济管理出版社，2004。

[227] 李诚固、韩守庆、郑文生：《城市产业结构升级的城市化响应研究》，《城市规划》2004 年第 4 期，第 31~36 页。

[228] 李峰峰、周易：《城市化理论二元结构分析框架文献述评》，《城市规划》2005 年第 7 期，第 47~51 页。

[229] 李高产：《城市集聚经济微观基础理论综述》，《城市问题》2008 年第 5 期，第 46~52 页。

[230] 李国柱：《中国经济增长与环境协调发展的计量分析》，辽宁大学博士学位论文，2007。

[231] 李会宁：《福建省城市化与生态环境水平协调度分析》，《科技广场》2009 年第 4 期，第 84~86 页。

[232] 李计广：《欧盟贸易政策体系研究》，对外经济贸易大学博士学位论文，2005。

[233] 李静、方伟：《长三角对外贸易增长的能源环境代价研究》，《财贸经济》2011 年第 5 期，第 80~85 页。

[234] 李静、李雪铭：《大连市城市化与城市生态环境发展协调性评价与分析》，《现代城市研究》2008 年第 2 期，第 29~35 页。

[235] 李慕菡等：《我国国际贸易中污染产品的跨境转移》，《国际贸易问题》2005 年第 10 期，第 102~106 页。

[236] 李帅、徐广军：《开放经济下的中国城市化二元经济模型》，《北京化工大学学报》2006 年第 5 期，第 78~81 页。

[237] 李秀香、张婷：《出口增长对我国环境影响的实证分析以 CO_2 排放量为例》，《国际贸易问题》2004 年第 7 期，第 9~12 页。

[238] 李迅、许顺才、朱文华等：《21 世纪中国城市化发展态势与对策的探讨》，《城市规划汇刊》2000 年第 4 期，第 55~62 页。

[239] 李友梅：《环境社会学》，上海大学出版社，2004。

[240] 梁进社：《城市化与国民经济发展之关系的理论分析》，《自然资源学

报》1999 年第 4 期，第 351～354 页。

[241] 刘军善：《论完善我国的货币政策传导机制》，《财经问题研究》1996 年第 11 期，第 36～40 页。

[242] 刘利：《广东省环境库兹涅茨特征分析》，《环境科学研究》2005 年第 6 期，第 7～11 页。

[243] 刘利永、黄琳、张京成：《中国创意产业发展的关键性问题及新思路》，《中国科技论坛》2008 年第 10 期，第 41～45 页。

[244] 刘林奇：《我国对外贸易环境效应理论与实证分析》，《国际贸易问题》2009 年第 3 期，第 70～84 页。

[245] 刘玲玲：《规模经济、聚集经济与城市化研究》，《特区经济》2006 年第 4 期，第 147～148 页。

[246] 刘欣：《欧盟技术性贸易新壁垒——REACH 法规探析及对策研究》，《国际商务（对外经济贸易大学学报)》2008 年第 3 期，第 91～96 页。

[247] 刘易斯：《二元经济论》，北京经济学院出版社，1989。

[248] 刘引鸽、宋军林：《城市化对地表水质的影响研究——以宝鸡市为例》，《水文》2005 年第 2 期，第 4～8 页。

[249] 卢晨阳：《欧盟地区政策的发展及评估》，《国家行政学院学报》2009 年第 2 期，第 103～106 页。

[250] 陆虹：《中国环境问题与经济发展的关系分析——以大气污染为例》，《财经研究》2000 年第 10 期，第 53～59 页。

[251] 罗茜：《FDI 对我国城市化进程的影响》，《开发研究》2008 年第 4 期，第 19～23 页。

[252] 马传栋：《论生态经济学与经济生态学、环境科学的联系和区别》，《环境科学与技术》1983 年第 4 期，第 18～22 页。

[253] 马娜：《中国与欧盟环境政策比较研究》，《上海标准化》2005 年第 2 期，第 40～45 页。

[254] 马秋香：《湖南省城市化与生态环境耦合关系动态计量分析》，《现

代商业》2010 年第 8 期，第 34～37 页。

[255] 马歇尔：《经济学原理》，华夏出版社，2005。

[256] 曼昆：《宏观经济学（4 版）》，中国人民大学出版社，2002。

[257] 米健：《欧洲单一市场法律制度》，中国大百科全书出版社，1994。

[258] 倪伟清：《贸易自由化对长三角地区环境污染的影响》，浙江工业大学硕士学位论文，2008。

[259] 聂艳、雷文华等：《区域城市化与生态环境耦合时空变异特征——以湖北省为例》，《中国土地科学》2008 年第 11 期，第 56～62 页。

[260] 宁登：《21 世纪中国城市化机制研究》，《城市规划汇刊》2000 年第 3 期，第 41～45 页。

[261] 宁越敏：《新城市化进程——90 年代中国城市化动力机制和特点探讨》，《地理学报》1998 年第 5 期，第 470～477 页。

[262] 牛仁亮、张复明：《资源型经济现象及其主要症结》，《管理世界》2006 年第 12 期，第 162～163 页。

[263] 牛晓姝、董继文：《贸易、环境污染与经济增长——基于东北老工业基地振兴的一个内生经济增长模型》，《工业技术经济》2008 年第 4 期，第 89～94 页。

[264] 彭水军、赖明勇、包群：《环境、贸易与经济增长：理论、模型与实证》，上海三联书店，2006。

[265] 戚晓明：《国内外乡村城市化的理论研究综述》，《农村经济与科技》2008 年第 8 期，第 7～9 页。

[266] 钱陈：《城市化与经济增长的主要理论和模型述评》，《浙江社会科学》2005 年第 2 期，第 190～197 页。

[267] 秦尊文：《美国城市群考察及对中国的启示》，《湖北社会科学》2008 年第 12 期，第 81～84 页。

[268] 邱竞、薛冰：《新经济地理学研究综述》，《兰州学刊》2008 年第 4 期，第 76～80 页。

[269] 任保平、马晓强：《欧盟一体化进程中区域经济协调发展的实践、政

策及其启示》，《山西师范大学学报》（社会科学版）2007 年第 3 期，第 1～6 页。

[270] 邵帅、齐中英：《基于"资源诅咒"学说的能源输出型城市 R&D 行为研究——理论解释及其实证检验》，《财经研究》2009 年第 1 期，第 61～73 页。

[271] 沈伟玲：《FDI 与浙江经济增长关系的实证分析》，《特区经济》2009 年第 1 期，第 49～51 页。

[272] 沈文辉：《三位一体——美国环境管理体系的构建及启示》，《北京理工大学学报》（社会科学版）2010 年第 8 期，第 78～83 页。

[273] 沈亚芳、应瑞瑶：《对外贸易环境污染与政策调整》，《国际贸易问题》2005 年第 1 期，第 59～63 页。

[274] 宋德勇、胡宝珠：《克鲁格曼新经济地理模型评析》，《经济地理》2005 年第 4 期，第 445～448 页。

[275] 宋建波、武春友：《城市化与生态环境协调发展评价研究——以长江三角洲城市群为例》，《中国软科学》2010 年第 2 期，第 78～87 页。

[276] 宋建波、武春友：《城市化与生态环境协调发展评价研究——以长江三角洲城市群为例》，《中国软科学》2010 年第 2 期，第 78～87 页。

[277] 宋金平、李香芹：《美国的城市化历程及对我国的启示》，《城市问题》2006 年第 1 期，第 88～93 页。

[278] 孙志英、吴克宁、吕巧灵、赵彦锋、李玲、韩春建：《城市化对郑州市土壤功能演变的影响》，《土壤》2007 年第 1 期，第 3～10 页。

[279] 索洛：《经济增长论文集》，北京经济学院出版社，1989。

[280] 谭崇台：《发展经济学概论》，武汉大学出版社，2001，第 81 页。

[281] 谭伟：《欧盟包装与包装废物指令研究》，湖南大学博士学位论文，2010。

[282] 唐艺彬：《美国纽约大都市圈经济发展研究》，吉林大学博士学位论文，2011。

[283] 王冬梅、何青松：《外商直接投资对长三角地区环境质量影响的实证

分析》,《哈尔滨工业大学学报》(社会科学版)2010年第1期,第120~124页。

[284] 王家庭:《国际贸易与城市化的相关性及其贡献的计量研究》,《当代经济科学》2005年第5期,第65~69页。

[285] 王家庭、王璇:《我国城市化与环境污染的关系研究——基于28个省市面板数据的实证分析》,《城市问题》2010年第11期,第9~15页。

[286] 王军:《国际贸易视角下的低碳经济》,《世界经济研究》2010年第11期,第50~55,80页。

[287] 王莉:《西部环境产业投融资制度创新研究》,西北大学博士学位论文,2010。

[288] 王立和:《绿色贸易论——中国贸易与环境关系问题研究》,南京林业大学博士学位论文,2005。

[289] 王立平、管杰、张纪东:《中国环境污染与经济增长:基于空间动态面板数据模型的实证分析》,《地理科学》2010年第6期,第818~825页。

[290] 王琪:《世界城市创意产业发展状况的国际比较》,《上海经济研究》2007年第9期,第89~94页。

[291] 王伟年、张平宇:《创意产业与城市再生》,《城市规划学刊》2006年第2期,第22~26页。

[292] 王新杰、薛东前:《西安市城市化与生态环境协调发展模式演化分析》,《自然资源学报》2009年第8期,第1378~1385页。

[293] 王岩:《欧盟对华直接投资研究》,东北财经大学博士学位论文,2011。

[294] 王艳秀:《美国贸易保护的动因与效应研究》,吉林大学博士学位论文,2011。

[295] 王燕飞、曾国平:《FDI、就业结构及产业结构变迁》,《世界经济研究》2006年第7期,第51~57页。

[296] 王铮:《中国国家环境经济安全的政策模拟分析》,科学出版社,

2004。

[297] 王铮、薛俊波、朱永彬：《经济发展政策模拟分析 CGE 技术》，科学出版社，2010。

[298] 魏东：《贸易的环境影响：新型环境库兹涅茨曲线模型研究》，中国海洋大学博士学位论文，2007。

[299] 魏伟忠、张旭昆：《区位理论分析传统述评》，《浙江社会科学》2005年第 5 期，第 184～191 页。

[300] 温怀德、刘渝琳：《对外贸易、FDI 的经济增长效应与环境污染效应实证研究》，《当代财经》2008 年第 5 期，第 95～100 页。

[301] 邰丽萍、周建军：《基于集聚效应的城市地价分布与城市空间演变》，《天津社会科学》2009 年第 1 期，第 92～95 页。

[302] 吴慧英：《长三角区域经济发展对环境质量影响的实证分析》，江南大学硕士学位论文，2009。

[303] 吴巧生、成金华：《能源约束与中国工业发展研究》，科学出版社，2009。

[304] 吴玉萍、董锁成、宋键峰：《北京市经济增长与环境污染水平计量模型研究》，《地理研究》2002 年第 2 期，第 239～240 页。

[305] 夏德孝：《人力资本积累与城市经济增长研究》，西北大学博士学位论文，2008。

[306] 徐春秀：《城市化动因、机制与条件的经济理论分析》，北京大学博士论文，2001。

[307] 徐康宁、王剑：《自然资源丰裕程度与经济发展水平关系的研究》，《经济研究》2006 年第 1 期，第 78～89 页。

[308] 徐嵩龄：《论环境产业对国民经济的带动作用——发达国家的历史经验与中国的政策选择》，《管理世界》1999 年第 5 期，第 98～111 页。

[309] 许士春、庄莹莹：《经济开放对环境影响的实证研究》，《财贸经济》2009 年第 3 期，第 107～112 页。

[310] 许学强、周一星、宁越敏：《城市地理学》，高等教育出版社，1996。

[311] 薛凤旋、杨春：《外资影响下的城市化——以珠江三角洲为例》，《城市规划》1995 年第 6 期，第 2～7 页。

[312] 薛永鹏、张梅：《中国城市化与生态环境协调发展预警系统研究》，《统计教育》2009 年第 8 期，第 7～12 页。

[313] 杨丹辉、李红莉：《地方经济增长与环境质量——以山东省域为例的库兹涅茨曲线分析》，《经济管理》2011 年第 3 期，第 37～46 页。

[314] 杨小凯：《经济学原理》，中国社会科学出版社，2003。

[315] 杨小凯、赖斯：《分工和经济组织：一个新兴古典微观经济学分析框架》，北荷兰出版公司，1994。

[316] 杨小凯、张永生：《新兴古典经济学与超边际分析》，社会科学文献出版社，2003。

[317] 杨新铭：《改革、开放与中国经济增长的传导机制》，《山西财经大学学报》2010 年第 4 期，第 1～7 页。

[318] 杨永华：《FDI 与我国生态环境安全——基于我国工业面板数据的经验分析》，《国际商务研究》2010 年第 1 期，第 3～9 页。

[319] 姚淑梅：《国际可持续发展的新动态》，《经济研究参考》2004 年第 8 期，第 21～29 页。

[320] 叶华光：《国际贸易对环境的负面影响路径与政策启示》，《科学与管理》2008 年第 3 期，第 34～36 页。

[321] 叶继革、余道先：《我国出口贸易与环境污染的实证分析》，《国际贸易问题》2007 年第 5 期，第 72～77 页。

[322] 叶裕民：《中国城市化之路：经济支持与制度创新》，商务印书馆，2001。

[323] 易晓娟：《欧盟技术性贸易壁垒的状况及我国的对策》，《国际贸易问题》2001 年第 6 期，第 33～37 页。

[324] 尹改：《中国环境保护技术政策框架及实施方式》，《中国环保产业》1999 年第 4 期，第 18～20 页。

[325] 尹翔硕：《欧洲单一市场对欧盟成员国贸易流动和产业区位的影响》，

《欧洲》2001 年第 2 期，第 67 ~ 74 页。

[326] 于峰：《环境库兹涅茨曲线研究回顾与评析》，《经济问题探索》2006 年第 8 期，第 4 ~ 12 页。

[327] 余官胜：《贸易开放的劳动力效应：基于中国数据的实证研究》，武汉大学博士学位论文，2010。

[328] 喻本德、姜淑娟：《深圳市大气污染源对大气环境质量的影响及控制措施研究》，1995 年第 2 期，第 25 ~ 32 页。

[329] 袁晓玲、许杨、杨万平：《基于重心法的外商直接投资与我国环境污染关系研究》，《城市发展研究》2010 年第 2 期，第 73 ~ 77 页。

[330] 苑涛：《欧洲国家产业内贸易分析》，《欧洲研究》2003 年第 5 期，第 112 ~ 121 页。

[331] 约瑟夫·M. 贝图拉：《美国环境史，自然资源的开发和保护》，旧金山博伊德 - 弗雷泽出版公司，1977，第 208 页。

[332] 岳利萍、白永秀：《区域经济增长与环境质量演进关系模型研究——基于环境库兹涅茨曲线》，《南京理工大学学报》（社会科学版）2006 年第 4 期，第 41 ~ 46 页。

[333] 张复明、景普秋：《资源型经济的形成：自强机制与个案研究》，《中国社会科学》2008 年第 5 期，第 5 ~ 11 页。

[334] 张广翠：《欧盟区域政策研究》，吉林大学博士学位论文，2006。

[335] 张金屯、Pichett, S. T. A.：《城市化对森林植被、土壤和景观的影响》，《生态学报》1999 年第 5 期，第 10 ~ 15 页。

[336] 张军、吴桂英、张吉鹏：《中国省际物质资本存量估算：1952 ~ 2000》，《经济研究》2004 年第 10 期，第 35 ~ 44 页。

[337] 张连众、朱坦、李慕菡、张伯伟：《贸易自由化对我国环境污染的影响分析》，《南开经济研究》2003 年第 3 期，第 25 ~ 30 页。

[338] 张曙霄、郭沛：《"碳关税"的两重性分析》，《经济学家》2010 年第 12 期，第 35 ~ 41 页。

[339] 张天桂：《国际合作中贸易与环境的协调研究》，上海社会科学院博

士学位论文，2009。

[340] 张晓东、池天河：《90 年代中国省级区域经济与环境协调度分析》，《地理研究》2001 年第 4 期，第 506～515 页。

[341] 张晓明、胡忽林、章建刚：《2005 年中国文化产业发展报告》，社会科学文献出版社，2005。

[342] 张学才、郭瑞雪：《情景分析方法综述》，《理论月刊》2005 年第 8 期，第 125～126 页。

[343] 张学哲：《欧洲法院在欧洲一体化中的作用——对欧洲法院有关公司法裁决的分析》，《比较法研究》2008 年第 1 期，第 38～52 页。

[344] 张妍、尚金城、于相毅：《城市经济与环境发展耦合机制的研究》，《环境科学学报》2003 年第 1 期，第 107～112 页。

[345] 张艳辉：《"知识与城市经济增长"文献综述》，《城市问题》2008 年第 1 期，第 73～76，81 页。

[346] 张燕文：《从国际绿色包装制度看我国包装工业的"绿色化"》，《包装世界》2004 年第 6 期，第 25～27 页。

[347] 张祯、张宏武：《美国环境产业相关政策及启示》，《中国环保产业》2006 年第 11 期，第 41～44 页。

[348] 张忠华、刘飞：《当前我国城市病问题及其治理》，《发展研究》2012 年第 2 期，第 84～85 页。

[349] 章亮、张明龙、张琼妮：《美国灵活有序的科技创新组织体系分析》，《西北工业大学学报》（社会科学版）2010 年第 3 期，第 6～8 页。

[350] 赵修渝、陈虹全：《广东省 FDI 与城市化关系的实证研究》，《科技管理研究》2009 年第 11 期，第 124～127 页。

[351] 郑春荣：《从里斯本战略到"欧洲 2020"战略：基于治理演进视角的分析》，《欧洲研究》2011 年第 3 期，第 81～92 页。

[352] 中国城市竞争力研究会：《2012 中国十大创新城市排行榜》，http：//www. china-citynet. com/yjh/fyphb_ show. asp? id＝2225. 2010。

[353] 中国环境与发展国际合作委员会、中共中央党校国际战略研究所：

《中国环境与发展：世纪挑战与战略抉择》，中国环境科学出版社，2007。

[354] 中国食品科技网：《美国的技术标准、法规的技术壁垒状况》，http://www.tech-food.com/kndata/1000/0001713.htm.2005。

[355] 钟水映：《人口流动与社会经济发展》，武汉大学出版社，2000。

[356] 周海丽、史培军、徐小黎：《深圳城市化过程与水环境质量变化研究》，《北京师范大学学报》（自然科学版）2003年第2期，第273~279页。

[357] 周静、杨桂山、戴胡爽：《经济发展与环境退化的动态演进——环境库兹涅茨曲线研究进展》，《长江流域资源与环境》2007年第4期，第414~419页。

[358] 周伟林、严冀：《城市经济学》，复旦大学出版社，2004。

[359] 周一星：《城市地理学》，商务印书馆，1995。

[360] 周一星、曹广忠：《改革开放20年来的中国城市化进程》，《城市规划》1999年第12期，第8~12页。

[361] 周玉梅：《中国经济可持续发展研究》，吉林大学博士学位论文，2004。

[362] 朱江玲、岳超、王少鹏、方精云：《1850~2008年中国及世界主要国家的碳排放——碳排放与社会发展》，《北京大学学报》（自然科学版）2010年第4期，第497~504页。

[363] 朱烨、卫玲：《产业结构与新型城市化互动关系文献综述》，《西安财经学院学报》2009年第9期，第113~117页。

[364] 朱永安：《环境视角下的国际贸易：对绿色壁垒的一项系统研究》，复旦大学博士学位论文，2003。

[365] 朱月莹、陈玉平：《FDI——现代城市发展的新动力》，《全国商情·经济理论研究》2005年第12期，第15~17页。

索　引

第六章

第七章

第八章

图书在版编目（CIP）数据

贸易、环境与城市化：基于开放经济的理论、模型与实证研究/刘耀彬著. —北京：社会科学文献出版社，2014.9
国家社科基金后期资助项目
ISBN 978 - 7 - 5097 - 5780 - 2

Ⅰ.①贸…　Ⅱ.①刘…　Ⅲ.①开放经济 - 研究 - 中国
Ⅳ.①F125

中国版本图书馆 CIP 数据核字（2014）第 050862 号

·国家社科基金后期资助项目·

贸易、环境与城市化
　　——基于开放经济的理论、模型与实证研究

著　　者 / 刘耀彬

出 版 人 / 谢寿光
出 版 者 / 社会科学文献出版社
地　　址 / 北京市西城区北三环中路甲 29 号院 3 号楼华龙大厦
邮政编码 / 100029

责任部门 / 经济与管理出版中心（010）59367226　　　责任编辑 / 高　雁　梁　雁
电子信箱 / caijingbu@ssap.cn　　　　　　　　　　　责任校对 / 史晶晶
项目统筹 / 高　雁　　　　　　　　　　　　　　　　责任印制 / 岳　阳
经　　销 / 社会科学文献出版社市场营销中心（010）59367081　59367089
读者服务 / 读者服务中心（010）59367028

印　　装 / 北京季蜂印刷有限公司
开　　本 / 787mm×1092mm　1/16　　　　　　　印　张 / 23
版　　次 / 2014 年 9 月第 1 版　　　　　　　　　字　数 / 349 千字
印　　次 / 2014 年 9 月第 1 次印刷
书　　号 / ISBN 978 - 7 - 5097 - 5780 - 2
定　　价 / 79.00 元